先秦老学史

History of Laoism in Pre-Qin Dynasty

陈成吒 著

上海古籍出版社

2018年度国家社科基金后期资助项目（18FZW062）

国家社科基金后期资助项目
出版说明

后期资助项目是国家社科基金设立的一类重要项目,旨在鼓励广大社科研究者潜心治学,支持基础研究多出优秀成果。它是经过严格评审,从接近完成的科研成果中遴选立项的。为扩大后期资助项目的影响,更好地推动学术发展,促进成果转化,全国哲学社会科学工作办公室按照"统一设计、统一标识、统一版式、形成系列"的总体要求,组织出版国家社科基金后期资助项目成果。

全国哲学社会科学工作办公室

目 录

序 ··· 1

绪 论 ··· 1
  一、先秦学术变革新论 ·· 1
  二、从老子到无尽的老学 ··· 9
  三、先秦老学史研究现状与本书基本构想 ···················· 33

第一章 春秋时期老子亲传弟子的老学 ································ 42
  第一节 孔子的儒道融通老学 ······································ 42
    一、儒道融通下的天人折中 ····································· 42
    二、修齐治平体系中的老学踪迹 ······························ 46
    小结 ·· 53
  第二节 关尹子及其太一老学 ······································ 53
    一、关尹子其人其书辨析 ·· 53
    二、关尹子对老子太一思想的继承与发展 ················ 56
    小结 ·· 61
  第三节 文子等人的"明王"老学 ································ 62
    一、文子其人其书辨析 ··· 62
    二、文子明王论下对"天道""人道"的发展 ··········· 66
    三、阳子居、柏矩的"明王"老学 ·························· 70
    小结 ·· 74
  第四节 亢仓子等人的隐道全生老学 ··························· 75
    一、亢仓子、南荣趎的"藏"道 ····························· 75
    二、壶丘子林及其"游"道 ····································· 78
    三、老莱子及其赤子柔弱之道 ································· 82

小结 ………………………………………………………………… 89

第二章　春秋时期其他诸子的老学 …………………………………… 90
　第一节　邓析子开创刑名老学 …………………………………… 90
　　一、身世与遗说小辨 …………………………………………… 90
　　二、对老子思想的刑名转化 …………………………………… 94
　　小结 ………………………………………………………………… 97
　第二节　孙子对老学的兵道接受与转化 ………………………… 98
　　一、道德论的接受与转化 ……………………………………… 98
　　二、征伐、治军理念的继承与变革 ………………………… 100
　　三、用兵之道的转化与践行 ………………………………… 102
　　小结 ……………………………………………………………… 106
　第三节　范蠡及其三道老学 …………………………………… 106
　　一、生平新辨 ………………………………………………… 107
　　二、天地人三道老学 ………………………………………… 113
　　小结 ……………………………………………………………… 118
　第四节　孔子弟子对老学的吸收与转化 ……………………… 118
　　一、颜回"心斋""坐忘"中的儒道交融 …………………… 118
　　二、子夏以易理为核心的儒道融通 ………………………… 125
　　三、曾子儒道融通下的天道观及其修齐治平论 …………… 129
　　小结 ……………………………………………………………… 133

第三章　战国早期的老学 …………………………………………… 135
　第一节　子思、墨子对老学的吸收转化 ……………………… 135
　　一、子思"性""教"论中的儒道融通 ……………………… 135
　　二、墨子"天""鬼"体系中的道墨融通 …………………… 142
　　小结 ……………………………………………………………… 150
　第二节　列子对老学的继承与发展 …………………………… 151
　　一、天道生化，万物化生 …………………………………… 151
　　二、法道修身，贵在虚、梦、游 …………………………… 156
　　三、法道治国，贵在持正、盗天 …………………………… 161
　　小结 ……………………………………………………………… 162
　第三节　魏文侯庭下和周太史儋的老学 ……………………… 163

一、田子方、段干木的自虚保真之道 …………………………… 163
　　二、李克、吴起对老学的兵家法家转化 ………………………… 168
　　三、太史儋对老学王霸思想的坚守与发展 ……………………… 172
　　小结 …………………………………………………………………… 176
第四节　郭店楚墓主及其儒家化老学 ………………………………… 176
　　一、墓主的儒家身份 ……………………………………………… 177
　　二、墓主的儒家化老学 …………………………………………… 181
　　小结 …………………………………………………………………… 184

第四章　战国中期的老学 …………………………………………… 186
第一节　告子等对老学的全生、刑名转化 …………………………… 186
　　一、告子、杨朱对老学的"为我""贵我"转化 ………………… 186
　　二、惠施、申不害对老学的刑名转化 …………………………… 194
　　三、尸子、商鞅对老学的刑名转化 ……………………………… 202
　　小结 …………………………………………………………………… 210
第二节　黄帝学派及其老学 …………………………………………… 211
　　一、稷下学宫托古思潮与黄帝学派 ……………………………… 211
　　二、代表人物对老学思想的多元转化 …………………………… 214
　　三、《黄帝四经》对老学思想的接受与转化 …………………… 223
　　小结 …………………………………………………………………… 228
第三节　庄子对老学的创造性转化 …………………………………… 228
　　一、道生万物，各有"吹""言" ……………………………… 229
　　二、体道消融，重构"无用"体系 ……………………………… 233
　　小结 …………………………………………………………………… 239

第五章　战国晚期的老学 …………………………………………… 240
第一节　屈原与荀子的老学 …………………………………………… 240
　　一、屈原的修仙美政老学 ………………………………………… 240
　　二、荀子和《孔子家语》对老学的认知与转化 ………………… 248
　　小结 …………………………………………………………………… 255
第二节　韩非子的法家化老学 ………………………………………… 256
　　一、尊崇老子，改造其书 ………………………………………… 256
　　二、对道德体系的继承与转化 …………………………………… 258

三、对修德思想的发挥与转化 …………………………………… 262
　小结 …………………………………………………………… 266
第三节 《吕氏春秋》对老学的杂家式吸收与转化 ……………… 267
一、古典与革新兼备的道论 …………………………………… 268
二、全天贵生的修身之德 ……………………………………… 269
三、道德义法的治平论 ………………………………………… 271
　小结 …………………………………………………………… 274

结　论 …………………………………………………………………… 275

参考文献 ………………………………………………………………… 281

后　记 …………………………………………………………………… 301

序

对于一个生长于中华大地,立志追求智慧、求取大道的孩子而言,遇到老子与《道德经》是再自然不过的事。从春秋末年老聃传道、《老子》流播,到汉代开始太上老君世世降生为帝王师、《道德经》度化众生,至今已两千五百多年。它们既是老学经典化的旅程,也是中华文化发展的重要现象,呈现了"思想"与"文化"的演化机理与历史脉络,也是观照当下、透视未来的水晶石,光明与黑暗皆在其中。

求道者自然而然地会走上这条埋在历史荒野中的历久弥新之路。正是因为有这种因缘,也许我在很早时就已对其道日用而不知,但真正与他们打个照面,则是始于高考结束那年的夏天。当时闲来无事,买了一套经典丛书,《老子》即其中之一。虽然翻阅的是普及性读本,但兴致盎然,颇有醍醐灌顶、智慧洞开的意思。当时便用朱笔,胡乱地写下诸多批注。

到杭州上大学后,开始系统注解其书。当然彼时只是就着自己的性情与浅薄的见识恣意发挥,且多是禅宗语。当时也颇为自得,常与人论说。不过,受王宏理师教诲,在写本科毕业论文时,开始看到考据的门径。当时的学位论文记得题目是《〈老子〉成书年代考》,认为《老子》成书晚于《孟子》——很显然是小屁孩被民国古史辨派给"抓住"了。

到桂林读研后,自知老子之道有无限可能,同时收了点心性,不再满足于率性发挥,开始走上考据辨析之路,想去追寻历史的真相,复原出《老子》的本义来。因此再注《老子》,尽弃此前佛家语,且数易其稿。当时周苇风师等也都是考据派,因此自己也就未注意其他书山之路,所以直至写硕士学位论文时,也未出此藩篱。学位论文题目是《再论〈老子〉基本问题》,对五千言《老子》的作者、成书方式、成书年代以及与郭店楚简《老子》的关系等进行了系统分析,完全抛弃了本科毕业论文的看法,进行了第一次自我革新。同时,在草成论文后,闲来无事想为论文添点理论性总结,于是胡乱地看了些西方著作,找到了结构主义、作品观,也因此一并掠见了解构主义、文本观、后现代的一点尾巴。只是那时还是为论证自己的本义说,强持作品论。

现在回想起来，我的两位本硕指导老师皆师出姜亮夫、崔富章先生一脉，当时身边的师友也都习惯以考据论短长。虽然周苇风师每说读我的文章颇为"头疼"，但最终还是推荐我报考崔富章先生——当时崔先生还在浙江大学古籍所带博士。我怀着忐忑的心情打了电话，崔先生在电话那头说"来考吧"。不过终究还是没敢报考，其中的一个重要原因是怕自己在考据之地流连，忘了继续前方的旅程。因为那时已经看到了考据之外的东西，想着还是要回归自己的本心，不能在支路中流连忘返。

到了上海读博，随着研究的深入、眼界的开阔，思想转向开始萌芽。正巧这时又在方勇师指导下，整理《子藏·道家部·老子卷》，以及撰写先秦两汉老学史，接触了更多老子研究文献，验证了自己的许多想法。再加上受吾妻小何研究西方美学影响，又稍加系统地研读了西方思想家的著作，对历史与历时、经典与文本、现代与后现代等等有了更多体悟。开始领悟一切都是生命性的，新的世界——新的过去、现在与未来在眼前展开。虽然博士学位论文里，还是在寻迹着《〈老子〉原始》，但自知这只是一个起点，《经典之旅》也已在路上。

到上海财大工作后，继续老学研究路径与体系的开拓。在为全校本科生开讲"《老子》导读"通识课时，已分立《老子》《道德经》各自的生命性面貌，并对照疏解。同时，也自觉自己正身处在这条经典生长的生命之路上。

目前，准备系统整理自己近年来的老学研究成果，形成一个特定的著作系列，并定名为"玄华老学路标"——玄华，吾名，老学路标表示行走在老学之路上的方向与旅程。该系列拟含九部专著：《老子考论》《〈老子〉原始》《郭店楚墓主儒家化老学研究》《先秦老学史》《秦汉魏晋南北朝老学史》《敦煌残卷〈老子〉校论》《中华历代老学文献书目提要及馆藏地汇录》《经典之旅：从〈老子〉到无尽的〈道德经〉》《道德经玄华解》。其中有"基石"，有"桥梁"，也有终将走上的开展未来的领域。虽然各书稿写作进度不一，但基本上都已经形成初稿，有些已经完成单独出版，有些则正在准备申请基金项目的出版资助。相信耗十年之功，终将筑成此路。

当然，关于文献研究、学术史梳理方面的计划，可能接下来也有人会做类似的研究。但没有关系，"古之学者为己"，我解我的疑问，书成自然不同。且对于我而言，老学系列只是一个路标，与此同时进行的还有更多其他开拓。如以老学研究为基础，带出《先秦诸子源流》等内容，同时延伸到《易经玄华解》《坛经玄华解》《诗经原始》，最终重构经史子集，带出"新子学"，著成《国学四维重筑》等。

而这些也都只是"学术"，我的目标始终是"道"，以之筑造"世界"。在这个境界里：天地仅为驿站，古今圣贤只是旅途中遇到的朋友，那些经典是见过的旧路标，我终将甩下这些，跨过最后一个路牌，进入原本荒芜之地，去看前人未见过的风景，"世界"才是我的目光聚焦所在。这些在身为行，落笔为我的龙元子书——《世界：域中有四大》《道学原理》。当然，人的一生时间有限，就看能完成多少了。

最后，我们发现这条道、这座桥和无限的未来，希望更多的人能看见这座桥，并惊叹于它的美，引着他们走上这条大道。我们一起以道筑造美好的世界。

2022 年 2 月于沪上

绪　　论

一、先秦学术变革新论

自在多元是世界的自然状态,万物就是在这个多元的世界中面对着丰富的他者,以自我否定的方式发展着,并以这种连续而永无止境的发展本身呈现自我、实现自我,学术发展也是如此。如果我们以这种视角和理路去考察先秦学术发展的基本脉络,那么所看到的将会是与以往所见截然不同的图景。尤其是当直面先秦社会王霸体系的兴衰、"经""子"实质及其变革等问题时,会惊诧于这些新景象的奇绝。而这些都将是重新发现和全面梳理先秦老学史的最佳引子和最强奠基。

(一)先秦王霸体系的兴衰

三皇时期,时人穴藏,以原始采摘、狩猎为生。同时族群的存在与秩序依靠对有灵万物的敬畏和对祖先的崇拜来维系。但祭祀尚未形成统一的意识形态与等级制度。五帝时期,帝颛顼命重、黎"绝天地通",开始形成以"血食"为核心、以血缘关系为基准的祭祀等级制度,并在此基础上,建构出贵贱有等、长幼有差的礼制。《史记·五帝本纪》所谓"帝颛顼高阳者……载时以象天,依鬼神以制义,治气以教化,絜诚以祭祀"[①],即此体现。帝颛顼也以此形成了最原始的"王权"意识形态和统治制度。此后,帝高辛、三王以及夏商周皆继承其制。西周"王权"观念下的五服朝贡制度,则是其进一步发展的结果。在意识形态上,形成了"王道"理念,基本核心就在于"血食祭祀""家天下""分封诸侯""普天之下莫非王土,率土之滨莫非王臣""礼乐征伐自天子出"等等。

血食祭祀等级制度带来"王权"观念的同时,也形成了与之相配套的"霸权"观念。在血食祭祀等级制度中,除主祭者的权威外,主祭者的叔伯也有特定地位。且在王天下格局中,当天子实力衰落时,也需要诸侯实行伯霸

---

① 司马迁:《史记》,裴骃集解、司马贞索隐、张守节正义,北京:中华书局,1999年,第9页。

之道,以维护天子的权威。"霸道"的基本内涵就在于诸侯伯长接受天子召命,"尊王攘夷""存亡续绝",即在尊王之下,以天子名义平和诸侯。

王权、伯权之下形成的王道、霸道理念与制度,在夏商时代应已存在。到西周时,则更为突出,《诗经》部分篇章对此有所体现,且它对东周社会的发展起到了重要的作用。可以说,春秋、战国时代的兴起与发展,除客观的社会形势造就外,也与王道、霸道观念的兴衰存在直接关联。

周平王东迁,于是天下从西周时代进入了东周时代,且开端为春秋时代。从"西周"发展为"春秋",正是王权、王道衰落,伯权、霸道兴起的结果。如果周天子依然拥有自己强有力的王权,王道思想必然能成为天下的基本理念,那么就不会开始所谓的"春秋时代"。如果当时伯权不兴,霸道意识形态没有获得普遍认同,则周天子也将不复存在。天下也就不会是东周,而将是另外一个新的王朝。因此,春秋时代是王道颓废,尊王霸道仍被认同的结果。

至于战国时代,它之所以能区别于春秋时代,是因尊王霸道已不再是当时社会的主流意识形态,诸侯已开始尊奉其他政治理念。关于战国起始时间的划分,一般有以下几种观点:一种以《史记》为代表,以周元王元年(公元前475年)为始,标志事件为越灭吴;再一种,依据《战国策》的记事起始时间,以韩赵魏打败智氏(公元前453年),事实上瓜分了晋国,奠定战国七雄格局为开端;最后一种,则以周威烈王二十三年(公元前403年)为始,标志事件是周廷册封魏、赵、韩为诸侯国,即三家分晋在法理上获得了确立。以上看法皆有其据,但也可以做一些补充调整。

从"王道"到"霸道"的转移来看,战国的开启当以"霸道"不行为标志。春秋末年,勾践灭吴后,成为最后一个被周室承认为伯,同时强有力践行尊王霸道的霸主。在其去世后,天下霸主难觅。故可以以勾践去世为战国时代的开启,即其起始为周贞定王四年(公元前465年)。当然,这与韩赵魏三家灭智氏,瓜分晋国公室的时间(公元前453年)也相距不远。

对战国时代各期的进一步划分,也当以社会基本形势与意识形态的变革为根据。关于战国早期,学界一般指其为魏国独尊时代,时间下限到马陵之战(公元前341年)。不过结合意识形态的变革言之,梁惠王、齐威王称王(公元前334年)可以说是正式的节点。战国早期,虽然天下已无强有力的尊王霸主,但社会观念仍尊奉周天子为权威,在名义和形式上仍追求实现尊王之下的霸道。从梁惠王、齐威王称王开始,周王权威尽失,尊王霸道理念荡然无存,诸侯开始彻底走上争并天下之路。战国中期,以齐楚争强为主要特征。而战国晚期,则开始于强秦崛起东出,秦、齐称帝(公元前288年)事件可以说是天下在意识形态变革方面的最直观表现与更进一步的发展。

对社会形势与意识形态的正确梳理,有利于确切把握先秦学术的重大变革。先秦王霸之道的兴废即直接影响了先秦学术的基本演变。

(二) 王官"经学"专制时代

三皇时代为神灵治化之世,人们对世界的理解都在各种神灵观念的支配之下。且最初时并无文字,一切都只是在玄默的膜拜中盲从。即使后来伏羲氏开始创造契刻(八卦符号系统),对天地万物加以模拟,总体上还是处于对神谕启示的渴求状态中。当时的学术主体也只能是"神学"。到黄帝时代,仓颉初创文字,开始对天地万物进行大规模梳理,尤其在颛顼绝天地通后,人开始自我觉醒。圣人将天理高悬,强调遵道而行,其鬼不神,同时形成了最原初的"王权"体系,于是"经学"出场。

传统观念一般将"经学"视作儒家经典的研究发展之学。《四库全书总目提要》经部总叙即云"经禀圣裁……自汉京以后垂二千年"①,皮锡瑞《经学历史》提及"经学十变"时亦曰"经学开辟时代(断自孔子删定六经为始)"②,皆指经学肇兴于孔子删定六经,是儒学基本内容之一。但随着出土文献研究的深入,此观念已受到冲击。

郭齐勇曾据郭店楚简等指出:"六经之学、之教形成与传授的时间远比人们估计的要早得多。六经是先秦最基本的教材和普遍知识,'经'并不是一家之言,而是共有资源。"③李学勤亦据清华简等认为:孔子之前,《诗》《书》《礼》《乐》《易》《春秋》等典籍的地位已有别于一般文本,"我们的所谓经,应该说在先秦已经存在""尽管当时还没有经学名称"④。不过,目前"经学"观念在本质上还未完全脱离两千年来固有成见的影响。

"经学"是一个具备形而上内涵和形而下具体内容的完整而相对封闭的系统性事物。其基本核心是"经",呈现在思维和意识形态上就是认同"常",并试图追寻、呈现"常"。具体地说,它认定并强调一个根本、唯一、永恒的先验本源存在,并以"道生一,一生二,二生三,三生万物""易有太极,太极生两仪,两仪生四象,四象生八卦"等一元生殖理念来演绎世界。且以此为基础,梳理出一个疆界分明、等级俨然的宇宙秩序,是所谓"理"。并将此视为超验性存在,即"天不变,道亦不变"。在此宇宙观下,人所要做的就

---

① 永瑢等:《四库全书总目提要》(第1册),上海:商务印书馆,1931年,第1页。
② 皮锡瑞:《经学历史》,周予同注释,北京:中华书局,1959年,第19页。
③ 郭齐勇、欣文:《中国文化与中国哲学的自觉——郭齐勇教授访谈》,《学术月刊》2003年第9期,第104—112页。
④ 李学勤:《国学的主流是儒学,儒学的核心是经学》,《中华读书报》2010年8月10日。

是对它的理解与服从,是所谓"德"。

对这些形而上的本质与秩序进行认知、推演、论证与记述而呈现出的最基本的形而下内容单元就是"经学文本"。"经学"形而下系统又以"经学文本"为基础,围绕它的生产与传播,形成一整套更为复杂的学术文化体制,集中体现为王权之下的王官之学体制。

在王官之学体制下,王庭对"经学文本"的产生、传播拥有绝对权,私人无权著书立说及进行教育与接受教育。且王庭拥有"经学文本"的绝对解读权。"经学文本"原是一元论思维的产物,在其世界中存在宇内皆一之理与永恒不变的本义,其内涵不证自明,本不需要诠释,即天然权威地具有不可诠释性。即使退一步,也仅王庭具解释权。此即所谓礼乐自天子出,"经学文本"编修乃天子事,大众仅需"循法则、度量、刑辟、图籍,不知其义,谨守其数,慎不敢损益也"(《荀子·荣辱》)①,其无权思考与诠释,只有接受、信仰与服从。

这种"经学"体系产生甚早,姜广辉《中国经学思想史·绪论一》云:"'经'产生于这样的时代,当人们的精神素质尚不健全即'民智未开'的时候,却已先进入了一个生产力水平和社会化生活较为发展的时代。'经'是历史上被称作'圣人'的先觉者为人们所制定的思想准则和行为规范。"②"民智未开"之世可远溯五帝后期,当时人们"神学"自我否定式的发展已进入自我质变期。他们开始分离人神,追求本质,并以此形成圣人、经典、经典传播等体系。此后一脉相承。

在历史上,就具体"经学文本"而言,五帝时有《五典》,三王时为《八索》《九丘》,夏商时有《连山》《归藏》。当然具体情况,五三之世,春秋之际已难言之,夏商之礼,孔子已难征之。同时,围绕经学文本形成的学术世袭传承也可验证于学术积淀。《墨子·贵义》曰:"古之圣王,欲传其道于后世,是故书之竹帛,镂之金石,传遗后世子孙,欲后世子孙法之也。"③金石简帛之文即"经学文本"的最初形态,其秘而不宣和内部传承则是贵族学术专制世袭的方式。《吕氏春秋·先识览·先识》曰:夏太史令终古因桀暴虐,携其图法,出奔如商;殷内史向挚见纣惑乱,载其图法,出亡之周;晋太史屠黍见晋公无德,以其图法归周④。此即《荀子·荣辱》所谓"三代虽亡,

---

① 王先谦:《荀子集解》,沈啸寰、王星贤点校,北京:中华书局,1988年,第59页。
② 姜广辉主编:《中国经学思想史》,北京:中国社会科学出版社,2003年,第21页。
③ 吴毓江:《墨子校注》,孙启治点校,北京:中华书局,2006年,第672页。
④ 许维遹:《吕氏春秋集释》,北京:中华书局,2009年,第395—396页。

治法犹存"①。

降至周代，统治者上承前朝之制，中梳宗祖之德行，下征公侯之风，欲明天道，正人伦，致至治之成法而作《六经》。《六经》的独尊性和不可损益性皆超前代，是历代"经学"的集大成者，是当时王公侯伯修身齐家治国平天下的基本、唯一法则。故郭店楚简《语丛一》云："《诗》所以会古今之志也者。……《礼》，交之行述也。《乐》，或生或教者也。《易》所以会天道人道也。《春秋》所以会古今之事也。"②《庄子·天下》曰："《诗》以道志，《书》以道事，《礼》以道行，《乐》以道和，《易》以道阴阳，《春秋》以道名分。"③而《荀子·劝学》也以"诵经"为第一要务④。总之，从五帝后期开始，"神学"隐退，"经学"出场。虽然，其到西周之世，历代所奉经典略有差异，但经学精神与体制一脉相承，可以说"经学"起源甚早，传承多世。

应该说，"经学"是"神学"的自我否定发展而来，是人实现自我的进一步发展。但"经学"本身有着不可剔除的顽疾。它是在蛮荒、惶恐之中，为找到一个驯服阴晴不定神灵的主宰，从而走上了寻找世界本源与永恒之理的道路。他们并没有认清，多元客观实在的否定发展是其本身的规律，而是错误将自身固化，设置为高度抽象、永恒之物的投射。于是所谓学术，也就成为对这个高度抽象之物不断继承、诠释的东西而已。

更何况，这种学术自觉天然地是从少数者开端，是少数所谓先知先觉者带领着众人往这条路去行进。少数者有将它限定于少数者的本能，他们承袭神学的陋习，自诩为神之子、天之子或先知圣人，将自我对学术的觉识视作自己的神器，借此掌握庞大资源，将自己从群体中区分开来，视为别样的存在，将群民视作牛羊一般的财物，为巩固既得权势，不断强化文化私有与专制，最终形成"经学"专制体系。

这种情况下，文化的传播、创造与发展极其受限制，它所带来的是人的专制。虽然它是人觉醒的开端，也使少数人开始实现"人"，但这种实现不是彻底的、完全的人的实现。少数者在文化的觉醒——以此所作的人的实现中，其实现才刚开始，还没有确立，就已经异化了，没有真正的实现"人"。而多数者无法获得文化及其益处，反而是加深了受压迫与受剥削。从全局来看，不论是王侯，还是大众，离人越来越远，"经学"所导致的最终结果不是人的实现，而是人的全面异化。

---

① 王先谦：《荀子集解》，沈啸寰、王星贤点校，北京：中华书局，1988年，第59页。
② 荆门市博物馆：《郭店楚墓竹简》，北京：文物出版社，1998年，第194—195页。
③ 庄子：《庄子》，方勇译注，北京：中华书局，2010年，第568页。
④ 王先谦：《荀子集解》，沈啸寰、王星贤点校，北京：中华书局，1988年，第4页。

(三) 诸子学自主、并争时代

"王权""王道"体系是"经学"的强有力保障。在"王权"强有力时,"经学"必然巩固其地位。霸权、霸道也是为王权、王道服务,故虽然王权、王道衰,霸权、霸道尚存时,"经学"即使衰退,还是在一定程度上能维系自己的统治。但在霸权、霸道衰落后,"经学"则成为无皮之毛,其体系自然瓦解,实现自身的否定式发展。

且"经学"统治本身是一个封闭形态,随着原来少数者团体的发展,其内部不断壮大的同时,又不可遏止地出现分裂。随着分裂的发展,原有的中央集权式的文化专制开始瓦解。"经学"的瓦解是在文化逐步下移、文化权威逐步分散中开始的。恰如《论语·季氏》所言:礼乐征伐原自天子出,其后自诸侯出,又次自大夫出,终致陪臣执国命①。"经学"权威起初在王庭,此后消解于诸侯国,最后消散于下层士。最终在文化与学术层面诞生了其对立面与否定力量——诸子学。

子学的诞生在历史上也存在直接而具体的标志性事件。公元前520年(周景王二十五年),周廷在周景王死后,因王位继承问题发生了王子朝之乱。四年后,王子朝夺位失败,于是携周廷石室守藏人员与图文逃亡楚国。周敬王因此无法正常确立自己的法统,行使王官之道,于是命老聃为征藏史,下诏天下诸侯,征六艺之书,以充石室。

但当时公侯皆"肉食者鄙",已不能通晓礼乐典章,便求助于已没落在野的贵族才士。天下由此形成了第一波私人修编六经的浪潮,孔子也正是此背景下修编《春秋》等。同时,六经修编权的开放也直接导致了著述垄断的瓦解。当时下层士借征书之名,希望自己的私人著述能见重于公侯、王庭,于是又形成了第一波的私家著书浪潮。两股浪潮最终促使了子学的诞生及其不可逆的发展。

诸子学的正式诞生,可以以第一代诸子学原典的产生为标志。文本是意识形态发展的结果,也集中呈现着意识形态的变化。且对于诸子学而言,诸子学文本是具体载体,又是思想的结晶,更是继续文化生产的产房。诸子学流派等也无不以文本传承为存在依据。故不论作为思想的诸子学,还是作为流派的诸子学,都是在文本中获得呈现与确立的。因此诸子学诞生是以第一代诸子学原典的产生为标志。

第一部诸子学原典《老子》的诞生,是其标志之一。围绕该文本,我们可以确认它是一部私家著作。关于第一部私家著述,此前一直存有争议。冯

---

① 刘宝楠:《论语正义》,高流水点校,北京:中华书局,1990年,第651—652页。

友兰曾认为：孔子之前，无私人著作，《论语》为第一部私家著述①。但胡适②、马叙伦③等对其有所批评。拙作《老子考论》（约25万字，待出版）对此有具体辨析，此处不赘述。大体而言，老子本人述而不作，常修编古籍，不自我创造新书。他也只是论说道德，关尹子整理而有五千言。严格来说，并非老子亲著五千言，且在历史上，《老子》也不会是第一部私人著述，但从传世的文献以及现在所知的著述来看，它的确是第一部可以被确定的私人著述。

《老子》的诞生是在经书之外著书立说的结果，它冲破了王庭对著作权的垄断，直接动摇了经学文本的权威。从内容上看，其根本目的虽还是供君王参阅，但直接目的却是向大众宣扬自己的学说。这种意图的出现说明它已面对着大众，且存在着一个聆听其教诲的固定群体，即门徒，这表明老子已经开始私家讲学。此可印证于史籍传说：孔子、关尹等即曾闻其名而亲往问礼、挽留求教。当然，其规模尚小，影响仍限于贵族或有识之士（多是没落的贵族）。老子的诸子学践行有其个人际遇的特殊原因，同时由其以及《老子》文本呈现的诸子学践行也并非像诸子学成熟期那样彻底，但却具有深刻的时代背景。其作为一个新时代开启的标志意义，是不可估量的。

老子也并非是当时唯一的私家讲学者，此外还有"民之献衣襦袴而学讼者不可胜数"的邓析（《吕氏春秋·审应览·离谓》）④、使孔门"三盈三虚"的少正卯（《论衡·讲瑞》）⑤等。只是他们虽皆盛极一时，却没能留下子学文本（传本《邓析子》为战国名家追论之作）。

不久，《论语》作为第二部子学原典的出现，则明确诸子学的诞生不是一枝独秀，而是拥有社会基础的群体性勃发。该文本是大规模、有组织、明目张胆的修编之物，已是公开挑战经学专制。且已将供君王参阅的目的退却，立足于供门徒学习。这标志着历史上第一个有思想、有组织、有传承的诸子学流派——儒家的实际确立。有组织的以教育后学为目的的文本修编直接体现了私人教育的公开化，且其教育已经是有教无类，彻底打破了贵族对文化的垄断。此外，该文本部分内容直接体现了孔子删《诗》《书》、定《礼》

---

① 冯友兰：《中国哲学史》，见《三松堂全集》第2卷，郑州：河南人民出版社，2001年，第291—298页。
② 胡适：《与冯友兰先生论〈老子〉问题书》，见罗根泽编《古史辨》第4册，上海：上海古籍出版社，1982年，第418页。
③ 马叙伦：《辩〈老子〉非战国后期之作品》，见罗根泽编《古史辨》第6册，上海：上海古籍出版社，1982年，第532页。
④ 许维遹：《吕氏春秋集释》，北京：中华书局，2009年，第488页。
⑤ 黄晖：《论衡校释》，北京：中华书局，1990年，第724页。

《乐》、赞《周易》、修《春秋》。私人修编"经学"原典,正是对"经学"原典的解构,且产生第一代"经学"诸子学化文本。这是直接在"经学"内部对经学专制进行瓦解。以孔子为首的儒家三千弟子对"经学"专制的消解是全面、深入而系统的,标志着诸子学在开创后已进入稳定发展状态。

此后,《墨子》文本的产生则呈现出了一个强大的墨家学派。墨家学派不论是在子学文本的创立,还是教育的普及化、学派的建构组织上,都已彻底从"经学"专制的阴影中走出,自信而独立地走上了全方面发展的道路,标志着子学诞生阶段的完满实现。

诸子学诞生后便进入了发展阶段。战国以后,霸道也彻底衰落,形成了天下并争之世,这也为子学发展提供了有利的客观条件。虽然当时子学的发展并不是在自觉状态下进行,其客观的现实成果却是惊人的。在战国时代,诸子学原典研究已形成。诞生的第一代诸子学原典诠释本,如郭店楚简中的各种诸子学原典重组本,以及韩非《解老》《喻老》等等,皆是其典型呈现。而百家争鸣中的相互诘难,则是诸子学原典自觉研究的高级表现。

诸子也继承了开创者消解"经学"的精神,并展开了更系统、更深入的消解行为。如诸子对"经学"观念中的核心要素,"天道""圣人"等意识形态进行消解。儒家学派中的部分贤者对"天道"加以隐退。道家学派又对"圣人"加以贬斥,乃至战国中后期稷下学宫的诸子以追述、追论圣贤著述之名,从近及古,伪托、虚构了大量"圣人"之作,如管子书、太公书、周公书、伊尹书,鹖子书乃至黄帝书等等。在追述、追论中,实实虚虚,使得"圣人"的权威尽失,动摇了"经学"的重要根基。

同时,诸子对已有的"经学"文本进行了更全面的解构,产生了《左传》《易传》等第一代诸子学化"经学"诠释本。且对"经学文本"的消解开始具有一定的理论自觉,形成了"春秋笔法""尽信书不如无书""以意逆志"等初始理论。

最后,战国时代的诸子在学习诸子学原典和消解"经学文本"的基础上,创作了诸多第二代诸子学原典,如《孟子》《庄子》《荀子》《韩非子》以及上文所提到的"黄帝书"等等,初步完成了诸子学核心要素的建构。

总之,先秦学术在春秋末年经历了一个重大的突变性发展。从五帝三王到西周时期,皆为王官经学专制时期,春秋末年诞生了新的学术与发展方式,即诸子学。当然,以上所论也并非为相关问题提出一个不可置辩的"定见",只是尝试增加一个不同的视角和理路,也深知其中仍有许多问题有待进一步细究和深挖,但可以想见的是这种尝试本身具有一定意义,至少可以为相关问题的深入探讨聊备一说。且可以确定的是,该先秦学术发展脉络的梳理有利于真正揭示出老子以及先秦老学的发展及其在先秦学术发展过程中的特殊地位与作用。

二、从老子到无尽的老学

两千五百多年前,老子诞生。此后他的事迹、著作与思想以及后人对相关问题的研习与转化等皆成为中华学术文化的重要事件或核心内容。从学术研究的角度而言,它们包含了老子原始面貌、老学两个层面的内容,分属历史事实与文化演绎维度,彼此间既有联系又有区别。前者作为被限定的事物,主要包含老子、《老子》及其思想的本貌问题。后者从广义上而言,包含前者,但更多的是偏指后人对相关问题的研究与发展,它不仅涉及考辨、复原,也包含后人的诠释、发挥与演绎,乃至在此基础上的新造内容。这些都是在谈论时不可不知的原则以及不可不涉及的问题,且各个层面的内容都有其意义。

(一)从老子到太上老君

老子作为一个具体的历史人物,拥有自己的身份、事迹,这不以后人的意志为转移。后学不论如何将其神化,都不能改变其原有的历史存在。不过在绝大多数的历史以及当下世界中,"老子"是历史实在与文化重构结合的事物——"文化文本",且又可细分为"社会讹传""宗教创造"两种层面。尤其是从文化发展角度以及我们正身处在其中而言,现在的我们无法直接触及客观本体,只能在后世材料中把握,是在"文化老子"中。甚至可以说,真实的已不是历史上存在的那个个体老子,而是由其出发而存在的穿越过历史、处于当下,同时又面向未来的那个拥有无限可能的"文化老子"。我们应对此自觉,然后对历史"事实老子""文化老子"两个维度都进行观照。

1. 历史事实维度的老子。关于其生平事迹,学界一直存在争议。笔者已撰写《老子考论》(约25万字,待出版)一书对此进行专门辨析。相关结果以类似年表的方式呈现,其中部分时间由具体事件而得以确定,部分时间是根据事件间的联系加以推论而获得的约数。因考证、分析过程较复杂,以下简单地呈现结果,以作参考。

公元前581年,周简王五年,鲁成公十年。此时正是春秋五霸时代的中期,距齐桓公之死六十多年、晋文公之死五十来年。同时十几年前,楚打败晋,是楚庄王称霸之时。这也是一个大师辈出的时代:当时晋国叔向两三岁,此后数年内,郑国子产、齐国晏子、吴国季札等相继诞生。当然更准确而言,是那个转型的时代必然造就诸多大师,而这些人敏锐地把握了时代脉搏,并与之共鸣,最终相互成就。老子正是出生于该年前后。

关于老子姓氏名字,现存先秦典籍多直称"老聃",《吕氏春秋·审分览·不二》又作"老耽"①。"聃""耽"同音相通,此外别无他说。综合所有材料来看,他本姓"老"氏,后音转为"李",名"耳",字"伯阳","聃"为别字或尊号。至于他的籍里,先秦典籍未明言,但其幼时学于沛,晚年归居该地,世人又以"老彭""彭聃"等称之,汉代人也首先在该地为之设祠,两者应有关联。

老子出身于史官世家,幼时接受贵族教育,当时追随商容学道。商容,后世音转为常从、常枞,春秋末期人,齐桓公大臣。他精于天文历法,应是天文史官。《汉书·艺文志》载:"《常从日月星气》二十一卷。"②进而言之,礼仪之事也是其本职。同时又为齐桓公从事外交活动,当深谙王霸之术。商容的天道、礼仪、王霸观念对老子产生了深刻影响:(1)商容本为礼仪之守,临终三戒老子,为首二事即不忘常故、衷心践礼。《说苑·敬慎》载常枞以"过故乡而下车""过乔木而趋"诸礼,告知老子"不忘故"与"敬老"③。(2)商容深知天道,也以此授老子修齐治平之理,基本起点就是"柔舌"之论。《说苑·敬慎》载常枞授老子二戒后,又告老子舌以柔存、齿以刚亡之理,并云"天下之事已尽矣,无以复语子哉"④。(3)天道除以守弱为用外,也强调持后。原始《文子·上德》载:"文子曰:老子学于常枞,见舌而守柔,仰视屋树,退而因川,观影而知持后,故圣人虚无因循,常后而不先。譬如集薪燎,后者处上。"⑤相关文字点出商容除授柔舌之理外,尚有光阴流逝,事物常变,唯守后者能处上之论。此亦影响了老子勇于不敢、后其身而身存等思想。(4)商容为齐桓公重要谋臣,一生经历齐桓公霸道兴衰之路,对尊王霸道深有研习,亦影响了老子的王霸平和天下理念。

老子在商容处习道多年。关于他学成出师后几年内的行迹,史籍未见明载。高亨等在《春秋左传》等材料中寻找蛛丝马迹,认为老子有可能就是

---

① 许维遹:《吕氏春秋集释》,北京:中华书局,2009年,第467页。
② 班固:《汉书》,颜师古注,北京:中华书局,1962年,第1763页。
③ 向宗鲁:《说苑校证》,北京:中华书局,1987年,第243页。
④ 向宗鲁:《说苑校证》,北京:中华书局,1987年,第244页。
⑤ 《文子》本为先秦古籍,为文子及其弟子修撰,刘向修编为《文子九篇》,后散佚。隋唐时重修为《文子》十二卷,即传本。虽该本由后人增删而成,但诸多内容亦以先秦文献为据,此段文字便较可信。同时,杜道坚《通玄真经缵义》本也无"曰"字(正统《道藏》如是,见《道藏》第16册,据明正统十年刻本影印,上海:涵芬楼书馆,1926年,第785页),《中华道藏》本则增"曰"字(杜道坚:《通玄真经缵义》,见《中华道藏》第15册,北京:华夏出版社,2004年,第619页),乃妄改。

相关文献里所载的"老阳子"①。以往人们对该看法关注不多,或者是认为里面推论成分过多,因此悬置不论。笔者认为这是一个值得注意的发现或假说,且将该说与其他可以确知的老子事迹相结合,也能形成一条上下协调的线索。故此处在一定程度上接引该论,以作参考。结合此点,则老子大概是在三十岁左右始任周朝畿内国——甘国的礼官。

在老子担任甘国礼官期间,甘国的国君成公卒,此后景公立。盖在公元前537年(周景王八年、鲁昭公五年)左右,即老子四十五岁左右,甘景公病卒,新任国君简公以非礼的方式即位。老子(老阳子)身居礼官,与宫蘖绰、王孙没、刘州鸠、阴忌等据礼非之,并因此受迫害,避难鲁国,隐居数年。

当时老子避难鲁国,因其在甘国本为礼官,故暂以行丧礼助葬为业。此时,孔子十五岁有志于学,始学礼于老子。孔子十七岁,曾与老子一起为他人出殡,后来告诉曾子说"昔者吾从老聃助葬于巷党,及堩,日有食之"。即当时发生了日食现象,众人惊慌,老子告知其出殡之礼(《礼记·曾子问》)②。除此之外,老子曾告其天子迁庙之礼③,"下殇用棺衣棺"④,三年之丧,金革之事无辟⑤(《曾子问》),"同寮有服"(《孔丛子·记义》)⑥等相关典故,皆是研习丧礼。

公元前530年,老子五十二岁。《左传·昭公十二年》载甘简公卒,无子而其弟甘悼公(甘过)立,悼公欲灭成公、景公之族非议而攻后者,反见杀。后成公、景公族人立成公之孙,诛杀甘悼公党羽,"及宫蘖绰、王孙没、刘州鸠、阴忌、老阳子"⑦。高亨以"刘州鸠"曾在昭公二十一年评论周景王,"阴忌"也在此后参与了王子朝叛乱,两者当时并未见诛,推论传本《左传》原文"及"字应是"反"字讹误⑧。其说是。即成公、景公族人立成公之孙后,召回了当年据礼非议简公悖礼夺位的老子等。老子因此返周,并升任周廷柱下史,任职数年。

到了公元前520年,老子六十二岁。周景王卒,周廷内乱。起初,周景王欲立长庶子王子朝,王子朝傅宾起为之羽翼,但单子、刘子极力反对。周景王欲借田猎之机杀单、刘,未果,病卒。单氏、刘氏于是杀宾起,立王子猛,

---

① 高亨:《关于老子的几个问题》,《社会科学战线》1979年第1期,第35—39页。
② 孙希旦:《礼记集解》,沈啸寰、王星贤点校,北京:中华书局,1989年,第545—546页。
③ 孙希旦:《礼记集解》,沈啸寰、王星贤点校,北京:中华书局,1989年,第524页。
④ 孙希旦:《礼记集解》,沈啸寰、王星贤点校,北京:中华书局,1989年,第547页。
⑤ 孙希旦:《礼记集解》,沈啸寰、王星贤点校,北京:中华书局,1989年,第549页。
⑥ 孔鲋:《孔丛子》,王钧林、周海生译注,北京:中华书局,2009年,第35页。
⑦ 杨伯峻:《春秋左传注》,北京:中华书局,2009年,第1334—1335页。
⑧ 高亨:《关于老子的几个问题》,《社会科学战线》1979年第1期,第35—39页。

即周悼王。此后,"葬景王,王子朝因旧官、百工之丧职秩者与灵、景之族以作乱"(《左传·昭公二十二年》)①,杀悼王自立。单氏、刘氏又立周敬王,晋国遣兵援之。此后数年,尹文公(即尹氏固)、召公唤、南宫极以及贵族甘氏等先后支持王子朝,但晋国仍支持单、刘,一直争杀。

在此事件中,老子盖本不赞同景王非礼主张,但君臣相互攻杀之谋亦令人生厌,后周悼王已立,自然反对王子朝叛乱,终因王城失陷,避走秦国。当时周、秦相近,且秦国未像晋国那样卷入此次周廷内乱,老子深知贵族争权,百姓受累,不愿身陷不道,故暂避祸乱于此。

四年后,王子朝的政变最终失败,与召氏之族、毛伯得、尹氏固、南宫嚚等携石室人员与图文逃楚。同党阴忌亦逃。召伯盈迎敬王入王城,与单、刘盟。其后,尹氏固中途折返王城。老子也应于此年离秦返周。周敬王因周廷石室官吏遁楚,图文尽失,无法正常确立法统、行使礼乐之道,于是命老聃为征藏史,征天下图书。

公元前513年,老子六十八岁。周廷内部暂时平和。老子在周廷继续征收、整理图文。孔子盖在此年携南宫敬叔等由鲁入周问礼。老子此次再见孔子,所传教戒主要是对礼仪所含道理的进一步解说,以及临别赠言"凡当今之士,聪明深察而近于死者,好讥议人者也。博辩闳达而危其身者,好发人之恶者也。无以有己为人子者,无以恶己为人臣者"(《孔子家语·观周》)②,即劝诫孔子应守弱、谦虚、讷于言、敏于行。当时孔子已开始广收弟子,南宫敬叔也名在其中,乃至鲁君高度评价之,自是平生初次志得意满之时,故有此戒。

一年后,周廷单氏、刘氏专权,杀召伯盈、尹氏固及原伯鲁之子。王子朝旧党复叛,阴不佞败之。老子见单氏、刘氏专权嗜杀,认为周德衰。且其当年与阴忌等一同受迫于甘简公,当有交往。此时阴忌为王子朝党,逃亡在外,老子自然受单、刘等猜忌,于是以古稀之年告老还乡。

离周归沛途中,过边关,遇守将。关令名为尹喜,尹氏族人,本为贵族,故为边关守将。在王子朝之乱中,尹文公固初支持王子朝,失败与之同逃楚国,后中途折返,当时应与单、刘盟。此时单、刘败盟,杀之,于是尹氏一族复叛。身为尹氏族人的尹喜自然处于左右为难之际,此时遇见老子,又听闻大道,故挂印而走。

---

① 杨伯峻:《春秋左传注》,北京:中华书局,2009年,第1434—1435页。
② 陈士珂:《孔子家语疏证》(据商务印书馆1940版影印),上海:上海书店,1987年,第71页。

在归隐沛地后数年内,周廷先是又有巩简公氏族内部之乱;其后,周敬王遣刺客杀王子朝于楚,于是王子朝旧党引郑国兵攻周,周敬王离开王城避乱;其间,孔子也先是由周返回鲁国,因入周问礼,解决了年轻时的诸多困惑,故云"四十而不惑"(《论语·为政》)①。返鲁后,拒阳虎之请,退修《诗》《书》《礼》《乐》;老子弟子文子、壶丘子林、阳子居、崔瞿、叔山无趾、亢仓子、南荣趎、柏矩等亦先后南之沛问道于老子。

公元前503年,老子七十九岁,隐居于沛,为弟子讲学,同时孔子因鲁国阳虎之乱开始萌芽,携弟子子路等避乱于宋,并带初步修订的《春秋》《诗》《书》《礼》《乐》等来访,欲应周廷之征,藏之石室。老子认为所献之书都已是陈迹,仁义理念都非正道。告之应循道而趋、放德而行,仁义不足道,是"击鼓而求亡子",将乱人性(《庄子·天道》)②。

第二年,孔子仍在沛,向老子问藏书事,并问道。其间,公山不狃使人来召孔子,孔子欲往,子路止之。盖老子亦谓其未知天命。老子告知天道无亲,阴阳自化,故圣人无为逍遥,虚心易养,不施化于民,只是"假道于仁,托宿于义",但仁义"止可以一宿而不可久处"(《庄子·天运》)③。孔子始领悟天命,乃谓"五十而知天命"(《论语·为政》)④。

第三年,老子隐居于沛,为弟子讲学,孔子仍在沛问道。其间,阳虎败逃,季氏或鲁定公召孔子为中都宰。孔子受之,认为大展抱负之刻已到。盖返途过长江而有"子在川上"语(《论语·子罕》)⑤。孔子返鲁后,两年内由中都宰升小司空乃至大司寇,随即堕三都失败,出鲁入卫,后适陈,又返卫——开始周游列国。

在孔子当政支持改革时,叔山无趾见之,称己尝为名利奔走,以致丧足,今日知其非,而知去名利养生,虽无趾,不便行走,却真正神全。即觉今是而昨非,捐名利而入真德。孔子当时正兴其教,其后虽败,仍转蓬于诸侯之间,执着之。叔山无趾后见老子,称孔子不能悟"死生为一条""可不可为一贯",难以解脱于桎梏,是"天刑之"(《庄子·德充符》)⑥。

其间,《说苑·敬慎》载叔向已八十余,答韩平子"刚与柔孰坚"之问而称引老子天道尚柔之论⑦。同时,文子已年逾五十,与弟子范蠡解勾践会稽

---

① 刘宝楠:《论语正义》,高流水点校,北京:中华书局,1990年,第43页。
② 庄子:《庄子》,方勇译注,北京:中华书局,2010年,第216页。
③ 庄子:《庄子》,方勇译注,北京:中华书局,2010年,第236页。
④ 刘宝楠:《论语正义》,高流水点校,北京:中华书局,1990年,第43页。
⑤ 刘宝楠:《论语正义》,高流水点校,北京:中华书局,1990年,第349页。
⑥ 庄子:《庄子》,方勇译注,北京:中华书局,2010年,第83页。
⑦ 向宗鲁:《说苑校证》,北京:中华书局,1987年,第245页。

之困。又壶丘子林年三十左右，已在老子处求道十余载，于是学成归陈地壶丘，开坛传道。

公元前493年，周敬王二十五年，鲁哀公二年，老子八十九岁。孔子去卫入曹，后适宋，因奔走数年而不见用，入沛见老子而问大道。孔子见老子，曰："丘治《诗》《书》《礼》《乐》《易》《春秋》六经，自以为久矣，孰知其故矣。以奸者七十二君，论先生之道而明周、召之迹。一君无所钩用！甚矣夫，人之难说也，道之难明邪！"老子告之曰"道"为一切之本，"苟得于道，无自而不可，失焉者，无自而可"，"夫六经，先生之陈迹也，岂其所以迹哉！今子之所言犹迹也。夫迹，履之所出，而迹岂履哉"，从而指孔子不能治人、化人（《庄子·天运》）①。即六经、言辞为陈迹，不足用，礼乐之道不可行。以古迹应对当下时事，无法成功，当求背后之"道"。老子面对孔子的困惑，更深入地阐述了"道"。他说"道"窅然难言，但观其崖略，则本冥冥，来无迹，往无崖。无形生有伦，进而生精神，精神生形，形生万物。天得之以高，地得之以广，日月得之以行，万物得之以昌。且卵生八窍，胎生九窍（《庄子·知北游》）②。在此"道"下，人就应得道。人有九窍，得之，则四肢强、思虑恂达、耳目聪明、用心不劳、应物无方。且也是帝之所以兴、王之所以起。得之，是谓大得。大道忘天、忘物、忘己，圣人不累心，无形色、是非之辩。天道有大常，又有小变。圣人亦然，遵从天下万物之所一，"游心于物之初"，进而喜怒哀乐不入于胸次，但与时推移。强调"夫水之于汋也，无为而才自然矣；至人之于德也，不修而物不能离焉，若天之自高、日月之自明"（《庄子·田子方》）③。

应该说，老子在鲁国时便向孔子传授天道、易理之学，但当时所言仅是基础，孔子所悟也只皮毛。到此时，老子才根据孔子的际遇而深入阐发其理，致使后者晚年好"易"，深习之。即老子传道与易学于孔子，孔子传于子夏，相关事迹也可参见《孔子家语·执辔》④。但孔子在此后九年仍明知不可为而为之，继续周游列国，劝说诸侯不休，终不见用，于是结束列国之游。返鲁后，哀公问政，亦不能用，从此专心修书讲学。

老子不知辞世于何年，但以寿考著称，享年或近百。《庄子·养生主》载老聃死，秦失吊之，三号而出，并告诫老子弟子：老子之生死，适来适去，为

---

① 庄子：《庄子》，方勇译注，北京：中华书局，2010年，第243页。
② 庄子：《庄子》，方勇译注，北京：中华书局，2010年，第365—366页。
③ 庄子：《庄子》，方勇译注，北京：中华书局，2010年，第343页。
④ 陈士珂：《孔子家语疏证》（据商务印书馆1940版影印），上海：上海书店，1987年，第167—168页。

"帝之县解",众弟子当无别生死,善妖善老、善始善终①。

2. 社会讹传演绎。在春秋时期,老子死后较近的一段时间内,其真实事迹曾有过短暂的流传。当时传闻主要流行于贵族或士阶层,因此身份等比较符合事实,被视作大思想家,较长寿。如时人都认为老子为柱下史、征藏史,地位高。同辈思想家——晋国叔向晚年曾称引其柔舌理念。在老子传人中,儒家孔子、道家文子、范蠡等都给予他很高评价。

战国中期时,诸子百家也依然将其视作前代大哲,但也为以后过分长寿化埋下伏笔。如庄子依然把老子视作大思想家、诸子之宗,虽长寿,但有死亡。但同时,他那里有许多仙人的故事,也对老子此后被仙化起到了作用。到了战国晚期,老子的形象开始传入更为广大的普通百姓阶层。于是出现了分化,在精英阶层,如荀子、韩非子、《吕氏春秋》作者等诸子都将他看作大思想家,而民间的老子形象开始异变。到庄子后学,特别是经过秦国的政治意识形态宣传后,老子与太史儋的信息与传说出现混同现象。即将老子与春秋晚期老莱子、战国前中期的太史儋等混同,指其活有两三百岁。

到了汉代司马迁时期,时人对老子的认知又有了新的变化。关于《史记》中的老子信息,有以下特点:(1)老子的基本信息到战国中后期已异化。老子与老莱子、太史儋诸多信息混淆。这些都对司马迁写老子列传有影响。司马迁在撰写老子本传时,虽力求加以分别,部分内容也已难分辨,无法避免以讹传讹。(2)传本《史记》的老子本传是经过后人妄改之物。唐代王室尊奉道教,对篡改老子本传起到了推波助澜的作用。结合以上两点,再来看司马迁认为老子是怎样一个人。

司马迁认为老子"名耳,字聃,姓李氏"(唐代李贤等注《后汉书·孝桓帝纪》引《史记》)②,明确区分老莱子、太史儋。同时,知其为"楚人",并未详说籍里。关于老子的工作,仅说是"周守藏室之史",没有提甘国礼官、周柱下史等。指其在周时,孔子问礼,但也混淆了孔子数次求教老子的相关内容。如孔子赞老子为龙,本是第三次见老子时的喟叹,司马迁将其混淆于入周问礼事。同时指老子晚年见周衰,乃隐退。他所谓的"至关"的"关"可指一般边关,并无特指。关于隐居地点与此后的事情,仅说出关后"莫知其所终"。至于卒年,称"盖老子百有六十余岁,或言二百余岁",并云"以其修道而养寿也"。

司马迁所写《史记》的相关信息在东汉以后被删改,尤其是李唐王朝对

---

① 庄子:《庄子》,方勇译注,北京:中华书局,2010年,第49页。
② 范晔:《后汉书》,李贤等注,北京:中华书局,1999年,第207页。

此作了大的修订。如唐皇室以老子为宗,故移"姓李氏"于句首,形成了通行本《史记》"姓李氏,名耳,字聃"①的格局。尤其是后来,唐玄宗尊道教,一度将其改作正义本《史记》"姓李氏,名耳,字伯阳,谥曰聃"②的样貌。至于籍里方面,也开始有讹传。东汉初期,楚王刘英在彭城祭祀老子,此后借助黄老浮屠之语,造奇物谋反,事败自杀。汉廷派遣使者毁弃刘英所建老子祠,弹压老子浮屠之祀。然而当时老子浮屠传播已盛,影响日大,民间已滋生诸多关于老子神迹乃至其生地、墓冢的传闻。在汉廷于彭城弹压老子祠祀的情况下,民间在认定老子生地及其神迹的发生处时便避开彭城,转移他处。因老子为仙人不死,无墓可寻,便转而寻李母之墓。在李母冢认定方面,有一个因素起到了直接作用,即战国晚期开始的老子、老莱子混同现象。老莱子本是楚人,曾避乱于沛泽、蒙山之阳,最后逃至江南。可能终迁苦地濑乡,度其残年,当地葬有其亲人冢。且后世传说老莱子以孝闻名,时人表彰其母及其孝行,对老莱子母冢必有种种说法。在二者混同后,老莱子母冢就成为了"李母冢"。与此同时,方术之士传该地出现李母神迹。百姓诚信,继而建李母祠、修李母庙。直至汉桓帝永兴元年(153年),王阜立《李母碑》。"李母冢"被确认后,不必立刻表示此地就是"老子"生地。《李母碑》虽有立处,但立碑处不表明为老子生地。此从碑文仅曰"老子生于曲濄间"(《水经注·阴沟水》注濄水引)③,对于生地只是模糊言之可证。但李母冢、李母庙和李母碑的修建影响甚大,直接促成当地人在所谓李母冢周围兴建老子祠。然后传而信之,以致延熹八年(165年)汉桓帝两度遣使致祀,同时边韶为之立《老子铭》。该铭文指老子"楚相县人"(《水经注·阴沟水》注濄水引)④,"楚"指春秋时楚国,当时"相县"包含此后东汉人所谓陈国苦县的老子庙等相关地域,具体地点为东汉时期的苦县濑乡(今属河南鹿邑)。

在濑乡被明确为老子故里后,老子祠所在的具体地点也渐由《李母碑》"曲濄间"转化出所谓"曲仁里",进而转化为老子生于"苦县濑乡曲仁里"。又东汉章帝章和二年(88年),汉廷改立淮阳国为陈国,直至汉献帝建安二年(197年)废陈国为陈郡,其间陈国领九县,包括苦县。故东汉人在相当长一段时间内称老子为"陈国苦县濑乡曲仁里人"。对于当时的人们而言,以上两种说辞本不成问题,当然也不能完全排除会使部分人误以为是指春秋

---

① 司马迁:《史记》,裴骃集解、司马贞索隐、张守节正义,北京:中华书局,1999年,第1701页。
② 司马迁:《史记》,裴骃集解、司马贞索隐、张守节正义,上海:上海古籍出版社,2011年,第1650页。
③ 陈桥驿:《水经注校证》,北京:中华书局,2007年,第553页。
④ 陈桥驿:《水经注校证》,北京:中华书局,2007年,第553页。

时期陈国人。

但这种相对而言较复杂的情况,在后来的流传中开始混淆。如北魏崔玄山《濑乡记》曰:"老子者,道君也,始起乘白鹿下,托于李氏胞中,七十二年,产于楚国淮阳苦县濑乡曲仁里。"(《太平御览》卷三六一引)①东晋葛洪《神仙传》亦曰:"老子,楚国苦县濑乡曲仁里人。"(《史记正义》引)②在这种情况下,浅鄙之人开始妄改《史记》。到唐初,《老子列传》的相关内容便有两种版本:一如孔颖达所引"陈国苦县濑乡曲仁里人",一如通行本曰"楚苦县厉乡曲仁里人"。最终在唐宗室的诏命下,以葛洪《神仙传》所传信息为基础,删定《史记》相关文字,皆如通行本所云。就此便形成了楚国苦县(河南鹿邑)、陈国相县(安徽涡阳)、宋国相县(安徽淮北)之争。

关于老子出关,司马迁的"关"没有特指。但秦汉之时就开始了老子的各种传说以讹传讹,云老子西出秦关,指其出大散关;此后传说愈烈,乃至言函谷关(其设置在战国秦献公、太史儋时)。此后的人们更愿意将其解读为后者,并为老子西出之后各种传说留下伏笔。

最后,司马迁将老子写入列传,原不可能写其后世谱系。传本的内容大概为李唐王室所增,指"老子之子名宗,宗为魏将,封于段干。宗子注,注子宫,宫玄孙假,假仕于汉孝文帝。而假之子解为胶西王卬太傅,因家于齐焉"③。实际上老子与文中的李宗相去两百年,不太可能为父子。这个世系应是太史儋的。或许老子后人有太史儋,战国后期人已混淆两者,时人不能辨,从而误置后者世系于老聃名下。

3. 宗教文化创造维度。从战国晚期开始,老子的长寿已被不断夸大。首先,从文化符号看,时人将老子、老莱子、太史儋三者混同,于是认为老子寿岁两三百,并将此视作被确证的"事实"。同时又征引道家的养生思想对其进行理论上的论证。这样就使老子的寿命从正常人的百来岁,下推为两百余岁。

秦汉之际,老子形象开始上移,混同于周幽王时期的伯阳父,使其生年向上推一两百年。此后,又将老子之师商容混同于商朝的商容。如东汉许慎即云"商容,殷之贤人,老子师也"(刘孝标注《世说新语·德行》引)④,即将其混淆于商纣时的"商容",进而附会老子为商朝人。如《列仙传·老子》

---

① 李昉等编:《太平御览》(据宋刻本影印),北京:中华书局,1960年,第1663页。
② 司马迁:《史记》,裴骃集解、司马贞索隐、张守节正义,北京:中华书局,1999年,第1701页。
③ 司马迁:《史记》,裴骃集解、司马贞索隐、张守节正义,北京:中华书局,1999年,第1703页。
④ 余嘉锡:《世说新语笺疏》,北京:中华书局,2007年,第1页。

(东汉初)指"老子姓李名耳,字伯阳,陈人也。生于殷,时为周柱下史"①。东汉以后,除"商容"外,《列仙传·容成公》载:"容成公者,自称黄帝师,见于周穆王。能善补导之事,取精于玄牝。其要谷神不死,守生养气者也。发白更黑,齿落更生。事与老子同。亦云老子师也。"②即指老子也师从黄帝时期的容成子,此是方术世界中神仙家在混同春秋商容与殷商商容基础上的进一步演绎,表明老子已彻底仙化。

到了东汉末年,老子开始被神化。如《老子圣母碑》指"老子者,道也。乃生于无形之先,起于太初之前,行于太素之元,浮游六虚,出入幽冥,观混合之未别,窥清浊之未分"(《太平御览》卷一引。但将其指为王阜所作,是混同于《李母碑》,误。该碑文为东汉末年作品)③。即将老子神化为先天地而生的神物,与"道"相混同。与此同时,道教开始形成,并将老子彻底推上至高神的位置。当时太平道、五斗米道兴起,两者都以老子为太上老君,奉为最高神。老君作为最高存在,道也成为他的法式与宝具。此后,道教徒对老子不断神化,形成老君世世降世,为帝王师谱系。且其教化领域不限于中土,还涉及异域,乃至整个大方世界。典型代表即魏晋时期产生的《老子西升化胡经》。该书模仿佛经,核心内容就是演绎老子西入天竺,点化释迦牟尼,令后者创立浮屠教。此外,也为"老子"神化事迹年谱的进一步发展提供了支持。

唐宋时期,统治者对道教十分推崇,老子神化年谱也趋于系统。北宋时,贾善翔著《犹龙传》,南宋谢守灏在此基础上完成《混元圣纪》,是将老子神化形象系统梳理出来的集大成之作。《混元圣纪》的根本思维已从"老子是谁"转变为"老子是什么",彻底完成了"老子"到"太上老君"的演绎。太上老君作为最高存在,世世降世,为帝王师,从三皇到宋代,年谱详备,而老子作为老聃是春秋时期的一次降生、神显而已。同时,宋代以后对太上老君的创造未曾停止。从某种角度而言,太上老君也是中华文化历经数千年所形成的结晶之一,它现在仍在创造中,代表了中国人的一种想象与希望。

(二)从《老子》到《道德经》

老子为我们留下了《老子》一书。如果以线性历史观和作品理念考察,该书必然存在最原始的面貌。且即使依从开放的文本理念而言,具体文本除受开放"语言"影响外,也赋形于"言语"因素,即包含着当时社会和作者的意识形态,故在其成形的一刻,相关意识形态会固化其中,致使其成为具

---

① 王叔岷:《列仙传校笺》,北京:中华书局,2007年,第18—19页。
② 王叔岷:《列仙传校笺》,北京:中华书局,2007年,第14页。
③ 李昉等编:《太平御览》(据宋刻本影印),北京:中华书局,1960年,第2页。

有一定意识回路的半封闭体。该半封闭体具有"排他性""记忆性",足以形成一定的结构与本义。《老子》原始文本同样具有该特征。关于《老子》原始面貌的考辨,笔者已撰写《〈老子〉原始》(约30万字,待出版)①,此处不作展开。

同时经典之所以成为经典,在于它是一个活生生的精灵,具有生命性、生长性、创造性。它有具体的诞生时刻及原初面貌,而真正使其成为经典的是出生后一直活着,在与历代哲人、大众的不断交流中生长。表现在文本上即结构、文字、内涵的与时偕行、不断革新。这在先秦典籍的经典化历程中表现得最为突出,《老子》生长为《道德经》也是如此。首先,从文本面貌而言,《老子》篇章的最初面貌由其自身的文本结构所决定,但此后在与历代思想者的接触中实现了难以预计的变革性生长。最具标志性的现象是:篇章划分的变更;《老子》各篇名从无到有,从"德篇""道篇"到"道经""德经"的演变;《老子》书总题目从原来的无题名,到简单地被冠以"老子",进而为"老子德道篇",又转为"老子道德经",最终为"道德经"。这些变化一方面表现为《老子》文本随着经典化程度的加深,结构不断固化,另一方面相对于原初面貌而言,又是一种脱胎换骨的变革。其次,《老子》文本面貌的变化皆有意识形态在其中,也为内涵的不断创造性生长提供了最基础、强有力的条件。以下详论之:

1. 原分两篇,上"德"下"道"。《老子》原始面貌是五千余字,且二篇分置是其文本的自然结构。《老子》在先秦时期也为两篇制,二十世纪末出土的战国中期文本郭店楚简《老子》可验证此点。郭店楚简《老子》包含三组不同的非五千言本《老子》,其中丙组简《老》是摘抄于五千言、用于修编新篇章后剩余的材料,乙组简《老》、甲组简《老》是完成修编后的新文本。墓主视甲组简《老》为经典,赋予极高的竹简规格,说明在他看来该文本被修编得最为完善,在一定程度上体现其形制最接近当时社会上被尊为经典的原《老子》。甲组简《老》虽打乱了《老子》原有篇章结构,但总体上分为上下两篇,表明其所据底本亦即社会上的经典《老子》文本为两篇制。同样,韩非子所见《老子》也是如此。《解老》涉及的《老子》经文始于"上德不德"章节,依次相当于通行本《德经》第38、58、59、60、46章,以及《道经》第39、50、67、53、54章,体现出了较为显著的两篇制特征。

楚汉时期的帛书五千言《老子》甲本,以及汉初的帛书五千言《老子》乙本也皆分为上下篇。司马迁《史记·老子韩非列传》亦曰"老子乃著书上下

---

① 本书所征引《老子》,皆出自该书。相关文句皆为笔者对帛书本或楚简本的校读,识读多出己意,以下不另出注。

篇,言道德之意五千余言而去"①,表明其所见《老子》亦然。此后严遵指归本、河上公章句本皆如是。

至于东汉时期《老子》文本的分篇形制,宋谢守灏《混元圣纪》载:"按刘歆《七略》,刘向雠校中《老子》书二篇,太史书一篇,臣向书二篇,凡中外书五篇一百四十二章,除复重三篇六十二章,定著二篇八十一章。……中书与向书俱云二篇,则未校之前已有定本。"②刘向校书时曾获三种版本《老子》,分别为朝廷中秘石室所藏的两篇本、太史藏的一篇本,以及刘向自家所藏两篇本。当时也的确存在一篇本,但中秘石室所代表的官方定本以及刘向自家所藏的皆为两篇本,表明善本与通行本皆为两篇本,且刘向删定后确定的也是两篇形制。此后,班固《汉书·艺文志》等所载《老子》皆为上下篇。

在明确《老子》原分上下篇的情况下,孰上孰下又是一个复杂问题。韩非子《解老》、帛书《老子》、严遵指归本等皆上"德"下"道"形制,传世的河上公本、想尔注本、王弼本等皆为上"道"下"德"结构,因此学界也颇有争论。

实则,《老子》分篇本貌为上"德"下"道",此可直接验证于它的行文规律。《老子》本为君王说治国之法,当时治国论的基本议题是行德政。老子谏言须有的放矢,故其论首先从德行切入,开口便云"上德不德",且在首章中就从"德"的身后牵出"道"。如果开头言"道可道也,非恒道也",显然无的放矢,有悖于情理与论说规律。该原初结构也可验证于传世文献。韩非子《解老》所用经文摘抄于五千言,行文规律是开头解"上德不德",中言"道可道",可知所据《老子》底本为上"德"下"道"形制。韩非子虽进行了摘选注解,但也遵从此形制。秦汉时的帛书《老子》亦然。关于其形制是否为偶然之例,恰如尹振环所强调的:帛书《老子》包含甲、乙两种抄本,且两者非抄写于一朝,源自不同抄本,上"德"下"道"形制绝非偶然抄误③。

上"德"下"道"形制的设置不意味着上篇纯言"德"、下篇纯论"道",它只是简单的文本分篇形式,背后不贯穿着特定的思想理念。《老子》分篇原本只是从其量,取其关键章而裁之,这从原无固定的分篇名即可知。先秦时,《老子》无篇名,即使秦汉时代帛书《老子》甲本也不标注篇名。虽然乙本于各篇末标以"德三千四十一"④"道二千四百二十六"⑤等,开始体现出

---

① 司马迁:《史记》,裴骃集解、司马贞索隐、张守节正义,北京:中华书局,1999年,第1702页。
② 谢守灏:《混元圣纪》,见《中华道藏》第46册,北京:华夏出版社,2004年,第49页。
③ 尹振环:《〈老子〉篇名篇次考辨——三论帛书〈老子〉》,《文献》1997年第3期,第190—203页。
④ 国家文物局古文献研究室:《马王堆汉墓帛书(1)》,北京:文物出版社,1980年,第93页。
⑤ 国家文物局古文献研究室:《马王堆汉墓帛书(1)》,北京:文物出版社,1980年,第98页。

篇名的命取,但此"德""道"篇名也只是取各篇首句关键字为之,与《诗经》中各诗命名相同,没有特定含义。当然,该命名形式与字数的明确也体现出官方定本的意志,意味着《老子》地位上升,官方开始参与形制的规范化。

到西汉末年时,从严遵《老子指归·君平说二经目》可知,其所注《老子》本上"德"下"道"结构①。同时严遵的传文中出现了"上经""下经"等字眼,这些"经"字非指《老子》被奉为政教权威或宗教式的经典,而是相对于他本人所作的"传""注"文字而言,指《老子》原文。以此看,他的《老子》篇名设定是《老子上》《老子下》,没有特置篇名。

2. 上"道"下"德"次序始于西汉末年。皇甫谧《高士传》载:"安丘望之者,京兆长陵人也。少治《老子》经,恬静不求进宦,号曰安丘丈人。成帝闻,欲见之,望之辞不肯见。上以其道德深重,常宗师焉。望之不以见敬为高,愈自损退,为巫医于民间。著《老子章句》,故老氏有安丘之学。扶风耿况、王汲等皆师事之,从受《老子》,终身不仕,道家宗焉。"(《太平御览》卷五〇八引)②即西汉末年成帝时,几乎与严遵同时,有养生修仙派高士曰安丘望之,被尊为"安丘丈人",作《老子章句》。且安丘望之修道有德,成帝曾请之,初始不受,后往为之说道,最终为巫医于民间。此巫医特指修身修仙,故《抱朴子》佚文称其最后得道,"莫知何在"(《太平御览》卷六六六引)③。

安丘望之有《老子章句》传世,弟子在传习过程中会进行修订。经过数十年的不断传播与修改,东汉初年时形成了一版新的《老子章句》。当时新旧两种版本并行于世。对于旧本,时人明确其为安丘望之作品,新本虽也本安丘望之所传,但与旧本相较有诸多差异,认为它可能与安丘望之有关,但别有出处。此时几个非常恰合的因素致使后人以安丘望之与新本为基础,讹传并虚构出一个汉文帝时的"河上公",并将新本指为他的作品,定名为《河上公老子章句》。相关情况略论如下:

安丘望之被时人尊称为"安丘丈人"。乐钜公即乐臣公,也被称作"安丘丈人"。因有此关系,又皆以修老子之术得名,两人事迹在一定程度上相讹误。如乐臣公祖师为战国时"河上丈人",安丘望之也因此被讹为"河上丈人"弟子。且安丘望之的"安丘丈人"名重一时,汉成帝曾征召,其初始未往,后为之说道,但终归山野,不知所终。乐臣公的"安丘丈人"传道于盖公,盖公传于曹参,曹参令老子之术成为汉文帝国策。于是两相结合,讹为"安

---

① 严遵:《老子指归》,王德有点校,北京:中华书局,1994年,第1—2页。
② 皇甫谧:《高士传》,见《四部备要》,北京:中华书局,1989年,第15页。
③ 李昉等编:《太平御览》(据宋刻本影印),北京:中华书局,1960年,第2972页。

丘丈人"见重于汉文帝。由于"河上丈人"与"安丘丈人"之间颇有渊源,于是在以上因素的基础上将"安丘丈人"讹传为"河上丈人",最后定型为"河上公",并演绎出诸多与汉文帝相关的故事。即战国时河上丈人、西汉初年乐臣公(安丘丈人)以及西汉末年安丘望之(安丘丈人)的相关事迹最后造就了一个文化综合体——"河上公"。而后在东汉初年本于西汉末年安丘望之《老子章句》而重新修订出的新《老子章句》,最终也归名到此"河上公"名下。由于"河上公"名义上为安丘望之(安丘丈人)的祖师,且新本后出转精,在崇古观念等影响下,安丘望之原作渐废,所谓《河上公老子章句》大行其道。

安丘望之依从易学重道理念及自身侧重养身修仙的理论导向需要,转变了从老子到黄老派以来一直坚守的以治天下为本位的"德""道"结构,开始形成"道""德"形制。安丘望之对《老子》分篇次序的调整渗透着一种理念——以"道"为本、以养生修仙为主要目的。但起初只是颠倒上下篇次序,并没有标置篇名。且也只是标注《老子》,不题《道德经》,此从受其影响的刘向《老子》以及《河上公老子章句》的本来面貌皆可得证。

3. 上"道"下"德"的传播与权威化。安丘望之的分篇理念与分篇形制在社会上产生了深远影响。在上层贵族层面,他曾受汉成帝之邀到京师讲学,名动一时。刘向当时在朝为官,获得其书,即《七略》所谓"臣向书二篇"(宋谢守灏《混元圣纪》引)①。它与石室二篇本(其分篇应同于帛书《老子》本)、太史一篇本等分篇结构相异,刘向以其为底本校对,故所得最终文本的分篇分章皆同于后来的河上公本。在民间传播层面,东汉初年以其为雏形形成《河上公老子章句》。河上公本继承了前者的基本结构,总名本作"老子",不作"道德经",且上"道"下"德",无篇名。

河上公本对民间《老子》形制影响深远,张鲁《五千文》《老子想尔注》继续强化了这种分篇结构。敦煌出土有多种《五千文》抄本。唐天宝十年系师定本道德经写卷,尾题"道经卅七章二千一百八十四字""德经卅四章二千八百一十五字""五千文上下二卷合八十一章四千九百九十九字""太极左仙公序系师定河上真人章句"(伯希和2255)。又唐开元二年道士索洞玄书老子写本在抄写葛玄序文后,别行另起书"道经上",且全篇抄写完毕后,又尾书"老子道经上"(伯希和2584)。可见张鲁曾修订《五千文》,且其本自《河上公章句》。至于总题目可能是《五千文》,也可能为《老子道德经》,如其分上"道"下"德",分标"道经""德经"。但要注意的是,当时道教还未完全形成,此处的"经"并非后世道教经典化后的"经",只是相对于他人以及

---

① 谢守灏:《混元圣纪》,见《中华道藏》第46册,北京:华夏出版社,2004年,第49页。

张鲁自己的《老子》注文而言，表示《老子》原文。

张鲁又作《老子道德经想尔注》。将上文提到的唐开元二年道士索洞玄书老子写本（伯希和2584）上的《老子》经文与敦煌出土的想尔注本《老子》经文相较，索洞玄本经文的独特之处如"以其无尸，故能成其尸""公能生，生能天"等，想尔注本《老子》经文皆合之。此外的细微差异则如饶宗颐所言"殆因写手之笔误及各道观师传经本之微异耳"①。即张鲁《老子道德经想尔注》也是依从《五千文》注解，本自河上公本。同时，敦煌六朝写本《老子想尔注》残卷，卷末题"老子道经上"，下标"想尔"二字。可见张鲁《老子道德经想尔注》的分篇形制与《五千文》一致，题名的设置与内容也是相一致的。即"老子道德经"的命名只是表示相关内容是老子所著原文，其结构为上"道"下"德"。

此后，河上公本、想尔注本等又影响了王弼对《老子》的传注。关于王弼本《老子》题名、分篇等情况一直存有争议。王弼注《老》深受河上公本影响，且张鲁当时已降魏，与曹氏为姻亲，王弼为魏贵族，对其老学有所认识。如张鲁《老子想尔注》注文常云"前章已说矣"等，王弼注文与之类似，是受张鲁老学影响的结果。以此来看王弼注本的总名，唐以后传本皆作《老子道德经》，晁说之等皆指其近古②。盖受张鲁本的影响，本是如此。当然，也不能完全排除他原本只是以"老子"称之，此后唐人改题"老子道德经"。

关于分篇情况，王弼注文中直接出现"上篇""上章""下章"等语，可见本来是分了篇，且有章节区分的。在篇名上，分上下二篇，但不分标"道经""德经"。王弼注文中作"下篇"，而不作"德篇"或"道篇"，即此体现。

在明确王弼本分上下篇的情况下，再联系王弼注《老子》"绝学无忧"（河上公本二十章）曰："下篇，为学者日益，为道者日损。"此处直接指出"下篇"，说明"为学日益"句在下篇中，它在河上公本中为下篇四十八章。同时，王弼注"知其雄守其雌"（河上公本二十八章）曰："下章云，反者道之动也。"说明"知其雄"章在前，"反者道之动"章在后，而后者在河上公本中为下篇四十章。两相结合，可知王弼本上"道"下"德"，与河上公本同。这也与晁说之等所谓不分标道德而上下之的说法相吻合。总之，王弼本总题名可能为《老子道德经》，且分二篇，上"道"下"德"，但不置篇名。

从汉魏以来，到南北朝，乃至隋唐时，上"德"下"道"的《老子》依然流

---

① 饶宗颐：《老子想尔注校证》，上海：上海古籍出版社，1991年，第88页。
② 晁说之题记，见《老子王弼注》（据武英殿聚珍本影印），日本：东京文求堂，1939年，第43—44页。

传,上"道"下"德"的《老子道德经》也在传世,且后者不断发展。尤其是在受到佛教的进一步影响后,道教开始真正全面确立,于是效仿佛教,实现《老子道德经》文本的真正的宗教经典化,最集中的体现就是将"老子道德经"这一称谓经典化为"道德经"。两种命名存在的本质区别在于,前者只是表示老子著述原文,结构为上"道"下"德";后者体现形而上的权威,尤其是宗教化的权威。所谓"经",带有天地恒常、不刊之论的意义。且直接将上下篇提升为"道经""德经"。按《混元圣纪》所言,葛洪也曾校注《老子》①。葛洪遵从了河上公本分篇的原则,即上"道"下"德"。葛洪是道教发展进程中的重要人物,大概是其完成了从"老子道德经"到"道德经"的转变。

在魏晋以后,更具哲理性,又具有宗教意识形态的"道德经"称谓被广泛接受。上"德"下"道"的结构本身束缚了《老子》的诠释空间,上"道"下"德"则解放了相关束缚,且前者难合社会主流称谓"道德经",后者正可相呼应。于是,前者不断式微,后者渐成主流。到了唐代,因唐宗室推崇道教,唐玄宗开始以国家意志将海内一切《老子》文本统一在"道德经"之下。董思靖《道德经集解·序说》载:"广州董迪云:唐元宗既注《老子》,始改定章句。言道者类之上卷,言德者类之下卷,刻石涡口庙中。元宗释题云:道者,德之体。德者,道之用。经分上下者,先明道而德次之。然其末又云:是知体用互陈,递明精要,不必定名于上下也。"②在此影响下,上"道"下"德"也就成为唯一形式。自此之后,流传于世的一切《老子》文本都被人为调整,统一在此结构之下。如调整后上"道"下"德"版《老子指归》文本的存在即明证。至于那些无法实现结构调整的文本则渐渐亡佚。

4. 分章演变。《老子》文本有着自身的行文规律,自然存在一定的章节划分。且各章之间具有关联,存在一定体系。不过历史上也一直存在一个演变的过程。

先秦时期,在《老子》文本分章问题上,一方面其分章依从文本的自身规律,有一定面貌,但也不是很确定。另一方面,研究者又对其进行解放,生产出了更多新的章节划分、次序与结构。如在郭店楚简《老子》内部,甲组简《老》包含:今本19章、66章、46章中下段、30章上中段、15章、64章下段、37章、63章、2章、32章、25章、5章中段、16章上段、64章上段、56章、57章、44章、40章、9章;乙组简《老》包含:今本59章、48章上段、20章上段、13章、41章、52章中段、45章、54章;丙组简《老》包含:今本17章、18章、

---

① 谢守灏:《混元圣纪》,见《中华道藏》第46册,北京:华夏出版社,2004年,第49页。
② 董思靖:《道德经集解》,据清光绪三年归安陆氏《十万卷楼丛书》刻本,序第4页。

35章、31章中下段、64章下段①。其中,丙组简《老》是摘抄自原始《老子》的材料,皆以竹简末尾留白的形式保存了各章的相对独立性。乙组、甲组虽然是修编本,但也保留了其摘抄底本的分章符号。以此可知,墓主在摘抄修编《老子》时所用的底本《老子》存在章节划分,且各章的独立情况大体上是出于原始《老子》文本原有的行文规律。也正因此,其分章大体上与传世本《老子》相一致。只是乙组、甲组为修编本,打乱了原有的次序,且各章节内容也有所删并,不能反映原《老子》的章节次序与各章的完整面貌。

韩非子《解老》《喻老》也一样。《解老》所涉及的《老子》经文始于"上德不德"章节,依次相当于通行本《德经》第38、58、59、60、46章,以及《道经》第39、50、67、53、54章;《喻老》所涉及的《老子》经文,多选取自《德经》,中间也偶尔杂入《道经》内容,具体行文次序相当于今本的46、54、26、36、36、63、46、52、71、64、47、41、33、27章。《解老》《喻老》在行文时,也较明确地区分了各章节,使各章拥有自己的相对独立性。这也说明韩非子所见完整《老子》也存在章节划分,且该本也依从原有的行文规律,故其划分与传本分割大致相同。只是由于《解老》《喻老》是节选摘抄注解,也不能排除它们在历代修编过程中被人为调整的可能,无法看出其底本确切的章节先后次序。

以上两个文本都体现出了原始《老子》文本存在章节划分。同时,它们对《老子》文本的删选、重组也体现出先秦时代诸子有改造、修编新《老子》文本,令之"为我所用"的风气与传统。这一方面体现出了老学的巨大影响,另外一方面也体现出了老学在《老子》文本传播方式上的突出特点,即在先秦时代,《老子》文本章节结构的自我解放主要是依赖于诸子对《老子》文本的主观再造和由此形成的各种新《老子》重组本。

秦代以后,现有较完整的《老子》文本,最早的是楚汉时期的马王堆帛书《老子》甲本。该本存在一定的分章符号,体现出了《老子》分章的存在,只是它的分章较粗略。至于抄写于西汉初年的帛书《老子》乙本则全无分章符号。乙本不分章的原因并非《老子》本身不分章,而是因为乙本为官方权威,其分以篇名、加以数字就是为显示其权威性,在涉及老子具体经文分章方面,由于时人分法并不统一,为求慎重,也为格式庄严,于是行文不加标点。相关情况也只是反映出时人虽然都依从《老子》文本自身行文规律分章,但因个人理解不同,细节处多有差异,社会上不存在固化的统一划分。

此事到了西汉末年有了新的发展。当时谶纬之术盛行,易纬之学深刻

---

① 荆门市博物馆编:《郭店楚墓竹简》,北京:文物出版社,1998年,第111页。

地影响了中华民族的逻辑与思想。时人开始以易理、阴阳之法来划定《老子》文本的分章结构。严遵是首开纪录者,其《老子指归·君平说二经目》分《老子》为上下经,上"德"下"道",以易学之道、阴阳五行之法分上经四十章,下经三十二章,共七十二章①。不过,相关章节也未设置章题,只是在行文时别行另起以作表示。

几乎与此同时,安丘望之《老子章句》也遵从易学术数,将《老子》分为上下篇八十一章。关于安丘望之分章的具体情况,可参考刘向校订本以及河上公本。由上文已知,刘向校编《老子》时所得版本为安丘望之二篇本、朝廷中秘石室藏二篇本、太史藏一篇本。石室本与帛书本《老子》相近,太史本情况不得而知,但从"凡中外书五篇一百四十二章,除复重三篇六十二章"(《混元圣纪》引)②之语,可知它也有分章。三种文本各篇的分章有同有异,最后刘向是以安丘望之本为底本,修订为八十一章,具体情况则是"上经第一三十七章,下经第二四十四章"(《混元圣纪》引)③,且各章无章题。安丘望之本的基本情况与之同。

安丘望之的易理九九划分方式具有划时代意义,影响重大。此从扬雄《太玄》八十一章分法即可知。扬雄仿照《易经》,作《太玄》,并将之分为八十一章。这两本同时代的著作存在一定关联:或者两者皆是共同受影响于易学,从而殊途同归,以相同的术数原理设定章节;或者是扬雄受到了安丘望之易学与老学的影响。从目前来看,后一种的可能性较大。因为扬雄之师为严遵,若从本师而来,应分七十二章,但现实非是。安丘望之曾入京师讲学,轰动一时,刘向也受其影响。因此同时在朝为官的扬雄可能是受到了安丘望之的直接影响,而将其著作分八十一章。扬雄仿照《易经》作《太玄》尚且受安丘望之《老子》九九划分影响,此后各种《老子》文本章节划分自难摆脱其左右,可以说该划分法在《老子》文本结构学方面形成了一个最强大的流派。

由安丘望之《老子章句》发展而来的《河上公老子章句》在分章形制上就继承了前者。河上公本分《老子》上下篇、八十一章,象太极之数,道篇在上以法天,三十七章,德篇在下以法地,四十四章。同时河上公本原无章目。如敦煌本、唐以前河上公注本在各章之前皆无章题。宋代以后版本在每章文字前皆冠有"章题",如将《老子》第一章题为"体道第一"、第二章题为"养

---

① 严遵:《老子指归》,王德有点校,北京:中华书局,1994年,第1—2页。
② 谢守灏:《混元圣纪》,见《中华道藏》第46册,北京:华夏出版社,2004年,第49页。
③ 谢守灏:《混元圣纪》,见《中华道藏》第46册,北京:华夏出版社,2004年,第49页。

身第二"等等,皆是宋以后人所加。

至于张鲁的《五千文》(又名《老子道德经》)本、想尔注本,通过上文已知其是以河上公本为底本修订。其本身区分章节,如其注《老子》"天地开阖而为雌",曰"男女阴阳孔也,男当法地似女,前章已说矣"①,注"是以圣人为腹,不为目。故去彼取此",曰"腹与目前章已说矣。去彼恶行,取此道诫也"②等等,皆可以为证。其分章次序亦从河上公本,且亦不置章目。

王弼本受河上公本影响,也深受想尔注本影响,如注文常出现"上章""下章"等语,与张鲁用法同。这也说明王弼对《老子》进行了章节划分,具体分章应该是遵从了张鲁本,也不题章名。同时,它的分章也仅以别行另起书写为标志,不设置章序。载有晁、熊题记的传世本皆标有章序,为后人所加。

葛洪校订《老子》时,则又在河上公本基础上作了变更——将《道经》"常无为"一章移为《德经》之末,曰:"天以四时成,故上经四九三十六章,地以五行成,故下经五九四十五章,通上下经以应九九之数。"③

应该说,《老子》从其自身行文规律而言,从一开始就存在一个大致的脉络,但因个人理解不同,故不存在一个完全统一、固定不变的标准。因此,在先秦时期,随着《老子》的流传,其分章也日益多样化。到了汉代,在谶纬之学的影响下,分章开始遵从易纬术数加以划定,如严遵本、河上公本、葛洪本等皆是如此。但最终还是以河上公本的划分为主流,尤其在唐玄宗钦定"道德经"形式后,上下八十一章,上道经三十七,下德经四十四成为官方定制。虽然这并不符合《老子》本貌,且从帛书《老子》来看,许多章节内容的次序也受到了人为调整,但"道德经"和"九九八十一章"已经相互成就,实现了经典化的契合,最终此形制也成为《老子》文本的主流范式。后世绝大多数老学思想也皆是在遵从此形式下诠释、发明而来。

5. 相关的意识形态与思想的生长。从上可知,作为以后某部经典的源头——《老子》本是君王南面术,五千余言,原无题名,分上下篇,且上"德"下"道",但无篇名。从春秋末年一直到汉初,虽然存在养生修仙派老学,但君王南面术老学一直占主导地位,因此《老子》篇章结构少有重大变化。其间人们为便于指称,将其命名为《老子》,上下篇也只是取首章关键字为之标记,并无特殊的意识形态在其中。

---

① 饶宗颐:《老子想尔注校证》,上海:上海古籍出版社,1991年,第13页。
② 饶宗颐:《老子想尔注校证》,上海:上海古籍出版社,1991年,第15页。
③ 谢守灏:《混元圣纪》,见《中华道藏》第46册,北京:华夏出版社,2004年,第49页。

到了西汉中后期，随着谶纬易学的发展，重道思想形成了巨大影响。同时，自汉武帝罢黜百家、独尊儒术后，黄老之术逐渐衰落，于是养生修仙家渐成老学主流。老学中，道德治国理念地位下降，以道修身修仙理念地位上升，在这种情况下原有以"上德不德"为始、以治国德论为开头的结构已不适应老学的发展，而以"道可道也"章为始、以道论为起点的结构可以直通养生修仙，故被调整为篇首，上下篇次序发生颠倒。东汉以后，佛教的进一步发展使道教乃至中国士族的思维更加形而上化，尤其是本体论、宇宙论等成为理论研究的起点与主要对象。在这种情况下，以"道可道"篇为首的上"道"下"德"结构适应了这种需要，符合这种形而上化潮流，因此获得了强化。

随着士族形而上学思维以及道教文化的不断发展，"道德经"这一带有特定意识形态的称谓逐渐被大多数人接受，于是取代了"老子道德经"与"老子"。在此情况下，上"德"下"道"的结构形制已经难以适应这种意识形态发展的需要，逐渐式微，而上"道"下"德"的"道德经"形制渐成主流，篇名也被强化为"道经""德经"。最终，唐玄宗以国家意志、圣旨钦定方式使后者成为唯一官方确定形制。自此之后，流传于世的原上"德"下"道"本或为删改、或因此绝迹。

与《老子》总题目、篇名变化相伴随的，是其内部章节次序与划分的不断变革。《老子》文本本身存在一定结构，先秦人在此基础上形成了两种路径并行的章节划分格局：一方面，他们主要依从《老子》文本自身固有的行文规律进行划分，因此当时的章节划分情况大体相同，只是个别地方因人理解不同而有差异；另一方面，他们在明知《老子》原有章节划分的同时，也倾向于对它们进行删选、重组。秦代以后，随着社会稳定，写书工具与方式的发展，尤其是《老子》地位的提升，人们更多地以完整《老子》文本为基础进行章节划分。到西汉末年，时人在尊重《老子》本有总体结构的基础上，开始遵易纬术数之理划分《老子》章节。此派影响甚大，且以"九九八十一章"为主流。最终唐玄宗钦定之，在官方意识形态上一统海内《老子》文本结构，确立了"道德经"与"九九八十一章"的经典地位。

从《老子》到《道德经》，直接体现了总题名、篇名、章节的变化，与之表里相应的则是思想内涵的变革。从本质上而言，它们是《老子》文本表层结构与深层结构的共同"狂欢"，这也是《老子》在经典化的路上得以生生不息发展的最重要原因。

目前，已成经典良久的《道德经》，文本结构的发展进入了某种稳定期，但这并不排除它将来会通过与思想者的交流产生新的生长的可能性。且实际上,历史上在九九八十一章分法被确立为既定样式后,也一直存在新的划分。如唐代李约《道德真经新注》分《老子》七十八章,道经三十七章,德经四十一章①;元代吴澄《道德真经注》亦对《老子》重作分章,定为六十八章,上篇三十二章,下篇三十六章②;清代姚鼐《老子章义》则指前人分章多荒谬,分为八十四章,上篇三十二章,下篇五十二章③;魏源《老子本义》也斥前人分章乖异,自分六十八章,具体分章与吴澄存在差异④。且近来对《老子》进行新的章节区分时,出现了有别于传统依从河上公本次序的特点——无视传本《老子》的行文次序,纯按己意对语句进行彻底重编。如王力《老子研究》⑤、严灵峰《老子章句新编》⑥等等皆是如此。虽然这些皆未成为新的经典结构,但也表现出了《道德经》内在结构的张力。且我们现在即可确认的是:作为经典的它,其心灵(内涵)一直在生长中,从未停滞。

(三)从老子思想到老学思想

从老子开始思考他的实存开始,老子思想便诞生于历史之中。当他在人生的特定时刻——归隐之时述说了五千余言,于是产生了另一个特定存在——《老子》,它也拥有自己的思想。此后它在与社会的交互中生长为《道德经》,后者的思想更是有如奇花异草。老子形象不断演绎、研究著述不断革新的同时,又构成了另外一个更为广阔的存在,它超越了老子其人其事,甚至有形的作品或文本,直接依傍最核心的相关思想去理解、建构世界,这便是老学思想。以上四者互有关联,但又有根本区别。只有正确地认识它们,才能给予其更长久的发展。

1. 老子思想。老子作为一个具体的历史存在,拥有自己的生命,虽然相对于后世对他不断演绎的历史而言,甚为短暂。但在如此"短暂"的生命中,他也依然拥有自己变化诡谲的人生。老子思想就是其通过对历史知识的学习、对所在现实世界的体验与思考所形成的系统认知。结构方面,老子作为一个具体的生命个体与先秦时代的哲人,其思考以宇宙存在为出发点,并以此对万物生发过程进行探讨。思想基石包含以下几组关键要素:"混沌""世界""物","太一""道""万物","天地""王""百姓"等。基本方向是从"道"走向"德","道""知道""法道""修身""治国""平天下"等依次展开,

---

① 李约:《道德真经新注》,见《中华道藏》第 9 册,北京:华夏出版社,2004 年,第 483—500 页。
② 吴澄:《道德真经注》,黄曙辉点校,上海:华东师范大学出版社,2010 年,第 116 页。
③ 姚鼐:《老子章义》,清同治九年桐城吴氏重刊本,第 1 页。
④ 魏源:《老子本义》,黄曙辉点校,上海:华东师范大学出版社,2009 年,第 8 页。
⑤ 王力:《老子研究》,上海:商务印书馆,1928 年,第 1 页。
⑥ 严灵峰:《老子章句新编》:重庆:文风书局,1944 年,序第 1—7 页。

因此结构系统化,又相对开放。内容方面,老子作为先秦哲人、周朝礼官与史官,会对历史上以及当时的天文学、礼学、史学、易学等有深刻研习。且其一生波折,直接经历着人生、社会、世界的复杂变革,思考未曾停止,诸多观念乃至思想系统中最主要的构成部分也存在发生过变革的可能。故其思想在具有一定系统性的同时,也必然具有极高变化性以及相应的复杂性。

在讨论老子思想时,应尊重老子人生的复杂性,以其时代与人生经历为基础,遵从思想结构的开放性,完整呈现其复杂性与综合性。同时参考《老子》思想,后者虽不能作为老子本人思想的标准模板,但可作为最重要的参照,且应自觉区别于《道德经》思想、老学思想。

以此出发,老子思想认为:对"世界"的理解,应建立在对"混沌"(混成不别)、"世界"、"万物"这三个层次的洞察之上。混成者为最初、最高、永恒的存在,它并非宇宙世界,但是宇宙世界之根,又是宇宙世界母体,并以此令后者发生、发展。混成的最初状态是"太一","太一"即意味着混成不别,完全独立,只此一物,自然也无一物,故完满虚无。它长而曰"道","道"代表它已具备"生殖"能力,它以虚无为道路、边界,通过"有无相生"的方式化生世界、万物。"道"化生万物后,不仅"万物"要归返"道","道"也要归返"太一",回归彻底的虚无、混成、自在自然。人也一样,在短暂的一生中,是"寄"在世间,也要尊"道"而行"德"。在具体的人格建构方面,指出人乃"有无相生"而成,由此形成了混一的"身"观,以及性本虚无清静、情本寡欲、知能悟道用道的系统理念。在此基础上,依从"用道"理念,建构了全面的修身齐家治国平天下的修德体系。该体系涉及了个体与个体、个体与群体、群体与群体等各个层面。它所要建构的就是通过个体对"道"的自觉认知与践行,激活和运行虚静、守弱、好生等固有本性,使整个天下上下相交,人人相和,最终使在"道"的世界里本有的完满而和谐的宇宙状态呈现于人间世。

2.《老子》思想。关于《老子》一书,在讨论其思想时,应遵从其产生的时代背景、言说对象、主题以及原始文字与结构等因素,自觉区别于《道德经》思想、老学思想。

《老子》诞生于具体的历史时刻,所面对的是天下昏乱,周王朝日益衰落而列国战乱不止的现实,反映的是老子晚年对相关问题的思考。它存在特定的陈述对象与议题——君王与平天下。且其文本结构也决定了思想结构,原貌以"上德不德"章为起始,全文前"德"而后"道",可知其思考的出发点、落脚点皆为君王治天下。

《老子》之论从君王之"德"出发以求"道",结构相对封闭。君王南面术为核心,德、道、知、修等诸理念皆只是它的组成部分而已,内涵自然相对单

一、僵化。它也在平天下的视角下去审视君王的治国、治乡、治家、治身,指其所行之"德"并非真"德",皆不合于"道",最终的理念是以此劝诫君王"不道早已",返璞归真,实现太上之治。

3.《道德经》思想。《老子》在出生后便开始生长为《道德经》,可以说在老子那里尚存在《老子》,到其弟子处及之后的世界中,则全然是《道德经》。《道德经》是一种开放的文化文本,表层结构一直被改造着,深层内涵也总是被历史与现实的意识形态所渗透,以致原始自我不断隐退,新的自身被不断重构出来。

历代学者所见《道德经》,都是新时代的《道德经》,同时也是他们个人的《道德经》。时代不同,尊尚有异,所以汉人有汉代的《道德经》思想,唐人有唐代的《道德经》思想。且人人皆可遵从自身的成见与体验进行发挥,或清虚无为、或吐纳导引、或性命福祸、或兵刑权术、或治国理政,无有定式。《道德经》思想包含"道"到"德"的各种要素,但皆处于开放的体系中。

因此,在讨论《道德经》思想时,应自觉历史作品与文化文本的区别。认知到它既是历史性、社会性的,又是历时性、个性的。在具体思想观念分析上,应遵从文本的开放结构及其开放解读,随方设教、因人而是。

4. 老学思想。后人在研习老子、《老子》、《道德经》的思想过程中,不仅对它们加以接受,也进行改造、转化。在相关内容积累到一定程度后,会在形式上脱离老子其人以及《老子》《道德经》等文本形式,建构出新的思想体系。它虽然包含《道德经》思想等内容,但范围更为广大,体系也更为独立,从根本上而言是历代哲人革新、洗礼后的新思想,此即老学思想。

如先秦哲人对老子其人历史形象进行追忆的同时,也常对其加以改造,相关文献对老子的不同记载即是体现。如先秦道家、儒家、方术家对老子形象的不同记载和由其所形成的不同刻板印象,就体现了他们对相关内容的演绎。与此相表里的,就是他们在研习老子思想时,不仅对其加以接受,也对其进行了改造、转化。在老子弟子,如孔子、关尹子、文子等处,他们所接受的仍是老子思想。但之后如范蠡、曾子、子思、列子等所接受的并非原始的"老子思想",而已是经过孔子等后世哲人革新、洗礼后的新思想。它们是基于老子思想原始面貌与后世老学再诠释后所形成的新事物,只能视作老学思想。

同样,在对《老子》《道德经》的创造性解读发展到一定程度后,会形成新的思想自觉。如《老子》思想的解读须紧扣作品,《道德经》思想虽较开放,但仍无法彻底脱离文本文字,内容仍受制于修齐治平等概念。但老学思想可以脱离具体文本,直取从老子到《道德经》中的思维与观念,形成新的体系。如由"道"而来的任何一个认知与践行的节点都可以被作为中心,从而无限放大,走向更广阔的思想之宇。如"知道"可以自成一域,不与后来的修身、治国相联系,从而令整个思考走向思维修。修身也可以自成体系,不再导向治国,从而走向养生乃至修仙之术。当然,也可以以理政为全部思想的落脚点,形成一个以"治国平天下"为导向与最终目标的思想体系。以不同的结构来理解修身齐家治国平天下以及以身观身、以家观家、以乡观乡、以邦观邦、以天下观天下等理念,就会产生不同的认知与诠释。这实际上也是后世养生修仙派老学与君王南面术派老学的内在本源。总之,老学根本上是后学的新创造,反映老学研究者所处时代的基本意识形态以及研究者个人的创造性思想,无须依托于原文本,可以是全新的一本书、全新的思想体系。

讨论老学思想时,应自觉它是具有内在生命性的事物,其发展与老学学者的研究之间为交互关系。在涉及具体问题时,在本源上要了解老子思想,虽然通过对老子与《老子》在历史与文化中不同面貌的观照,就能知道历史上确实生长过名为"老子思想"之花,但在后世诸子世界中已无"老子思想",所看到的只是千万层变形境中的雾之花,是《道德经》思想,甚至"老学思想"。但最原始的"老子思想"是老学思想的原初部分,也是后者的坚实内核,后学是在它的基础上,不断衍生出源源不绝、革故鼎新的老学思想。同时,尊重历史上以及当下所有人对老子其人其书及其道论的演绎、解读与发挥。且除了洞悉直接的相关文本外,也要观照后人思想体系中对相关思想的发展与转化,以及他们以相关思维与观念为基础而进行的新思想创造。

当然,也要自觉老学思想有其边界,是后人对老子相关现象及其思想的直接发挥,只是道家思想的一部分,不可盲目覆盖后者。如老子有"尊道无为""道法自然""游""用"等思想,而稷下黄帝学派、庄子等分别将其转化、发挥为"道生法""以法无为"以及"逍遥游""无用"等,这些皆可以说是老学思想。但后人直接以"道生法""以法无为""逍遥游""无用"思想为基础,另发挥出新理念,则溢出了老学范畴,应归为黄帝学思想、庄学思想、道家思想。也正因此,鹖冠子、庄辛、詹何、魏牟子等亦有不少道家者言,但更多的是直接受黄帝学、庄学的影响而作,与老学的关系相对而言较为薄弱。总之,如果说老学思想是无尽的长江,则道家思想是无垠的沧海。

5. 从老学到生生不息的诸子学与中华文化。从老学的历史地位以及对道家、诸子学乃至中华文化的影响而言,其生命也是源远流长的,它是后者的重要内核与生生不息的力量。由上文"先秦学术变革新论"可知,老子是第一位准意义上的"子"。他在周敬王时期出任征藏史,征收修编天下图文,这是子学诞生的历史标志性事件,《老子》一书也是第一部子学原典。老子的学说与学术行为也直接影响了后来者,如其弟子门人等皆效法他而有思想乃至著述传世,且在诸子学进入发展阶段而形成第一代诸子学原典诠释本时,郭店楚简《老子》、韩非《解老》《喻老》等皆是最重要的组成部分。至于百家争鸣对老学的普遍吸收转化,更是表现了它对诸子学发展的全面给养。

总之,老子以及先秦老学在先秦学术发展过程中占有特殊而重要的地位,为后者在春秋末年所经历的重大突变性发展——从五帝三王到西周时期的王官"经学"专制到诸子学的肇兴起到了重要作用。老子的学术实践是诸子打破"经学"专制、开始子学时代的历史标志,在其基础上形成的老学进程一直是此后子学进一步发展的中流砥柱,为经学专制向子学多元发展提供了最强有力的变革力量。

三、先秦老学史研究现状与本书基本构想

(一) 研究现状

关于老子其人其书及其思想的本体研究,即相关内容的原始面貌问题研究(笔者称之为"老子原始"问题),历代以来不乏论著,民国时期古史辨派在相关方面也形成了诸多论争与成果,影响深远。近年来,随着诸多考古出土文献的发掘,相关问题也引起了一波又一波的讨论。不过在与"老子原始"问题存在紧密联系又有不同的"先秦老学"研究方面,则又呈现出了另外一种面貌。

先秦老学是整个老学发展的肇始阶段与始源性部分,且基本囊括了后世老学的核心问题与理念,是后世老学不断衍生、革故鼎新的基础,在整个中华传统学术文化发展进程中也占据特殊地位。但相关老学也存在一个基本特点:当时诸子对老学的研习少有专门论著,更多的是将相关内容散落到自己的思想著述中,相关研究存在较大难度。也正因此,此前虽然它一直受关注,但相关研究实际展开状况并不乐观,只是到了2014年以后稍有改善。

1. 战国晚期著作如《庄子·天下》《吕氏春秋》等已开始在其零散的论述中注意到老子与孔子、关尹子、亢仓子之间的师徒关系。汉代司马迁除明确老子为孔子师之外,在《史记·老子韩非列传》中也把老子、庄子、申不害、韩非子等合载一传,并对他们思想的传承关系进行了评述。班固《汉书·艺文志》在记述道家文献时,也以评述的方式简略地涉及了老学在先秦诸子间的传播情况。民国时期的"古史辨"学派,多直接而集中涉及老子其人其书

原始面貌问题的辩论,对先秦诸子老学的研究未充分展开。

2. 近代以来,在基本理念层面,大多数研究仍停留在传统文献考辨与义理阐释观念上,不具有区分历史作品与文化文本的自觉。且即使如此,因老子其人其书其思想原始面貌问题一直悬而未决,主流看法也常有变化,使得先秦老学的梳理变得异常复杂,因此在2014年以前也少有人问津,但近两年开始出现了一些有关联的论著。

(1) 在专门论著方面,系统性研究著作仍相对较少。2014年以前,有禹建春的硕士学位论文《先秦老学传播与接受述论》①,该文篇幅较小,内容上也只简单地涉及庄子、黄老等典型道家学派的老学,其他诸子老学多被略过。2014年以后,笔者的博士学位论文《先秦老学考论》对相关问题进行了集中梳理,内容广博,但论述臃冗。王强《老子与先秦思想》探索了老子思想对先秦诸子的影响以及先秦诸子对老子思想成果的吸收和改造,主要涉及自然、精气、心性、道法等观念,择取儒家《易传》、《管子》、庄子、《黄帝四经》、韩非子等人物与典籍进行讨论②。王中江《根源、制度和秩序:从老子到黄老》③、陆建华《先秦诸子〈老子〉注研究——兼及先秦老学思想研究》④等著作对相关问题也展开了一定梳理,只是前者带有论文合集性质,在系统性、整合性方面有所不足,后者以战国诸子书引《老子》的情况为主要梳理对象,较少涉及春秋老学,也较少关注战国各家老学关联性与历史流变的情况,当然在一些具体问题的辨析方面也尚存在可进一步讨论的空间。在老学史通论方面,有熊铁基、马良怀、刘韶军等人合著的《中国老学史》⑤,戴美芝《老子学考》⑥等,它们对相关问题也有一定涉及,但因著作系通史通论性质,对先秦老学的发展只能局限在个别典型案例的分析上,无法实现全面、细致、集中的考察。未能完整把握先秦老学的整体脉络,自然也没能呈现出其本有的历史面貌。此外,专门讨论先秦老学发展的论文也是凤毛麟角,2014年以后,陈鼓应《老子新论》一书中收录有《老子与先秦道家各流派》一文。同时该书附录了《先秦诸子引用〈老子〉重要概念举例》⑦,对相关情况做了一个粗略呈现,但没有展开具体而系统深入的分析论述。大体而言,现

---

① 禹建春:《先秦老学传播与接受述论》[硕士学位论文],开封:河南大学,2008年。
② 王强:《老子与先秦思想》,新北:花木兰出版社,2015年。
③ 王中江:《根源、制度和秩序:从老子到黄老》,北京:中国人民大学出版社,2018年。
④ 陆建华:《先秦诸子〈老子〉注研究——兼及先秦老学思想研究》,合肥:黄山书社,2018年。
⑤ 熊铁基、马良怀、刘韶军:《中国老学史》,福州:福建人民出版社,2005年。
⑥ 戴美芝:《老子学考》,台北:花木兰文化出版社,2006年。
⑦ 陈鼓应:《中国哲学创始者——老子新论》,北京:中华书局,2015年,第174—234页。

有的论著对老学缘起、传承中部分关键问题的分析并不充分或准确,多未能对先秦老学发展实现全面、深入、系统的考辨与梳理,因此未能真正全面、完整把握它的整体脉络及本来面貌。

（2）除了整体性、系统性研究著述相对不足外,先秦老学的个案研究也不充分。在春秋老学的个案研究方面,老子亲传弟子的老学理应是研究重点。虽然孔子、老子关系一直是热点问题,但从唐宋开始怀疑先秦两汉典籍所载孔子学于老聃一事真实性的学者已有其例,民国古史辨派则是达到了鼎沸状态。2014年以后,李巍《故事演义与学派关系——孔子问礼于老子的再考察》也基本上把此事作为儒道两派所造故事素材的整合演义来看待与讨论了①。同时,赞同孔子学于老聃一事真实性的学者虽不在少数,但专门对孔子老学进行探讨的论著甚少。陈鼓应《老学先于孔学——先秦学术发展顺序倒置之检讨》②《老子与孔子思想比较研究》③二文涉及了孔子对老子部分思想的接受,并收录于其《老庄新论(修订本)》④《中国哲学创始者——老子新论》⑤等著作中。然而,前者局限于对孔子与老子关系的考辨,后者也只是对孔子、老子的思想进行差异比较,未对孔子老学展开系统论述。其他学者的孔子思想研究专著也常会包含部分孔老思想比较的内容,但存在相同问题。此外,关尹子、文子、亢仓子、壶丘子等人虽被明确为老子弟子,但因相关人物及其作品的真实性多存争议,相关老学思想也未能受到足够重视。至于老莱子,虽然先秦两汉典籍皆指其与老子为二人,但近代以来,谭戒甫《史记·老子传考正》⑥、钱穆《老子杂辨》⑦、李零《老李子和老莱子》⑧、喻几凡《老莱子即老子——老子考辨之三》⑨等皆指两者为一人。如此一来,老莱子老学也就无从谈起。此外,否定老莱子为老子者,也未正确辨析他与老子的关系,未能深入研究其老学特点。

在老子再传弟子方面,范蠡、孔子弟子等都是重要人物,对老学发展产

---

① 李巍:《故事演义与学派关系——孔子问礼于老子的再考察》,《哲学动态》2017年第7期,第41—48页。
② 陈鼓应:《老学先于孔学——先秦学术发展顺序倒置之检讨》,《哲学研究》1988年第9期,第40—48页。
③ 陈鼓应:《老子与孔子思想比较研究》,《哲学研究》1989年第8期,第30—40页。
④ 陈鼓应:《老庄新论(修订版)》,北京:商务印书馆,2008年,第17—34页。
⑤ 陈鼓应:《中国哲学创始者——老子新论》,北京:中华书局,2015年,第5—48页。
⑥ 谭戒甫:《史记·老子传考正》,见罗根泽编《古史辨》第6册,上海:上海古籍出版社,1982年,第518页。
⑦ 钱穆:《老子杂辨》,见《先秦诸子系年》,北京:商务印书馆,2005年,第1133—1162页。
⑧ 李零:《老李子和老莱子》,《中国哲学史》1997年第2期,第41—55页。
⑨ 喻几凡:《老莱子即老子——老子考辨之三》,《求索》2009年第5期,第209—212页。

生过深刻影响,此前乏有专门研究。2014 年以后,白奚《范蠡入齐与老子学说的北传》专门讨论了范蠡对老学传播的意义,指出"范蠡入齐"是老学入齐的关键,是深受老子思想影响的范蠡第一次将道家学说传入齐国,道家思想于是便在这块丰沃的文化土壤上迅速传播并发展起来,到了稷下学宫时期,通过与涌入稷下的别家学说的广泛交流融汇而不断创新,遂形成了黄老之学,开创了道家思想发展的新局面,迅速将学术思想的争鸣推向了高潮。① 不过关于范蠡入齐及其与稷下黄老学的关系的看法,仍可进一步商榷。邓析子、孙武虽非道家一脉,但两者思想与老学颇有类似处,此前亦少见论及。何炳棣《有关〈孙子〉〈老子〉的三篇考证》②、尹振环《〈老子〉从〈孙子兵法〉中借鉴了什么——也谈〈孙子兵法〉早于〈老子〉》③等论著曾以《老子》《孙子》两书在思想方面有关联与相似之处,推论《老子》成书于《孙子》之后。相关看法显然有误。2014 年后,华云刚《〈孙子兵法〉对〈老子〉思想的继承与演变》则主张《孙子》的诸多思想是继承发展于《老子》,"这不仅体现在对矛盾事物的辩证看法,对其奇正、生成等理论的继承和化用,而且表现在对其中'道'等哲学理念的发展和演变。最后,孙子突破了《老子》的束缚,在总结哲学理论与战争实践的基础上,从'矛盾论'的思维出发,以'取胜'为思想核心,铸就了《孙子兵法》这样一部伟大的军事论著"④。该文对两者的一些相同、相似的概念思想进行了比较,较为全面,但在分析这些概念的先后演化问题方面的着力尚有不足。

在战国老学的个案研究方面:子思上承孔子老学,下启郭店楚墓主人老学,是儒家老学的重要传播者,此前未见学者论及;关于墨子与老学的关系,梁启超⑤、孙次舟⑥、日知⑦等曾以墨子不批判老子而指老子在墨子后,甚至指老子为虚构人物。王克奇进而以两书思想相通,指《老子》系受《墨

---

① 白奚:《范蠡入齐与老子学说的北传》,见方勇主编《诸子学刊》第 12 辑,上海:上海古籍出版社,2015 年,第 171—177 页。
② 何炳棣:《有关〈孙子〉〈老子〉的三篇考证》,台北:"中央"研究院历史语言研究所,2002 年。
③ 尹振环:《〈老子〉从〈孙子兵法〉中借鉴了什么——也谈〈孙子兵法〉早于〈老子〉》,《学术月刊》2004 年第 11 期,第 80—86 页。
④ 华云刚:《〈孙子兵法〉对〈老子〉思想的继承与演变》,《管子学刊》2016 年第 1 期,第 34—39 页。
⑤ 梁启超:《论〈老子〉书作于战国之末》,见罗根泽编《古史辨》第 4 册,上海:上海古籍出版社,1982 年,第 306 页。
⑥ 孙次舟:《跋〈古史辨〉第四册并论老子之有无》,见罗根泽编《古史辨》第 6 册,上海:上海古籍出版社,1982 年,第 78 页。
⑦ 日知:《墨子不知老子——〈太平御览〉卷三二二"墨子曰"引书有误》,《古籍整理研究学刊》1992 年第 4 期,第 4—5 页。

子》启发而作①。高亨、池曦朝②、陈鼓应③等则以《太平御览》所载墨子称引老子的《墨子》佚文为例，指墨子读过《老子》。但高、陈所引材料有误。同时，他们对墨子老学也只是一二语言及，没有系统阐述。后来，陈鼓应对此有所修正，同时将《墨子》中与《老子》相似的文句进行了对比，认为是墨子引用《老子》，受其影响④。2014年以后，陆建华《墨子思想中的老学因素》则比较了老子与墨子思想中一些相近的概念，并指墨子、墨家深受老子思想影响⑤；列子，虽然是战国初期人物，实际上也是老子的再传弟子，只是其事隐秘，传世《列子》成分又颇为复杂，学界多争议其人其书问题，尚未对列子老学展开具体研究。

魏国文侯庭下学者众多，田子方、段干木、李克、吴起等皆与老学思想的发展有较深渊源，此前多未引起学界的重视。当时周国又有太史儋，《老子韩非列传》载秦汉人已将其与老子混同。学界围绕他与老子的关系多有辨析，关于其老学则无深论，更多的时候是将其视作法家人物，斥其思想与老学无关，这是不谙老学思想特点的一种误见。郭店楚墓主人老学则是一个热点问题，关于墓主身份以及三组楚简《老子》的性质，学界形成了诸多观点，至今争论不休。如关于三组楚简《老子》与五千言《老子》的关系，已有"老子原始著作说""老子语录修编的阶段性成果说""平行说""摘抄说"等等。在此基础上，对墓主老学的认知自然莫衷一是。

进入战国中后期，告子、杨朱学说盛极一时。一般都将其视作道家老学传人，但也有异议者，如陈此生认为杨朱是道家别派，并非老学传人⑥，高亨⑦、詹剑锋⑧等甚至指杨朱与道家无关，是另一个独立学派的开创者。此后，又有申不害、庄子、韩非子的老学。《老子韩非列传》将老庄申韩合传，并指"申子之学本于黄老而主刑名"⑨，可谓独具只眼。但后世皆止步于该评

---

① 王克奇：《墨子与孔子、老子、韩非关系论》，《孔子研究》1997年第3期，第92—99页。
② 高亨、池曦朝：《试谈马王堆汉墓中的帛书〈老子〉》，《文物》1974年第11期，第1—7页。
③ 陈鼓应：《老学先于孔学——先秦学术发展顺序倒置之检讨》，《哲学研究》1988年第9期，第40—48页。
④ 陈鼓应：《墨子与〈老子〉思想上的联系——〈老子〉早出说新证》，见陈鼓应主编《道家文化研究》（第5辑），上海：上海古籍出版社，1994年。又收录于陈鼓应《中国哲学创始者——老子新论》，北京：中华书局，2015年，第63—68页。
⑤ 陆建华：《墨子思想中的老学因素》，《枣庄学院学报》2017年第1期，第1—4页。
⑥ 陈此生：《杨朱》，上海：商务印书馆，1930年，第23页。
⑦ 高亨：《杨朱学派》，见罗根泽编《古史辨》第4册，上海：上海古籍出版社，1982年，第578页。
⑧ 詹剑锋：《杨朱非道家论》，见《中国哲学》编辑部编《中国哲学》第7辑，北京：生活·读书·新知三联书店，1982年，第58—65页。
⑨ 司马迁：《史记》，裴骃集解、司马贞索隐、张守节正义，北京：中华书局，1999年，第1706页。

定,少对申不害老学进行系统梳理。庄子、韩非子老学的研究自是热门课题,但现有的观点也皆有可商榷处。黄老学派是学术热点,研究论述颇丰,但前人多只是在"黄老之术"观念下讨论该派的思想,少专论其对老学的研习与转化。至于屈原、荀子的老学,此前基本无人注意。《吕氏春秋》老学以往也只是在吕学论著中被简单带过,未见专门论述。

也就是说,学界以往少有对先秦老学史进行系统、全面、深入研究的论著,2014年以后稍有改善,相关研究开始呈现出新的形势,不过仍有进一步深化和系统化的空间。在个案研究方面,始终主要集中在郭店楚简《老子》、稷下黄老、庄子、韩非子等老学研究方面,且许多看法仍有待进一步商榷,其他诸子老学之论,少有被学界论著关注涉及。相关情况将在正文中展开论述,此处不再赘言。总之,现有老学研究的基本理念需要修正与革新,先秦老学整体性研究以及诸子老学个案研究等皆有待进一步深入与加强。

(二)本书的基本构想

1. 研究目标、框架。本书在明确老子其人其书及其思想原始面貌的基础上,力图对老学的产生及其在先秦时期的发展进行全面系统的梳理,使其基本面貌得以完整而确切地呈现,并揭示其发展的基本脉络与规律。除绪论部分外,主要包括以下部分:

第一章"春秋时期老子亲传弟子的老学",主要对孔子、关尹子、文子、亢仓子、壶丘子、南荣趎、阳子居、柏矩以及老莱子等史籍记载为老子弟子或疑似为老子弟子的诸子老学进行梳理,对相关人物以及他们与老子之间的关系进行考辨,同时对他们的老学思想及其在整个先秦老学发展中的作用进行探讨。

第二章"春秋时期其他诸子的老学",主要考察被典籍明确记载为春秋时老学传人或与老子思想具有紧密关联的思想家,包括老子再传弟子如范蠡、孔子弟子,以及与老学存在较深渊源者如邓析、孙武等,重点考察他们对老子思想的接受与转化。

第三章"战国早期的老学",主要讨论子思、墨子、列子、魏文侯庭下诸子(田子方、段干木、李克、吴起)、周太史儋以及郭店楚墓主等对老学的传承与转化。其中部分人物与老学的关系存有争议,不过通过一些具体内容的分析,可以确定他们对老学深有了解,也有吸收转化。里面涉及诸子流派较多,说明老学的影响在持续扩大。同时有不少儒家相关人物,表明战国早期儒道关系仍十分紧密。魏文侯庭下诸子及其老学的丰富度,也直接体现出了战国早期魏国独强的时代特征。

第四章"战国中期的老学",主要讨论告子、杨朱、惠施、申不害、尸子、商鞅、黄帝学派代表人物及其经典《黄帝四经》、庄子等对老学的接受与转化。这一时期相关人物较多,但涉及的儒家人物较少,说明儒道关系开始进入微妙的转型期。同时,老学的发展虽然仍是多向度开花,但刑名老学大为兴盛,已有后来居上之势。

第五章"战国晚期的老学",主要讨论屈原、荀子、韩非子以及《吕氏春秋》对老学的接受与转化。在黄帝学派、庄子学派的影响下,战国晚期老学呈现出了新的特征。不过总体来说,黄帝学派刑名老学的影响更为突出。当时社会基本上是在新的"帝道"建构下来看待和吸收转化老学思想的。

"结论"部分,对先秦老学的发展与规律及其背后的社会文化原因进行整体性研究与总结性论述。

2. 重点难点与创新之处。由于相关问题与内容跨学科特点显著,涉及哲学、史学、文学、文献学、考古学等多门学科,因此在多个领域存在许多难点与重点,但笔者也力图在相关的方面实现突破与创新。

(1) 在理论应用、研究视野与方法方面:首先,以往的研究常将诸子学视作六艺之学或王官学的下移、多元发展,本书则采用"新子学"倡导的一些基本理念,自觉六艺、王官学与诸子学的本质区别:春秋晚期存在一场六艺、王官学向诸子学转变的历史性学术革命,先秦老学是诸子学开启与发展的核心力量之一,对这场学术剧变有着深刻影响,同时也深受这场剧变的影响。本书自觉在此学术变革的大背景下探讨相关问题。其次,以往的研究常采用"作者决定论",往往只是单方向性地强调老学传人对老学思想的发展,本书则将先秦老学置于历史性研究与梳理中,视其为具有内在生命的事物,重新理解老学自身发展与老学学者相关研究之间的关系。简单地说,它们应为交互关系。最后,以往老学文本研究的基本理念多停留在传统文献考辨与义理阐释观念上,不具有区分历史作品与文化文本的自觉。本书则自觉历史作品与文化文本的差异,力图在结合传统文献整理方法与现代文本研究理念的基础上,综合考察传世文献与出土文献,并采取一定的数据统计分析法,实现对先秦老学发展的重新发现与系统建构。

(2) 在研究次序方面,注重研究前提:先分析还原"老子原始"面貌,继而探讨老学问题。"老子原始"面貌及其与老学的关系是本书的起点所在。学界或争论不休,或未曾特别关注,如何做出新的确切的考辨与梳理是本书的重点,也是难点所在。本书以《老子考论》(约25万字,待出版)、《〈老子〉原始》(约30万字,待出版)两本专著的考辨成果为基础,理清老子生平、《老子》书的原始面貌,并重新明确《老子》为个人独立著述作品,且成书于春秋末年。最后,在思想研究方面,从理论与实际应用上皆明确区分老子思想、《老子》思想、老学思想三者。

(3) 在与老学肇兴相关的诸子事迹辨析以及各诸子老学关系梳理方面：相关问题皆异常复杂，中间还涉及部分传世文本与出土文献的差异问题等。且先秦诸子常将老子思想直接化用到自己的思想著述中，较少呈现为专门、系统的老学论著。这些都增加了梳理相关老学的难度，也是以往无人全面、系统梳理先秦老学的重要原因。本书将尽力克服该困难，对散落于诸子论著中的老学内容进行仔细甄别爬梳。

春秋老学方面，全面梳理了老子与孔子等人的师徒关系。关尹子、文子的事迹较驳杂，传世著作性质也有争议，近来又出土有楚简《太一生水》、汉简《文子》等，与之紧密相关。亢仓子、壶丘子林等以往多被视作寓言虚构人物。至于老莱子与老子有何关系，此前议论颇多，但没有注意到两者的师徒关系。本书皆予以新的辨析。至于春秋时期其他诸子老学，如老子再传弟子范蠡、孔子弟子以及邓析子、孙武等，与老学发展的关系也是本书的一个难点。在明确相关人物的生平事迹后，通过对涉事典籍的考察，梳理他们对老学的传承。

战国早期老学方面，提出"子思学派老学""魏文侯庭下老学"等概念。前者重新审视了子思与老莱子、郭店楚墓主人的关系，对子思、郭店楚墓主人的老学皆有创见。后者是对魏国文侯庭下田子方、段干木、李克、吴起等人老学的统称。两者皆具有区域性、群体性学派研究性质，挖掘了先秦老学研究的新领域；同时，列子上承关尹子、壶丘子老学，下启庄子老学，对老学有着十分独特而重要的转化，对其进行了新的剖析。而太史儋与老学的关系，尤其是其对老学"王霸"理念的接受与发展也是一个新的发现。

战国中期老学方面，对告子、杨朱等人的身世与老学进行了新的考辨与发掘。同时，重新明确黄帝学派性质，并梳理其兴起与发展。前人多在"黄老之术"观念下讨论该学派思想，少专论其对老学的研习与转化，本书重新明确黄帝学派，梳理其兴起与发展，系统分析其代表人物以及《黄帝四经》对老学的吸收与转化。最后，明确指出庄子老学是刑名老学向修仙老学转向的重要转折点。

战国晚期老学方面，指出在黄帝学派、庄子学派的影响下，屈原对老学具有一定的接受，且也显示出了战国晚期老学的一些特征。荀子是儒家中首位点名批判老子者，代表儒道分野的正式确立。最后对韩非子《解老》《喻老》的性质进行了新的辨析。相关内容或论点是前人未曾注意或未充分关注的。

(4) 老学整体脉络研究方面：本书力图打破诸子百家的学派藩篱，在系统分析诸子个体老学源流的基础上,理清诸子间老学的传承关系,揭示老学发生原理及其肇始阶段的基本规律,具有很强的历史性、整体性研究特点,即理清春秋晚期老学开端的基本特点,以及此后从心性老学一枝独秀发展成刑名老学终为显学的历史进程及其背后的规律与原因。

3. 本书的学术价值和应用价值。先秦老学在诸子学乃至整个中国学术思想发展中都占有重要的地位。对其进行全面系统的研究,自然具有极高的理论和现实意义。同时,本书也力图在相关方面作一些突破、创新,也有一定价值。

(1)理论方法方面:本书采用"新子学"等系列研究理念,以此重新理解经典文献及其诠释学发展,重新理解老子原始面貌与老学的关系以及后者在肇始阶段的发展,具有案例示范的作用,可以为学界以后的相关研究提供借鉴。

(2)具体问题与结论方面:对先秦学术转化的大背景进行新梳理,形成与以往不同的经子关系理解,并在此基础上讨论诸子的作用。这有利于揭示老子以及老学在先秦学术发展过程中的特殊地位与作用。同时在梳理历史上已有观点的基础上,实现对老学肇兴的重新发现与系统建构,在许多关键性问题上取得了新的成果。相关问题的明晰有利于进一步理清整个老学、道家文化的兴起与发展,对理清整个先秦诸子的源流以及中国传统学术文化核心理念的起源问题等都具有重要意义。

(3)实际应用方面:目前传统学术文化研究界在尝试建构新的核心理论,"新道家""新子学""新经学"等体系纷纷面世,本书的研究可以为相关理论的进一步建构与完善提供切实的思想史、学术史方面的例证。以史为鉴可以知兴替,正本清源可以促发展,相关成果在有利于进一步理清中国古代学术文化源流的同时,也可以为传统学术在当代社会实现新发展提供内在的历史性依据和生命性力量。

第一章　春秋时期老子亲传弟子的老学

第一节　孔子的儒道融通老学

由"绪论"中所述老子生平可知,孔子年幼时便跟随老子研习丧礼,为现存所知老子弟子中最早入室者。他对老子思想的研习是通过一生的追随、体认而得,因人生境遇、治学理念、社会定位等差异,多有创造性转化。如老子为周廷史官,天文历法为其职守,总是面对天子而云平天下之道,所谈多为君王法天,少论为臣为士之道。孔子常为人师,首先面对的是布衣学生,在思想建构方面以个人修行出发,首言为士之道,进论为臣之法,及至面对诸侯,方言为君之道,且总是父子君臣二论并行,以"君君臣臣父父子子"(《论语·颜渊》)①贯穿始终,试图以人道修德实现修身齐家治国平天下。因此,在对老子思想有所继承的基础上,更倾向于礼乐方面的坚守与发展。

一、儒道融通下的天人折中

在老子的世界里,道为一切根本,化生气之后,气化万物。同时也有神、灵、鬼之说,但就具体内涵而言,指客观物质的结构性现象。道生万物过程的基本特点是万物反辅道,且有无相生,魂魄的产生也遵循此理——气聚为魄,魄成而合壁,壁中之虚无即魂。孔子受教于老子,研习易学,深知天文历法以及由此而来的天道理念。他曾答哀公"敢问君子何贵乎天道"(《礼记·哀公问》)②以及子贡"无言"之问(《论语·阳货》)③,表明他也以天道为贵,且贵在无为而万物生、不言而万物化。关于天道生化万物的过程,《大戴礼记·曾子天圆》记载了曾子对孔子相关理念的论述④,可知其继承了老

---

① 刘宝楠:《论语正义》,高流水点校,北京:中华书局,1990年,第499页。
② 孙希旦:《礼记集解》,沈啸寰、王星贤点校,北京:中华书局,1989年,第1265页。
③ 刘宝楠:《论语正义》,高流水点校,北京:中华书局,1990年,第698页。
④ 王聘珍:《大戴礼记解诂》,王文锦点校,北京:中华书局,1983年,第98—99页。

子之道,将之视作一切的本与祖。道本身虚无,不可言说,最初的呈现就是自然世界中天地万物的生成。"天道圆""地道方"等是相关宇宙生成论的另外一种表达。就具体内容而言,则同异相杂。

孔子在道、气、神、灵观念上也认为道生气,气生神、灵。后者是天地山川万物之本,也是仁义礼等抽象理念与制度之祖。但在建构具体生发过程方面没有继承返辅和有无相生理念,如没有接受老子强调气归复道的基本主张,认为道生气,气固分阴阳,后两者不存在先后,乃相对而生。这也导致他对有无相生理念进行了扬弃,将之转化为他的相反相成思想,具体表现为"阳之精气曰神,阴之精气曰灵",指阳气为内,形成形而上、内在的、隐形的魂,阴气为外,造就形而下、外在的、显性的魄。但他对两者的态度与老子一致,也认为它们是由气形成的,气的聚散决定其消亡,因此不存在不死者。据此也就能明白"子不语怪、力、乱、神"(《论语·述而》)①、"季路问事鬼神。子曰:'未能事人,焉能事鬼?'"(《论语·先进》)②等所体现出的对鬼神之说的消极态度。孔子强调"远之",但仍主张"敬鬼神"、严祭祀(《论语·雍也》)③,则是因为君子尊崇本源,知生死之大,故敬鬼神而设礼乐,以此教化百姓回归本真、相互敬爱。

在老子处,气以有无相生的方式生化天地万物,人也一样,故心形混一。但孔子认为气固分阴阳,相互造化,各有胜负,以致有不同的风雷电雾等气象,且阳气生毛羽之虫,阴气生介鳞之虫,阴阳精气不偏不倚而生裸虫(人)(《大戴礼记·曾子天圆》)④。人的形和心分别源于阴阳,各有直接宗始,故相对分离。在此之下,他提高了心的地位。如论乐,指出君子之音与小人之音的区别在于能否正确地感心、动体,将心作为内,视体为外,且两者有分庭抗礼之势(《孔子家语·辩乐》)⑤。更有单独语心,倍加重视之处,如赞颜回"其心三月不违仁"(《论语·雍也》)⑥,又以"七十而从心所欲,不逾矩"(《论语·为政》)⑦作为自身修行的最后阶段。以此联系另外一些记载,他似已隐约开启心学之门。如《论语·子罕》云:"子在川上,曰:逝者如斯夫!

---

① 刘宝楠:《论语正义》,高流水点校,北京:中华书局,1990年,第272页。
② 刘宝楠:《论语正义》,高流水点校,北京:中华书局,1990年,第449页。
③ 刘宝楠:《论语正义》,高流水点校,北京:中华书局,1990年,第236页。
④ 王聘珍:《大戴礼记解诂》,王文锦点校,北京:中华书局,1983年,第99—100页。
⑤ 陈士珂:《孔子家语疏证》(据商务印书馆1940版影印),上海:上海书店,1987年,第205页。
⑥ 刘宝楠:《论语正义》,高流水点校,北京:中华书局,1990年,第221页。
⑦ 刘宝楠:《论语正义》,高流水点校,北京:中华书局,1990年,第43页。

不舍昼夜。"①不舍昼夜的大川正是隐喻日新之心。《庄子·田子方》载孔子曰"夫哀莫大于心死,而人死亦次之"②,天道形生万物,万物因之生,因之死。人的形体与之相同,即可忘者,一直随着自然变化、消亡,是僵死之物,不值得记忆。但人却有不忘者,那就是自主变化而常在的心。若这些内容都如实地反映了孔子思想,可以说他虽仍在言说修身,但在疏离了天道之后,已开启心形分离的道路,自己已一只脚在其中。这也直接影响了他的天人观念。

孔子深知天道,但在生活中往往存而不论,知而不言。子贡便说夫子之言天道,不可得而闻(《论语·公冶长》)③。对天命亦然,虽常云"不知命,无以为君子也"(《论语·尧曰》)④,"君子有三畏",天命居首(《论语·季氏》)⑤,甚至说"道之将行也与,命也;道之将废也与,命也"(《论语·宪问》)⑥,但其罕言天命是弟子的一贯印象(《论语·子罕》)⑦。他也否定庸俗的天命观,曾答鲁哀公"夫国家之存亡祸福,信有天命,非唯人也"之问,云"存亡祸福,皆己而已,天灾地妖,不能加也"(《孔子家语·五仪解》)⑧,并以殷王太戊以桑谷生于朝之妖为戒,施行仁政,以己逆天时,转祸为福,以及殷王帝辛凭有雀生大鸟之祥,不修国政,亢暴无极,即以己逆天时,反福为祸等正反二例说明此理。孔子日常甚少论及天道、天命,根本原因是区分了天道、人道,深受子产"天道远,人道迩"(《左传·昭公十八年》)⑨的影响。他贵天道、畏天命,实际上也不是强调天道、天命本身,而是强调尊崇与敬畏,所指向的是这些意念背后的人道。

孔子的人道理念有其建构依据,且也与老子理念直接相关。老子曰:"域中有四大,天大、地大、道大、王亦大。"在后世传本中,"王"被转为"人"。人是天地间的灵者,故为贵,而王则是贯通三才的存在。孔子指道生万物,天地间其他事物皆是阴阳二气出现偏差后的一气之化,唯有裸虫(人)为阴阳之精,拥有完整的神与灵,可以知道行道,因此形成了天地人相参体系,

---

① 刘宝楠:《论语正义》,高流水点校,北京:中华书局,1990年,第349页。
② 庄子:《庄子》,方勇译注,北京:中华书局,2010年,第331页。
③ 刘宝楠:《论语正义》,高流水点校,北京:中华书局,1990年,第184页。
④ 刘宝楠:《论语正义》,高流水点校,北京:中华书局,1990年,第769页。
⑤ 刘宝楠:《论语正义》,高流水点校,北京:中华书局,1990年,第661页。
⑥ 刘宝楠:《论语正义》,高流水点校,北京:中华书局,1990年,第593页。
⑦ 刘宝楠:《论语正义》,高流水点校,北京:中华书局,1990年,第219页。
⑧ 陈士珂:《孔子家语疏证》(据商务印书馆1940版影印),上海:上海书店,1987年,第36页。
⑨ 杨伯峻:《春秋左传注》,北京:中华书局,2009年,第1395页。

"天道以视,地道以履,人道以稽"(《大戴礼记·四代》)①。人道是什么呢？即心形观念下的圣知仁义礼乐的知行系统。

圣人为裸虫(人)之精,拥有圣的品质。圣是一种生而知之的天赋,能洞察天道,制定历律,且能发掘人的独特性,天然的无私、公天下,也是一种天然行善的能力。它是人道的起始力量,只是百世一遇,非常人能及。其次是知,一般人皆是阴阳之精,具有闻而知之或见而知之的能力,通过问学就能知是非、伦理。

在圣知系统之下,进入人性观念层面。首先为仁,它是人道体系的核心要素,是一以贯之者,连通道德和礼乐。它是在知作用下闻而知之的能力,同时以此行善的行为。也是人固有的能力,只要人为之动心,就可呈现,即"我欲仁,斯仁至矣"(《论语·述而》)②。"仁者爱人"就是发衷心,推己及人,乃至推而广之,惠及鸡犬。但与圣相较,它并不能自然呈现,需要通过意念发动,也就是欲,并固化为志,才能终身行之。它也较玄虚,常人只能为之二三日,不能久行,孔子也常称不敢自诩为仁者。且在其一生中,仁作为至高标准之一,甚少主动言之。在《论语》中,也是弟子问到时才予以作答。仁之下为义,其本质是仁的自然延伸,是从自我内心到触及他人时所形成的纽带。在孔子处,其形而上内涵一般都已经包含在仁的讨论中,形而下则又融于礼乐,故较少单独详论。只是到孟子处才被提升到非常突出的地位,被大加宣扬。

最后是礼乐。它具有形而上的本源和形而下的具体内容。通过上文的分析,已知神灵为礼乐之祖,那么其宗是何物？就是衷心。孔子与子夏讨论礼乐,追述礼乐之源,具体论述了"五至"与"三无"。从中可知,行礼是从"五至"至"三无"。"五至"即志至而诗至,诗至而礼至,礼至而乐至,乐至则哀至。"诗礼相成,哀乐相生",志气、衷心充满于天地、四海。如此可达无钟磬之声亦有乐,无形体之劳亦有礼,无丧服之饰亦有哀的"三无"之境。将此道推及宇内,则上下和同,协和万邦。当然,其最终是和同于"天无私覆,地无私载,日月无私照"的"三无私"之境(《孔子家语·论礼》)③。这反过来也说明了礼乐的本质首先是发自天地之道,而后是人心,最后才是制度。天道无私,无为而生养万物。人道法之：其心本仁、慈爱,其行上义、友敬。仁义是内,形成原初三无的礼乐。此与老子的大道简约、大音希声相一致,只

---

① 王聘珍：《大戴礼记解诂》,王文锦点校,北京：中华书局,1983年,第169—171页。
② 刘宝楠：《论语正义》,高流水点校,北京：中华书局,1990年,第278页。
③ 陈士珂：《孔子家语疏证》(据商务印书馆1940版影印),上海：上海书店,1987年,第177—178页。

是孔子强调落实到"五至"的礼乐,呈现为合乎既定礼乐制度的行为。

当然,由于礼乐本质是源于天道、人心,其作用也是为修养人心,故在具体施行中始终是要以人心为贵。如孔子答林放礼本之问,曰"大哉问!礼,与其奢也,宁俭;丧,与其易也,宁戚"(《论语·八佾》)①。因此只要有利于修养仁心,作为外在的礼乐制度也可因时而变。孔子曾总结历史上的礼乐制度变革,之所以遵从周礼而不尊崇其本族的商礼或上古夏礼,也是其认知历史变革的结果。且他认为将来的礼乐也会继续变革。如答子张"十世可知也"之问,曰"殷因于夏礼,所损益,可知也;周因于殷礼,所损益,可知也。其或继周者,虽百世,可知也"(《论语·为政》)②。子张问十世之后的礼乐变革是否可知,孔子答曰从历史发展而言,夏礼变革后为商礼,商礼变革后为周礼,而将来的礼乐也应该是从周礼变革而来,那其总体面貌也就可了解。且面对当下周礼的现状与诸侯各国的差异时,也是不满于现状,渴望变革,"齐一变,至于鲁;鲁一变,至于道"(《论语·雍也》)③。也正因此修编六经,试图对自己的变革理念加以实践。

总之,在孔子的理念中,存在天道、地道、人道,人道遵从天道,但有自身的独特性。基本内容是源自"三无私"的圣、知、仁、义和礼乐。在他看来,天道无私,仁爱之心生有礼乐,同时礼乐巩固仁爱之心。总体上,仁爱为根本,礼乐制度可因时变革,且他对当时的礼乐制度也存在变革的意愿与实践。

二、修齐治平体系中的老学踪迹

孔子认为"天道远",道、命、性、仁皆是玄虚之物,难言也,从而高扬人道,一般人只要遵从礼乐行事即可。因此强调克己行礼,并以此修身齐家治国平天下。在此体系中对老子道德论也有诸多吸收转化。

在修身层面,老子因其身份为王庭史官的缘故,总是直接面对着君王或公侯,其论一般是针对统治者而言。孔子首要职守为教师,许多时候面对的是中下层士,然后才是伯侯、君王。但两者也有许多相通的地方。老子尊崇道,一切从虚无开始,强调个人法道修身就在于自虚。且物为分别、实有,总在洪流之中,因此人在面对具体事物时,要从实有返回虚无,要做的是寡欲到无欲,即所谓损之又损的自损之法。孔子继承之,如指行礼乐的基础与终极化就在于"三无私"。无私要求之一就是无我而自虚。"子绝四:毋意,毋

---

① 刘宝楠:《论语正义》,高流水点校,北京:中华书局,1990年,第82页。
② 刘宝楠:《论语正义》,高流水点校,北京:中华书局,1990年,第71页。
③ 刘宝楠:《论语正义》,高流水点校,北京:中华书局,1990年,第239页。

必,毋固,毋我"(《论语·子罕》)①,即指杜绝四种弊病:主观猜疑、势在必得的欲念、固执己见与自私自我之心。也就是意味着清空自我,保守虚无。同时,孔子曾言世人皆多欲,故未有刚者(《论语·公冶长》)②,这体现出了对无欲则刚的认同。他也曾观鲁桓公庙欹器"虚则欹,中则正,满则覆",告诫弟子自虚持满之道曰"聪明圣知,守之以愚;功被天下,守之以让;勇力抚世,守之以怯;富有四海,守之以谦:此所谓挹而损之之道也"(《荀子·宥坐》)③,这与老子自虚、守愚、不敢的损之又损之道如出一辙。

在老子看来,有道之士自虚、自损,近乎愚,应自命愚人,口不善辩,但坚持践行道,勤勉为之。孔子曰"刚、毅、木、讷近仁"(《论语·子路》)④,仁者无欲而坚毅,看似木讷,但坚持行道,"君子欲讷于言而敏于行"(《论语·里仁》)⑤。其对于颜回的评价也是不敏、近乎愚钝,但实是好学者之道。称赞宁武子之德也是"邦有道则知,邦无道则愚,其知可及也,其愚不可及也"(《论语·公冶长》)⑥,此愚就是在无道之世对道的坚守。修身的外化即安贫乐道,"士志于道,而耻恶衣恶食者,未足与议也"(《论语·里仁》)⑦、"饭疏食饮水,曲肱而枕之,乐亦在其中矣。不义而富且贵,于我如浮云"(《论语·述而》)⑧。

在治家方面,老子强调"居善地",且在纷乱的世界中,若遇差异,则要和光同尘。孔子亦强调择善而居,"里仁为美。择不处仁,焉得知"(《论语·里仁》)⑨。并将老子"圣人恒无心,以百姓之心为心。善者善之,不善者亦善之,得善也"的治国理念转化到治家之道中,指"人善我,我亦善之;人不善我,我不善之"是蛮貊之言,"人善我,我亦善之;人不善我,我则引之进退而已耳"是朋友之言,"人善我,我亦善之;人不善我,我亦善之"是亲属之言(《韩诗外传》卷九)⑩,治家也应遵从善善之道。但孔子的高傲之心是与生俱来的气质,使其无法做到,也不认同和光同尘的理念,因此最终仍是强调"君子和而不同"(《论语·子路》)⑪的中庸理念。

---

① 刘宝楠:《论语正义》,高流水点校,北京:中华书局,1990年,第326页。
② 刘宝楠:《论语正义》,高流水点校,北京:中华书局,1990年,第180页。
③ 王先谦:《荀子集解》,沈啸寰、王星贤点校,北京:中华书局,1988年,第520页。
④ 刘宝楠:《论语正义》,高流水点校,北京:中华书局,1990年,第548页。
⑤ 刘宝楠:《论语正义》,高流水点校,北京:中华书局,1990年,第159页。
⑥ 刘宝楠:《论语正义》,高流水点校,北京:中华书局,1990年,第197页。
⑦ 刘宝楠:《论语正义》,高流水点校,北京:中华书局,1990年,第146页。
⑧ 刘宝楠:《论语正义》,高流水点校,北京:中华书局,1990年,第267页。
⑨ 刘宝楠:《论语正义》,高流水点校,北京:中华书局,1990年,第139页。
⑩ 许维遹:《韩诗外传集释》,北京:中华书局,1980年,第312页。
⑪ 刘宝楠:《论语正义》,高流水点校,北京:中华书局,1990年,第545页。

至于个人入仕层面,老子无疑是积极入世的,曾以身怀美玉作比,希望以自己的理念实现太平世。但也强调天命有常,不可强求,在大道难行之下可隐退全身。他也于晚年见周德日衰,告老还乡。老子的言传身授深刻地影响了孔子的入仕观。后者也曾以美玉自比,直呼"沽之哉!沽之哉!我待贾者也",表明求遇明主之心(《论语·子罕》)①。其一生周游列国,困于陈蔡而弹琴乐之。见长沮、桀溺耦而耕,怃然曰"鸟兽不可与同群",又见楚狂接舆凤歌之笑而不疑(《论语·微子》)②,皆是积极入世的最直接体现。他也恪守老子的天命教诲,懂得全身之道,高度赞扬知难而退之人,指商纣无道,隐退的微子、佯狂的箕子与谏死的比干一样皆为殷朝三仁(《论语·微子》)③,又曰"君子哉蘧伯玉!邦有道,则仕;邦无道,则可卷而怀之"(《论语·卫灵公》)④。他也常以此自勉,曾语颜回曰"用之则行,舍之则藏,唯我与尔有是夫"(《论语·述而》)⑤,又告子路"道不行,乘桴浮于海,从我者,其由与"(《论语·公冶长》)⑥。最后也是见道不行而归隐讲学。应该说孔子继承了老子的入仕观,即所谓"天下有道则见,无道则隐"(《论语·泰伯》)⑦。他曾亲论逸民,遍评伯夷等六人,指各自理念不同,在志与身之间各有守放,自评说"我则异于是,无可无不可"(《论语·微子》)⑧。"无可无不可"就是不执着于入世或出世,一切都尊道而行罢了,此与老子因道任王官,又因道隐沛地的所为何其相近。

治国平天下方面,老子以天道论人世,治国理念也是如此——现实原型主要源自帝舜之道。老子认为君王应与天道一样无私而公天下。在其政治理想中,明王富有四海,但不以之为私产,深知天下乃天下人之天下,非一人之天下。在此基础上,确立民为邦本。"鱼不可脱于渊"即指鱼为阳为君,水为阴为民,君不可离开民而存在。因此,君王当慈爱百姓,如父母爱子,生而不有,养而不宰,功成而不居。且善始善终,将天下托付贤能之人,而不私传于自己的后代。

同时他认为君王应尊道行德,实现百姓安居、天下平和,并以此对不同的治国理念与状态进行了区分,"太上,下知有之;其次,亲誉之;其次,畏之;

---

① 刘宝楠:《论语正义》,高流水点校,北京:中华书局,1990年,第342页。
② 刘宝楠:《论语正义》,高流水点校,北京:中华书局,1990年,第723页。
③ 刘宝楠:《论语正义》,高流水点校,北京:中华书局,1990年,第711页。
④ 刘宝楠:《论语正义》,高流水点校,北京:中华书局,1990年,第617页。
⑤ 刘宝楠:《论语正义》,高流水点校,北京:中华书局,1990年,第261页。
⑥ 刘宝楠:《论语正义》,高流水点校,北京:中华书局,1990年,第170页。
⑦ 刘宝楠:《论语正义》,高流水点校,北京:中华书局,1990年,第303页。
⑧ 刘宝楠:《论语正义》,高流水点校,北京:中华书局,1990年,第729页。

其下，侮之"。最好的政治理念与局面即无为之治，君王依从道，效法天地，公天下，自虚无为，百姓仅知君王存在而已，皆自然自化；其次是亲誉之治，君王以礼乐治国，恩惠百姓，后者亲近、歌颂之；再次是畏惧之治，君王严刑峻法，以术治国，百姓畏之；最糟糕的情况是厌侮之治，君王苛政，百姓轻视、厌弃之。

老子一生追求实现太上的无为之治而不可得。孔子对此有所继承，又有调和。《礼记·礼运》记载了他的大同、小康理念：前者指尧舜之时，大道通行，天下为公；人们尊贤讲信，不独亲亲，使众人皆有所养；人尽其力，货尽其用，于是计谋不兴，盗贼不作，夜不闭户。后者指禹汤以来，在大道隐退，天下为家，各亲其亲，货力为己，谋用已作，兵革时兴的情况下，明君筑城池以为固，行礼义以为纪，以正君臣、兄弟、夫妇，使各行其伦①。

孔子所谓大同世界的现实原型也是三代以前的天下之治，本质上也是尧舜的公天下、无为而治。孔子曾传子夏"君之为君"之理，曰"鱼失水则死，水失鱼犹为水也"（《尸子》引）②，即为体现。在此基础上，也强调遵从"损有余补不足"理念，指田猎征敛，不足以充盈宫室府库，只有"惨怛以补不足，礼节以损有余"（《孔子家语·王言解》）③——君王自损而利百姓，才能令万民怀其惠，从而长久地富有其国。同时，他称帝舜之德"君天下，生无私，死不厚其子"（《礼记·表记》）④，即不视君位为私产，择贤者传之，在政治制度的顶层强调禅让。

孔子对帝舜尤为推崇，"无为而治者，其舜也与"（《论语·卫灵公》）⑤，"后世虽有作者，虞帝弗可及也已矣"（《礼记·表记》）⑥。同时该理念也尊法北极星象，"为政以德，譬如北辰，居其所而众星共之"（《论语·为政》）⑦。孔子认为君王可以如北极星一样尸位无为而天下治，甚至以此达到虚位而治的状态，成就真正的华夏文明。"夷狄之有君，不如诸夏之亡也"（《论语·八佾》）⑧，即华夏道德之治形成后，君王无关紧要，即使社会没有君王，也能井然有序。夷狄没有此道，即使有君主，也混乱不堪，不如华夏无

---

① 孙希旦：《礼记集解》，沈啸寰、王星贤点校，北京：中华书局，1989年，第581—583页。
② 尸佼：《尸子》，黄曙辉点校，上海：华东师范大学出版社，2009年，第60页。
③ 陈士珂：《孔子家语疏证》（据商务印书馆1940版影印），上海：上海书店，1987年，第12页。
④ 孙希旦：《礼记集解》，沈啸寰、王星贤点校，北京：中华书局，1989年，第1312页。
⑤ 刘宝楠：《论语正义》，高流水点校，北京：中华书局，1990年，第615页。
⑥ 孙希旦：《礼记集解》，沈啸寰、王星贤点校，北京：中华书局，1989年，第1312页。
⑦ 刘宝楠：《论语正义》，高流水点校，北京：中华书局，1990年，第37页。
⑧ 刘宝楠：《论语正义》，高流水点校，北京：中华书局，1990年，第84页。

君的状况。正是因为有此理想与理论为依托,故告鲁哀公"为国家者为之堂上而已矣"并非迂言(《吕氏春秋·季春纪·先己》)①。

但同时,他从历史发展和社会现实状况出发,否定了老子太上之治的现实性,认为大道已经隐退,公天下的大同世界已一去不返,于是退而求其次,提出小康理念——希望在家天下的现实基础上,实现亲之誉之的礼乐治国理想。他认为禹汤以来所治理的夏商周皆为礼制维系,当尊崇之。且总体上,当时夏商之礼已"不足征",虽然周礼在幽厉时已衰退,曾保留礼制的鲁国也难寻全貌,但后者仍不失为主体。主张修正周礼,克己行之,从而实现基本的"君君臣臣父父子子"(《论语·颜渊》)②之道,缔造一个协和万邦的小康世界。

当然,他在建构小康社会伦理体系时也还是吸收了老子"以正治国""以百姓之心为心""以德报怨""兵者凶器"等诸多理念。如老子认为为政之道在于行善善之道,强调"以德报怨"。指出君王当自我反思,以百姓之是非为是非。百姓善之,则善。百姓不善之,则修正自己,从而行善。如果百姓有怨,则要继续修德,不可轻用刑杀。孔子对德怨之报进行了发展与深化。传世文献中有两处记载了他的相关论述:1.《论语·宪问》载:"或曰:'以德报怨,何如?'子曰:'何以报德?以直报怨,以德报德。'"③ 2.《礼记·表记》载:"子曰:'以德报德,则民有所劝;以怨报怨,则民有所惩。《诗》曰:无言不雠,无德不报。《大甲》曰:民非后,无能胥以宁。后非民,无以辟四方。'子曰:'以德报怨,则宽身之仁也;以怨报德,则刑戮之民也。'"④从上可知,孔子的德怨之论分对象而言:如当事人为百姓之间,强调"以德报德""以直报怨",如此彼此间才会有所劝勉与修正。如果是君王与百姓之间,百姓也应"以德报德""以怨报怨"。如同对待汤文武当以德回报其德行,对待桀纣则要以怨回应其非道之行,这样百姓对于君王的言行才有惩恶扬善的劝诫作用。对君王而言,则有所不同。因为君王如无百姓,不可能有其土其国,故须"以德报怨"。百姓如有怨念怨行,君王必须端持仁爱之心,修正自己的言行,令百姓信服。如果君王"以怨报德",杀戮百姓,则为独夫矣。即从君王角度而言,孔子继承老子的劝善、慎杀理念。

尤其对于刑杀之事,孔子虽也指其为必要,"圣人之治化也,必刑政相参焉,太上以德教民,而以礼齐之。其次以政焉导民,以刑禁之,刑不刑也。化

---

① 许维遹:《吕氏春秋集释》,北京:中华书局,2009年,第73页。
② 刘宝楠:《论语正义》,高流水点校,北京:中华书局,1990年,第499页。
③ 刘宝楠:《论语正义》,高流水点校,北京:中华书局,1990年,第591页。
④ 孙希旦:《礼记集解》,沈啸寰、王星贤点校,北京:中华书局,1989年,第1300页。

之弗变,导之弗从,伤义以败俗,于是乎用刑矣"(《孔子家语·刑政》)①,但永非根本,只是辅助之事。他说百姓靡法妄行,其罪多源于君王。君王修德正教,德至教全,则无陷刑之民,必然如五帝之世,五刑设而不用(《孔子家语·五刑》)②。故当季康子问政"如杀无道,以就有道,何如",孔子对曰"子为政,焉用杀? 子欲善而民善矣。君子之德风,小人之德草,草上之风,必偃"(《论语·颜渊》)③,强调政教之本在修德,以德行回应民怨。当然若德教而弗从,则以刑罚辅之。

老子认为法道治国从无到有、从小到大,是大难之事,因此在法道行德方面强调恒久之心。孔子深知之,以礼乐践行德教也是大难之事。虽然他曾说"苟有用我者,期月而已可也,三年有成"(《论语·子路》)④,只要有人用其治国,一年便可以有变化,三年就会有一定成效。但要完全巩固,却是不易的事。故在他处又云"如有王者,必世而后仁""善人为邦百年,亦可以胜残去杀矣。诚哉是言也"(《论语·子路》)⑤。王者即有道圣人,善人也是指有道君王,即使圣人治国也要三十年才能实现仁政,善人治国要一百年才可以完全去杀,其难可想而知。更何况圣人是百世一遇的稀有者。在此情况下,孔子与老子一样强调恒德,故曰"善人,吾不得而见之矣! 得见有恒者,斯可矣。亡而为有,虚而为盈,约而为泰,难乎有恒矣"(《论语·述而》)⑥。教化治国皆遵从一个循序渐进的过程,不可急于求成,不可大跃进。

同时,在天下层面以礼乐交平为主,辅以礼乐征伐。大同世界中,至正之国甚少用兵。孔子对此多有推崇,小康世界亦然。他在天下层面,延伸上文"报怨以德"的治民之道,强调"修文德"。齐桓公曾伐山戎、孤竹,请助于鲁,鲁先许而后不行。齐已伐前者,欲移兵于鲁,管仲止之,反分献山戎之宝于周公之庙。次年,齐伐莒,鲁悉全国之兵助之。孔子闻此赞曰:"'圣人转祸为福,报怨以德',此之谓也。"(《说苑·权谋》)⑦又如季氏将伐颛臾,孔子批评说:"远人不服,则修文德以来之。既来之,则安之。"

---

① 陈士珂:《孔子家语疏证》(据商务印书馆 1940 版影印),上海:上海书店,1987 年,第 188 页。
② 陈士珂:《孔子家语疏证》(据商务印书馆 1940 版影印),上海:上海书店,1987 年,第 186 页。
③ 刘宝楠:《论语正义》,高流水点校,北京:中华书局,1990 年,第 506 页。
④ 刘宝楠:《论语正义》,高流水点校,北京:中华书局,1990 年,第 529 页。
⑤ 刘宝楠:《论语正义》,高流水点校,北京:中华书局,1990 年,第 530—531 页。
⑥ 刘宝楠:《论语正义》,高流水点校,北京:中华书局,1990 年,第 274 页。
⑦ 向宗鲁:《说苑校证》,北京:中华书局,1987 年,第 324—325 页。

(《论语·季氏》)①皆是相关理想的直接表现。

也正因此,孔子对周武王以武力征伐天下也多有微词。如"子谓《韶》'尽美矣,又尽善也',谓《武》'尽美矣,未尽善也'"(《论语·八佾》)②,其原因何在呢?"子在齐闻《韶》,三月不知肉味,曰:'不图为乐之至于斯也。'"(《论语·述而》)③此前一般将此理解为孔子陶醉于音乐之美,以致食而无味。其实不然,本义指《韶》乐尽善尽美,不杀生,恩及鸡犬,以致孔子无欲于肉食(此相通于孔子知子路见杀而不食肉糜)。以此可知孔子说《韶》乐尽善尽美而《武》乐未尽善,主要针对杀伐而言。也正因此,颜渊问"为邦",孔子曰"行夏之时,乘殷之辂,服周之冕,乐则韶舞。放郑声,远佞人"(《论语·卫灵公》)④,亦独崇《韶》,不提《武》,而斥郑声,也是其不以征伐为高的集中体现。以此出发,自然极力摒弃非道之战。故当南宫适问"羿善射,奡荡舟,俱不得其死然。禹、稷躬稼而有天下",孔子赞为尚德君子(《论语·宪问》)⑤,此与金人铭和老子的"强梁者不得其死"相一致。

孔子总体上反对战争,但也知大道已废、大同难再,在小康之世如有不道之国,也唯有征伐之。但对征伐有明确的要求,"天下有道,则礼乐征伐自天子出"(《论语·季氏》)⑥。且也有特定的对象与善后之措,"夫明王之所征,必道之所废者也,是故诛其君而改其政,吊其民而不夺其财"(《孔子家语·王言解》)⑦。

至于具体的治军用兵之道,虽然卫灵公问陈,孔子对曰"俎豆之事,则尝闻之矣;军旅之事,未之学也"(《论语·卫灵公》)⑧,但此只是因所对非人而不作答,并非真不知军旅之事。孔子在治军方面强调素时训练,七年乃成(《论语·子路》)⑨。对于征战则强调慎战以及"临事而惧,好谋而成"(《论语·述而》)⑩。至于具体用兵,则可以说开启了后世老学将"以正之邦以奇用兵,以无事取天下"理解为"以正治邦,以奇用兵"的先河。老子本义是指至正之邦,甚少用兵,以无事聚合天下,但后世多理解为以正道治国,以诡道用

---

① 刘宝楠:《论语正义》,高流水点校,北京:中华书局,1990年,第645—649页。
② 刘宝楠:《论语正义》,高流水点校,北京:中华书局,1990年,第135页。
③ 刘宝楠:《论语正义》,高流水点校,北京:中华书局,1990年,第264页。
④ 刘宝楠:《论语正义》,高流水点校,北京:中华书局,1990年,第621—624页。
⑤ 刘宝楠:《论语正义》,高流水点校,北京:中华书局,1990年,第556页。
⑥ 刘宝楠:《论语正义》,高流水点校,北京:中华书局,1990年,第651页。
⑦ 陈士珂:《孔子家语疏证》(据商务印书馆1940版影印),上海:上海书店,1987年,第13页。
⑧ 刘宝楠:《论语正义》,高流水点校,北京:中华书局,1990年,第609页。
⑨ 刘宝楠:《论语正义》,高流水点校,北京:中华书局,1990年,第550页。
⑩ 刘宝楠:《论语正义》,高流水点校,北京:中华书局,1990年,第261页。

兵。晋楚城濮之战,晋文公求计于群臣。咎犯主张以诈道应战,雍季则以竭泽而渔等理,指诈伪之道非长术。此后文公用咎犯计大败楚国,行赏时则以雍季之言为百世之利而在上,咎犯之言为一时之务而居次。孔子闻之而曰"临难用诈,足以却敌;反而尊贤,足以报德。文公虽不终,始足以霸矣"(《吕氏春秋·孝行览·义赏》)①。孔子所言表明他也是以正奇观念理解相关内容。

小 结

孔子深受老子思想影响,但多转化融通。他深知天道,同时又游离了返辅、有无相生等理念。且在天道之外,确立了人道,两者的关系也较为疏离,天道作为人道依据的地位是模糊的,人道并不是完全依附天道。孔子认为人道有圣、知、仁、义,而以礼乐行,故主张以礼乐修身齐家治国平天下。在修身方面,建构身理念时因未接受有无相生,走上了心形分离的道路,但总体上还是融通了老子自虚、无欲、自损、处下等思想。在出世、入世方面,也接受了老子尊道而行,有道则显、无道则隐的理念。在治国、平天下方面,他在老子无为之治、亲誉之治的基础上,转化出了公天下、无为而治的大同理念和家天下、礼乐维系的小康理念。他也视前者为最高的理想,但指其已成为历史,在当时社会难以再现,从而指后者是当时社会切实可行的道路,寄希望于世人克己行礼,以实现家天下的和谐。其一生也是明知不可为而为之,蓬转天下,至死仍语"夫明王不兴,而天下其孰能宗予?予殆将死也"(《礼记·檀弓》)②。总之,孔子虽别立宗门,实是儒道融通的典范。

第二节 关尹子及其太一老学

关尹子是老子最为重要的弟子之一,老子后半生的基本思想主要是通过关尹子的梳理才得以传承。关于其人其事及其思想,学界历来存有争议,但相关问题皆有迹可循,郭店楚简《太一生水》的出土也为深入理解其老学提供了契机。

一、关尹子其人其书辨析

(一)姓氏名字

《列子》之《力命》《杨朱》《黄帝》,《庄子》之《达生》《天下》,《吕氏春

---

① 许维遹:《吕氏春秋集释》,北京:中华书局,2009 年,第 329 页。
② 孙希旦:《礼记集解》,沈啸寰、王星贤点校,北京:中华书局,1989 年,第 196 页。

秋》之《不二》等皆称"关尹";《列子》之《说符》称"关尹""关尹子""尹子";《吕氏春秋》之《审己》称"关尹子";《列子》之《仲尼》称"关尹喜",《史记·老子韩非列传》则载"关令尹喜曰"①,《汉书·艺文志》则云"名喜,为官吏"②;陆德明《经典释文·庄子音义·天下篇》注"关尹",始云"关令尹喜也。或云尹喜字公度"③。《四库全书总目提要》即指"未详何本",但以"陆德明非杜撰者,当有所传"姑信之④。余嘉锡《四库提要辨证》则明确指出陆说混同尹喜、尹轨,不足信⑤。此后,高亨认为"关尹"非官名,乃姓名,即姓关,名尹⑥。钱穆《先秦诸子系年》亦指"关尹"为人名,且疑其为"环渊"音转⑦。郭沫若赞同之,认为关尹、环渊、玄渊、蜎渊、便娟皆是同音转,皆一人⑧。

实则,《列子·说符》称"关尹""关尹子""尹子"已说明该问题。《国语·周语》载周定王六年(公元前601年)单襄公语"周之《秩官》有之曰'敌国宾至,关尹以告'"⑨,可知春秋时周朝边关令称"关尹"并无问题。但关尹子的"关尹"之称却非简单地对应官职:春秋时期人为敬重某人,常以官职加姓氏代称之,此处亦然——关表职守,尹为姓氏。关尹子后学晚辈则以"尹子""关尹子"称之。本来姓氏名字为姬姓,尹氏(封国为氏),名喜,字不可考。其为周朝畿内封国——尹国的贵族,出任周朝边关令,也因此得见老子,于职上闻道而隐,这也是时人以官职加姓氏方式尊称之的原因。

(二) 基本事迹

《列子》之《力命》《杨朱》等篇载关尹子受教于老子。《史记·老子韩非列传》载:"(老子)居周久之,见周之衰,乃遂去。至关,关令尹喜曰:'子将隐矣,强为我著书。'于是老子乃著书上下篇,言道德之意五千余言而去,莫知其所终。"⑩《汉书·艺文志》则云"老子过关,喜去吏而从之"⑪。此外,

---

① 司马迁:《史记》,裴骃集解、司马贞索隐、张守节正义,北京:中华书局,1999年,第1702页。
② 班固:《汉书》,颜师古注,北京:中华书局,1962年,第1730页。
③ 陆德明:《经典释文》,黄焯断句,北京:中华书局,1983年,第404页。
④ 永瑢等:《四库全书总目提要》(第28册),上海:商务印书馆,1931年,第44—45页。
⑤ 余嘉锡:《四库提要辨证》(第3册),北京:中华书局,1980年,第1190页。
⑥ 高亨:《关于老子的几个问题》,《社会科学战线》1979年第1期,第35—39页。
⑦ 钱穆:《先秦诸子系年》,北京:商务印书馆,2005年,第239—240页。
⑧ 郭沫若:《稷下黄老学派的批判》,见《十批判书》,北京:东方出版社,1996年,第156—191页。
⑨ 无名氏:《国语》,韦昭注、明洁辑评、金良年导读、梁谷整理,上海:上海古籍出版社,2008年,第31页。
⑩ 司马迁:《史记》,裴骃集解、司马贞索隐、张守节正义,北京:中华书局,1999年,第1702页。
⑪ 班固:《汉书》,颜师古注,北京:中华书局,1962年,第1730页。

《列子·黄帝》《列子·说符》《庄子·达生》《吕氏春秋·季秋纪·审己》等记载关尹子传道于列子,但范耕研在《吕氏春秋补注》注《审己》条目中,指关尹子非老子弟子,"庄子《天下》篇列于老子之前,似在师友间。高氏谓师老子,似是老子师之误,后人习闻俗说,妄乙之耳"①。至于钱穆《先秦诸子系年》等战国环渊说②,则又是另外一种全然不同的考察。

尹喜为老子弟子,遇老子于边关的背景正如《绪论》中在讨论老子生平时所言,在王子朝之乱中,畿内国诸侯尹文公固支持王子朝,且领兵攻打过刘氏封邑,战败后曾与王子朝一同逃往楚国,但中途折返王城,与刘氏等盟。但三年后,刘氏杀之,尹氏一族复叛。尹喜正是因其为尹国贵族,才出任边关令,此时尹族临大难,便听取老子意见,与之归隐。关尹子与老子一同隐居沛地后,也颇长寿,后来年轻的列子来访时也有所教授。

(三)著述

司马迁《老子韩非列传》指关尹子强让老子著书,但据《论语》称老彭"述而不作"③,可知当时情景应是老子为尹子讲解道德,后者记之而整理为五千言。关尹子在此后的传道过程中,对其当有所解读发挥,形成传解之文。湖北郭店出土的战国楚简《老子》(以下称"简《老》")、《太一生水》便与关尹子存在重大关联。

简《老》由三组不同的抄本构成。关于其性质,学界分歧较大。笔者曾据摘抄现象普遍存在于楚墓时代,也见于郭简内部,以及郭简构成规律等论证三组简《老》是互有关联,但性质不同的五千言《老子》摘抄修编本:丙组简《老》是直接摘抄自五千言的、用于修改重组新《老子》文本的原始材料,乙组简《老》、甲组简《老》分别是修改未完全和较完全的本子。详情可参见相关拙文④以及下文《郭店楚墓主及其儒家化老学》。

至于《太一生水》,基本内容由 14 枚竹简构成,保存较完好。关于性质也是异论纷杂。笔者曾从郭简构成规律、《太一生水》与《老子》章节内容关联等方面论证它是《老子》的"传"文——对归属今本《老子》40、42、43、44章内容的诠释。且根据先秦时期的经传关系以及郭店楚简的修编规律,它

---

① 范耕研:《吕氏春秋补注》,见国学图书馆编《江苏省立国学图书馆第六年刊》,南京:南京龙蟠里本馆,1933 年,第 64 页。
② 钱穆:《先秦诸子系年》,北京:商务印书馆,2005 年,第 239—240 页。
③ 老彭即彭聃,亦即屈原所谓彭咸。
④ 玄华:《论郭店竹简〈老子〉性质》,《江淮论坛》2011 年第 1 期,第 66—71 页。《从"太上"等章的差异论郭店竹简〈老子〉性质》,见方勇主编《诸子学刊》(第六辑),上海:上海古籍出版社,2012 年,第 68—78 页。《从"章节异同"看郭店楚简〈老子〉性质》,《江淮论坛》2012 年第 6 期,第 91—96、126 页。

在文本形式上是作为独立的传文章节附录在整篇《老子》的首部或尾部。详情可参见拙文①。

也就是说，郭店楚墓主人在修编三组简《老》时，所据底本《老子》不仅是一个完全的五千言本，还是一个附有传文《太一生水》的《老子》注本。从某种角度而言，它是现今所知最早的五千言《老子》注本。关于该注本的性质，自然是一个非常重要的问题。李学勤曾认为《太一生水》是"关尹一派的作品"②，郭沂赞同其观点："如果《太一生水》出自关尹学派的推测成立，那么它就应该出自关尹本人，因为关尹生活的时代同郭店楚简成书时代的下限实在太吻合了。"③虽然两位先生关于《太一生水》与郭店竹简《老子》关系等具体看法并不确切，但指出《太一生水》与关尹子存在重要关联是极可贵的。

《庄子·天下》载："（老聃、关尹）建之以常无有，主之以太一。以濡弱谦下为表，以空虚不毁万物为实。关尹曰：'在己无居，形物自著。其动若水，其静若镜，其应若响。芴乎若亡，寂乎若清。同焉者和，得焉者失。未尝先人而常随人。'"④《吕氏春秋·不二》亦云"关尹贵清"⑤。可见太一、青昏（贵清）、柔弱、处下、虚静、和合是关尹子的基本主张，它们与《太一生水》的核心思想完全吻合。《老子韩非列传》云老子传五千言于关尹子，关尹子盖修定了《老子》，同时也为其作传。简《老》修编者所据《老子》注本便是关尹子及其学派的传本。

此外，关尹子本人也具有系统性的思想，《列子》《庄子》《吕氏春秋》等皆有称道。《汉书·艺文志》载有"《关尹子》九篇"⑥，但此书在《隋书·经籍志》、新旧唐志、宋初目录等皆无著录，表明当时已亡佚。此后，宋人又伪作《关尹子》，传至今，非其著述。

二、关尹子对老子太一思想的继承与发展

关尹子的个人著述虽已亡佚，但在现存文献中也保留了诸多与其直接

---

① 玄华：《论"太一生水"内涵及其图式——兼论"太极图"起源》，《中州学刊》2012年第2期，第118—123页。《论郭店楚简〈太一生水〉文本内涵、结构与性质》，《中州学刊》2013年第8期，第111—116页。
② 李学勤：《荆门郭店楚简所见关尹遗说》，见《中国哲学》编辑部、国际儒联学术委员会编《中国哲学》第20辑（"郭店楚简研究"专号），沈阳：辽宁教育出版社，1999年，第160页。
③ 郭沂：《试谈郭店楚简〈太一生水〉及其与简本〈老子〉的关系》，《中国哲学史》1998年第4期，第33—38页。
④ 庄子：《庄子》，方勇译注，北京：中华书局，2010年，第580—581页。
⑤ 许维遹：《吕氏春秋集释》，北京：中华书局，2009年，第467页。
⑥ 班固：《汉书》，颜师古注，北京：中华书局，1962年，第1730页。

相关的材料。同时,《老子》"太一生水"注本也为关尹子传本。以下结合两者,讨论其对老子思想的继承与发展。

(一) 太一与道,以及有无相生、贵弱思想

由拙文《论"太一生水"内涵及其图式——兼论"太极图"起源》可知北极星、太一、道三者间存在紧密关联。北极星演化而有太一,太一演化而有道。对它们的认知本从天文历法开始,但随着哲学化的不断提升,原有的朴素痕迹被逐渐消解,变得更加纯粹和形而上化,三者的关联也日渐疏离。到春秋晚期,一般人已不知太一,而多云天道或道。只是老子身为史官,执掌典故,故融合传统,曰有物混成,生而名大(即太,又即太一),长而字道。但他也受当时社会知识结构的影响,更强调形而上的道。如《老子》书虽涉及太一,但其始终处于隐性状态,道的地位更为突显。关尹子出身贵族,因家学缘故,对传统、古法等事物较一般人而言更为敏感。也正因此,他对老子思想的继承较为原初,可填补后世老学的一些盲点,对太一的重视即为体现。

在老子处,有物混成,名大,字道,即指该事物的存在分为出生时、成年后两阶段。关尹子继承这种联系与区分,指混成物为太一,"青昏其名""道亦其字"(《太一生水》)①。即太一本名为混沌,其长成后取字为道。同时也继承了老子对两者特点的论述,"关尹贵清"即表明他认为太一、道本身并不依赖于其他条件而存在,自在自然,故原初状态为虚无、清静。

太一、道本身虚无,却化生孕育万物。但严格来说,它们自身虚静、不作为,只是起着孕场的作用,物来而应,应而化生孕生。就具体过程而言,所谓"太一生水"实是太一成熟为道,道生水(即后世所谓混沌之炁)。然后,水归复、辅助道,生天。接着,水、天又共返辅道而生地。此后每一次新生物在诞生后都归复道,从而诞生万物,生生不息。

针对物的生发,老子除强调归返之外,又曰"天下之物,生于有,有生于无""有无相生",指万物乃有无相生而成。如同一个水桶,它因自身五处封闭(有)而围成中空和开口(无),以此具备水桶之用,从而确立了自己的存在。如用刀在木桶壁中开一口子,中空也会受到破坏,影响其功用的正常发挥,使之沦为一个残缺的水桶。若在桶底为之,中空彻底消失,水桶这个事物也将随之湮灭、不复存在。但关尹子游离了有无相生观念,更强调万物相对独立产生。如同后世认为炁分阴阳,阳者为气,上扬为天,阴者为块,下沉为地。故《太一生水》曰:"下,土也,而谓之地。上,气也,而谓之天。"且阴

---

① 荆门市博物馆编:《郭店楚墓竹简》,北京:文物出版社,1998年5月,第125页。

阳二气不仅各自成为天地的直接本源,也成为其他万物的直接本源。这也影响了他对神、物关系的理解(详论见下文)。

最后,在太一(道)生养万物的过程中,老子强调太一(道)对于万物的基本作用在于贵柔弱、损有余补不足。关尹子亦然,即所谓"天道贵弱,雀成者以益生者。伐于强,责于……"(《太一生水》)①,柔弱始生,物极必反。

(二) 知道与法道

《列子·力命》载:"老聃语关尹曰:'天之所恶,孰知其故。'言迎天意,揣利害,不如其已。"②此处似乎是指老子告关尹子天道不可知,关尹子亦赞同。但这是后人误读老子本意而已,老子本指天有所恶,人可知之,劝诫君王勿行天恶。关尹子也认为人可知道,曾谓列子曰"圣人见出以知入,观往以知来,此其所以先知之理也"③,并通过射理,告之"圣人不察存亡,而察其所以然"(《列子·说符》)④。表明他强调圣人"先知"——认知道,知事物之所以然,故在其萌发之前便知之。

同时,他也提出了具体的认知法,所谓清、虚不仅指道体的特点,也是指知道的法门。关尹子曰:"物自违道,道不违物。善若道者,亦不用耳,亦不用目,亦不用力,亦不用心;欲若道而用视听形智以求之,弗当矣。瞻之在前,忽焉在后;用之弥满六虚,废之莫知其所。亦非有心者所能得远,亦非无心者所能得近,唯默而得之而性成之者得之。"(《列子·仲尼》)⑤即指道恒无有,非实有之物,故耳目难以求之,即使心智计算也是徒劳。唯一的办法是与道一样实现清、虚。它是一种整体性身体的全然清静、沉寂,不割裂躯干、四肢、七窍与心灵。关尹子认为以此可以归复、和同于道,从而把握它。

在知道中,也意味着法道。《太一生水》曰:"道亦其字也,青昏其名。以道从事者必托其名,故事成而身长;圣人之从事也,亦托其名,故功成而身不伤。"⑥表明要遵从太一(道),托身于它,行走在它的路上。故关尹子也强调"道纪",从现在推知过去,由过去指导将来。所谓"度在身,稽在人""尝观之神农、有炎之德,稽之虞、夏、商、周之书,度诸法士贤人之言,所以存亡废兴而非由此道者,未之有也"(《列子·说符》)⑦,即通过对自我的认知,可以了解他人,学习过往的知识,可以了解将来的兴废,那么在得道之下,以

---

① 荆门市博物馆编:《郭店楚墓竹简》,北京:文物出版社,1998年5月,第125页。
② 杨伯峻:《列子集释》,北京:中华书局,2012年,第196页。
③ 杨伯峻:《列子集释》,北京:中华书局,2012年,第229—230页。
④ 杨伯峻:《列子集释》,北京:中华书局,2012年,第232页。
⑤ 杨伯峻:《列子集释》,北京:中华书局,2012年,第138—139页。
⑥ 荆门市博物馆编:《郭店楚墓竹简》,北京:文物出版社,1998年5月,第125页。
⑦ 杨伯峻:《列子集释》,北京:中华书局,2012年,第230—231页。

顺众物,也就能把握其生灭,从而离却忧惧,淡泊自在。

(三) 全神保身、藏身

关尹子因厌弃杀伐,以王朝贵族、边关大将身份归隐,故看淡政治,更倾向于隐士之学。他不仅将修身视作法道的基本要求,也将身全视作终极追求。修身理念的基本内容主要继承老子怀抱阴阳、冲气以为和、抟气致柔如婴儿的一气保性理念,但同时基于神、物二元理念,又发展出了神全不死思想。在讨论相关思想之前,需对两则材料进行辨析。

《列子·黄帝》载:"列子问关尹曰:'至人潜行不空,蹈火不热,行乎万物之上而不慄。请问何以至于此?'关尹曰:'是纯气之守也,非智巧果敢之列。姬!鱼语女。凡有貌像声色者,皆物也。物与物何以相远也?夫奚足以至乎先?是色而已。则物之造乎不形,而止乎无所化,夫得是而穷之者,焉得而正焉?彼将处乎不深之度,而藏乎无端之纪,游乎万物之所终始。壹其性,养其气,含其德,以通乎物之所造。夫若是者,其天守全,其神无郤,物奚自入焉?夫醉者之坠于车也,虽疾不死。骨节与人同,而犯害与人异,其神全也。乘亦弗知也,坠亦弗知也,死生惊惧不入乎其胸,是故遻物而不慴。彼得全于酒而犹若是,而况得全于天乎?圣人藏于天,故物莫之能伤也。'"①

《庄子·达生》也载有此文,只是文末又缀有"复仇者不折镆干,虽有忮心者不怨飘瓦,是以天下平均。故无攻战之乱,无杀戮之刑者,由此道也。不开人之天,而开天之天,开天者德生,开人者贼生。不厌其天,不忽于人,民几乎以其真"②等数语。

从文字内容上看,《列子·黄帝》所载主要论述一气保性的修身之法。《庄子·达生》所增文字的意思是:被仇杀者不会去埋怨凶器,被飘瓦击中者也不会怨恨瓦片,原因是凶器对每个人的作用、飘瓦击中每个人的概率都是均等的。想要休止战争与犯罪之事就要遵从此道——令百姓获得均平的事物与机会。故有道君王总是依从天道,不依从人欲。因为天道损有余补不足,人道损不足以奉有余。坚守天道,断绝人道,百姓将归复天然状态,和谐无争——主要是在论说均天下理念。其深层内涵则是在论述道法家的刑名思想,指出社会不均平导致混乱。刑法如同兵器与飘瓦,均平众人,故能休止纷争。同时,以杀戮之事非兵器杀人,是人杀人,比喻刑杀之事不是刑法杀人,是害人者自杀,受刑罚者也不会去埋怨刑法本身。故刑法虽立于杀

---

① 杨伯峻:《列子集释》,北京:中华书局,2012年,第46—49页。
② 庄子:《庄子》,方勇译注,北京:中华书局,2010年,第297页。

人,但其公平公正,反而能止杀,最终设而不用。相关文字应是战国后期道法家窜入。谈论关尹子思想时,当以《列子·黄帝》所载为本。

关于《列子·黄帝》相关文字的内涵,传统的解读也不确切。关尹子所言主要涉及神与物、气与貌像声色之间的关系。从上文可知,他游离了老子的有无相生理念,认为事物在直接层面是由阴阳二气相对独立而生,这直接导致他形成了神、物二元的理念。《庄子·天下》亦载关尹子思想特点是"以本为精,以物为粗,以有积为不足,澹然独与神明居"①,也体现出神、物两分思想。在其看来,神、物相对独立,神为本,物为末。神变化无穷、不定性,物相对僵化。但神可以主导物,神化则物随之化,神全则物全。同时,神、物分别对应气、貌像声色。与之相应,气为内、为本,貌像声色为外、为末。气混沌不居,貌像声色一般存在边界、定型,但气可以变化貌像声色。

在此基础上,关尹子指出物物相接首先在于物的貌像声色相接触。在接触时,如果貌相声色相同则相合,相异则相伤。万物的接触不可避免,如何才能相合而不相伤呢? 关键在于使气。气能变化貌像声色,在物物相接时,只要气运而使两物的貌相声色变化并相合,就可使物相合。如更进一步,物保有气运,使自我的貌像声色不定型,应彼物变化,和其光,同其尘,便恒有相合状态。将此理念最大化,若万物皆因气而动、造于不形,彼此间皆无形,则自然和同,永不相伤。

在此理念下,人所要做的就是一性、纯气,然后与时推移,不固守于僵强,如此就会神全。而神全、气混元,物也无法进入神,神相对独立,就不会受到伤害。关尹子以醉人坠车不死现象证之,同样是从车马上坠落,一般人会身残而神死,而醉酒者即使身体受伤,人却不会死。他的筋骨与众人相同,但受到的伤害却与众人相异,原因就在于他守护神,使气混元,物无法进入气,无法影响神,因此神得以周全,而人也不死。并以此指借助酒醉的人尚且如此,更何况保神保性、遵从自然的人呢。圣人就是这样,藏性保气全神于自然,于是万物不能伤害他。

关尹子的神、物相对独立,全神可不触物,纯气可不败色的基本主张,决定他将走上虚静、无为、不用的全身藏身理念。关尹子曰:"在己无居,形物其箸。其动若水,其静若镜,其应若响,故其道若物者也。"(《列子·仲尼》)②强调自身虚静如镜,如水自然流转,物来而应。当然,人自是现实中的存在,己可无居、不应物,但物必来,即所谓"聚块也,积尘也。虽无为而非

---

① 庄子:《庄子》,方勇译注,北京:中华书局,2010年,第580—581页。
② 杨伯峻:《列子集释》,北京:中华书局,2012年,第138页。

理也"(《列子·仲尼》)①。因此也须有应对之法,具体方法则为自损,《太一生水》曰:"天地名字并立,故怃其方,不思相[□。天不足]于西北,其下高以强;地不足于东南,其上[厚以广。不足于上]者,有余于下,不足于下者,有余于上。"②《庄子·天下》亦指关尹子"以有积为不足"③。因为是以本为精,以物为粗,那么必然会认为物的积累是负累,不利于神明独立、清静。因此,他进一步继承了老子的为道日损之理,强调面对事物,要从那些积累中不断自损。无为、自损至于极致,自然归于无用。关尹子也因此能藏身于道,其论也成为隐士之学的大宗。

(四) 治国平天下

关尹子的修身之学已从老子的修身治国体系中有所脱离。他的修身不再指向治国,而是直接走向藏身,归于无用。对于他而言,治国只是余业,无须专门讨论。但因先秦哲人与社会皆关心此点,还是难免说道一二。简言之,为以下三点:1. 修身的延伸可以为治国之方,即正己而正人。他告诉列子射道在于身,身正则射中。非独射如此,为国亦然,君王正其言行,百姓将为之响应(《列子·说符》)④;2. 治民方面,继承老子三宝中的慈爱精神。强调"度在身,稽在人。人爱我,我必爱之;人恶我,我必恶之。汤武爱天下,故王;桀纣恶天下,故亡"(《列子·说符》)⑤;3. 天下层面,发挥修身的谦虚为下理念,继承老子"不敢为天下先"主张,强调不敢先人,而常随人(《庄子·天下》)⑥。

小 结

综上所述,关尹子姓尹氏,名喜,为周朝贵族,其归隐与尹国的动荡相关。他是老子的重要弟子,记载梳理了老子后半生的基本思想,并传有《老子》"太一生水"注本,相关内容在郭店楚简中有所反映。他对老子思想的继承较原始而全面,可以填补后世老学的一些盲点,"太一"论即为代表。同时他也将老子的修身之学发展为保身藏身之道,分析该问题时应注意《列子·黄帝》《庄子·达生》所载内容的异同,以前者为依据,并予以新的理解。关尹子老学对后世道家学术乃至整个传统文化皆影响深远。首先,在

---

① 杨伯峻:《列子集释》,北京:中华书局,2012年,第139页。
② 荆门市博物馆编:《郭店楚墓竹简》,北京:文物出版社,1998年5月,第125页。
③ 庄子:《庄子》,方勇译注,北京:中华书局,2010年,第580—581页。
④ 杨伯峻:《列子集释》,北京:中华书局,2012年,第232页。
⑤ 杨伯峻:《列子集释》,北京:中华书局,2012年,第229—230页。
⑥ 庄子:《庄子》,方勇译注,北京:中华书局,2010年,第580—581页。

道家系统内部,他从太一(道)的虚静、无为发展出全身、藏身的隐道,是后世隐士老学的大宗,泽被列子、庄子,自不待言,且对儒家、杂家等对老学的接受转化也有直接影响。其次,其"太一"理念对太极等哲学观念的发展起到了巨大的推动作用。笔者曾就太一理念、图式对太极理念、图式的影响进行过辨析①。简而言之,对应"太一生水"三种层面的内涵,太一图也具有星象、历法、宇宙化生等三方面的特点。太一图不仅是原始星图,也是盖天说历法图和原始太极图,与后世陈抟、周敦颐等人所作太极图皆一脉相承。最后,关尹子太一老学在宗教方面也影响巨大。它进一步强化了战国晚期楚国以及汉代的太一崇拜。虽然汉代以后其事迹与思想不彰,但后人多借重其名:北魏兴起的楼观道即奉其为祖师;道教伪经也多与之相关,如《化胡经》《西升经》《妙真经》等皆是其例;宋代伪作《关尹子》也在元顺帝时获封为《文始真经》。凡此种种,皆可见其影响之深。

第三节 文子等人的"明王"老学

老子弟子又有文子、阳子居、柏矩。关于文子其人其事,学界一直存有争论。阳子居则常被混淆于战国时期的杨朱,柏矩常被指为庄子之徒的寓言虚构人物。实则三人之事皆可考辨,且传世文献所载之学皆以"明王"治国论为核心,故集而论之。

一、文子其人其书辨析

文子,刘向《别录》、班固《汉书·艺文志》、王充《论衡·自然》等指为老子亲传弟子。有《文子》传世,书以"平王"、文子问答形式成文。唐玄宗时诏封文子为通玄真人,《文子》为《通玄真经》。但因文子事迹隐晦,《文子》版本内容不一,关于其人其书面貌多有争议。

(一) 生平

关于文子生存时代,1973 年河北定县八角廊汉墓出土竹简《文子》(以下称竹简《文子》)②,以及传本《文子》皆载"平王"与其问答。但后人对"平王"解读存有分歧,较有代表性的观点为:1.《汉书·艺文志》理解为周平

---

① 玄华:《论"太一生水"内涵及其图式——兼论"太极图"起源》,《中州学刊》2012 年第 2 期,第 118—123 页。
② 本文所引竹简《文子》经文皆为笔者校订八角廊汉墓竹简《文子》后所得文字,为便论述,暂略校订详情。

王,但指文子为春秋时人,《文子》书为后人伪托①;2. 宋周氏《涉笔》指其为楚平王(元马端临《文献通考·经籍考》引)②。相较而言,当以楚平王为是。首先,班固应是依据"平王"称王,以及书中出现天王、天子等名词而指其为周平王。但春秋时,楚吴越皆自称王,文种也曾以天王称吴王,即使《文子》以天王称楚平王也不足怪。更何况文中涉及称天王、天子的内容只是追述古圣王事迹,令平王效法之,本非对言谈者的称谓,仅此就不可以相关内容推定"平王"为周天子。其次,《文子》中"平王"所言所行皆反映其身处忧患之中,相关情景与楚平王弑君夺位而内外交困之景相合。最后,文子只有作为楚平王时期人物,才能与其为老子弟子一事相合。

  关于文子身世,前人所论颇杂。北魏李暹《文子注》(《文献通考·经籍考》引)③、宋杜道坚《通玄真经缵义》④等指为晋国辛钘,又称计然子,乃至指为宋钘。明胡应麟则指为春秋时文种,民国江瑔亦如是⑤。此后,高新华综合两种看法,认为文子即计然子、文种⑥。此外,还有不少其他异说,如谭宝刚指文子即为关尹子等等⑦。就现有材料而言,高氏之论基本可取,只是具体论证尚可进一步修正和完善。大体而言,文子即文种,亦即计然子,为老聃弟子,范蠡之师,可验证于以下几个方面:

  1. 依时代和姓氏名字而言,文子受业老子,与孔子同时。当时前为楚平王,后为吴越争霸。文种、计然子皆合其时,文子为后学敬称。古人称某子,多以氏为之,文种为文氏,合之。计然、计钘,本有善筹算之义。文种善于经济筹算,世人或因此尊之曰计然子。同时,计然、计钘始见于《史记·货殖列传》,并未确指其身份。只是《越绝书》等误以为姓字,从而衍出宋钘之说等等。

  2. 从行迹上看:文子为楚人,受业于老子,入对楚平王。文种亦为楚人,可先于沛地师从老子,三十余岁时下山,见楚平王,但未获重用,仅任宛令。此后见平王德衰,嗜杀大臣,乃携范蠡入越;文种入越后,虽为大夫,但

---

① 班固:《汉书》,颜师古注,北京:中华书局,1962年,第1729页。
② 马端临:《文献通考》(据1936年商务印书馆万有文库本影印),北京:中华书局,1986年,第1731—1732页。
③ 马端临:《文献通考》(据1936年商务印书馆万有文库本影印),北京:中华书局,1986年,第1731—1732页。
④ 杜道坚:《通玄真经缵义》,见《中华道藏》(第15册),北京:华夏出版社,2004年,第588页。
⑤ 江瑔:《读子卮言》,张京华点校,上海:华东师范大学出版社,2011年,第93—102页。
⑥ 高新华:《文子其人考》,《文史哲》2012年第4期,第133—138页。
⑦ 谭宝刚:《论文子即是关尹子》,《贵州民族大学学报(哲学社会科学版)》2014年第6期,第81—85页。

起初也未见重,后显能于勾践会稽之困。《国语·越语上》即载勾践困于会稽之上乃求谋士,文种讽其临难而求贤①。《史记·越王勾践世家》载勾践返国后,又献伐吴七术②。计然子也是勾践困于会稽时方显其能。《史记·货殖列传》载"昔者越王勾践困于会稽之上,乃用范蠡、计然"③,又载勾践返国后,计然子献灭吴七策。又《国语·吴语》载勾践召见五大夫,大夫舌庸、苦成、文种、范蠡、皋如皆有进言,而不云计然。故以事迹而言,文种与计然也本为一人。此外,《越绝书·外传计倪》虽将计然衍为计倪,但也指勾践从吴为奴回来,欲伐吴而问计诸臣,而群臣默然,唯计倪讽谏之。此后勾践召问,乃献货殖之策④。其事与前两者大体一致。同时,它在把计然衍为计倪的过程中也留下了一些因生造而明显矛盾的历史痕迹,如勾践败于会稽时已有文子、范蠡为之策划。其后文子主内,范蠡与勾践入吴,主外。勾践归越后,两人皆为之谋,岂会群臣默然。且《越绝外传计倪》《越绝计倪内经》都提到计倪官卑年少,但勾践从吴返越时,范蠡已五十余岁,官拜上将军。若计倪是其师,岂能年少官卑。凡此矛盾皆是文种、计然子本为一人,此后计然讹误为计倪,又以此篡改文种之言而稍加生造的结果。

3. 依思想而论,文子思想直接见于古本《文子》,其以老子思想为本,又有发挥,主张知道、法道,强调"闻而知之",洞察先机于事物未成形之前,继而有福祸之论。如竹简《文子》载其告平王"祸福得失之枢",亦以此强调君王当崇道立德,慈爱百姓,以道德行仁义礼乐、教化征伐。关于文种的基本思想,《吴越春秋·勾践入臣外传》载其祭祀浙江曰"前沉后扬。祸为德根,忧为福堂。威人者灭,服从者昌"⑤,核心思想也是在道德之下,以圣知论福祸。且《国语·越语下》载文种善于为政,可以顺天时,不乱民功,从而使五谷丰登,百姓蕃滋,君臣相交而得其志,又载文种告勾践为政之法曰"爱民而已""利之无害,成之无败,生之无杀,与之无夺",强调明王治民如母爱子,不夺民好,不失民时,省刑去罚,轻徭薄赋,利之、成之、生之、与之,百姓必然亲附,与之耕战⑥。凡此种种也皆是崇道爱民重兵之言。《史记·货殖列传》载计然子治国之道,曰"知斗则修备,时用则知物,二者形则万货之情可

---

① 无名氏:《国语》,韦昭注、明洁辑评、金良年导读、梁谷整理,上海:上海古籍出版社,2008年,第293页。
② 司马迁:《史记》,裴骃集解、司马贞索隐、张守节正义,北京:中华书局,1999年,第1426页。
③ 司马迁:《史记》,裴骃集解、司马贞索隐、张守节正义,北京:中华书局,1999年,第2463页。
④ 袁康、吴平:《越绝书》,刘晓东等点校,济南:齐鲁书社,2000年,第50页。
⑤ 周生春:《吴越春秋辑校汇考》,上海:上海古籍出版社,1997年,第113页。
⑥ 无名氏:《国语》,韦昭注、明洁辑评、金良年导读、梁谷整理,上海:上海古籍出版社,2008年,第298页。

得而观已",并论金、水、木、火转化下的平粜齐物之法①。《越绝计倪内经》所载计倪治国之道与此大体相同。从上可知,文子、文种、计然子在思想方面也基本一致。

也就是说,文子即文种,又号计然子,春秋末年楚国人。幼时曾在沛地师从老聃。学成后入楚国,得见楚平王而有问答。楚王未以重用,仅为宛令,其间与弟子记述与楚王问答事,为古本《文子》。此后,楚平王昏昧,伍子胥逃吴,数年后文子也与范蠡离楚至吴,但终入越。初入越时为大夫,会稽之困后始获大用。此后,文子助越王十年生聚十年教训,兴兵伐吴。最终在是否灭亡吴国、杀夫差一事上,遵从老子尊王下的霸道理念,认为霸道在于平和天下而非吞并杀戮,这与越王复仇诉求存在分歧。关于杀戮夫差一事,除《国语·越语下》《史记·越王勾践世家》表现为越王"弗忍"而范蠡逼杀夫差外,其余文献如《国语·吴语》《国语·越语上》以及《越绝请籴内传》《越绝外传记吴王占梦》等皆体现为范蠡主张兼并吴国,对于杀戮夫差则以臣不敢杀主、天报逊敬等辞让,反是勾践急欲杀之,终逼其自裁。《越绝德序外传记》亦云:"(勾践)见种为吴通越,称'君子不危穷,不灭服'以忠告,勾践非之,见乎颜色。"②可见越王勾践欲戮夫差,文子、范蠡则有异议。也正因此,文子见戮而范蠡隐退。

文子与范蠡的不同结局对二人的历史地位产生了深远影响。文子本为灭吴首勋,范蠡是其弟子,佐之而已。文子死后不久,战国初期便成书的《左传》详载文种事迹,不见范蠡言语。但此后因文子见罪而受戮于越王,德行无法彰显于越境。范蠡虽隐退,却获得勾践表面上的称赞,受封会稽山,誉满东南。同时,文子身为道家人物,本当以无为全身为业,却反其道而逆施之,不得善终,为道家忌讳,庄子之徒等不称焉。范蠡入为帝王师,出则为大隐士,合于道家宗旨。故在道家传说中,文子名隐,范蠡誉彰。以致战国后期之作《国语》隐退文子作用,反倒对范蠡施以最多笔墨,彰显非常。

战国以后,文子作为文种之事愈受道家忌讳,以致姓字失传,仅以道号行世,并最终使其书散传于黄老。司马迁时已难辨之,《史记》只能以疑传疑,分文种、计然书之,而范蠡地位又越之。东汉时,班固等开始彻底以文种、计然为二人。此后,计然又讹误为计倪,并衍生出许多传说,成书于东汉的《越绝书》等记之,最终形成了文种退、计倪出、范蠡显的基本格局。《越绝书》对三人的不同处理影响极大,此后《吴越春秋》进一步演绎,将区分坐实。

---

① 司马迁:《史记》,裴骃集解、司马贞索隐、张守节正义,北京:中华书局,1999年,第2463页。
② 袁康、吴平:《越绝书》,刘晓东等点校,济南:齐鲁书社,2000年,第73页。

（二）遗著

文子遗作有《汉书·艺文志》所载道家类《文子》、兵家类《大夫种》二篇（已佚），以及始称引于王充《论衡·明雩》，又著录于唐马总《意林》、两唐志等史籍的《范子计然》（散佚）等。

原始本《文子》是以平王问、文子答的形式行文，为问答体。平王为谥号，文子为敬称，可见其成文在楚平王之后，且由弟子整理而成。从道、知、学的关系来看，老子本强调道有精有信，可知可学，弟子孔子、关尹子以及再传弟子范蠡等皆如是。只是到庄子时，因否定人的知性，指道不可知、不可学。《文子》强调道可知可学，亦当成书于春秋末、战国初。

原始《文子》在成书传世后，经秦火时第一次散佚。汉初盖公黄老派修编之，后刘向时据此修编为九篇，见录于《汉书·艺文志》。河北定县八角廊汉墓出土的竹简《文子》即为班固所见九篇本。当然，此本也存在战国或汉初人增入的部分文字，如"朝请不恭""帝王之道"（竹简《文子》）等文字不类春秋人语，多半为战国晚期后学窜入或秦汉修编时修饰改造而来。但其主体内容应系春秋晚期作品。

东汉以后，刘向修编的九篇本又散佚。《隋书·经籍志》便称九篇本亡佚，时人又重新修编为"《文子》十二卷"①。该本传承不绝，即今本。但它与九篇本、古本等存在重大差异，如竹简本有一半内容不见于今本。同时今本中的诸多内容为后人删改、伪造的结果。如书中"文子曰"多改作"老子曰"，使文子由答者成为问者。内容方面也有汉唐时期《文子注》文字的窜入，且有诸多内容与《淮南子》相类。关于今本《文子》与《淮南子》部分内容相类现象，前人多有争论。实则，原始《文子》成书在前，《淮南子》可能称引其观点，但未抄袭之。此后，原始《文子》逐渐散佚，今本《文子》在重修时则抄袭了大量《淮南子》段落。即今本《文子》为后人历时编纂之作，内容混杂，必须与原始本、竹简本《文子》区别对待。

同时，文子的部分遗作尚保留于《越绝书》之《越绝计倪内经》《越绝外传计倪》等篇中。除此之外，又有《范子计然》，号为范蠡所作，以范子问、计然答为主要行文方式，内容上含天道数术，下括农物商货。现在通过对其所记地理物品名称的研究，可确定为西汉时作品，内容虽非向壁虚造，有可观者，但多失文子原旨，仅可为参考。

二、文子明王论下对"天道""人道"的发展

文子作为老子重要弟子之一，对道有深刻的理解，基本理念为道生万

---

① 魏徵等：《隋书》，北京：中华书局，1976年，第1001页。

物,但万物各有不同,独以人为贵。在此基础上强化明王论,对天道、人道在治国方面的作用与秩序进行了系统性整合。

(一) 道生万物,人为贵

今本《文子》首篇为《道原》,内容皆直接论述道本身,但系抄自《淮南子·原道》,非文子原有思想。虽然现存竹简《文子》为残本,道论内容多缺失,但仍可窥知一二。"夫道者,德之元也,百事之根,福之门。万物待之而生,待之而成,待之而宁""一者,万物之始也""天地分畔""天形其物各不同"(竹简《文子》),可知文子继承了老子以道为万物之根与秩序的理念,认为道生万物,且存在一个天地形成而万物滋长的过程。同时也确立了万物的基本属性、存在状态与运行规律。

文子在道生万物这一大同中又特别强调万物各有差异,唯有人具有能动性,能够主动知觉道,从而主动效法践行道,故为贵——这也是他此后在天道系统下确立人道的基本依据之一。不过人的知能也有等差,"人固不同。慧种生圣,痴种生狂"(《越绝计倪内经》)[1]"闻而知之,圣也。见而知之,智也"(竹简《文子》)。最高的知是圣人之圣——听闻大道就能在事物未成形、发生之前洞察天机。其次是智者的知,在看到事物形成与发生后,知道万事福祸之理。最末者是痴愚之人,充耳不闻,视而不能见。由此出发,对道的认知、学习与践行也有差异,"以耳听者,学在皮肤;以心听者,学在肌肉;以神听者,学在骨髓"(竹简《文子》),即有全听、偏听之别。从法道的角度而言,文子依然强调人人皆应向最高境界前行,听从身体的本然状态,消除对神、心、七窍的人为割裂,实现躯体、七窍、心神混融的全听,然后知道、法道、行道。

(二) 明王论下的天道与人道

在文子看来,道生化万物,并立规矩,"阴阳万物,各有纪纲。日月、星辰、刑德,变为吉凶,金木水火土更胜,月朔更建,莫主其常。顺之有德,逆之有殃"(《越绝计倪内经》)[2]。因此拥有知能而独贵的人应知道、法道。"道之于人也,无所不宜也"(竹简《文子》),天子有道,可长有社稷,公侯有道,可睦民有国,士庶有道,可全身保亲。当然游走于诸侯间的文子主要面对的还是一国之君,且该君主也常欲王天下,如竹简《文子》即载平王亲问王天下之道,因此在讨论道与人的关系时,主要针对君王治国而言。

对于治国,强调明王之治。竹简《文子》中有一载有篇名的简文曰"《文

---

[1] 袁康、吴平:《越绝书》,刘晓东等点校,济南:齐鲁书社,2000年,第23页。
[2] 袁康、吴平:《越绝书》,刘晓东等点校,济南:齐鲁书社,2000年,第24页。

子》上经圣□明王",表明其中本有专门讨论明王之道的篇章。虽然该篇章已散佚,无法得见全貌,但通过整理文子治国理念的相关文字也可以得知其要略。自从老子提出圣人治国在于正,以正治邦,天下将自正的理念以来,孔子以下基本上都接受此思想,文子亦然。竹简《文子》载平王欲王天下而问政,文子指为政本质在于为正,"王者盖匡邪民以为正,振乱世以为治"。平王继而问如何为正,文子曰"御之以道"。平王自言"吾未尝闻道也",但"好乎道",于是文子辨析之。他首先针对平王"王者几道乎"之问,答曰"王者一道",指出圣王治天下只有一道,要杜绝其他旁门左道以及所谓捷径。

文子对"王者一道"之道的理解主要继承了老子域中四大思想。老子曰:道、天、地皆是至大者,明王尊道、法天地,无为而交平天下,故与三者并立,拥有恒名。文子继承之,首先推荐平王行天道,指天地分畔以来,生养未有断绝,如果"王者以天地为功",则"功成名遂,与天地欸"(竹简《文子》)。同时也对取法天道的具体做法展开了讨论,要点在于继承老子"损之又损,以至于无为"的理念,强调"执一无为"(竹简《文子》)。

"执一者,见小也"(竹简《文子》)。执一即君王效法天道的无亲无私而贵弱,帮助困苦,相应的就是要奉行损有余补不足理念,"大者,损又损之;持高者,下又下之"(竹简《文子》)。世俗君王本身居高位,被各种理念所包裹,身心皆已被染著,有所积,必先自损。具体原则是卑、退、俭、损,"卑者所以自下也,退者所以自后也,俭者所以自小也,损者所以自少也,卑则尊,退则先,俭则广,损则大,此天道所成也"(竹简《文子》)。

"无为者,下正[也]。"(竹简《文子》)明王自虚执一,则守道无为,"天地,大器也,不可执,不可为,为者败之,执者失之"(竹简《文子》)。君王无为,不以礼乐法令妨民扰民,勿视以贤则无宏大工程,君王节俭则民自足,勿加以力则无征伐之事,君王无事则民不争,自安自朴,天下自治自正。

在文子论说天道后,平王曰"吾不能尽学道,能□学人道。请问人道"(竹简《文子》)——即指天道难以践行,又问人道。于是文子又对人道进行了阐述,指人道亦源于用道德,只是更注重行德之下仁义礼的发挥。"物生者道也,长者德也,爱者仁也,正者义也,敬者礼也。不畜不养,不能遂长;不慈不爱,不能成遂;不正不匡,不能久长;不敬不宠,不能贵重""故德者,民之所贵也;仁者,民之所怀也;义者,民之所畏也;礼者,民之所敬也——此四者,文之顺也,圣人之所以御万物也"(竹简《文子》)。他称德、仁、义、礼为四经,并强调用之、践行之。用德,即蓄养万物,利而不害。文子曾答越王为政之问,曰"爱民而已",基本起点为利农(《吴越春秋·

勾践归国外传》)①。他在重农理念的基础上,也建立了一整套制度,如以农事为先,规划土地、五谷,乃至天文历法,甚至通过商业手段——平粜法去维持农业良性发展。用仁,即兼爱无私,在上不矜,在下不偷;用义,在上辅柔弱,在下守节度,达不肆意,穷不易节;用礼,在上恭严,在下敬爱、谦退、守弱。

从上可知,文子与老子后期思想或《老子》不同。《老子》在道德不立的情况下,将虚妄的仁义礼视作中下的危殆之德。文子在道德确立之下,从正面角度确立仁、义、礼的作用。如在道德确立之下,仁与道相合,就是法天道、自虚而知足,"欲足则贞廉,贞廉则无[私]心"(竹简《文子》),无私心则以百姓心为心。虽然道德之下逐级递减,但君王好道德,则大臣有仁义,大臣有仁义,则百姓皆好礼乐,如此系统成立,天下也能安宁。

文子对道德仁义礼的不同建构使之形成了与老子不同的教化观念。老子否定无道德之仁义礼而斥责教化,"希言,自然",主张不言之教,无为自化。文子虽然也知道无为之益,认为"治国,言则分争"(竹简《文子》),但他确立了人道,赋予道德之下仁义礼的正面价值,因此强调教化的作用,"主国家安宁,其唯化也"(竹简《文子》)。教化的基本原则是身教,"古圣王以身先之,命曰教""人主者,民之师也;上者,下之仪也"(竹简《文子》),即正身教之,君德如风。同时任贤与能,贤能在位,则泽施于下,万民怀德而风化。

在文子论述人道之后,平王曰:"子以道德治天下,夫上世之王,继嗣因业,亦有无道,各没其世而无祸败者,何道以然?"(竹简《文子》)平王此意在于指人道也非全身保国的唯一选择,不愿施行。文子严词告之,尊道行德是唯一路径,它是相生养、相蓄长、相亲爱、相敬贵的根本所在。得之方可全身保国乃至王天下,而失之必有大灾。"有道之君,天举之,地勉之,鬼神辅之。故以道莅天下,天下之德也;以无道莅天下,天下之贼也。以一人与天下为仇,其能久乎?此尧舜以是昌,桀纣以是亡。"并指出王朝不因一两代君王的无道而灭亡,是因前代尊道行德的荫蔽、社会的仁义未断绝之故。但在道德缺失之下,仁义不能久存,很快就会绝灭,从而灾害祸乱相作,其亡无日。

如同老子感叹君王总是以大道难行而放弃行道一样,楚平王曰"人主虽贤,而遭淫暴之世,以一人之欲化久乱之民,其庸能乎",继续以世乱为借口,推说人道难行。文子则继续告诫人主是百姓的师与仪,君德如风,民德如草,因此"淳德复生,天下安宁,要在一人",天下败坏也在于一人。"上有道德则下有仁义,下有仁义则治矣。上无道德,则下毋仁义之心,下毋仁义之心,则乱。积怨成亡,积德成王。"(竹简《文子》)在相关论述中,文子指出君

---

① 周生春:《吴越春秋辑校汇考》,上海:上海古籍出版社,1997年,第136页。

王的言行在客观上就是一种积累,且它不仅对君王个人有意义,而且有遍及天下的效应。所积累的不是善就是恶,前者造就明王,后者促成怨主。君王在行道尤其是行人道一事上退无可退。

同时,文子也据此指明了行人道的基本原则,即继承了老子以小为大、积善成德的理念,认为道德之行贵在恒久、坚守、积累。"天之道也,不积而成者寡矣""大始于小,多始于少""观之难事,道于易也;大事,道于细也""积硕,生淳德"。能以小为大,日积月累,则终无难事,人道可成。

(三)明王论下的征伐用兵

文子身处于争霸之世,又为谋臣,故对老子的征伐用兵理念多有继承发展。他吸取《老子》至正之邦至稀用兵,以无为交平天下,以及以道佐人主,不以兵强于天下,兵者凶器,圣人不得已而用之等理念,强调治国无为,不可强用兵,"夫失道者,广奢骄佚,谩倨矜傲,见余自显自明,执雄坚强,作难结怨,为兵始,为乱首"(竹简《文子》),即指征伐不可强用,不为主而尚为客。

但他也知道兵者国之大事,又在此基础上区分了道德之兵与不道之兵,提出五兵之分,谓"用兵有五:有义兵,有应兵,有忿兵,有贪兵,有骄兵",义兵指除暴救弱者,应兵为敌来而应之者,忿兵为因小事而怒作者,贪兵为争人土地财货者,骄兵指恃强而欲见贤于敌国者,并指"义兵王,应兵胜,忿兵败,贪兵死,骄兵灭,此天道也"(竹简《文子》)。明王以德用兵,暴王以贪欲骄纵用兵,明王得道故多助,暴王失道必寡助。

至于具体的治军用兵之道,因其兵学著作已佚,无法见其详情,但从现有的吉光片羽中可知其在治军方面强调重积蓄、任大将(《越绝计倪内经》)①,用兵方法方面则强调诡道变化,"圣人之变,如水随形。形平则平,形险则险"(《太平御览》四〇一引《范子计然》)②。

三、阳子居、柏矩的"明王"老学

(一)阳子居其人考

关于"阳子居"其人,从《列子·黄帝》中他与杨朱两人事情混同来看,大约自魏晋开始,便有人认为阳子居即杨朱。郑宾于③、冯友兰④等亦持此

---

① 袁康、吴平:《越绝书》,刘晓东等点校,济南:齐鲁书社,2000年,第21—22页。
② 李昉等编:《太平御览》,宋刻本影印,北京:中华书局,1960年,第1853页。
③ 郑于宾:《杨朱传略》,见罗根泽编《古史辨》第4册,上海:上海古籍出版社,1982年,第561—568页。
④ 冯友兰:《中国哲学史》,见《三松堂全集》第2卷,郑州:河南人民出版社,2001年,第369—377页。

观点,甚至具体化为阳子居姓杨,名朱,字子居。该看法至今为许多学者所持①。此外,唐钺指阳子居只出现于《庄子》,《应帝王》《寓言》的阳子居与《山木》的阳子是一人,与杨朱有别②。唐钺之说较近史实,但混同阳子居与《山木》的阳子,亦不当。

阳子居三字仅见于《庄子》两处记载:《寓言》载"阳子居南之沛,老聃西游于秦,邀于郊,至于梁而遇老子",老子教授其修身之道在于"大白若辱,盛德若不足"③。《应帝王》载老子告其明王之道并非"向疾强梁,物彻疏明,学道不倦",而在于"功盖天下而似不自己,化贷万物而民弗恃,有莫举名,使物自喜,立乎不测,而游于无有"④。

老子晚年时曾避王子朝之乱于秦,乱平后返周,终归隐于沛。《寓言》既然指阳子居先南之沛寻老子,说明他已归隐。但又称当时老子西游于秦,此事有待进一步分析。第一种可能是老子在归隐后,确曾再次西游秦国,第二种可能是庄子讹误了老子避乱于秦之事,并将"出关"理解为老子晚年又由沛地入秦,最终死于秦国,甚至出秦关而不知所踪。如是前者,《寓言》的相关记载尚较可信。如是后者,相关内容可能出于传说,与史实相去甚远。笔者对其所记折中为之,不取游秦事,取其对老子、阳子居关系以及相关思想的论述。同时,参照《应帝王》所记。

由上两处文献可知,阳子居为春秋末期人,老聃亲传弟子。他的思想在个人修道层面,主要强调和光同尘的混同之道以及在此基础上的不争之德。在天下治理层面,强调不自私、不贵声名,默然利天下而使万物自化。

杨朱事迹首见于《列子》。关于传本《列子》真伪问题,学界历来有争议。笔者认为《杨朱》《说符》传自战国,系汉人整理之作,其他六篇则为晋人重新对先秦典籍征引整理后的新作,其中涉及一些原始典籍,但也存在较多的晋人修改。相关问题颇复杂,此处不作展开。在考察相关文献的记载时,应区别两者。相关篇章所载杨朱情况如下:1.《列子·杨朱》载杨朱诸多事迹,全无春秋言语,皆为战国事。2.《列子·说符》载四处,并指杨朱之弟为杨布⑤。3.《列子·力命》载二事:其一,记述杨朱之友名季梁,众人围绕季梁得疾是否应求医展开讨论⑥。其二,杨布问同人不同命

---

① 李锐:《杨朱的思想及其衰亡初探》,《江淮论坛》2018年第3期,第86—90页。
② 唐钺:《杨朱考》,见罗根泽编《古史辨》第4册,上海:上海古籍出版社,1982年,第540—554页。
③ 庄子:《庄子》,方勇译注,北京:中华书局,2010年,第479页。
④ 庄子:《庄子》,方勇译注,北京:中华书局,2010年,第126页。
⑤ 杨伯峻:《列子集释》,北京:中华书局,2012年,第254—256页。
⑥ 杨伯峻:《列子集释》,北京:中华书局,2012年,第194—195页。

之惑,杨朱引《黄帝之书》以喻之①。4.《列子·仲尼》载杨朱在季梁死后,望其门而歌②。

除《列子》外,《孟子》《庄子》《韩非子》常批判杨子或杨朱的唯我论。《吕氏春秋·不二》则称"阳生贵己"(也是杨朱)③。此后,汉代著作中,《淮南子》《说苑》亦记述了诸多杨子或杨朱的思想与事迹。扬雄《法言》常论杨墨、庄杨,杨显然指杨朱。其《羽猎赋》又称"阳朱、墨翟之徒",因版本差异,也有直接写作"杨朱"的④。

由上可知,杨朱又称阳朱、阳生等。关于其生活年代,恰如钱穆所言,可以根据杨朱见梁王,友季梁等事推知——梁王即梁惠王,季梁也为该时代的魏人⑤。同时也可通过相关人物的辈分关系进行推算。在《墨子》书中,告子直接与墨子对话,墨子弟子称其以敬称,可知其虽年幼于墨子,但辈分高于墨子弟子。《列子·杨朱》载杨朱与禽子论贵己与兼爱之别⑥。禽子即墨子弟子禽滑厘。在行文中两者俱称子,当为同辈。又孟子称告子以敬称,称杨朱则直呼其名,亦可知杨朱晚于告子,与孟子同辈。此外,杨朱论述称引《黄帝之书》,黄帝书皆是战国中期稷下诸子伪托之作,说明他的生活年代不能早至春秋晚期。其学说不见于墨子、子思书,而见于孟、庄之作。据此种种迹象,杨朱应该在墨子之后,早于孟子,是战国中期思想家。

且杨朱学说的基本特点是善"坚白同异之辩",强调求实,去虚名,从而推出全真保性,不以物累形,并具体化为贵己,最终以此推出贵己而天下治的治国思想体系。不论从时间还是思想特点方面看,阳子居与杨朱皆为两人。

关于阳子、阳生等,《庄子·山木》称引"阳子"言行,曰:"阳子之宋,宿于逆旅。逆旅人有妾二人,其一人美,其一人恶,恶者贵而美者贱。阳子问其故,逆旅小子对曰:'其美者自美,吾不知其美也;其恶者自恶,吾不知其恶也。'阳子曰:'弟子记之!行贤而去自贤之行,安往而不爱哉!'"⑦《韩非子·说林上》则载"杨子过于宋东之逆旅"⑧,《列子·黄帝》称"杨朱过宋,

---

① 杨伯峻:《列子集释》,北京:中华书局,2012年,第196—197页。
② 杨伯峻:《列子集释》,北京:中华书局,2012年,第126页。
③ 许维遹:《吕氏春秋集释》,北京:中华书局,2009年,第467页。
④ 郑文:《扬雄文集笺注》,成都:巴蜀书社,2000年,第102页。
⑤ 钱穆:《先秦诸子系年》,北京:商务印书馆,2005年,第284—287页。
⑥ 杨伯峻:《列子集释》,北京:中华书局,2012年,第220—221页。
⑦ 庄子:《庄子》,方勇译注,北京:中华书局,2010年,第335页。
⑧ 王先慎:《韩非子集解》,钟哲点校,北京:中华书局,1998年,第181—182页。

东之于逆旅"①,三者除称谓有异外,其他内容皆雷同。

由《山木》《说林》出发,单从称谓上看,阳与杨常常混用,阳子、杨子的称谓不足以判断到底是何人之事。但该人的具体言辞思想不合于阳子居混同、无言的思想,而合于杨朱名实相分、强调求实的理念,当是后者。

至于阳子居与杨朱的混同则始于《列子·黄帝》。该篇载"杨朱南之沛,老聃西游于秦,邀于郊,至梁而遇老子。……其反也,舍者与之争席矣"②,本段文字除了将阳子居易为杨朱外,其余所记情节与内容皆与《庄子·寓言》中的阳子居故事相合。通过上文的分析,已明了阳子居为春秋人、老聃弟子,杨朱为战国中前期人,不能亲见老子。《列子·黄帝》此处文字乃是收罗前人文献后的修编结果,因修编人将阳子居简称为阳子,继而将之混同于《吕氏春秋·不二》的阳生、《羽猎赋》的阳朱,最终直接讹误为杨朱。

(二)阳子居的明王之道

关于阳子居的思想,现存史料有限,且仅有的材料也已经过庄子及其后学的处理,存在一定的失真。但总的来说,可以了解其老学的基本架构。修身方面,主要接受老子受辱处下、不敢为主而为客,乃至和光同尘等思想。治国理念方面则继承了他的明王论。明王不自利而利天下,生养万物,不有声名,不为主宰,并使百姓自化,无为而治。

且在以上两个方面的论述中都涉及"游",甚至直接点出了"游于无有"这样的观念。如果这些本是阳子居事迹的直录,说明老聃具备"游"的思想,并传于他。联系老子的其他弟子关尹子、庚桑楚等也具有"游"的思想,并将之传于列子,似乎也可以说明老子本有此思想,其传于阳子居也是自然之事。当然,也无法完全排除庄子接受了列子之"游",影响了他对阳子居事迹的记述。

(三)柏矩的人君自罪之道

《庄子·则阳》记载了老子弟子柏矩的事迹。其文曰:"柏矩学于老聃,曰:'请之天下游。'老聃曰:'已矣!天下犹是也。'又请之,老聃曰:'汝将何始?'曰:'始于齐。'至齐,见辜人焉,推而强之,解朝服而幕之,号天而哭之,曰:'子乎!子乎!天下有大菑,子独先离之。曰:莫为盗,莫为杀人。荣辱立然后睹所病,货财聚然后睹所争。今立人之所病,聚人之所争,穷困人之身,使无休时。欲无至此,得乎?古之君人者,以得为在民,以失为在己;以

---

① 杨伯峻:《列子集释》,北京:中华书局,2012年,第77—78页。
② 杨伯峻:《列子集释》,北京:中华书局,2012年,第76—77页。

正为在民,以枉为己。故一形有失其形者,退而自责。今则不然,匿为物而愚不识,大为难而罪不敢,重为任而罚不胜,远其涂而诛不至。民知力竭,则以伪继之。日出多伪,士民安取不伪!夫力不足则伪,知不足则欺,财不足则盗。盗窃之行,于谁责而可乎?'"①

通过相关记述,可以了解柏矩也主要继承了老子的明王之道。其以此道游天下,志在辅佐君王,匡扶社稷。但到齐国后,知世蔽日久。当时的君王皆聚财货,立荣辱,令世人争之。遮蔽物性,又以此责怪无法认知其本质的人过于愚蠢;张大困难,又以此罪责不敢践行者;加重任务,又以此惩罚不能胜任者;延长路途,又以此诛杀不能按时抵达者。在此之下,百姓力量用尽后,只能以虚伪应付;智慧用尽后,只能行使欺诈;财物用尽后,只能盗窃。因此百姓犯罪,罪在何人?即君王为大盗,百姓应之为盗。

明王则应如老子所言,本人无私心,以百姓之心为心,以百姓的是非为是非,并持善善之道。故"以得为在民,以失为在己;以正为在民,以枉为在己。故一形有失其形者,退而自责"。明王之道在于求诸己,正己而正人。

小 结

综上所述,文子基本继承了老子的道德理念,以道为生,以德为养,以无为而治为基本主张。在面对诸侯国君的强大诉求时,也做出了诸多变革,如明确了天道与人道。在《老子》处也有天之道和人之道的区别,但人道多为人欲,与天道对立。文子则对人道进行了新的解读,并对天道确立之下的人道进行了详论,整合了仁义礼乐、教化、征伐等系统。文子老学影响盛大,直接传道于范蠡。同时,其思想几乎是介于后世道家、儒家之间的桥梁,直接影响了儒家易传以及子思五行等相关思想的发展。其人又是军事家,也影响了后世兵家思想的发展,范蠡为其一,吴起的兵道为其二。且文子实际上开启了后世黄帝学派的先河,虽然文子本人只是称尧舜,不道黄帝,但后世黄帝学派的诸多主张都能在其思想中找到原型。也正因此,在汉代黄老学派尚有余热时,影响一时无两。王充《论衡·自然》即言"老子、文子,似天地者也",将两者比于孔子颜渊,直接将其作为老子最得道弟子②。汉代以后,黄老的政治影响已经如雪消融,但魏晋时葛洪《抱朴子内篇·释滞》仍云"至于文子、庄子、关令尹喜之徒,其属文笔,虽祖述黄老,宪章玄虚,但演其

---

① 庄子:《庄子》,方勇译注,北京:中华书局,2010 年,第 445 页。
② 黄晖:《论衡校释》,北京:中华书局,1990 年,第 783 页。

大旨,永无至言"①,在批判老子后学时依然首列文子,可见其影响尚在。只是随着黄老之术的最终陨落,其典籍也不再受重视,乃至被篡改为偏向养生修仙的道教文献。但终在唐玄宗时受封为通玄真人,著作列为道教经典,也可说是获得了应有的肯定与赞誉。至于阳子居、柏矩,显然也是老子道德明王论的传人,其人其事在先秦时代必曾为人传颂,因此能见诸典籍,虽之后或被混同于杨朱、或事迹不彰,但今时当还于他们应有的思想光泽。

第四节 亢仓子等人的隐道全生老学

在先秦典籍的记载中,亢仓子、南荣趎、壶丘子林、老莱子等皆为典型的道家人物。传统上常将前三人视作庄子虚构的寓言人物,对其事迹、思想不加重视,且也未能明辨老莱子其人其事。实则亢仓子、南荣趎,典籍明载是老子亲传,而壶丘子林、老莱子也极可能为老子弟子。在思想上,他们皆承袭"藏""游""柔弱"的养生隐士之道,故合而论之。

一、亢仓子、南荣趎的"藏"道

(一) 亢仓子及其藏道

亢仓子,《列子·仲尼》如是称,亦即《史记·老子韩非列传》之亢桑子、《庄子》之庚桑楚。事迹主要见于《列子》《庄子》。但《老子韩非列传》指《庄子》中"畏累虚、亢桑子之属,皆空语无事实"②。此后,唐柳宗元《辨亢仓子》认为亢仓子为寓言式虚构人物③。对此,黄方刚曾指《庄子》中历史人物及其事件多可信④,陈鼓应也认为《庄子》寓言言辞虽多虚构,历史人物关系多未紊乱⑤。不过两者对亢仓子其人其事未作详论。

亢仓子并非向壁虚造,《列子·仲尼》载陈国大夫聘鲁时,称其为母国圣人,可知为陈人⑥。应是老子归居沛后,拜访问道而为亲传弟子,故指其偏得老聃之道。陈国大夫介绍亢仓子神迹后,鲁侯惊而召之,聘为大夫,可知

---

① 王明:《抱朴子内篇校释》(增订本),北京:中华书局,1986年,第151页。
② 司马迁:《史记》,裴骃集解、司马贞索隐、张守节正义,北京:中华书局,1999年,第1704页。
③ 柳宗元:《柳河东集》,上海:上海人民出版社,1974年,第71—72页。
④ 黄方刚:《老子年代之考证》,见罗根泽编《古史辨》第4册,上海:上海古籍出版社,1982年,第353—383页。
⑤ 陈鼓应:《老学先于孔学——先秦学术发展顺序倒置之检讨》,《哲学研究》1988年第9期,第40—48页。
⑥ 杨伯峻:《列子集释》,北京:中华书局,2012年,第122—123页。

他曾在鲁为政。《庄子·庚桑楚》亦载庚桑楚"北居畏垒之山"①，成玄英《庄子疏》指此山在鲁国②。亢仓子为政时，"其臣之画然知者去之，其妾之挈然仁者远之；拥肿之与居，鞅掌之为使"，践行老子绝圣弃智政治理念，无为治之。三年是地富足，乡民皆赞誉其功，亢仓子忧之而隐退③。此时陈国见灭于楚。贾逵《姓氏英览》云："吴郡有庚桑姓，称为士族。"段玉裁曰："贾逵《姓氏英览》必贾执《姓氏英贤谱》耳，见《隋书·经籍志》。"(《列子集注》引)④元赵道一《历世真仙体道通鉴》称"(亢仓子)后游吴兴，隐毗陵孟峰"⑤。盖亢仓子去鲁而返故国不得，终隐于吴地，并传其子嗣。

现传先秦典籍仅《列子》《庄子》载亢仓子事迹，但皆不曾言有著述传世。《史记》《汉书·艺文志》《隋书·经籍志》也不记其著作。此后，《新唐书·艺文志》始著录《亢仓子》二卷。关于该书，唐志自注称唐玄宗下诏征亢仓子著作不得，王士元"取诸子文义类者补其亡"⑥。王士元所作《孟浩然集序》称"修《亢仓子》九篇"⑦，韦滔《孟浩然集序》亦证此事⑧，可见此书确如《四库全书总目提要》所言，是王氏杂剽先秦两汉典籍之辞，加以己意联络贯通、演绎而成⑨。

也就是说，现存与亢仓子相关的文献中，仅《列子·仲尼》《庄子·庚桑楚》等所载可以为据。需加注意的是前者将亢仓子作为称赞对象，后者对其虽有赞誉，但暗指不足。两处内容所表现的皆是后人理解转化后的亢仓子思想。尤其是《庄子》处的内容存有故意浅化、矮化的可能，不可完全据信。但通过这些吉光片羽的记述，可窥其思想之一斑。

亢仓子偏得老子之道，可惜在传世材料中未见其对道的直接论述。他曾对弟子说天道行，于是春气发而百草生，秋气正而万宝成(《庄子·庚桑楚》)⑩，显然也是在道之下审视万物。他认为道生气，气分阴阳，按不同比例形生不同器官及人。人具知道的潜能，但能否转为现实，与能否柔弱身体、抟气为一以归返道相关。知道的法门在于全形抱生，无使思虑营营(《庄

---

① 庄子：《庄子》，方勇译注，北京：中华书局，2010年，第380页。
② 郭象、成玄英：《南华真经注疏》，北京：中华书局，1998年，第443页。
③ 庄子：《庄子》，方勇译注，北京：中华书局，2010年，第380页。
④ 杨伯峻：《列子集释》，北京：中华书局，2012年，第112页。
⑤ 赵道一：《历世真仙体道通鉴》，见《中华道藏》(第47册)，北京：华夏出版社，2004年，第975页。
⑥ 欧阳修、宋祁：《新唐书》，北京：中华书局，1975年，第1518页。
⑦ 孟浩然：《孟浩然集》，民国四部丛刊本(上海涵芬楼影印明刻本)，第3页。
⑧ 孟浩然：《孟浩然集》，民国四部丛刊本(上海涵芬楼影印明刻本)，第5页。
⑨ 永瑢等：《四库全书总目提要》(第28册)，上海：商务印书馆，1931年，第60—61页。
⑩ 庄子：《庄子》，方勇译注，北京：中华书局，2010年，第381页。

子·庚桑楚》)①、"体合于心,心合于气,气合于神,神合于无"(《列子·仲尼》)②,对道的认知是通过现有身体去归返道以实现。一般人割裂身体,无法知道。圣人全身,融通各器官、肢体,返回混一状态,进而无所谓躯体七窍感受与心灵认知的割裂,互相和同,实现"全听",乃至于八荒之外者一体而沟通。此即返道,也就能与之和同而知之。

在具体的法道修德层面,亢仓子继承了老子道完全、融合的理念,强调"藏"。他认为道无所不在,又无得而见,藏于物中。在修身层面,主张将有形之身(包括形体生命以及由此而来的社会地位、人生轨迹等等)深藏于无形之道,"夫全其形生之人,藏其身也,不厌深眇而已矣",并以兽不可离山、鱼不可脱渊明之,即使如猛兽巨鲸离开各自的深藏之所,皆将不免于灭身之祸(《庄子·庚桑楚》)③。具体养生之法是全与合,上文所引全形抱生之论是关于"全"的基本论述。保有混元之气,摒弃躯体七窍感受与心灵认知的割裂,使之互相和同,实现赤子之柔,则是对"合"的体现。

亢仓子也将"藏"的思想延伸到治国方面。在他看来,天道已行,春秋代序,万物自成自化,"吾闻至人,尸居环堵之室,而百姓猖狂不知所如往"(《庄子·庚桑楚》)④。道自然生养万物,至人治国顺之而无害,无为即可,因此真正的圣人藏身名于道,无功无名。一切贤能、善利、声名等皆非道,它们可得一时,不能一世,可道一时,非能永久。也正因此,他对尧舜的态度有所转变。道家本对尧少有论评,对舜称誉有加,但亢仓子从藏名角度,以舜有圣人之名而非之。故主政畏垒山时绝圣弃智、绝仁弃义、无为治之,并在畏垒大壤,乡民颂之为圣人时南面不释然,认为自己是"余食赘行"之人。相关理念在一定程度上已超越老子"太上,下知有之"的无为之说。

(二)南荣趎的赤子卫生之经

南荣趎,事迹主要见于《庄子·庚桑楚》。他本是亢仓子弟子,在后者门下多年。亢仓子告其悟道之法,但其自称已消融目、耳、心,全于形中,不与分别,仍无法得道。其实亢仓子看到了他的问题——"思虑营营",但其言只能停留在对方的耳中,无法直入其心,解其困顿。于是自叹与南荣趎本性不同,所遇问题自异,自己才具有限,无法化之,劝其亲见老子。

此后南荣趎跋山涉水以入沛。老子见之,便云"子何与人偕来之众也",

---

① 庄子:《庄子》,方勇译注,北京:中华书局,2010 年,第 381—382 页。
② 杨伯峻:《列子集释》,北京:中华书局,2012 年,第 113—114 页。
③ 庄子:《庄子》,方勇译注,北京:中华书局,2010 年,第 381—382 页。
④ 庄子:《庄子》,方勇译注,北京:中华书局,2010 年,第 381 页。

知其心思甚众。南荣趎自白困苦于道、俗之间:尊道须绝圣弃智以守愚,慈爱众人,利万物而不有,但也会因此被众人耻笑为愚钝,慈爱众人会劳苦自己,不停地利于他人,恐怕自己也无法承受。若不如此,用智慧谋利,又怕会伤害他人。因此总处于两难境地,进退维谷。

通过南荣趎的自白,可知亢仓子的告诫本正中要害。只是他察觉了问题的存在,未抵达问题背后的发生机理,无法予以根治。老子则一语洞穿,指出南荣趎之病在于欲返本性真情而未得门而入,反而徘徊在门外,最终迷失了自我。对于南荣趎而言,道已成为一种理念,是另外一种外物,如此它并非药石,反而是病害。治疗此病,需两个阶段的调养。第一阶段,找回自我,坚守内在,抱一不失,对于外物,能止之。求诸己,舍弃世间的法则。但把握坚守自己只是针对迷失自我之病的药方,不是最根本之道,此后要进入第二阶段,即解放消融自我。真正的养生至道如婴儿一样无主观是非,不分别物我,不知所为,我与万物为一,一切同波。真正与自然相合,是藏于自然,如同冰块消融于水中。即人消融于道,与天地万物交相为乐,和光同尘,我的存在对于他人而言如同空气,不被其所注意,但却日常相处得宜。如鱼知水,又不知之,如此便可福祸皆无以全身。

南荣趎得道后,时人不再知其行迹。后人也只能遵从《庄子·庚桑楚》所载,称其为好学修道者而已。《新书·劝学》《淮南子·修务》皆如是,今本《文子·精诚》系隋唐人抄《淮南子》而作,也不能例外。即南荣趎最终悟道而坚守之,藏身于自然,飞鸟、游鱼不能别之,成为一个真正的大隐者。

二、壶丘子林及其"游"道

(一) 生平考辨

壶丘子林,《列子》《庄子》《吕氏春秋》皆有记载。《列子》的《说符》《仲尼》《黄帝》《天瑞》等篇记为伯昏瞀人之友、列子之师,《庄子》的《应帝王》篇亦然。但《吕氏春秋·慎大览·下贤》云子产见壶丘子林,与其弟子坐以年。两者年代相殊,或因此认为壶丘子林乃鸿蒙、列缺之属。

壶丘子林事迹皆可考辨,绝非虚构之人。《吕氏春秋》所言系谬录庄子后学寓言。《庄子·德充符》曾制寓言称子产师伯昏无人(即伯昏瞀人)。因伯昏瞀人与壶丘子林为友,或战国时又有子产尊崇壶丘子林的寓言流传,《吕氏春秋》不辨其所以然,以致抄录为典故。

壶丘子林本名商林。《列子·仲尼》载:"子列子既师壶丘子林,友伯昏瞀人。……三年之后,心不敢念是非,口不敢言利害,始得老商一眄而已。

五年之后，心更念是非，口更言利害，老商始一解颜而笑。"①《列子·黄帝》亦载："列子师老商氏，友伯高子。……三年之后，心不敢念是非，口不敢言利害，始得夫子一眄而已。五年之后，心庚念是非，口庚言利害，夫子始一解颜而笑。"②《仲尼》篇中壶丘子林、老商互用，可见为一人。同时《仲尼》《黄帝》分别记载壶丘子林、老商为列子师，二人所授内容相同。且两篇文字分别将壶丘子林与伯昏瞀人、老商氏与伯高子对举，伯昏瞀人、伯高子为一人，壶丘子林为老商氏也当无疑问。

壶丘子林为陈国人。壶丘本系地名，《左传·文公九年》载："楚侵陈，克壶丘。"③公元前618年夏，楚国侵陈国，占其城池壶丘。秋时，陈国击败楚国的又一次入侵，两国和平，盖此时壶丘重归陈国。壶丘子林生于壶丘，后又于此地讲学，得令名，时人以地名尊号之。壶丘子林又可省作壶丘子、壶子。《列子·天瑞》载列子答弟子"先生不闻壶丘子林之言乎"之问，曰"壶子何言哉"④，即为例证。

壶丘子林的生年无法确知，若以生平事迹为线索，生于公元前540年左右，少老子、子产等四十余岁。师从方面，典籍皆未明言，从其言辞思想看，应出于老子之门。其生地壶丘近宋地沛，有机会学于老子。且列子也曾亲见关尹，壶丘子为老子弟子的推测也就有了相关线索支持。

他应是在老子隐居沛地后师从之。从其传授列子学说以九年为期来看，盖四十左右学成，后复归壶丘而设坛讲学十余载，名动四方，获令名。至公元前478年，壶丘子五十余岁，楚国再次灭亡陈国，始避乱于郑，与伯高子为友。伯高子与壶丘子相仿，在郑地颇有名望，为隐士，主张无我、无名、不用的隐道，人称伯昏瞀人，意为伯姓糊涂人。壶丘子林与之为友，声名愈振。至七十余岁，时人尊称之为老商、老商氏。当时，列子近二十岁，师从之。卒年无从而考。

（二）独立之道与物我两忘之游

壶丘子对老子其人其书及其思想的研习情况可从其言行以及伯高子、列子等处的相关情况加以考察。在传世文献中，未见他对老子其人的评述。至于他对《老子》书的研习，由于他本为老子亲传弟子，在能亲见老子的情况下，对同窗关尹子修定的老子讲演录可能知而不论，甚至也不一定认同其修编时的倾向，一般不需要也不会去称引所谓《老子》之语。至于《列子·天

---

① 杨伯峻：《列子集释》，北京：中华书局，2012年，第45页。
② 杨伯峻：《列子集释》，北京：中华书局，2012年，第121页。
③ 杨伯峻：《春秋左传注》，北京：中华书局，2009年，第573页。
④ 杨伯峻：《列子集释》，北京：中华书局，2012年，第2页。

瑞》载其曾称引"《黄帝书》曰'谷神不死,是谓玄牝。玄牝之门,是谓天地之根。绵绵若存,用之不勤'"①,系后人窜入。《老子》本有谷神不死诸语,《黄帝书》为战国后期黄帝学派作品,引用了相关语句。《天瑞》篇数称《黄帝书》,是魏晋人重新修编《列子》时讹误窜入。但壶丘子林对老子思想深有研习,在诸多方面有突破性发展。

壶丘子林对老子天道的继承是全面的,不论是形而下的天文历法,还是形而上的天道本体层面皆有涉猎。这在其弟子列子的天道观上获得了集中体现。就最突出、最核心的部分而言,是对老子"(道)以其不自生,故能生生"思想的继承与发展。在老子的思想中,道独立而不改,不自生,故能生生。近于道的天地也是如此,"天长,地久。天地之所以能长且久者,以其不自生也,故能长生"。天地能生长、培育万物,即因它们不生养自身,从而能生养万物。壶丘子继承此点,曾语伯昏瞀人曰:道、天地皆"疑独","生物者不生,化物者不化""不生者能生生,不化者能化化"(《列子·天瑞》)②。道、天地等独立,不自我生殖变化,故无自我消亡,周行不殆,表现为阴阳、四时的往复不终。它们也因此无私而能生养万物,并永无休止。其他生物则不然,生养自身,因此自我变化,这也代表消亡从一开始就存在,即所谓"生者不能不生,化者不能不化,故常生常化。常生常化者,无时不生,无时不化"(《列子·天瑞》)③。以上内容直接呈现了壶丘子林天道理念的核心内容,当然他还有更系统的展开,但在现有文献中,相关内容皆由列子的言行加以反映,此处不赘述。

壶丘子林在论述道的基本特点后,也认为道是可知的,并继承了老子"道可道也,非恒道也"之理,以及损之又损、玄之又玄的悟道之法。指出我们平时所认为的道非道,"自生自化,自形自色,自智自力,自消自息。谓之生化、形色、智力、消息者,非也"(《列子·天瑞》)④。我们平常所接触的是物象,非道本身,将对它的认知视作对道理的洞见,是一种谬见。

道的理与物的理并非一物,明道须从改变是非观念开始。《列子·黄帝》《列子·仲尼》都以相近的文字记述了壶丘子林传授列子道的基本过程,直接体现了他的相关理念。人存于道,也交融于物,总是目见、耳闻、鼻嗅、口食物之象,现实总是禁锢在物表象所建立的是非中,与道的是非相去甚远。悟道之法始于立足现实,洞破成见。首先,不妄言由物象而来的是

---

① 杨伯峻:《列子集释》,北京:中华书局,2012 年,第 2—5 页。
② 杨伯峻:《列子集释》,北京:中华书局,2012 年,第 2—5 页。
③ 杨伯峻:《列子集释》,北京:中华书局,2012 年,第 2—5 页。
④ 杨伯峻:《列子集释》,北京:中华书局,2012 年,第 2—5 页。

非,"心不敢念是非,口不敢言利害"。其次,调整是非观念,以之前物下的是为非、非为是,摆脱其权威性,开启新思考,即所谓"心更念是非,口更言利害"。在否定原有物的是非观念后,会形成两种观念下原因的互相否定,从而发觉其背后的物的思维及其局限性,并消解之。再次,在消解以物为基的思维后,由物而来的是非观念将无从生焉,人将依从天然之我,"从心之所念,更无是非;从口之所言,更无利害"。最后,泯灭自我,五觉意识无别,浑然为一,便能与道无隔,与理同在。

在壶丘子看来,认知道也是法道、践行道。道的最大特点是独立、不生、不化,以此生化万物。法道修身,就是让身自在、虚无、寂静。他曾吓退齐国神巫季咸,使列子悟道。道本身没有消息生化,物有变化消息,故有生死,季咸以物的变化消息断人生死福祸,是失于道迷于物。壶丘子向季咸展示"未始出吾宗"之境,"吾与之虚而猗移,不知其谁何",便是表明以道修身的虚无、清寂、不生不发和世俗的与物迁移、消息生亡的差别(《列子·黄帝》①,《庄子·应帝王》亦载)。此理亦可印证于伯高子授列子射道。伯高子称真正的射道并非执我于平地之上百发百中,而在于自虚无我,故即使临深渊,足二分垂于外,依然"神气不变"(《列子·黄帝》②,《庄子·田子方》亦载)。

在与物的关系层面,壶丘子又继承老子不敢为天下先、为客不为主、以身后之的理念。他曾对列子说"子知持后,则可言持身矣",并以身影喻之(《列子·说符》)③。影子具有各种变化,但非出于自身,如果它执我,只会徒生烦恼。如今影子放下自我,随形曲直,自身也瞬息万变,从不休止。且最终形体总会先疲累、僵直、消逝,而影子无疲惫,其僵直、消失也后于形体发生。人与万物的关系也是如此,我们的行迹很多时候由周身环境推动,如果执我,要先于物动,甚至试图去主宰事物,只是虚妄的造作,必招灾祸。任物屈伸,随物变化,反而能获得全身。这种后于物动,其实促成了我的更大自由。且最终外物消磨了,人依然周全。这就是"持后而处先"(《列子·说符》)④。其要旨即不先于物动,任物自然。

在以上两种理念的基础上,他进一步发展了游道。人同时身处于道、物中,要实现的存在状态应是"游"。他批评世人在世执我观物,"观其所见",不见物的流变,同时指列子"观之所变"也未近道,因为只知物无定形,不知

---

① 杨伯峻:《列子集释》,北京:中华书局,2012年,第67—73页。
② 杨伯峻:《列子集释》,北京:中华书局,2012年,第49—50页。
③ 杨伯峻:《列子集释》,北京:中华书局,2012年,第229页。
④ 杨伯峻:《列子集释》,北京:中华书局,2012年,第229页。

我亦无定性。他说"至游者,不知所适;至观者,不知所眡。物物皆游矣,物物皆观矣"(《列子·仲尼》)①,人本是物,有着不可转移的物性,必然消息生亡,且周身的其他物也是如此。在我与万物俱变的情况下,我不意念,不先于物动,只是后于物而动。如落叶与清风,不知叶飘,还是风动。如此即为无目的自虚、自然之游。

且进一步而言,不仅我忘物,也应物忘我,实现两相忘之游。在传世文献中,未见壶丘子对此有过直接阐述,但从其机理可以推出,且也可由伯高子的言论获得印证。伯高子曾针对列子游齐,人人争相与之交往一事进行批评,说"非汝能使人保汝,而汝不能使人无汝保也,而焉用之感也?感豫出异。且必有感也,摇而本身,又无谓也。与汝游者,莫汝告也"(《列子·黄帝》②,《庄子·列御寇》亦载),即指我自虚,不先于他人而感他人,且真正自虚者不自视、不彰显,他者不能视见虚无之我,无从感我,于是两相忘,最终身为变化之物在无间消息的物世界中悠游自然。

三、老莱子及其赤子柔弱之道

关于老莱子,先秦典籍如《庄子》等记载了他的部分事迹,司马迁《史记·老子韩非列传》指出战国晚期社会已将其与老子混同。学界围绕他与老子的关系多有讨论:班固《汉书·艺文志》继承司马迁之说,指其与老聃有别,但清孙星衍③、近代谭戒甫④、钱穆等认为其即老子。钱穆云:"《大戴记·卫将军文子篇》孔子语子贡以近古之贤者,自伯夷、叔齐以下十许人,曰:'德恭而行信,终日言不在尤之内,贫而乐也,盖老莱子之行也。'而独不及老子,是即以老莱子为老子也。"⑤李零通过考察出土文献中"李"字的写法,得出"楚文字中用为姓氏的'李'字其实是一个从来得声的字",从而推论老李子与老莱子为一人⑥。喻几凡也综合多类看法,认为老莱子即老子⑦。实则,老莱子与老子有别,但其思想与后者存在紧密关联。以下在重新辨析先秦两汉典籍所载信息的基础上,对此予以新的阐述。

---

① 杨伯峻:《列子集释》,北京:中华书局,2012年,第123页。
② 杨伯峻:《列子集释》,北京:中华书局,2012年,第73—76页。
③ 孙星衍:《问字堂集》,上海:商务印书馆,1937年,第87页。
④ 谭戒甫:《史记·老子传考正》,见罗根泽编《古史辨》第6册,上海:上海古籍出版社,1982年,第518页。
⑤ 钱穆:《老子杂辨》,见《先秦诸子系年》,北京:商务印书馆,2005年,第245页。
⑥ 李零:《老李子和老莱子》,《中国哲学史》1997年第2期,第41—55页。
⑦ 喻几凡:《老莱子即老子——老子考辨之三》,《求索》2009年第5期,第209—212页。

（一）生平辨析

关于其姓字，先秦典籍多称老莱子，皇甫谧《高士传》老莱子、莱子并用①。此后，毕沅《老子道德经考异》序指："古有莱氏……老莱子应是莱子而称老，如列御寇师老商氏，以商氏而称老义同。"②马叙伦赞同毕沅之说，并依从《左传》所记，指春秋时有莱国，其人以国为氏。莱子是其后裔，因寿考有道而称老莱③。但高亨认为："毕、马之说非也。《大戴礼》《庄子》《战国策》《尸子》皆称老莱子而不称莱子，足证姓老名莱，或字莱，而非姓莱也。如谓因其寿考而姓老，则古之寿考者多矣，何以不尽称老乎。"④两相比较，就现有材料而言，毕、马之说更为可取。春秋时确有莱国，国人以莱为氏。皇甫谧《高士传》称老莱子为莱子，两者正可印证。同时，在道家内部也有以老敬称有道而寿考者的传统，如老子弟子商林曾在陈国壶丘传道，甚有令名，人称壶丘子林，后因寿考，晚年又获称老商氏。莱子也是因有道寿考而获敬称曰老莱子。

老莱子的生年未见著于典籍，但可通过生平重要事迹推知。他曾举家避楚白公之乱（公元前479年），不久楚惠王闻其贤而访求。按常理而言，老莱子当时应不下三十岁，生年最晚应在公元前510年左右。老莱子曾在鲁穆公欲相子思时，劝诫后者守弱（详情见下文）。鲁穆公在位时间为公元前409至前377年，若以其在公元前409年欲任子思为相，当时子思已七十岁左右，老莱子尚以舌齿之理喻之，且从二人对话语气来看，也是亦师亦友关系。老莱子至少应与子思年龄相仿，且以年长之更为合适。老莱子以寿考著称，以当时已九十有余计，生年也当在公元前510年左右。

关于籍属，《史记·老子韩非列传》指为楚人。马叙伦对此的解读是周朝本有莱国，春秋时鲁襄六年（公元前567年）莱国被齐国吞并，莱族迁于郳国，后者于战国时又被楚所并，"则莱之后亦入于楚矣。司马迁以老莱子为楚人者，盖以其子孙居楚而言之也"⑤。但从实际情况看，老莱子虽可能为莱国贵族之后，但其家族应已定居楚国甚久。首先，从可能性角度而言，莱国本以善产贤士著称，因其国小职稀，历来有贤者谋职于诸侯的传统。如春秋时，晋有莱驹、齐有莱章、鲁有莱书，或为将军或为大夫。其次，莱被齐并

---

① 皇甫谧：《高士传》，见《四部备要》，北京：中华书局，1989年，第8页。
② 毕沅：《老子道德经考异》，清光绪十三年刻本，上海：大同书局，第1页。
③ 马叙伦：《老子、老莱子、周太史儋、老彭非一人考》，见《老子校诂》，北京：中华书局，1974年，第21—52页。
④ 高亨：《史记老子传笺证》，见《老子正诂》，北京：中国书店出版社，1988年，第176页。
⑤ 马叙伦：《老子、老莱子、周太史儋、老彭非一人考》，见《老子校诂》，北京：中华书局，1974年，第21—52页。

时,部分贵胄逃亡于诸侯,不少人因此入楚。老莱子祖上皆可能因以上原因早已入楚定居。其次,从必然性角度而言,只有老莱子家族世居楚地,他才会因楚白公之乱,举家避难。也唯有其一直在楚国活动,甚有影响,才能使人闻其贤能而荐于楚王。故司马迁指老莱子为楚人,本指其生长于楚国,而非以其后裔论之。

老莱子的师承不见载于史籍,但出于老子之门当无疑问。常枞是老子之师,曾在临终传授遗教。他张口示老子,以舌存齿亡现象告之柔弱得生、刚强近死之理。此后,叔向曾答韩平子刚柔孰坚之问,曰:"臣年八十矣,齿再堕而舌尚存,老聃有言曰:'天下之至柔,驰骋乎天下之至坚。'又曰:'人之生也柔弱,其死也刚强;万物草木之生也柔脆,其死也枯槁。因此观之,柔弱者生之徒也,刚强者死之徒也。'夫生者毁而必复,死者破而愈亡;吾是以知柔之坚于刚也。"(《说苑·敬慎》)①历史上,老莱子曾以几乎相同的言行告诫子思柔舌之理(详情见下文)。可见常枞传柔舌之理于老子,老莱子传此理于子思,显然两者之间存在老子传此理于老莱子的环节。同时,老莱子此后避乱于蒙山之阳,即沛,也是老子隐居之地(详论见下文),亦可窥见两者关系之密切。除此具体事迹之外,老莱子的思想也与老子道德论基本一致。这些皆是其师出老子的重要依据。也正是因习得老子之道,又有诸多巧合因素,遂使后人将其与老子相混淆。

老莱子习道后,避世乱而隐居。《列仙传》载:"(老莱子)当时世乱,逃世耕于蒙山之阳。莞葭为墙,蓬蒿为室,杖木为床,蓍艾为席,菹芰为食,垦山播种五谷。"(《史记正义》注《老子韩非列传》引)②此处只是言世乱,未指具体事件。古本皇甫谧《高士传》言之更详,曰:"老莱子者,楚公室乱,逃世耕于蒙山之阳,蓬蒿为室,枝杖于床,饮水食菽,垦山播种。"(《太平御览》卷五百〇六引)③从楚国内政发展的历史情况看,当时所谓的楚公室之乱为白公之乱(公元前479年)。即老莱子在其壮年时,举家避乱于蒙山之阳。

关于蒙山,历史上多有争论。1. 唐李吉甫《元和郡县图志》卷第十一沂州费县"蒙山"条云:"蒙山,在县西北八十里,楚老莱子所耕处。"④ 2. 谭戒甫则云:"考《水经注》二十五:'泗水又东(赵本作南),过沛县东,昔许由隐于沛泽,即是县也,县盖取泽为名。'……窃意沛泽有古隐者遗迹,其地必佳,所以老莱逃世耕田,就在这个沛地。因为沛地位在蒙山之南,所以说他耕于

---

① 向宗鲁:《说苑校证》,北京:中华书局,1987年,第245页。
② 司马迁:《史记》,裴骃集解、司马贞索隐、张守节正义,北京:中华书局,1999年,第1703页。
③ 李昉等编:《太平御览》(据宋刻本影印),北京:中华书局,1960年,第2310页。
④ 李吉甫:《元和郡县图志》(丛书集成本),上海:商务印书馆,1937年,第330页。

蒙山之阳。"① 3.何浩又指其为湖北荆门蒙山(今名象山)②,徐文武等亦持之③。三说中,谭戒甫之说更为可取。老莱子本来的隐居地是为求隐,蒙山之阳应是一个隐居佳处。而蒙山之阳即沛,是老子隐居之处。老莱子移居于此,也有着较深的渊源。

老莱子深习道术,虽隐居山林,但名动四方。《列仙传》载"楚王至门迎之,遂去,至于江南而止,曰'鸟兽之解毛可绩而衣,其遗粒足食也'"(《史记正义》引)④。按年代而言,该楚王即楚惠王。至于老莱子避王的具体过程,《高士传》更有发挥,云老莱子初欲应楚王之邀,只是其妻诫之,终随后者而去,"至于河南"(《太平御览》卷五百〇六引)⑤。老莱子避王后的去处如上文所示,史籍所载有别,但当以江南为是。老莱子本隐居沛地,近河南,若只是移步此地并不能表其决心。而此处的江南特指楚国流放罪臣的化外蛮荒之地(屈原亦流放于此)。老莱子逃此是表明自我放逐、不求仕用的决心,使楚王打消念头。

老莱子修道有方,深通赤子之道。《孝子传》载:"老莱子年七十,父母尚在,因常服斑衣,为婴儿戏以娱父母。"(《北堂书钞》卷一二九引)⑥《列女传》云:"老莱子孝养二亲,行年七十,婴儿自娱,着五色采衣,尝取浆上堂跌仆,因卧地为小儿啼,或弄乌鸟于亲侧。"(《艺文类聚》卷二十引)⑦《列女传》盖本为《孝子传》。相关内容称颂老莱子孝道,但从中也可以看出他深习老子的婴儿、赤子之道。

公元前409年,老莱子已九十余,鲁穆公欲任子思为相,其以舌齿之理喻之。关于此事,先秦两汉典籍多有讹误,前人也多以此误指为老莱子为孔子师。就此问题,以下辨析几段材料。

1.《孔丛子·抗志》载:"子思见老莱子,老莱子闻穆公将相子思。老莱子曰:'若子事君,将何以为乎?'子思曰:'顺吾性情,以道辅之,无死亡焉。'老莱子曰:'不可顺子之性也,子性惟太刚而傲不肖,且又无所死亡,非人臣也。'子思曰:'不肖,故为人之所傲也。事君,道行言听,则何所死亡?道不

---

① 谭戒甫:《二老研究》,见罗根泽编《古史辨》第6册,上海:上海古籍出版社,1982年,第490—491页。
② 何浩:《老莱子其人及其道论》,《江汉论坛》1985年第11期,第41—47页。
③ 徐文武:《老莱子生平与思想考论》,《长沙大学学报(社会科学版)》2004年第3期,第8—9页。
④ 司马迁:《史记》,裴骃集解、司马贞索隐、张守节正义,北京:中华书局,1999年,第1703页。
⑤ 李昉等编:《太平御览》,宋刻本影印,北京:中华书局,1960年,第2310页。
⑥ 虞世南:《北堂书钞》,陈禹谟补注,见《文渊阁四库全书》(第889册),第638页。
⑦ 欧阳询:《艺文类聚》,汪绍楹点校,上海:上海古籍出版社,1965年,第369页。

行,言不听,则亦不能事君,所谓无死亡也。'老莱子曰:'子不见夫齿乎?虽坚刚,卒尽相摩;舌柔顺,终以不弊。'子思曰:'吾不能为舌,故不能事君。'"①

2.《战国策·楚策四》载:"或谓黄齐曰:人皆以谓公不善于富挚。公不闻老莱子之教孔子事君乎?示之其齿之坚也,六十而尽相靡也。今富挚能,而公重不相善也,是两尽也。"②

3.《庄子·外物》载:"老莱子之弟子出薪,遇仲尼,反,以告,曰:'有人于彼,修上而趋下,末偻而后耳,视若营四海,不知其谁氏之子。'老莱子曰:'是丘也,召而来。'仲尼至。曰:'丘,去汝躬矜,与汝容知,斯为君子矣。'"③并告诫仲尼不可自矜好名,应荣辱两忘,无为保真。

4.《大戴礼记·卫将军文子》载孔子对子贡评价诸贤,云:"德恭而行信,终日言不在尤之内,在尤之外,贫而乐也,盖老莱子之行也。"④

5. 司马迁《史记·仲尼弟子列传》载:"孔子之所严事……于楚老莱子。"⑤

在先秦文献中,与相关事件有关的就是这几条。在这些记载中,若以老莱子以老年之理来教授孔子,其至少应年长孔子二十余岁,即出生于公元前570年左右,若他在鲁穆公欲任子思为相时,又与后者对话,相关事件的发生时间最早也是公元前409年。如此老莱子须活161年以上,显然不可能,因此两者所记必有一误。李零认为《孔丛子》中老莱子与子思对话乃老莱子与孔子对话之误⑥。实则,《孔丛子》所记合乎历史,《战国策》所记也无问题,《庄子》等所云皆为讹误或虚构。

从《孔丛子·抗志》所载老莱子对子思的训诫可知,相关对话由鲁穆公欲以子思为相一事引发,时间、事件、人物等因素皆详备,不可能由孔子与老莱子对话讹误而来。更为重要的是,文中所体现出的老莱子劝诫对象的性格特点是刚烈、高傲、不能事君,这与子思性格相合,与孔子相去甚远。关于子思的傲气,典籍多有记载:曾子指他有"傲世主之心"(《孔丛子·居卫》)⑦,胡母豹亦谓其"好大,世莫能容"(《子思子·外篇胡母豹》)⑧。且从鲁穆公与子思交往看,鲁穆公曾说明主友士而不敢臣之,但子思不悦,直

---

① 孔鲋:《孔丛子》,王钧林、周海生译注,北京:中华书局,2009年,第143—144页。
② 范祥雍:《战国策笺证》,范邦瑾协校,上海:上海古籍出版社,2006年,第887页。
③ 庄子:《庄子》,方勇译注,北京:中华书局,2010年,第461页。
④ 王聘珍:《大戴礼记解诂》,王文锦点校,北京:中华书局,1983年,第115页。
⑤ 司马迁:《史记》,裴骃集解、司马贞索隐、张守节正义,北京:中华书局,1999年,第1735页。
⑥ 李零:《老李子和老莱子》,《中国哲学史》1997年第2期,第41—55页。
⑦ 孔鲋:《孔丛子》,王钧林、周海生译注,北京:中华书局,2009年,第94页。
⑧ 陈桐生:《曾子·子思子》,北京:中华书局,2009年,第193页。

言须师事之(《子思子·外篇胡母豹》)①。更何况曾子也已明确指出子思与孔子的差异——前者傲然而后者谦退(《孔丛子·居卫》)②，以此即可知《孔丛子》所载为本事。

同时，《战国策》所记也无误。相关处称老莱子教孔子事君之道在于守弱，基本典故与《孔丛子》所载相合，可见两者本指一事。此处称"孔子"，是因子思名孔伋，在成名后，后学与时人如是称之。《礼记·檀弓》载："鲁穆公之母卒，使人问于曾子曰：'如之何？'对曰：'申也闻诸申之父，曰……'"③此处曾子即为曾申，曾参、曾申皆被后人尊称为"曾子"，可证孔伋子思曾被后学尊称为"孔子"的合理性。且在战国初期的文献里对孔子称仲尼者仅《孝经》《中庸》。《孝经》所记主要是曾子的话语，它的编订是曾子后学所为，即子思及其门人。《中庸》主要是子思的思想，最终编订者是子思弟子。两者都称孔子为仲尼，最重要的原因是子思在当时也被称为"孔子"，为不相混淆，才如是称呼。

至于《庄子·外物》所载老莱子训诫孔子仲尼一事，第一种可能是当时传有此典故，只是原文是老莱子劝诫"孔子"，庄子后学不知它指孔子子思，见相关典籍言老莱子与"孔子"语，便误解之且擅修改为老莱子与孔子仲尼对话。第二种可能是相关故事本为老子劝诫孔子仲尼，庄子后学或后世传抄者将老子讹误为老莱子。第三种可能是此故事本为庄子后学在不明老莱子传道"孔子"——本为子思的情况下所做的虚构。从相关文字架空事件背景，且对孔子颇有调戏的语态看，极可能为第三种情况。

至于《大戴礼记·卫将军文子》载孔子对子贡评价诸贤，涉及老莱子事。第一种可能是传抄讹误。钱穆说孔子遍评近古贤者而独不及老子，是因老莱子本为老子之故。但按抄误理解的话，不是以老莱子为老子，而是原为老子，后人讹误为老莱子。第二种可能是相关文字为后人窜入。司马贞《史记索隐》注《仲尼弟子列传》引有相关句子的情况因版本不同，文字略异。如有"《大戴记》又云：德恭而行信，终日言不在悔尤之内，贫而乐也，盖老莱子之行也"④"《大戴记》云：蹈忠而行信，终日言不在悔尤之内，国无道处贱不闷，贫而乐也，盖老莱子之行也"⑤等等。说明相关段落在传播中一直被删

---

① 陈桐生：《曾子·子思子》，北京：中华书局，2009年，第201页。
② 孔鲋：《孔丛子》，王钧林、周海生译注，北京：中华书局，2009年，第94页。
③ 孙希旦：《礼记集解》，沈啸寰、王星贤点校，北京：中华书局，1989年，第173页。
④ 司马迁：《史记》，裴骃集解、司马贞索隐、张守节正义，北京：中华书局，1999年，第1736页。
⑤ 司马迁：《史记》，裴骃集解、司马贞索隐、张守节正义，上海：上海古籍出版社，2011年，第1695页。

改,窜入非原貌所有的文字也不足为奇。

最后,也正是因为庄子及其弟子将老莱子、子思故事演化为老子、孔子故事,故战国后期人多不能辨,反而竞相抄袭,进一步演绎,最终致使司马迁也受其影响,以讹传讹称孔子也曾师从老莱子。

(二) 遗著及其思想

老莱子本有著述传世,《史记·老子韩非列传》载其"著书十五篇"①,《汉书·艺文志》道家类亦载"《老莱子》十六篇"②。但该书不见录于《隋书·经籍志》《唐志》等,表明在南北朝以后便散佚。此后马国翰《玉函山房辑佚书·老莱子》辑录了部分信息,也仅限于上文所指《庄子》《孔丛子》《尸子》《高士传》等相关内容。

老莱子著述已佚,难知其思想的详细面貌。但通过传世文献的吉光片羽,可知梗概。他作为老子嫡传,应对道德论有系统性的认知与传承。在现有文献中虽已难见其对道的直接论述,但还是保留了许多人生、养生理念。

老子曾指出天道无亲,以万物为刍狗;道生万物,万物必然复归道;且强调君王寄身于天下。老莱子发展了此说。《尸子》载:"老莱子曰:'人生天地之间,寄也。'寄者,固归也。其生也存,其死也亡,人生也少矣,而岁往之亦速矣。"③首先,天道无亲,并非因爱人而生人,如果天道是爱人而生之,必然使之长久,但事实却非如此。故对于人而言,自己在天地间出现只是一种偶然。其次,人来自道,如同出门的孩子总要回归来处,故在天地间只是一个过程,且转瞬即逝,十分短暂。

老莱子在面对该现实后,并未消极地认为生命毫无意义,反而主张应抓住这种偶然,珍惜这短暂的时光。也因此推论出珍视生命、修身全身之道。至于全身的基本方法则是法道如婴儿,守虚处弱。上文所引《孝子传》等指老莱子常拟婴儿之态,虽说的是他孝心而娱亲,但也体现出了养生之道,即始终抱有婴儿之态,即使年老时也是如此。其心如此,其身亦如是。

这种修身观也决定其人生理念必是无欲而安贫乐道。总是少私寡欲,鸟兽之羽足以衣,春华秋露足以食,处贱不闷,贫而悠乐。该理念进一步发展,自然会选择隐居而远离仕途,故当楚王至门相迎、托之以国时老莱子会越墙而走。老莱子之道本在全身,如需曲折本性真情才能入仕,必然不为,故此后劝诫子思勿应鲁穆公之邀。在其看来,在仕途中"齿坚易蔽,舌柔常

---

① 司马迁:《史记》,裴骃集解、司马贞索隐、张守节正义,北京:中华书局,1999年,第1703页。
② 班固:《汉书》,颜师古注,北京:中华书局,1962年,第1730页。
③ 尸佼:《尸子》,汪继培辑、黄曙辉点校,上海:华东师范大学出版社,2009年,第82页。

存",子思性情刚傲,入仕必有大灾,除非修正性情。子思也深知不可能曲己迎人,终悟无法事君。最后,老莱子的天下观也由其修身之道推演而来,即人人全性保身,则无为而天下治,何必尧舜禹,可以说是由隐士之道而来的、彻底的自然自化主义,几近乎"无政府主义"。

小　结

　　从根本处而言,亢仓子、南荣趎、壶丘子林、老莱子等为隐士,皆是隐道全生老学的大宗。亢仓子继承老子道的藏、全、合理念,认为法道修身就在于藏身于道,并将之上升为隐士治国论。南荣趎将此与赤子之道结合,主张法道如赤子,内外合一,无是非之见、利害之争,以此藏于自然。他将此作为"卫生之经",终为大隐士,彻底践行了老子大隐无名的全身之道。壶丘子林继承发展了道独立虚无、不自生化而能生化万物的理念,强调道的完满性、独立性是道与物、我与他者之间关系的最大依据,并将此落实到修身之中,发展出了物我相忘之游,相关思想影响深远,列子的御风之游(寄居于变化之中)、庄子的逍遥游皆与其一脉相承。而老莱子深习老子寄身天下、赤子柔弱等思想,虽有令名,但隐于乱世,全生有道,追求彻底的自然自化,可谓华夏"无政府主义"的先行者,也影响了庄子的老学。

第二章 春秋时期其他诸子的老学

第一节 邓析子开创刑名老学

邓析子,春秋末期贤哲,关于其流派归属,先秦以前多与惠施、公孙龙并称,《汉书·艺文志》始将他们归入名家,《隋书·经籍志》《旧唐书·经籍志》《新唐书·艺文志》《宋史·艺文志》等因循此说。清代《四库全书总目》始将其编入法家,此后不少书目著录作品如《八千卷楼书目》《天一阁书目》等皆承袭此说。严格来说,春秋末期至战国初期只有"刑名"(亦即形名)一说,当时正值礼乐崩坏、法制初兴之时,名实辨析、法物设置等方面皆处于草创期,因此相关哲人皆是"双肩挑",既要理清名实等基础问题,也要搭建法术理念及具体法条乃至变法实践,邓析子、惠施等皆属此类。战国中晚期,"刑名"流派细化,形成了专职于基础概念辨析或法理律令建构实践等不同的两类,前者如公孙龙,后者如申不害、商鞅、韩非子,故可分别为名家、法家。因此,《汉书·艺文志》将邓析子归入名家,有其故,但未必不能入法家,《四库全书总目》将其归入法家,也不无道理①。本文则根据春秋时期的学术特点、邓析子本人的所为以及《邓析子》思想,将其视作法家的先驱,并以此为基础来探讨他的思想及其对老子道论的接受与转化。

一、身世与遗说小辨

邓析,郑人,与老子、子产同时,年幼之。关于邓析之死,《左传·昭公二十年》载子产卒②,同时《左传·定公九年》载"驷歂杀邓析而用其《竹刑》"③,表明子产卒后二十年,邓析为驷歂所杀。但《列子·力命》曰:"邓

---

① 《四库全书总目》对子部分类的处理有其既定思路,许多地方不按旧章,如废弃了名家类别,故邓析子也只能归入法家。不过它将公孙龙等归入杂家,则显思路不清。
② 杨伯峻:《春秋左传注》,北京:中华书局,2009年,第1421页。
③ 杨伯峻:《春秋左传注》,北京:中华书局,2009年,第1571页。

析操两可之说,设无穷之辞,当子产执政,作《竹刑》。郑国用之,数难子产之治。子产屈之。子产执而戮之,俄而诛之。"①指邓析为子产所杀。其他各书,如《荀子·宥坐》②《吕氏春秋·审应览·离谓》③《淮南子·氾论》④亦如是。

关于邓析之死大体上也就是这两种可能,一是《左传》推崇子产,甚至有意避讳,不可能不知子产卒年,按其所记,则子产早卒,死于昭公二十年,其后驷歂执政。至于驷歂,《左传》不载孙武、范蠡,却两言此人,可见并非一无可书之辈。盖其执掌郑国相事后,听从子产宽猛之说,次年杀邓析,而后人据此云子产杀邓析。二是《史记》记载子产晚卒,班固《汉书·古今人物表》也不记驷歂,盖子产后因他事杀邓析,故诸子皆如是记载。从现有材料看,惟《左传》异于诸书,应为错简,当以邓析死于子产为是。关于其遗说,主要涉及传世《邓析子》、亡佚的《竹刑》以及两可之论。学界关于相关内容的真伪及性质等问题多有争议,下文详论之。

《邓析子》,《汉书·艺文志》名家类著录"《邓析子》二篇",《隋书·经籍志》、两唐《志》等皆著录"《邓析子》一卷",《宋史·艺文志》则称"《邓析子》二卷"。察其篇章,不论一卷、两卷,皆当为二篇。

今本《邓析子》存有书录,马总《意林》⑤、高似孙《子略》⑥等指为刘向著。《崇文总目》⑦《四库全书总目提要》⑧等指为刘歆著。余嘉锡根据书叙体例,认为文中的"臣叙书"表明作者是刘向同事名曰"叙"⑨。熊铁基也是类似看法,刘向是相关书叙的主编——数百家、万余卷的书不会全是他校对,也不可能由其一人写书录,《隋志》等称刘向撰书录,是笼统地说他总领其事,且即使刘向看过所有书录,都署了名,也应有许多别人起草的内容,《邓析子》书录即这种情况⑩。以上各说虽对书序作者存有疑问,但皆定为汉人之作,进而论今本《邓析子》也是汉人修订本。

与之相对应,部分学者指该序文为后人伪作,进而指今本《邓析子》亦伪。如孙次舟指"《邓析子叙录》曰'其论无厚者言之异同,与公孙龙同类',

---

① 杨伯峻:《列子集释》,北京:中华书局,2012年,第192—193页。
② 王先谦:《荀子集解》,沈啸寰、王星贤点校,北京:中华书局,1988年,第521页。
③ 许维遹:《吕氏春秋集释》,北京:中华书局,2009年,第488页。
④ 何宁:《淮南子集释》,北京:中华书局,1998年,第976页。
⑤ 马总:《意林》,北京:中华书局,1991年,第17—18页。
⑥ 高似孙:《子略》,顾颉刚校,北京:朴社,1933年,第68—69页。
⑦ 王尧臣等:《崇文总目》,程东垣等辑释,北京:中华书局,1985年,第140页。
⑧ 永瑢等:《四库全书总目提要》(第19册),上海:商务印书馆,1931年,第65—66页。
⑨ 余嘉锡:《四库提要辨证》(第2册),北京:中华书局,1980年,第614页。
⑩ 熊铁基:《刘向校书详析》,《史学月刊》2006年第7期,第73—79页。

今按《邓析书》绝无与公孙龙有相同之处"①。钱穆亦然,并指今本《邓析子》乃妄人不识无厚之语,"安袭老氏天地不仁之意冒为之"②。马叙伦除强调无厚的"义殊"外,又指"今是书其所明义,尚法而不能坚,治名而不能精,于韩非、慎到之旨,时或一中,又杂而不醇,儒家言亦往往存焉。其辞不类出春秋时人,又复驳裂,似聚敛众书为之者"③。

关于《叙录》,余嘉锡、熊铁基之说甚为可取,是刘向校书组中名"叙"者所作,经刘向过目确定,在古人著录不十分严格,刘向又为主编的情况下,将其著录为刘向书,并无问题。至于前人指今本《邓析子》为伪作,不过是依据其书思想未精深;书序言其书与公孙龙有相类者,但今本无之;以及今本内容驳杂、部分言辞思想与其他诸子相合等现象。但"尚法而不能坚,治名而不能精"正可以思想未如后人精进说明其为初始之作。序文内容所云与公孙龙等异同者,现存《公孙龙子》也为残本,不见相同者不能排除为传本残损所致。依现有传世残本而言,两书确有诸多内容相似,本合于书序所言。至于"杂而不醇",则是后人修编使然。书序已明言此书传抄于先秦,汉人以当时所得五篇文字为基础,删定修编为二篇。《四库全书总目提要》作者、严可均等编书者晓谙修编损益之理:汉人在散佚文献的基础上重新修编,必会割裂原文章作者的思路,以致造成内容上的改动以及章节间联系的缺失。同时也难免窜入后人注文以及言辞,如《无厚》"庙算千里,帷幄之奇,百战百胜,黄帝之师"④云云,显然系窜入之辞。最后所谓"于韩非、慎到之旨,时或一中"、诸多思想与惠施、公孙龙等人思想相合的现象,只是因为后者受其影响罢了。总之,传本《邓析子》主体内容为邓析子遗说,反映了其基本思想。

《竹刑》乃邓析所制法律条文,虽已亡佚,但此举足以反映邓析在大时代背景下的思想改变。传说大禹曾铸鼎以象山川鬼怪,当时的鼎主要反映礼的意志,且王侯贵族只有在祭祀、朝会等场合才能得见,故贵族从礼而作,礼不下庶人。礼的基本理念是告知臣民做什么,但不会反映臣民做此事后,又做他事会如何。在遇到矛盾时,君王只是依据礼裁定罪责,刑不上大夫——大夫按礼自裁而不待君王行刑。

春秋时,贵族与庶人的力量都在增强,仅告知做什么,不足以应付复杂

---

① 孙次舟:《邓析子伪书考》,见罗根泽编《古史辨》第6册,上海:上海古籍出版社,1982年,第216页。
② 钱穆:《先秦诸子系年》,北京:商务印书馆,2005年,第22—23页。
③ 马叙伦:《邓析子校录》,见《天马山房丛著》,马叙伦自刻本,1935年,第28页。
④ 王恺銮:《邓析子校正》,见《民国丛书》(第5编),上海:上海书店,1989年,第5页。

的局面,于是有所谓礼崩乐坏。在这种情况下,统治者转变思维,明确告知不要做什么,并规定违反相关事宜的惩罚。这种思维反映一种契约精神在其中。它对各方都是一个解放,给予各方较高的自由度。由于行为方向的转变需要公开相关条例以照执行,于是《左传·昭公六年》载"三月,郑人铸刑书"①,即公元前536年,子产铸鼎颁布刑法法典。《左传·昭公二十九年》又载"冬,晋赵鞅、荀寅帅师城汝滨,遂赋晋国一鼓铁,以铸刑鼎,著范宣子所为刑书焉"②,即公元前513年,晋国也效法郑国铸法典。他们的共同特点是明刑法于鼎上,初衷是为表示其权威性,但也反映一个客观现实——相关条例简单粗糙。且内容主要还是针对君王与贵族,少涉及一般百姓。

在此情况下,初期法典的问题在短期内就暴露了,于是邓析子非之,作《竹刑》。他将内容写在竹简上,表明相关条例较之旧典更为深入、细化。最为重要的是它反映出相关刑法已涉及更底层的普通士与百姓。从鼎礼到鼎刑是针对王侯贵族由礼制到法制关系的转向,但未波及底层百姓。由鼎鼓刑法到竹简刑法,不是简单的载体变化,也非仅是内容的细化,而是一种从限于贵族到普及百姓的前所未有的变革。

这个行为本身反映出当时社会生产关系的改变:奴隶社会已开始瓦解,地主阶级与农民的力量开始觉醒。也正因此,虽然叔向、孔子等人先后抨击,但驷歂(或子产)在杀害邓析后,仍用其《竹刑》。这也反映出邓析在社会变革中,以法统一君王、贵族、百姓的思想。

至于两可之说,《吕氏春秋·审应览·离谓》载:"洧水甚大,郑之富人有溺者,人得其死者。富人请赎之,其人求金甚多。以告邓析,邓析曰:'安之。人必莫之卖矣。'得死者患之,以告邓析,邓析又答之曰:'安之。此必无所更买矣。'"③关于两可的解读,古时多以责难为主。《吕氏春秋》认为它"以非为是,以是为非,是非无度,而可与不可日变"④,《荀子·非十二子》⑤《荀子·儒效》⑥亦然,皆指其是无益于是非秩序建设的琦辞怪说。近代以来,也有诸多学者认为是对逻辑的不自觉运用,陷入诡辩。实则它是辩证法的相对转化论,是对绝对主义、相对主义、诡辩论的否定。更深层次则体现了邓析子以关系确立道、以调和关系来安道的基本看法。同时,也是他在当

---

① 杨伯峻:《春秋左传注》,北京:中华书局,2009年,第1274页。
② 杨伯峻:《春秋左传注》,北京:中华书局,2009年,第1504页。
③ 许维遹:《吕氏春秋集释》,北京:中华书局,2009年,第487—488页。
④ 许维遹:《吕氏春秋集释》,北京:中华书局,2009年,第487—488页。
⑤ 王先谦:《荀子集解》,沈啸寰、王星贤点校,北京:中华书局,1988年,第93—94页。
⑥ 王先谦:《荀子集解》,沈啸寰、王星贤点校,北京:中华书局,1988年,第123页。

时特殊的社会环境下,对自己的思想与刑书条文的一种实验。详说见下文。

二、对老子思想的刑名转化

传世先秦文献没有直接记载邓析与老子有过交往的文字,此前无人论其老学情况。但从其交友情况看,不难与老子或其思想有过接触。如老子曾为征藏史,声名远播,叔向晚年曾称引其言,后者与子产等本密切交往,子产、邓析子等知之,亦不足怪。最重要的是《邓析子》诸多思想已表现出显著而深刻的老学痕迹。

在邓析子理论中,道依然被视作最普遍的存在,但对其本体没有展开论述,也甚少涉及道如何生发万物的宇宙生发论。他对道的认知根植于老子的大道混成,废除了根本的、独立的、唯一的存在物观念,对世界关系的理解也绝然有别于以前的生发论与决定论。在他看来道的根本特点是虚无,表明它不是完满的独立物,更多的是与万物所存在的一个共时关系。这种关系是对老子有无相生观念的进一步发展。事物间彼此没有先后,不存在谁生发谁的问题,而是相互确立、即时共生。彼此是在相互依存的关系状态中成立,离开了任何一方,剩下的一方都将丧失自我。如虚无离开实有,无所谓虚无,反之亦然。"夫舟浮于水,车转于陆,此自然道也"(《无厚》)①,离开了舟,能承载舟的水也就无法呈现;离开了水,舟就不能成为舟。同时他也发现这种关系存在矛盾,事物总倾向于强调自身的主体性、重要性,如此则关系难以确立,最终也无法实现各自的存在。

邓析子对郑尸买卖一事的处理集中体现了此点。他发现买卖双方离开对方,自身无法确立,各自都以自身为主体、为是,追求利益的最大化,于是形成矛盾。但他并不像庄子那样认为"此亦一是非,彼亦一是非",各自的是非是各自的自证,而认为是非客观存在,不是观念上的问题,且是非可认知,矛盾可调解。他在处理尸体归属的过程中,对买卖双方都一再强调"安之",是为解决该矛盾。办法不是否定关系、打破关系、违背关系,而是承认矛盾的客观性,调和关系。只要买卖双方不自以为主宰,坐下妥协,达成契约,就可实现价值。推而广之,父子、君臣乃至国与国之间也都不是单向的决定关系,而是互为主体的。要实现自我的确立,必须要维持关系的和谐。和谐就是承认矛盾,不为主宰,交合妥协以实现中和。

将道视作一种客观的关系之后,便将后者发展为最高法则,体现出来就是理、命、时。在既定的关系中,事物因彼此间的关系而确立,不得不如此。

---

① 王恺銮:《邓析子校正》,见《民国丛书》(第5编),上海:上海书店,1989年,第7页。

舟必然浮于水,车必然行于陆。凶饥之年,父子死室户而不相怨,"同舟渡海,中流遇风,救患若一",皆是形势使然。这种理之下确立了相应的命与时,即所谓"死生自命,贫富自时"(《无厚》)①。在此之后,天道无亲便是最自然的推论结果。

道只是最高的关系法则,本身虚无,虽然对应着浩瀚的万物,但两者同时确立,只是一个客观的关系。虚无不会,也无法去恩泽另外一方。如同大自然并不是为了万物的生存而存在,只是承载了万物,而万物体现了它的存在而已,两者的关系尽于此。同样,天地之于万物、君王之于百姓,也是不亲不仁,故"天于人无厚也,君于民无厚也,父于子无厚也,兄于弟无厚也"(《无厚》)②。以上形成了他对宇宙、社会关系的最基本判断,其他相关学说是在此基础上的进一步发展。

在指明道为普遍关系后,邓析与老子一样强调知道、法道。相关行为皆是从虚无出发。事物虽然相对而生,共时确立,但在一定意义上也非完全的平衡,虚无更具有主导性。"无形者有形之本,无声者有声之母"(《转辞》)③,虚无广阔的道与具体有限的个体物之间,虽然道通过个体物来出场,但道影响着更多的其他物。如同离开了舟,作为承载者之水可能无法确立,但水还有更广阔的领域,它可以对应除舟之外的其他事物。道与具体物之间存在一个一与多的不平衡。故知道、法道从守虚开始,再去承认对方。

在知道方面,他与老子一样遵从道的虚无本质,"视于无有,则得其所见;听于无声,则得其所闻"(《转辞》)④,即目视无形、耳闻无声,用虚无穿过物象,把握两者的关系。当然若只是如此则过于玄虚,在具体把握这个最高法则的过程中,最基本方法是在物象与道理之间以形名之术察之。通过后者梳理出无矛盾的关系,从而洞察背后的虚无之理。两可之说便是该方法的一种践行。

在践行道方面,也从修身开始。邓析子的基本主张是法道自虚,实现真人之修。人由虚无之心与实有躯体构成,也有自我与外在事物建构,但虚无之心与内在自我更具主导性。故邓析子强调以道之虚无修身。首先自知,自见者明,自闻者聪(《无厚》)⑤。在此基础上,定内外之分,笃定内心,虚静

---

① 王恺銮:《邓析子校正》,见《民国丛书》(第5编),上海:上海书店,1989年,第5页。
② 王恺銮:《邓析子校正》,见《民国丛书》(第5编),上海:上海书店,1989年,第1页。
③ 王恺銮:《邓析子校正》,见《民国丛书》(第5编),上海:上海书店,1989年,第11页。
④ 王恺銮:《邓析子校正》,见《民国丛书》(第5编),上海:上海书店,1989年,第11页。
⑤ 王恺銮:《邓析子校正》,见《民国丛书》(第5编),上海:上海书店,1989年,第8页。

恬淡,不受制于外物,脱离"悲哀喜乐嗔怒忧愁"之惑(《转辞》)①,实现无欲不争,全真保身。邓析子便曾赞誉定于内外、辨乎荣辱、重性命、轻礼义的郑国公孙朝、公孙穆兄弟以及警惕机心、不用桥车的卫国五丈夫等为真人(《列子·杨朱》②《说苑·反质》③)。

邓析子又以修身为基础,指向治国。君与臣民虽共时确立,但也存在一与多的非平衡,故主要从君王角度谈治国理政。天道无亲、天地不仁,这也同时意味着它们无私爱于天下,从而呈现了客观的公天下。邓析子强调遵从这种客观关系,直接否定了基于血亲或血食祭祀所形成的亲亲关系的普遍性,从而取缔私爱、家天下的礼制的合法性基础,并以其所形成的乱象否定之,疾呼"圣人不死,大盗不止""圣人以死,大盗不起"(《转辞》)④。

否定亲亲仁爱的圣人礼制后,强调正视客观关系,要求圣人自虚、不仁不私爱,实现公天下。首先君王应以天下视天下、以百姓之心为心、以百姓之耳目为耳目。"目贵明,耳贵聪,心贵公。以天下之目视,则无不见;以天下之耳听,则无不闻;以天下之智虑,则无不知。"(《转辞》)⑤发挥老子的圣人以百姓之心为心的理念,强调"明君视民而出政"(《无厚》)⑥,根据百姓实际情况来维持关系。同时指出政扰令烦则民不定而狡诈,基本要求是简政,具体方法则是以法治国。

邓析子曰"循名责实,察法立威,是明王也"(《无厚》)⑦,要求君王依刑名治国,实现明王之治。以法治国则首在立法,立法为公。"夫治之法,莫大于私不行。"(《转辞》)⑧法立而不轻易,"规矩一而不易……一而不邪,方行而不流,一日形之,万世传之,无为为之也"(《无厚》)⑨。明君以法督责大臣,令各司其职,以其所为是否合于其位来实行赏罚,如此大臣不敢行私,百姓的是非亦不乱,便可无为而治。

以法治国实质是君王与百姓之间建立的一种契约,虽然它依从百姓之心,但这只是君王对百姓的观察,主导权在君王处。因此,这是君王主导下的法制关系。那么要维持这样的关系,君王要如何施行呢?之所以形成君

---

① 王恺銮:《邓析子校正》,见《民国丛书》(第5编),上海:上海书店,1989年,第12—13页。
② 杨伯峻:《列子集释》,北京:中华书局,2012年,第215—216页。
③ 向宗鲁:《说苑校证》,北京:中华书局,1987年,第513—514页。
④ 王恺銮:《邓析子校正》,见《民国丛书》(第5编),上海:上海书店,1989年,第12页。
⑤ 王恺銮:《邓析子校正》,见《民国丛书》(第5编),上海:上海书店,1989年,第18页。
⑥ 王恺銮:《邓析子校正》,见《民国丛书》(第5编),上海:上海书店,1989年,第3页。
⑦ 王恺銮:《邓析子校正》,见《民国丛书》(第5编),上海:上海书店,1989年,第3页。
⑧ 王恺銮:《邓析子校正》,见《民国丛书》(第5编),上海:上海书店,1989年,第13页。
⑨ 王恺銮:《邓析子校正》,见《民国丛书》(第5编),上海:上海书店,1989年,第8页。

王与百姓的关系,是一种同舟共济之下的理。君王所以能主导这层关系,非因对百姓有恩泽,而只是形势使然。故从立法到贯彻该法,一直要维持其势。"势者君之舆,威者君之策,臣者君之马,民者君之轮。势固则舆安,威定则策劲,臣顺则马良,民和则轮利。"(《无厚》)①君王处于势,在无形之中以驱动有形,如同舟下之水、车下之地,从而令群下震恐而无私,百姓勤奋。在这个过程中,邓析子也对老子不可得而亲疏利害贵贱的玄同思想进行权术转化,指"明君之御民若御奔而无辔,履冰而负重,亲而疏之,疏而亲之""怒出于不怒,为出于不为"(《转辞》)②等。但其体系核心仍是国家法令既定、各司其职,君王只要以刑名之术循名责实、施以赏罚即可。赏罚乃国之利器,须君王专有,不可以轻示人,不可以亲疏、好恶行之(《无厚》)③。且依法赏善,需彰明为之,"言有善者,则而赏之;言有非者,显而罚之"(《转辞》)④,如此才能确立正确的价值观,形成良好的舆论环境,塞荡邪枉之路。

当然,法治的基本要求还包括臣民也遵从这种由共时确立关系而来的制度,不以智巧犯之。如邓析子指唯有官吏循循,皆如五丈夫一般坚守师法,警惕机心,不用智巧,才能守国(《说苑·反质》)⑤。百姓也唯有淳朴不争,不出其位,才能避免无妄的禁锢刑杀。上下皆遵从此道,则天下常安。

小　结

综上所述,邓析子思想大体上可由以下三者来体现:《邓析子》书体现的是理论支持,《竹刑》是在此思想下的一个法治世界建构,两可之说则是发现和检验相关理论与建构的一项实验。这些表现出邓析子围绕道与法,以立法执法统一君王、贵族、百姓而建构新世界的革命性思想。其思想的最宝贵之处是抓住了大道混成论、游离生发论、决定论,强调有无相生理念,并以此发展出普遍关系论,这是他一切相关学说的基石。在他那里道也是本质,但非完满的独立物,是一种共时不灭的关系。他将一切的本质视作彼此间的关系,且是一种万物相互构成、共时确立,没有谁生发谁、谁决定谁的关系。该关系必然存在矛盾之处,但需要的不是破除,而是调和。在调和中,邓析继承发展了老子天道无亲的理念,指出天地、君父无厚于万物、臣子,彼

---

① 王恺銮:《邓析子校正》,见《民国丛书》(第5编),上海:上海书店,1989年,第2页。
② 王恺銮:《邓析子校正》,见《民国丛书》(第5编),上海:上海书店,1989年,第15、11页。
③ 王恺銮:《邓析子校正》,见《民国丛书》(第5编),上海:上海书店,1989年,第1页。
④ 王恺銮:《邓析子校正》,见《民国丛书》(第5编),上海:上海书店,1989年,第16页。
⑤ 向宗鲁:《说苑校证》,北京:中华书局,1987年,第513—514页。

此间不应是一种生殖论的单向决定,而是在一定程度上相互妥协,于是推出一种类似买卖的契约关系。这也最终导致他提出了公天下、自虚无为、以法治国的理念。一言以蔽之,则是以刑名发现关系,以契约固定关系,施行刑法维持关系。最后,他对老子思想的这种转化开创了刑名老学及其独特的法家思想,深刻地影响了李克、吴起、申不害、商鞅、韩非子等人对老学的道法接受以及相关人物的法家思想建构,泽被后世。

第二节 孙子对老学的兵道接受与转化

孙子,名武,生于公元前 540 年左右,少老子四十岁左右。孙子生前传有部分语录与论著,战国时孙膑等将之修编为问答体的古本《孙子兵法》。汉初张良、韩信等删除问答痕迹,修编为《孙子十三篇》,即传世本。虽然传本三十篇非孙武亲著,且几经修改,存在部分战国人思想的窜入,但基本上反映了孙子的理念,可以视为他的著述。《老子》《孙子》两书在思想方面存有诸多关联与相似之处,何炳棣[1]、尹振环[2]等认为是《老子》接受了《孙子》的影响,并以此推论《老子》成书于《孙子》之后。实则,《老子》成书于春秋末年,在《孙子》之前,这本无问题。即使现在将此点作为争议项而悬置,单从孙子生平及其思想渊源方面看,也应是其接受了老子思想的影响。孙子是否曾直接接触过老子,史无著录,但从其际遇看,对后者思想应有了解。如老子曾传道于文子,文子传道于范蠡。又老子思想在楚地甚有影响,且文子曾面见楚王,在楚为官,当时伍奢为太傅,自然会对老子以及文子之学有所了解,进而影响其子伍子胥。故史籍载伍子胥常云天道,部分思想也与老学相类。伍子胥、文子、范蠡等皆深研老学,前者为孙子门主,后两者为孙子敌国谋臣,本着知己知彼理念,孙子也当研习老学,进而将相关思想作为建构自己兵道的他山之石。就其思想体系以及核心概念的构成特点而言,吸收转化老学思想的痕迹也较显著。

一、道德论的接受与转化

老子道论,如一言以蔽之,即域中有四大:道、天、地、王。王尊道行德,

---

[1] 何炳棣:《有关〈孙子〉〈老子〉的三篇考证》,台北:"中央"研究院历史语言研究所,2002 年。
[2] 尹振环:《〈老子〉从〈孙子兵法〉中借鉴了什么——也谈〈孙子兵法〉早于〈老子〉》,《学术月刊》2004 年第 11 期,第 80—86 页。

以此平和天下。孙子对老学思想的接受与发展也集中于此，如谓兵者五事"一曰道，二曰天，三曰地，四曰将，五曰法"（《计》）①，即以相关事项为要素，形成其兵道。道、天、地是原有的三要素；王则因相关体系核心为论兵，易为将；法是将对道、天、地的认知和效法，主要是指治军、征伐方面的践行。孙子将老子的王道体系发展为兵道体系，对具体思想的接受与转化也颇具特点。

（一）知道、法道

孙子对道十分推崇，从言兵者五事，道居其首，便可得见。但因其并非史官，也非专门的传教者，对道本体的论述并不多。或者说他并不认为道存在本体，而是直接将其彻底虚无化、形而上化，认为道即变化本身。变化并不能独立存在，只能在具体的物中确立——在形、势、象中显现和产生作用。故道不能离物，如《地形》称述地之道，所谈内容就是地形、地势以及因此而固化出的利害之数。

同时，道在物中体现出其本身的变化并非无常，而是存在恒定的规律，最大特点是"反动"。老子曰"反者，道之动也"，"反"字的本义为返回辅助。后人更多的是取相反相成、物极必反这一层内涵，孙子亦然。《兵势》云"奇正相生，如循环之无端"、虚实相形而无穷、日月"终而复始"、四时"死而复生"②，即认为道之于物的基本作用就在于有无相生、相反相成以及物极必反。

由于道会在物的变化中呈现，那么通过物可以知道。也正因此，孙子强调道的可知和知性的作用。体现在兵道上，就是《计》所谓兵者"不可不察也"，察字说明了认知的重要。至于具体方法则是经、索、校，运用在兵道上为"经之以五事，校之以计，而索其情"③。这也就成为了他构筑系统兵道论的基石。

（二）以道修身

老子在王道中强调王的个人作用，孙子在兵道中则转化为对将帅作用的强调。《计》已说明将帅的重要性，此外《谋攻》也说"夫将者，国之辅也，辅周则国必强，辅隙则国必弱"④，《作战》亦云"知兵之将，生民之司命，国家安危之主也"⑤。既然如此，自然要建立将帅的修德系统。

---

① 杨丙安：《十一家注孙子校理》，北京：中华书局，2012 年，第 3 页。
② 杨丙安：《十一家注孙子校理》，北京：中华书局，2012 年，第 112—113 页。
③ 杨丙安：《十一家注孙子校理》，北京：中华书局，2012 年，第 2 页。
④ 杨丙安：《十一家注孙子校理》，北京：中华书局，2012 年，第 71 页。
⑤ 杨丙安：《十一家注孙子校理》，北京：中华书局，2012 年，第 50 页。

在该方面,《形》曰:"善用兵者,修道而保法。"①孙子转化了老子君王修身的一些基本内容。老子曰圣人无名,慈爱百姓,视之如婴孩,并云"夫慈,故能勇""夫慈,以战则胜,以守则固。天将建之,如以慈垣之"。孙子强调将道亦在于不求虚名,且慈爱百姓,皆孩之。如《地形》曰:"进不求名,退不避罪,唯民是保,而利于主,国之宝也。视卒如婴儿,故可与之赴深溪;视卒如爱子,故可与之俱死。"②当然除此之外,孙子眼中合格的将帅还应具备其他重要品德,但与老学思想关系并不紧密,此处不再展开。在阐明将帅之德后,则涉及对征伐理念、治军观念、用兵原则等内容的系统建构,相关方面也存在诸多对老学的吸收转化。

二、征伐、治军理念的继承与变革

(一) 征伐观念

老子主要论以道治国,强调圣人自虚无为而使百姓自化、邦国交平,当然也涉及一些征伐观念以及对军礼的评述。老子曰治国有三宝,首先在于慈爱,并以农耕为重。在此之下,征伐只是天子为道教化诸侯,使之归正的手段,不得已时方用之。孙子也认为治国的根本在于慈爱生养百姓。《银雀山汉墓竹简·黄帝伐赤帝》在讨论"一帝二王皆得天之道、地之利、民之情"的原因时,便认为全在黄帝、周文武懂得天道好生,"经年,休民,熟谷,赦罪",爱民而重"稽",以生养之。③ 在征伐观念上则有继承,也有变革:

1. 对战争性质的不同理解。孙子对战争性质的看法与文子相近,甚至更进一步。他明确指出战争并非传统意义上的征伐,更非教化的延伸,本质在于争利。《银雀山汉墓竹简·孙子兵法·见吴王》载孙子曰:"兵,利也,非好也。"④且《火攻》等也皆强调古之善用兵者是"合于利而动,不合于利而止"⑤。

2. 对战争的基本态度。老子站在百姓立场,认为兵者凶器,不祥之物,不得已而用之。强调好杀伐者非国辅,以慈爱战,无不胜。孙子对此多有继承,曾告吴王,王者之道厚爱其民,苛捐好战者必先灭亡(《银雀山汉墓竹简·吴问》)⑥。始终强调"不能尽知用兵之害者,则不能尽知用兵之利也"

---

① 杨丙安:《十一家注孙子校理》,北京:中华书局,2012年,第96页。
② 杨丙安:《十一家注孙子校理》,北京:中华书局,2012年,第283—284页。
③ 银雀山汉墓竹简整理小组:《银雀山汉墓竹简》(一),北京:文物出版社,1985年,第32页。
④ 银雀山汉墓竹简整理小组:《银雀山汉墓竹简》(一),北京:文物出版社,1985年,第34页。
⑤ 杨丙安:《十一家注孙子校理》,北京:中华书局,2012年,第353—356页。
⑥ 银雀山汉墓竹简整理小组:《银雀山汉墓竹简》(一),北京:文物出版社,1985年,第30页。

(《作战》)①,在《作战》《用间》等篇中反复论说劳师远征,日费千金,将致民贫国困②。因此也得出了慎战理念,"善者,果而已"。《火攻》曰:"夫战胜攻取而不修其功者凶,命曰费留。"③即指战争为利而发,适可而止,不可滞留耗费。

3. 战争结果的评价体系。老子曰:"以正之邦以奇用兵,以无事取天下。"传统关于该句的解读皆误。以者,至也;奇者,畸也,稀少之意;取,聚也。全句本义是指至正之国至稀用兵,以无为无事的方式聚合天下。因此,其以无为而治为至上理念,以胜于日常的无名、无功之战为上,以有形的上下相交而胜次之,以"善用兵者,果而已"再次之,以人战而胜之为末。孙子基本上接受了相关思想,认为战争以国家实力为基础,是内政外交(上下交)的延续,胜败早已确定。打仗前就知道能不能胜,能不能开打,"知可以战与不可以战者,胜"(《谋攻》)④。对战争结果的评介便在此前提下进行,"百战百胜,非善之善者也;不战而屈人之兵,善之善者也。故上兵伐谋,其次伐交,其次伐兵,其下攻城。攻城之法,为不得已"(《谋攻》)⑤。至善者修道保法,胜于无形,无人敢兴战,根本不会涉及战争问题。在此之下,善战者伐谋伐交,不战而屈人之兵。其次,则是征伐,胜已败者。《形》曰:"古之所谓善战者,胜于易胜者也。故善战者之胜也,无智名,无勇功。"⑥至于那种野战攻城而胜者,是最次的一等。且在野战攻城中,也要以攻心攻气为上。同时"兵贵胜,不贵久"(《作战》)⑦。杀人盈城而胜已是徒有虚名,至于"将不胜其忿而蚁附之,杀士三分之一,而城不拔者,此攻之灾也"(《谋攻》)⑧——杀士而战败,更是灾难。

(二)治军理念的转化

《银雀山汉墓竹简·孙子兵法·见吴王》载孙子认为治军重在"素教"⑨。为将之道就是要通过日常训练,令士卒应令而行。故又转化性地发挥了老子"国之利器,不可以示人""古之善为道者,非以明民,将以愚之,民之难治,以其知多""圣人之治也,虚其心,实其腹,弱其志,强其骨,恒使民无

---

① 杨丙安:《十一家注孙子校理》,北京:中华书局,2012年,第41页。
② 杨丙安:《十一家注孙子校理》,北京:中华书局,2012年,第42—43页、第361—362页。
③ 杨丙安:《十一家注孙子校理》,北京:中华书局,2012年,第353—356页。
④ 杨丙安:《十一家注孙子校理》,北京:中华书局,2012年,第75页。
⑤ 杨丙安:《十一家注孙子校理》,北京:中华书局,2012年,第56—57页。
⑥ 杨丙安:《十一家注孙子校理》,北京:中华书局,2012年,第93—96页。
⑦ 杨丙安:《十一家注孙子校理》,北京:中华书局,2012年,第38—40页。
⑧ 杨丙安:《十一家注孙子校理》,北京:中华书局,2012年,第62页。
⑨ 银雀山汉墓竹简整理小组:《银雀山汉墓竹简》(一),北京:文物出版社,1985年,第35页。

知无欲也"等理念。老子的相关理念本是劝诫君王不擅用征伐,保守自虚自愚之心。孙子则将其"误读"为愚民之术,即《九地》所谓"将军之事,静以幽,正以治,能愚士卒之耳目,使之无知;易其事,革其谋,使人无识;易其居,迂其途,使民不得虑"①等。

除了主张将帅要愚士卒耳目外,孙子又转化了老子、邓析以来的刑名之术。指出将帅之所以能统摄万人如一人,就在于形名之制,"凡治众如治寡,分数是也;斗众如斗寡,形名是也"(《势》)②,"夫金鼓旌旗者,所以一人之耳目也。人既专一,则勇者不得独进,怯者不得独退,此用众之法也"(《军争》)③。通过形名进行系统建制、系统训练,最后系统地进入战场。

三、用兵之道的转化与践行

在具体用兵方面,老子曰"以正之邦以奇用兵,以无事取天下""将欲禽之,必固张之;将欲弱之,必固强之。将欲废之,必固兴之;将欲夺之,必固与之。是谓微明。柔弱胜强,鱼不脱于渊,邦利器不可以示人"。前者指至正之国至稀用兵,以无事聚天下。后者指君王在尊道行德时应调节心志气,坚守大道,不可半途而弃。同时强调柔弱能承受刚强,如同水能生养鱼类。即以此喻指君王如鱼,不可脱离柔弱,更不可炫耀武力以欺人。孙子显然将前者理解为以奇道用兵,将后者解读为用兵时的诈术。故改变了老子道义为先的理念,强调诡道。

《计》曰:"兵者,诡道也。故能而示之不能,用而示之不用,近而示之远,远而示之近。……攻其无备,出其不意。"④《军争》曰:"故兵以诈立,以利动,以分合为变者也。"⑤《兵势》曰:"故善动敌者,形之,敌必从之;予之,敌必取之。以利动之,以卒待之。"⑥用兵之法是对道变化的认知与运用,基于变化的有无、虚实、奇正之术,是知之下的诡道。征伐是一个诡道之下的系统工程。

(一) 战前庙算

战争发动前,先行庙算,核心内容之一是对战争基础进行评估。具体言之是考察彼此之形。《形》曰:"兵法:一曰度,二曰量,三曰数,四曰称,五曰

---

① 杨丙安:《十一家注孙子校理》,北京:中华书局,2012年,第316—318页。
② 杨丙安:《十一家注孙子校理》,北京:中华书局,2012年,第107页。
③ 杨丙安:《十一家注孙子校理》,北京:中华书局,2012年,第84页。
④ 杨丙安:《十一家注孙子校理》,北京:中华书局,2012年,第16—18页。
⑤ 杨丙安:《十一家注孙子校理》,北京:中华书局,2012年,第179—180页。
⑥ 杨丙安:《十一家注孙子校理》,北京:中华书局,2012年,第121—122页。

胜。地生度,度生量,量生数,数生称,称生胜。故胜兵若以镒称铢,败兵若以铢称镒。称胜者之战民也,若决积水于千仞之溪者,形也。"①此处是就耕地而言的经济基础之形。此外又包括道、天、地、将、法等相关内容,即"主孰有道？将孰有能？天地孰得？法令孰行？兵众孰强？士卒孰练？赏罚孰明"(《计》)②。

形是两国在相关方面已有的条件。通过知己知彼,对各自的形进行洞察,在比较中看出各自的利弊。利弊相形,形成落差,即势。如居有利之势,可成事。《计》曰:"计利以听,乃为之势,以佐其外。势者,因利而制权也。"③在有利之势下,可制人而不受制于人。

(二)在洞察敌我形势利弊后,进入战争的发动阶段

老子强调不敢为天下先,不敢为主而为客。孙子受其影响,主张待敌而动。如《形》曰:"昔之善战者,先为不可胜,以待敌之可胜。不可胜在己,可胜在敌。故善战者,能为不可胜,不能使敌之必可胜。"④在具体战斗中也强调后发制人。如《军争》曰:"军争之难者,以迂为直,以患为利。故迂其途,而诱之以利,后人发,先人至。"⑤

(三)战争进行中的形势把握

正如上文所指出的,彼此在形方面的差异最终形成势,决定着战争的发生、发展与结局。在战争已经发动的情况下,在战争艺术方面继续强调基于形势变化的诡道。形、势、利弊的联动可以促成变化。《势》曰:"强弱,形也。"⑥形作为名词,指各自的实力。面对强,则形成弱,故曰"弱生于强"。强弱对比会形成利,乃至势。"计利以听,乃为之势,以佐其外。势者,因利而制权也"(《计》)⑦,即以形的差异制造利,并形成利己之势,因势而胜之。

相关道理可以积水为喻。如《形》曰:"若决积水于千仞之溪者,形也。"⑧形即水积于高处。利如同高处积水与低处地面之间的落差。势则是由虚实力量对比所形成的能量,如同高低落差间积蓄着巨大势能。当物体之间存在落差势时,会自动去实现平衡,如同高处之水有低流的本能。对

---

① 杨丙安:《十一家注孙子校理》,北京:中华书局,2012年,第97—98页。
② 杨丙安:《十一家注孙子校理》,北京:中华书局,2012年,第11—13页。
③ 杨丙安:《十一家注孙子校理》,北京:中华书局,2012年,第15页。
④ 杨丙安:《十一家注孙子校理》,北京:中华书局,2012年,第87—90页。
⑤ 杨丙安:《十一家注孙子校理》,北京:中华书局,2012年,第169—170页。
⑥ 杨丙安:《十一家注孙子校理》,北京:中华书局,2012年,第116—120页。
⑦ 杨丙安:《十一家注孙子校理》,北京:中华书局,2012年,第15页。
⑧ 杨丙安:《十一家注孙子校理》,北京:中华书局,2012年,第100页。

于木石而言也是如此,"木石之性,安则静,危则动,方则止,圆则行"(《势》)①。形形成利,一旦有利即可动,如圆石不得不转。且增益其势,增加差势中的能量,运作起来就会形成不可阻挡的结局,"激水之疾,至于漂石"(《势》)②,转圆石于千仞山上,巨木难以挡之。

此理也与人的基本性情相通。形是人所具有的才能,利是因各自才能多寡而形成的差距,同时也可以指人为了获利而行动的能力——人的趋利性。如差距大,形成势,便造就无法扭转的结局。一般情况下,形决定利,利决定势,势决定行动与结果。战争也遵从此道,"故善战人之势,如转圆石于千仞之山者,势也"(《势》)③。

且在战场中也可活用此道,如《势》曰:"故善动敌者,形之,敌必从之;予之,敌必取之。以利动之,以卒待之。故善战者,求之于势,不责于人,故能择人而任势。"④《虚实》曰:"故善战者,致人而不致于人。能使敌人自至者,利之也;能使敌人不得至者,害之也。"⑤敌我皆是趋利而求势,以利诱之,敌必自至,以害惧之,敌必远遁,以此用兵,制权在握。

(四)虚实之变

在明确形势为本的前提下,如何用兵?老子曰:道本无形,而生万物。道无形,物有形,但道制万物。同时大象无形,大音希声,故"有之以为利,无之以为用"。如水与风,柔软无形而攻破巨石、高墙等坚硬刚强的有形者。

孙子研习老子道论,深知无形者无边界,有形者有局限,故以无和虚为本,以有形惑敌并制之。《虚实》曰:"微乎微乎,至于无形;神乎神乎,至于无声,故能为敌之司命。"⑥"故形兵之极,至于无形。无形则深间不能窥,智者不能谋。因形而措胜于众,众不能知。人皆知我所以胜之形,而莫知吾所以制胜之形。"⑦即指制胜之形为无形,胜之为具体之形,以无形为利,以有形为用。善战者如水,水无常形,因地制流,兵无常势,因敌制胜。我无形而能因敌变化,同时形敌而使敌形固化,以形于无穷之我而胜有形之敌,"谓之神"。

(五)奇正之变

以无形为本,以有形制胜,具体操作则在于有形的奇正之变。关于该问题,何炳棣曾指先秦典籍中奇正一词仅见于《孙子》和《老子》,"即此一端已

---

① 杨丙安:《十一家注孙子校理》,北京:中华书局,2012年,第125页。
② 杨丙安:《十一家注孙子校理》,北京:中华书局,2012年,第113页。
③ 杨丙安:《十一家注孙子校理》,北京:中华书局,2012年,第126页。
④ 杨丙安:《十一家注孙子校理》,北京:中华书局,2012年,第124页。
⑤ 杨丙安:《十一家注孙子校理》,北京:中华书局,2012年,第134—135页。
⑥ 杨丙安:《十一家注孙子校理》,北京:中华书局,2012年,第141页。
⑦ 杨丙安:《十一家注孙子校理》,北京:中华书局,2012年,第155—158页。

可见《孙》《老》关系之密切",进而云"更有意义的是:《孙子》奇正之论虽如神龙变化无穷,其应用要不出兵事范畴,而《老子》'以正治国,以奇用兵',已由'用兵'扩展而包括'治国'了"①——其本义是以此指《老子》由《孙子》发展过来。但实际上是《老子》影响了《孙子》:1. 从概念组词来看,在老子处,正、奇二字都是分开论述,未曾出现组合的奇正或正奇一词,孙子却用之如日常。单以此点看,也应是老子影响了孙子,后者发展了相关概念;2. 老子对正、奇概念的论述,如"侯王得一而以为天下正""燥胜凔,静胜燃,清静为天下正""知足以静,万物将自正""以正之邦以奇用兵,以无事取天下。……我好静而民自正"等等。相关内容皆是讲述以正道治国。尤其是"以正之邦以奇用兵"的本义是指至正之邦甚少用兵。孙子等将之理解为用正奇之道治国用兵,是自我发挥的新老学思想;3. 与正、奇在概念上直接相关的则是老子曰"其政闵闵,其邦屯屯。其政察察,其邦缺缺。祸,福之所倚;福,祸之所伏,孰知其极？其无正也,正复为奇,善复为妖",此处正奇是指至正之君用正道治国,若不能彻底用正道,苟且为之,即使暂时得以治理,也终会走入歧路,以致大乱。它们虽存无穷变化的潜力,但终没显现出来,所言说的还是平常之理。即《老子》本来讲求治国,用兵只是治国的一部分,且不存在严格意义上的自觉的正奇观念;4. 老子虽然很注重有无相生,强调对立而生,福祸相依之变,如"有、无之相生也,难、易之相成也,长、短之相形也,高、下之相盈也,音、声之相和也,先、后之相随,恒也",并有"玄之又玄"之论。但总体而言,老子之论多平实。即使是何先生也不得不承认《老子》所论是朴实的,《孙子》的相关内容是"瑰丽雄奇"的。这些也直接验证了《孙子》是对《老子》进行研习与转化后的结果。

孙子之论虽也从治国着眼,但他是武将,讲的主要是用兵之道,正奇之说多限于兵法。他也可能是第一个将老子"以正之邦以奇用兵"误读为诡道的人。《势》曰:"凡战者,以正合,以奇胜。"②指平时以正练兵备战,战时以诡道取胜。同时在正奇之变的基础上,细化经权、常变、虚实、动静、攻守、强弱、众寡、迂直、利害、劳逸、治乱等的对立而生、相反相成。这些都极大地发展了老学的相关思想。

（六）五行之变

老子曰:"卅辐同一毂……故有之以为利,无之以为用。五色使人目盲,

---

① 何炳棣:《有关〈孙子〉〈老子〉的三篇考证》,台北:"中央"研究院历史语言研究所,2002年,第8页。
② 杨丙安:《十一家注孙子校理》,北京:中华书局,2012年,第109—113页。

驰骋田猎使人心发狂。难得之货使人之行妨,五味使人之口爽,五音使人之耳聋。"此处阐述无为本,有为用,对于五色五音五味,只是强调其变化无穷,难以知正位。

孙子则对有形的两两正奇之变与五行之变做了结合。《势》曰:"三军之众,可使必受敌而无败者,奇正是也;兵之所加,如以碬投卵者,虚实是也。凡战者,以正合,以奇胜。故善出奇者,无穷如天地,不竭如江河。终而复始,日月是也。死而复生,四时是也。声不过五,五声之变,不可胜听也;色不过五,五色之变,不可胜观也;味不过五,五味之变,不可胜尝也。"①相关文字的行文次序为正奇、虚实、日月、四时、五声、五色、五味。它所涉及的五色五味五声等仍只是原始意义,与老子之说相去不远。但《虚实》篇中又有相关的类似文字,其行文为"故五行无常胜,四时无常位,日有短长,月有死生"②。《势》与《虚实》的相关内容可一一对应,而后者直接而明确地提出五行相胜说。两篇相关段落文字内涵深度的变化说明孙子对相关概念存在一个从朴素到形而上的发展过程,这也直接体现了孙子是依从老子的五色五味五声说,发展出五行相胜论。

小　结

孙子的兵道充分吸收、转化了老学思想。他借鉴了老子域中四大的王道体系,将之转化为以道、天、地、将、法为要素的兵道体系。他对战争性质观念的变革,以及对诡道的强调也基本上改变了老学的征伐理念。如老子强调王师为正道而兴,行军应浩浩荡荡,令天下知之,孙子强调出兵为争利,故尚奇袭。孙子也因此创造性地转化了老子形势、虚实、奇正、五行等原较朴素的概念,赋予其新内涵,使之更加奇谲,并融入自己的兵道系统中。最后,孙子开创的兵道老学影响深远,在先秦时即影响了吴起等兵家老学,其对《老子》所作的愚民术解读也直接影响了韩非子等道法派对老学相关理念的理解与发展。至于此后唐代王真《道德经论兵要义述》等直接将《老子》理解为兵学著作更是典型之例,不一一赘举。

第三节　范蠡及其三道老学

范蠡是老子的再传弟子,在春秋老学的发展中占有非常重要的地位。

---

① 杨丙安:《十一家注孙子校理》,北京:中华书局,2012 年,第 109—113 页。
② 杨丙安:《十一家注孙子校理》,北京:中华书局,2012 年,第 158—159 页。

以往关于其人其书的诸多看法有待商榷。范蠡主要是在继承文子老学的基础上,对老学在治国、兵道方面的思想进行了深入发展。

一、生平新辨

(一) 生平事迹

范蠡,字少伯。关于其生年,《越绝书·越绝外传纪策考》①《越绝外传记范伯》②等载其初见文子时,后者为楚宛令,他为结僮。文子为宛令是见过楚平王后,即平王初年——公元前528年或后一两年。结僮指蒙童到加冠礼之前,当时范蠡已能识文子贤能,最少在十六七岁。故生于公元前540年左右。

关于籍里,《越绝外传纪策考》载"范蠡其始居楚也,生于宛橐,或伍户之墟"③,《列仙传》云"徐人也"④。王博演绎为范蠡本为徐人,徐见灭于吴,故先被发佯狂于楚,后归于越,皆为报吴灭徐之仇⑤。此外,明薛应旂《浙江通志·官师志》指为"吴人"⑥。以上诸说,楚人近古,且为《会稽典录》等书所取,应无问题。徐人说不合于史实。《越绝外传纪策考》载:范蠡始居楚,时人以为狂。后文子任职其县,知其贤能。两人俱见霸兆出于东南,于是弃官而走。初止于吴国,当时伍子胥已见重用,二人无法施展才具,去吴入越⑦。《越绝外传记范伯》亦如是说⑧。两相结合可知:首先,文子见楚平王后任宛令,楚平王于公元前528年至公元前516年在位,说明当时范蠡已在楚宛三户。至公元前512年,徐国方见灭于吴国(《左传·昭公三十年》)⑨。范蠡在楚,与徐见灭无关。其次,文子、范蠡去楚后,先入吴国,只是因有伍子胥在,无所施其才,乃入越。此亦可证两人并无所谓报复吴国之意。至于吴人说则孤语无凭,且为后起之说,不足取。

范蠡为楚宛人,至于《越绝外传纪策考》的"伍户之墟"则有待辨析。《史记正义》注《越王勾践世家》所引《会稽典录》《吴越春秋》等,皆指其为

---

① 袁康、吴平:《越绝书》,刘晓东等点校,济南:齐鲁书社,2000年,第33页。
② 袁康、吴平:《越绝书》,刘晓东等点校,济南:齐鲁书社,2000年,第35—36页。
③ 袁康、吴平:《越绝书》,刘晓东等点校,济南:齐鲁书社,2000年,第33页。
④ 王叔岷:《列仙传校笺》,北京:中华书局,2007年,第58页。
⑤ 王博:《论〈黄帝四经〉产生的地域》,见陈鼓应主编《道家文化研究》第3辑,上海:上海古籍出版社,1993年,第223—240页。
⑥ 薛应旂:《浙江通志》(据明嘉靖四十年刻本影印),台北:成文出版社,1983年,第1081页。
⑦ 袁康、吴平:《越绝书》,刘晓东等点校,济南:齐鲁书社,2000年,第33页。
⑧ 袁康、吴平:《越绝书》,刘晓东等点校,济南:齐鲁书社,2000年,第35—36页。
⑨ 杨伯峻:《春秋左传注》,北京:中华书局,2009年,第1505页。

"楚宛三户"①。五、三字形近,伍户应为三户之讹。但关于三户所指又有淅川三户、内乡三户、南阳三户之说,争论不定。笔者也无新见,不赘言。范蠡的具体事迹主要见于《国语》《史记》《越绝书》《吴越春秋》等,前人梳理亦有不确处,今系统辨之。

范蠡在楚事迹。从《越绝外传纪策考》《越绝外传记范伯》所载可知范蠡出生后生活于楚,至结僮时见文子。史籍皆指文子传道于范蠡,但同时又将文子与文种分离,指范蠡与文种为忘年交,且前者时时指点后者。实则文子即文种。当时文种已近三十岁,为帝王师,知范蠡聪慧而收为弟子。只是文种不得善终,有违道家宗旨,不被时人称道,范蠡却能功成身退,后人多神之,令其与前者为师友之间,又衍生出诸多故事。也正因此,春秋末战国初作品《左传》不载范蠡,战国以后著作如《国语》《史记》《越绝书》《会稽典录》《吴越春秋》等却皆详记之,且越往后越推崇。

范蠡离楚入吴。《越绝外传纪策考》《越绝外传记范伯》载范蠡结识文子后,在楚数年,见平王昏聩,好杀大臣,于是离楚。起初决定前往吴国,当时伍子胥在吴,且已见重用。伍子胥因其父于公元前522年见杀,去楚入郑,后归吴。归吴,初退耕于鄙。自公元前514年,公子光弑吴王僚自立为吴王阖闾后,才见大用而旁人不能比肩。因此,范蠡入吴当在公元前514年之后,时已二十六岁左右。

离吴入越。相关事件的具体时间可由勾践元年(公元前496年)勾践迎战阖闾的槜李之战(亦即就李之战)与勾践三年(公元前494年)勾践征伐夫差的夫椒之战来确定。在此需对两场战争加以考察和区分:1.从《史记·越王勾践世家》可知,勾践元年,吴王阖闾伐越,勾践迎战。吴败于槜李,阖闾受伤而卒。三年,"勾践闻吴王夫差日夜勒兵,且以报越,越欲先吴未发往伐之"。范蠡谏阻,勾践不听,终败于夫椒而有会稽之困②。《国语·越语下》亦载三年伐吴事③,内容与之同。2.至于《越绝吴内传》载"越王勾践欲伐吴王阖庐",范蠡谏曰不可云云④,与《史记·越王勾践世家》所言勾践三年欲伐夫差大体一致,可见是将夫椒之战与就李之战相讹误了。《越绝外传纪策考》载"范蠡兴师战于就李,阖庐见中于飞矢",又云"昔者,吴王夫

---

① 司马迁:《史记》,裴骃集解、司马贞索隐、张守节正义,北京:中华书局,1999年,第1430页。
② 司马迁:《史记》,裴骃集解、司马贞索隐、张守节正义,北京:中华书局,1999年,第1421页。
③ 无名氏:《国语》,韦昭注、明洁辑评、金良年导读、梁谷整理,上海:上海古籍出版社,2008年,第297页。
④ 袁康、吴平:《越绝书》,刘晓东等点校,济南:齐鲁书社,2000年,第17页。

差兴师伐越,败兵就李"而伍子胥以天象云"吴将昌"①,显然也是混淆了这两场战争。总之,对于就李之战、夫椒之战以及范蠡与它们的关系当以《国语》《史记》所载为是。

联系上文材料可知,范蠡到越国上限为公元前 514 年,下限为公元前 496 年。伍子胥彻底实现在阖闾处说一不二的状态,需时一二年;范蠡入越,取信于越王,又能进言,甚至领兵出征,也需一二年,可推算出其入越为公元前 510 年左右,时年已三十有余。《越绝外传记范伯》载范蠡到越国时,勾践常与之言谈终日。但大夫石买居国有权,进谗言,指范蠡"炫女不贞,炫士不信。客历诸侯,渡河津,无因自致,殆非真贤",且到越国前"历诸侯无所售",只是道听途说之徒而已②。范蠡因此而不见用,及勾践欲伐吴,不听谏言,于是退游于楚越之间。

此后,再入越,勾践已困于会稽。《越绝外传记范伯》载:"(勾践)其后使(石买)将兵于外,遂为军士所杀。是时勾践失众,栖于会稽之山,更用种、蠡之策,得以存。"③关于石买兵败被杀一事,《越绝外传记地传》言之尤详④。即勾践三年(公元前 494 年),范蠡四十余岁,勾践困于会稽,复用之。

与勾践入吴为奴。《国语·越语下》言"(勾践)令大夫种守国,与范蠡入宦于吴"⑤。《史记·越王勾践世家》载"二岁而吴归蠡"⑥。《国语·越语下》载"三年而吴人遣之(笔者按:指归勾践)"⑦。韦昭注"勾践以鲁哀元年栖会稽,吴人与之平而去。勾践改修国政,然后卑事夫差,在吴三年,而吴人遣之,此则鲁哀五年也"⑧,该说合于《左传》《国语》所载,是可靠的。即公元前 493 年,勾践、范蠡入吴为奴,后两年,范蠡先归越,再一年勾践亦返越。时范蠡已四十五左右。

归越图强,待机而发。《国语·越语下》载勾践返越,以文子、范蠡为佐。聚养三年,第四年勾践即欲谋伐吴,范蠡止之。其后两年又复问,当时伍子胥已自杀,范蠡仍以"王姑待之"而止。至第七年,"遂兴师伐吴,至于五

---

① 袁康、吴平:《越绝书》,刘晓东等点校,济南:齐鲁书社,2000 年,第 32—33 页。
② 袁康、吴平:《越绝书》,刘晓东等点校,济南:齐鲁书社,2000 年,第 35—36 页。
③ 袁康、吴平:《越绝书》,刘晓东等点校,济南:齐鲁书社,2000 年,第 36 页。
④ 袁康、吴平:《越绝书》,刘晓东等点校,济南:齐鲁书社,2000 年,第 44—45 页。
⑤ 无名氏:《国语》,韦昭注、明洁辑评、金良年导读、梁谷整理,上海:上海古籍出版社,2008 年,第 298 页。
⑥ 司马迁:《史记》,裴骃集解、司马贞索隐、张守节正义,北京:中华书局,1999 年,第 1423 页。
⑦ 无名氏:《国语》,韦昭注、明洁辑评、金良年导读、梁谷整理,上海:上海古籍出版社,2008 年,第 298 页。
⑧ 无名氏:《国语》,韦昭注、明洁辑评、金良年导读、梁谷整理,上海:上海古籍出版社,2008 年,第 299 页。

湖"。此后"居军三年,吴师自溃",兵至姑苏之宫,遂灭吴,逼杀夫差①。

越灭吴之后,隐居江湖。《国语·越语下》载越灭吴后"反至五湖"而范蠡辞隐②。《越绝德序外传记》亦云勾践平吴后,范蠡内视反听,及时隐退,"王已失之矣,然终难复见得,于是度兵徐州,致贡周室,元王以之中兴,号为州伯"③。即亦指越灭吴,范蠡归隐后,勾践称霸。唯有《越王勾践世家》云越灭吴后,"北渡兵于淮以临齐、晋,号令中国,以尊周室,勾践以霸而范蠡称上将军。还反国,范蠡以为大名之下,难以久居",于是浮舟而去,指范蠡为越王称霸而后归隐④。两者前后相差五六年。相较而言,《国语》近古,又有《越绝书》为证,当以其言为是。范蠡归隐时,已六十有余,文子近八十。

(二) 传说辨伪

关于范蠡归隐之后事迹,《国语》载其去越后莫知所踪⑤。《史记·货殖列传》载其至齐为鸱夷子皮、又为陶朱公等⑥。《越王勾践世家》亦载"范蠡浮海出齐,变姓名,自谓鸱夷子皮,耕于海畔,苦身戮力,父子治产。居无几何,致产数十万。齐人闻其贤,以为相",范蠡认为"久受尊名,不祥",乃归相印、散家财,避居于陶,自谓陶朱公,不久又累财巨万,天下皆称之。此处更记"朱公中男杀人"故事云云⑦。实则,《史记》所载是战国末期的野闻传说。当时范蠡传说甚多,他为鸱夷子皮等即为相关讹误,且与当时西施野闻相关。

1. 文子有伐吴九术,其中有献美人一说。关于所送美人,西施在列。《墨子·亲士》曰:"是故比干之殪,其抗也。孟贲之杀,其勇也。西施之沉,其美也。吴起之裂,其事也。"⑧在春秋末年的记载中,西施是沉江而死,具体描述则有《吴越春秋》佚文"吴亡后,越浮西施于江,令随鸱夷以终"(北齐祖珽《修文御览》引)⑨。明杨慎指"盖吴既灭,即沉西施于江。浮,沉也,反言耳。随鸱夷者,子胥之潜死,西施有力焉。胥死盛以鸱夷。今沉西施所以

---

① 无名氏:《国语》,韦昭注、明洁辑评、金良年导读、梁谷整理,上海:上海古籍出版社,2008年,第298—304页。
② 无名氏:《国语》,韦昭注、明洁辑评、金良年导读、梁谷整理,上海:上海古籍出版社,2008年,305页。
③ 袁康、吴平:《越绝书》,刘晓东等点校,济南:齐鲁书社,2000年,第72—73页。
④ 司马迁:《史记》,裴骃集解、司马贞索隐、张守节正义,北京:中华书局,1999年,第1430页。
⑤ 无名氏:《国语》,韦昭注、明洁辑评、金良年导读、梁谷整理,上海:上海古籍出版社,2008年,第305页。
⑥ 司马迁:《史记》,裴骃集解、司马贞索隐、张守节正义,北京:中华书局,1999年,第2464页。
⑦ 司马迁:《史记》,裴骃集解、司马贞索隐、张守节正义,北京:中华书局,1999年,第1430页。
⑧ 吴毓江:《墨子校注》,孙启治点校,北京:中华书局,2006年,第2页。
⑨ 周生春:《吴越春秋辑校汇考》,上海:上海古籍出版社,1997年,第270页。

报子胥之忠,故云随鸱夷以终"(吴文治《明诗话全编》收录)①。杨氏所注可聊备一说,但"随鸱夷"更可能只是指当时马革裹尸以沉江的事实,并未有其他寓意。且也不一定是越人杀之,唐人罗隐有"家国兴亡自有时,吴人何苦怨西施"(《西施》)之句,更可能是吴人以其为亡国祸水而施以酷罚。

盖古人爱怜西施,不希望她有此悲惨结局,故墨子的"西施之沉,其美也"就与庄子的"毛嫱、丽姬,人之所美也,鱼见之深入"(《庄子·齐物论》)②相混淆,以致后来有了沉鱼之说。于是"越浮西施于江,令随鸱夷以终"就与"(范蠡)遂乘轻舟以浮于五湖,莫知其所终极"(《国语》)③相混合,成了范蠡与西施浮于江湖。随鸱夷即随鸱夷皮子,终讹为随鸱夷子皮。范蠡也就成了鸱夷子皮。到了《货殖列传》,则去西施之文,云"乃乘扁舟浮于江湖,变名易姓,适齐为鸱夷子皮"④。

杨慎曾云:"世传西施随范蠡去,不见所出,只因杜牧'西子下姑苏,一舸逐鸱夷'之句而附会也。"他认为越人为报伍子胥之忠,令西施沉江,"范蠡去越亦号鸱夷子,杜牧遂以子胥鸱夷为范蠡之鸱夷,乃影撰此事,以坠后人于疑网也"。此后况周颐《蕙风词话》赞同之(吴文治《明诗话全编》收录)⑤。在文坛中,该看法被引为美谈,实则亦有诸多失误之处。如杨氏指杜牧始有西施随范蠡而走的典故,但唐陆广微《吴地记》曾引《越绝书》佚文"西施亡吴国后,复归范蠡,同泛五湖去"⑥。同时,通过上文分析可知,他所理解的鸱夷与范蠡之间的讹误也是将实际情况说倒了——应是西施在吴亡后裹鸱夷而沉江,时人哀之,故称其复归范蠡,同泛五湖而去。又因此后人将西施随鸱夷浮江与西施随范蠡浮江相混淆,终于出现了鸱夷即范蠡,范蠡号为鸱夷的讹传。又正好齐国有此人,于是附会之。

2. 齐国确有鸱夷子皮。《墨子·非儒下》载"孔丘乃志怒于景公与晏子,乃树鸱夷子皮于田常之门"⑦。此后,《韩非子·说林上》载"鸱夷子皮事田成子,田成子去齐,走而之燕,鸱夷子皮负传而从",并且在逃亡途中献计,令田成子受沿途国君敬重⑧。《说苑·臣术》亦载田成子谓鸱夷子皮有何益

---

① 吴文治主编:《明诗话全编》第3册,南京:江苏古籍出版社,1997年,第2788页。
② 庄子:《庄子》,方勇译注,北京:中华书局,2010年,第35页。
③ 无名氏:《国语》,韦昭注、明洁辑评、金良年导读、梁谷整理,上海:上海古籍出版社,2008年,第305页。
④ 司马迁:《史记》,裴骃集解、司马贞索隐、张守节正义,北京:中华书局,1999年,第2464页。
⑤ 吴文治主编:《明诗话全编》第3册,南京:江苏古籍出版社,1997年,第2788页。
⑥ 陆广微:《吴地记》,曹林娣校注,南京:江苏古籍出版社,1999年,第47页。
⑦ 吴毓江:《墨子校注》,孙启治点校,北京:中华书局,2006年,第432页。
⑧ 王先慎:《韩非子集解》,北京:中华书局,1998年,第174页。

于己,鸱夷子皮告知"未死去死,未亡去亡"之道以及明君昏君之别①。《说苑·指武》又载:"田成子常与宰我争,宰我夜伏卒,将以攻田成子,令于卒中曰:'不见旌节毋起。'鸱夷子皮闻之,告田成子。田成子因为旌节以起宰我之卒以攻之,遂残之也。"②从上可知,齐国确有一人名为鸱夷子皮,但其曾助田成子弑君,时间在孔子在世时,而范蠡助越灭吴后浮江而去的时间在孔子卒后,两者相去甚远,不可相混。但范蠡与之到底是何关系,历来意见纷杂。

宋洪迈在其《容斋随笔》卷十五"宰我作难"条指《说苑》之言"尤为无稽"③。苏时学《墨子刊误》亦云"此与庄周所言孔子见盗跖无异,真齐东野人之语也",孙诒让《墨子间诂》亦指其为"诬妄之语"(吴毓江《墨子校注》引)④。即他们皆据《史记》之说,指范蠡为齐鸱夷子皮,从而指他书为妄。吴毓江则云:"此鸱夷子皮助田常作乱,当别为一人,非范蠡也。"⑤指齐国有鸱夷子皮,范蠡也曾有此名。松皋圆《定本韩非子纂闻》则云齐国田氏自有党人鸱夷子皮,同时又另有齐商人鸱夷子皮"诡称范蠡变姓名者,太史公列之《货殖传》"(张觉《韩非子校疏》引)⑥。此外,向承周《淮南子校文》云:"《史记》谓蠡适齐为鸱夷子皮者,传闻之讹耳。"⑦王子今则云"也许向承周的意见是正确的"⑧,但未有详论,且认为范蠡在齐国的经济行为是可靠的。

实则正如上文所言,范蠡为鸱夷子皮为讹传。《越王勾践世家》在记述鸱夷子皮相关内容时,曰"齐人闻其贤,以为相"⑨。这里只说齐人,若为一国之相,岂有不明录当时君主的道理。盖因司马迁所据材料标注君主为田成子,因时间不相合,于是去之而记为齐人。司马迁本好奇谈,致有此误,且其所载范蠡出越后一切传说皆不可靠。

(三) 遗著简析

关于范蠡的著作,《史记》等无著录。《汉书·艺文志》有《范蠡》二篇,入兵家类。此外,又有《范子计然》《陶朱养鱼经》等。关于《范子计然》,东

---

① 向宗鲁:《说苑校证》,北京:中华书局,1987年,第50—52页。
② 向宗鲁:《说苑校证》,北京:中华书局,1987年,第379页。
③ 洪迈:《容斋随笔》,北京:中华书局,2005年,第409—410页。
④ 吴毓江:《墨子校注》,孙启治点校,北京:中华书局,2006年,第452—453页。
⑤ 吴毓江:《墨子校注》,孙启治点校,北京:中华书局,2006年,第452—453页。
⑥ 张觉:《韩非子校疏》,上海:上海古籍出版社,2010年,第462页。
⑦ 向承周:《淮南子校文》,见何宁《淮南子集释》,北京:中华书局,1998年,中册,第935—936页。
⑧ 王子今:《范蠡"浮海出齐"事迹考》,《齐鲁文化研究》2009年第8辑,第231—237页。
⑨ 司马迁:《史记》,裴骃集解、司马贞索隐、张守节正义,北京:中华书局,1999年,第1430页。

汉王充《论衡·明雩》最早提到它，此后北魏贾思勰《齐民要术》引用其文字，唐马总《意林》著录为《范子》，内容行文方式为范子问、计然答。此书现已散逸。通过鲁迅辑佚本来看，全书以范子问、计然答为主要行文方式，内容上包括天道五行数术，下含农物商货①。关于该书成书时间，除古人所言范蠡作外，现通过对文本所言的地理物品名称的研究，可以确定为汉代人之作。即该书保留了范蠡的部分思想，但主体成书于汉代，为后人修编之作。至于《陶朱公养鱼经》，见于《齐民要术》等书，是后人托名之作。

二、天地人三道老学

范蠡为文子弟子，是老子再传弟子，对文子老学思想的接受是全方面而系统的，同时也深受其敌伍子胥、孙子的影响，因此其老学颇具独特性。以下结合文献所载其言行论之。

（一）对道、阴阳、魂魄的认知

关于道本体的理解，范蠡曰："道者，先生天地，不知老；曲成万物，不名巧。故谓之道。道生气，气生阴，阴生阳，阳生天地。天地立，然后有寒暑、燥湿、日月、星辰、四时，而万物备。"（《越绝外传枕中》）②此处继承了老子道独立自在，以及无始无终且无名的理念，并对道生宇宙万物的过程进行了概要论述。相关过程与太一生水相近，但又存在重大差异，他所继承的是文子老学的气论。如言道生气，气即一，无阴阳之分。气首先生阴，接着阴生阳，然后生天地。天地之后，则先有冬夏，然后推演春秋，以成四季，为岁，为万物成。

在道生万物，万物由不同气演化而来的理念之下，范蠡对神灵、魂魄的看法又有发展。范蠡曾答越王有关魂魄的询问（《越绝外传枕中》）③，从中可知他可能受到过孔子神灵魂魄说的影响，从阴阳二气生发出神明，又将后者发展为魂魄。当然他的魂魄观与孔子及此后其他老子后学的相关观念之间存在重大差异。在他看来，阳气本生白昼，也为天，即神，也就是魄，而阴气生黑夜，也为地，即橐，亦即魂。阳气化为魄，变化无穷，主生。阳气盛行，则万物滋长。万物滋长，则贱，如同谷物丰收则市贱，故曰"魄者主贱"。而阴气化为魂，为橐，主死气之舍。万物见之而死，死则物少，少则贵，故曰"魂者主贵"。阳气魄和阴气魂总是并行天下，"死凌生者，岁大败；生凌死者，岁大

---

① 鲁迅辑：《范子计然》，见《鲁迅辑录古籍丛编》第3卷，北京：人民文学出版社，1999年，第329页。
② 袁康、吴平：《越绝书》，刘晓东等点校，济南：齐鲁书社，2000年，第65页。
③ 袁康、吴平：《越绝书》，刘晓东等点校，济南：齐鲁书社，2000年，第67—68页。

美"。关键在于盛夏时两者之争。盛夏一般是阳气魄即神气充沛之时,若"魂者方盛夏而行",则阴阳中和,万物昌。否则,阴阳不调和,万物皆败而不成岁。

且不仅大宇宙世界是阳气魄和阴气魂并行,作为小宇宙的个体事物内部也藏有阴阳二气,只是皆须有序而发。范蠡便指万物自身也在配合宇宙、天地间阴阳之气的流藏,从而迎春而发,入冬而眠。

(二) 天道、地道、人道的确立

范蠡认为在道生物之下,在万物的世界中存在三种最主要的力量与规律。他在文子老学天道与人道的基础上,细分出天道、地道、人道。但关于三者的基本特点,各书所记略有差异。《越绝吴内传》载范蠡曰:"臣闻之,天贵持盈,持盈者,言不失阴阳、日月、星辰之纲纪。地贵定倾,定倾者,言地之长生,丘陵平均,无不得宜。……人贵节事,节事者,言王者以下,公卿大夫,当调阴阳,和顺天下。"①并又对三者的基本特点进行了分述。《国语·越语下》则载范蠡天地人三道,曰"持盈者与天,定倾者与人,节事者与地"②。《史记·越王勾践世家》亦本之,行文与之相同③。但两者都只是详论了"持盈者与天",未论及其他内容。以此来看,《越绝书》所记当为原貌,《国语》《史记》为后人抄漏、讹误。

1. 天道的运作有恒常,也有变化。至于其显现于阴阳、四时上的基本特点则同样强调老学的天命有返。范蠡曰"天道皇皇……阳至而阴,阴至而阳;日困而还,月盈而匡""时将有反,事将有间"(《国语·越语下》)④。又曰:天道为阴阳消息、春肃、夏寒、秋荣、冬泄,终而复始,如环之无端,且"谛审察阴阳消息,观市之反覆,雌雄之相逐,天道乃毕"(《越绝外传枕中》)⑤。一言蔽之,道者返动,阴阳消息,四时反复,物极必返。

因此,天道在于持盈,盈而不溢,盛而不骄,从而不失阴阳、日月、星辰之纲纪,维持春生夏长、秋收冬藏之常,生养万物,并使螟飞蠕动者各得其性。此外,生养万物而不以为己功,"天道盈而不溢,盛而不骄,劳而不矜其功"(《国语·越语下》)⑥。

---

① 袁康、吴平:《越绝书》,刘晓东等点校,济南:齐鲁书社,2000年,第17页。
② 无名氏:《国语》,韦昭注、明洁辑评、金良年导读、梁谷整理,上海:上海古籍出版社,2008年,第297页。
③ 司马迁:《史记》,裴骃集解、司马贞索隐、张守节正义,北京:中华书局,1999年,第1422页。
④ 无名氏:《国语》,韦昭注、明洁辑评、金良年导读、梁谷整理,上海:上海古籍出版社,2008年,第298—302页。
⑤ 袁康、吴平:《越绝书》,刘晓东等点校,济南:齐鲁书社,2000年,第66—67页。
⑥ 无名氏:《国语》,韦昭注、明洁辑评、金良年导读、梁谷整理,上海:上海古籍出版社,2008年,第297页。

2. 关于地道的特点。老子曰道损有余补不足,关尹子的太一生水将其表现在地道上则为：大地东南倾而西北高,于是天补之、水补之。且地道厚德载物,莫不均平。范蠡继承此点,"地贵定倾",地生产万物,丘陵平均,无不得宜。同时,地道与天道一样生养万物,施而不德,劳而不功。此外,最突出的则是范蠡继承了文子的五行观念,将之与地道相结合,强调互补、反复。

文子(历史上讹误为计倪)曾告勾践五方帝、五行之说。且云"天地之反"中的地道为"金木水火土更胜",并详论了审金木水火之理,以及"太阴三岁处金则穰,三岁处水则毁,三岁处木则康,三岁处火则旱"等(《越绝计倪内经》)①。相关文字虽经过后人修编,但基本反映文子对五行的认知,充分体现出他对地道、大地生发力的洞察,以及根据地道特点所作的人事调整——在生产力落后的情况下,施行休耕法。范蠡也继承此点,在向越王介绍"八谷贵贱之法",论"天地反覆"而涉及"天之三表"时,也直接称论"金木水火更相胜",并对此展开了详细论述(《越绝外传枕中》)②。基本精神与文子的地道五行论相一致。

3. 人道的基本特点是"人贵节事"。范蠡也继承了文子老学的人贵思想,直言"天地之间,人最为贵"(《越绝外传枕中》)③。原因则在于较其他事物,人能知道,即自觉道的存在,从而能顺应天、地、人三道。人知道,自然法道。王公大夫、庶民百姓皆当顺从阴阳四时之变,事来应之、物来知之,天道未作,不敢为天下先,即所谓"时不至,不可强生；事不究,不可强成。自若以处,以度天下,待其来者而正之,因时之所宜而定之"(《国语·越语下》)④。知道法道后就是对道的践行,相关内容在老子处落实为德,在邓析子、孙子处为法,范蠡则继承了文子老学的道术说。

(三) 以术修齐治平

范蠡继承了文子老学的道术说,指圣人的最大特点在于"左道右术,去末取实",即在明晓天、地、人三道后,顺之而有术。"术者,天意也。盛夏之时,万物遂长。圣人缘天心,助天喜,乐万物之长。故舜弹五弦之琴,歌南风之诗,而天下治,言其乐与天下同也"(《越绝外传枕中》)⑤,主张以之修身齐家治国平天下。

---

① 袁康、吴平：《越绝书》,刘晓东等点校,济南：齐鲁书社,2000年,第22页。
② 袁康、吴平：《越绝书》,刘晓东等点校,济南：齐鲁书社,2000年,第66页。
③ 袁康、吴平：《越绝书》,刘晓东等点校,济南：齐鲁书社,2000年,第68页。
④ 无名氏：《国语》,韦昭注、明洁辑评、金良年导读、梁谷整理,上海：上海古籍出版社,2008年,第298页。
⑤ 袁康、吴平：《越绝书》,刘晓东等点校,济南：齐鲁书社,2000年,第65页。

1. 在个人修身方面,继承老学的"负阴抱阳,中气以为和"理念,强调中和之道,以及三宝中的节俭理念。告诫越王"执其中则昌,行奢侈则亡"(《越绝外传枕中》)①,并以桀纣奢侈而亡、汤文武中和以兴等事明之,指天子及至诸侯若阴阳不调和,放纵其欲,沉溺于滋味、声色、珍怪贵重之器,则邦虚民困,必然身死国灭,为天下笑。即使像商汤一样,最初只拥有七十里地的小国,只要执其中和,清寡其欲,任用贤达,惠及百姓,必然万民载歌来归。

待人方面则以持盈虚之道为本,强调守弱处下。如其告勾践事吴之道便是对此理的践行。处事方面则继承老学的物极必反理念,如在面对祸患之事,坚守"贵大患若身"思想,强调否极泰来。事物功成之后则强调一切皆是天地人自然造化,至人无功、圣人无名,当自觉功成身退。范蠡助勾践灭吴、成伯霸,并从容身退,皆是对此道的具体践行。

2. 治国方面,首先延伸修身之道,坚守宝患、守辱、处下、柔弱之理。如在会稽之困时劝诫勾践以小事大、守辱处下、外其身而身存,并最终令其降身而入吴为奴等,皆是对相关老学思想的阐明与践行。除此之外,极大发展了老学治国"莫若啬(穑)"理念,转化老子"谷神不死",继承文子的"民以食为天"理念,指谷神之谷为谷物,以谷为先。如告越王守中和之道以治国的具体方法时,曰"知保人之身者,可以王天下""人得谷即不死,谷能生人,能杀人。故谓人身"(《越绝外传枕中》)②,即以谷为神,主人之生。以此为基础,发展文子的货殖理念,形成一整套以八谷为中心的农业种植与商业调节之法——平粜法。此事影响甚大,直接影响了后世李克、白圭等人的相关理念。

3. 兵道方面。在重谷,生养百姓后则教化之,然后涉及征伐之事。《国语》《史记》《越绝书》等文献中相关内容经常强调"文子主内,范蠡主外"。范蠡也自诩用兵之能善于文子(《国语·越语下》)③。他在相关方面发挥了老学的兵道思想。老子本人确有一些兵学思想,此后文子发挥之而有五兵之说。范蠡在吸收文子思想的基础上,又在死敌伍子胥、孙子等人思想的影响下,对老学兵道做了更进一步的转化与发展。

在理解战争性质方面,范蠡认为天道有阴阳,阴阳二气本有生死、消息,既有生养的部分,也有杀伐的内容,故征伐是天时与人事的结合之下的延

---

① 袁康、吴平:《越绝书》,刘晓东等点校,济南:齐鲁书社,2000年,第66—67页。
② 袁康、吴平:《越绝书》,刘晓东等点校,济南:齐鲁书社,2000年,第66页。
③ 无名氏:《国语》,韦昭注、明洁辑评、金良年导读、梁谷整理,上海:上海古籍出版社,2008年,第298页。

续,以此确立了征伐的合理性。但同时还是以好生为本,故在战争态度方面继承了老子"兵者,不祥之器"理念,曰:"臣闻兵者凶器也,战者逆德也,争者事之末也。阴谋逆德,好用凶器,试身于所末,上帝禁之,行者不利。"(《史记·越王勾践世家》)①

治军以及具体战争的发动、推进与完成等方面,则强调以道为根本,以术为依凭,即顺从天心而作。(1)治军方面,继承老学重基础思想,强调经济为本,"兵之要在于人,人之要在于谷,故民众,则主安;谷多,则兵强。王而备此二者,然后可以图之也"(《越绝外传枕中》)②。继而注重教训,"审备则可战。审备慎守,以待不虞,备设守固,必可应难"(《吴越春秋·勾践伐吴外传》)③。(2)发动战争方面,主张"不敢为天下先"。曾劝诫勾践勿在勾践三年伐吴,"夫圣人随时以行,是谓守时。天时不作,弗为人客;人事不起,弗为之始"(《国语·越语下》)④。即天时未到,不可强行生长,事情未尽,不能强使成果,必须应道而动,宜时而发。基本思想是强调参合天地人三道而应之,必须慎战。(3)用兵方面。首先,参合三道,注重天时地利人和,"夫人事必将与天地相参,然后乃可以成功"(《国语·越语下》)⑤,其对伐吴的种种见时而蛰、待机而动的行为就是具体呈现。其次,老子曰"以正之邦以奇用兵,以无事取天下",指至正之国极少用兵,以无事聚合诸侯。老子始终无为而治,以无为、无名、无功之战为上,以上下相交次之,以"善用兵者,果而已"再次之,以人战而胜之为末。范蠡亦然,以不战屈人之兵为先,然后才是以兵不血刃而胜为上,伐吴的基本战略即"按师整兵,待其坏败,随而袭之。兵不血刃,士不旋踵,吴之君臣为虏矣"(《吴越春秋·勾践归国外传》)⑥。最后,继承老学的阴阳、刚柔之理。称古之善用兵者以阴阳为法,"后则用阴,先则用阳;近则用柔,远则用刚""尽其阳节,盈吾阴节而夺之"(《国语·越语下》)⑦。在强调阴阳、刚柔平衡的同时,也更倾向于以阴承阳,消耗阳,以柔克刚。灭吴之战中助涨敌人的骄纵以消耗之,初始奇兵制胜,此后围而不攻,便是该理念的具体践行。

---

① 司马迁:《史记》,裴骃集解、司马贞索隐、张守节正义,北京:中华书局,1999年,第1421页。
② 袁康、吴平:《越绝书》,刘晓东等点校,济南:齐鲁书社,2000年,第69页。
③ 周生春:《吴越春秋辑校汇考》,上海:上海古籍出版社,1997年,第161页。
④ 无名氏:《国语》,韦昭注、明洁辑评、金良年导读、梁谷整理,上海:上海古籍出版社,2008年,第297页。
⑤ 无名氏:《国语》,韦昭注、明洁辑评、金良年导读、梁谷整理,上海:上海古籍出版社,2008年,第301—302页。
⑥ 周生春:《吴越春秋辑校汇考》,上海:上海古籍出版社,1997年,第139页。
⑦ 无名氏:《国语》,韦昭注、明洁辑评、金良年导读、梁谷整理,上海:上海古籍出版社,2008年,第302—303页。

小　结

范蠡一生跌宕起伏,经历复杂。从传世文献来看,他年少师从文子,中年辅佐勾践灭吴,最终功成身退,皆有案可查,但《史记》等所载其归隐后诸事皆为讹传之言。简而言之,范蠡是老子再传弟子,继承文子老学。他在后者天道、人道分合思想的基础上,进一步细分出天道、地道、人道,并以此形成独具特色的治国用兵思想。最后,他的思想影响深远,李克、吴起、白圭等皆受润泽。

第四节　孔子弟子对老学的吸收与转化

春秋晚期,儒道原处于交融状态,没有分裂,更无对抗。老子传道于孔子,孔子传道于其弟子。某种意义上,孔子弟子也是老子再传弟子,有的曾随孔子亲见老子,有的耳闻老子事迹与思想。虽然对老子思想的理解因人而异——甚至可以说老子有老子之学,孔子学之,已自成系统,孔子弟子等只是学孔子老学,又自成系统,相关老学思想与老子本人之学相距甚远,但他们在精神最深处往往儒道融通。本文以颜回、子夏、曾子为例,论其对老学的研习转化。

一、颜回"心斋""坐忘"中的儒道交融

韩非子说:孔子死后,儒分为八,其中有"颜氏之儒"(《韩非子·显学》)①。他没有说明"颜氏"指何人,后世则多有争论。郭沫若指是颜回一派②,李零认为"上博楚简,颜回的'颜'和言游的'言'写法一样,我很怀疑颜氏之儒,或即子游的后学"③。相较而言,郭沫若之说较可取。以往学界多认为颜回"早死",不可能有成熟精进的思想,并指庄子等所言其事迹皆为伪托。实则颜回早慧,所以当鲁定公问他御马之术时,能借机令其领悟治国之道(《荀子·哀公》)④。且关于颜回"早死"之论,前人多误读孔子言辞的本义,部分传说甚至指颜回十八岁即夭折,夸大其词。颜回去世时已四十岁左右,而孔子称其"早死",是指颜回在不惑之年、思想建构的成熟期去世,痛

---

① 王先慎:《韩非子集解》,钟哲点校,北京:中华书局,1998年,第456—457页。
② 郭沫若:《儒家八派的批判》,见《十批判书》,北京:东方出版社,1996年,第143页。
③ 李零:《重归古典——兼说冯、胡异同》,《读书》2008年第3期,第24页。
④ 王先谦:《荀子集解》,沈啸寰、王星贤点校,北京:中华书局,1988年,第546页。

惜之。但总的来说,四十的年华足以建立和完善思想体系,并对其思想进行一定程度的有效传播。也正因此,他能受到孔子偏爱,众同门亦皆信服,甚至在其死后,欲厚葬之。颜回在孔门中的特殊地位也实是其为"颜氏之儒"开创者的强有力证据。而颜氏之儒的最大特点便是对老子思想多有吸收借鉴,汇通儒道。人们以往多认为颜回尊道一事是庄子的虚构,但庄子的"寓言"多依托真人本事言之,具体言行虽有加工,但其人其事并非向壁虚造。且颜回与道学有关的部分事迹、思想内容也常见于儒家典籍,故并不可以子虚乌有等同视之。以下试综合论之。

颜回曾随孔子亲见老子。因对老子思想有直接认知,对孔子的老学思想也有深刻理解,且也善于发明,对老学形成了较为独特的转化,最大特点是接受了儒道共尊的帝舜理念。颜回曰"舜何人也,予何人也。有为者亦若是"(《孟子·滕文公》)[①],他对道以及修身治国等方面的理解皆从帝舜理念发明而来,也正因此具备了鲜明的儒道融通特点。

(一)心斋、坐忘

在传世的文献材料中,已无法得知颜回对道本身及其生发万物之理的具体认知,但显然他将道作为自身思想体系的核心内容。如《说苑·辨物》载颜回曾问"成人之行",孔子答曰"既知天道,行躬以仁义,饬身以礼乐"。孔子之答也基本上体现了颜回的修行理念始于知天道——"达乎情性之理,通乎物类之变,知幽明之故,睹游气之源",进而存仁义,最后外化之,即践行礼乐[②]。

在老子处,大道混沌,无分无别。孔子则受子产影响,区分天道、人道。这种天人相分理念对颜回产生深刻影响,使之具备了有别于老子而近于孔子的身观。老子是心形不二、一气至柔的身理念,孔子更强调心的内在性与主体性,颜回亦然,"夫形体之包心也,闵闵乎其薄也。苟有温良在其中,则眉睫著之矣,疵瑕在其中,则眉睫亦不匿之"(《韩诗外传》卷四)[③],明确区分了心与体——且以心为中,以体为外。颜回据此形成了身心分离观以及由此而来的内外观。

关于其修身理念,《庄子·人间世》载有心斋、坐忘。以往一般认为它们是庄子的发明,颜回事迹只是寓言,实则是颜回发明之,庄子加以继承发展。颜回的相关思想源自孔子及其老学,发展脉络颇为清晰,相关记载不仅见于

---

① 焦循:《孟子正义》,沈文倬点校,北京:中华书局,1987年,第320页。
② 向宗鲁:《说苑校证》,北京:中华书局,1987年,第442页。
③ 许维遹:《韩诗外传集释》,北京:中华书局,1980年,第161页。

道家文献《列子》《庄子》,也见于儒家文献《论语》《韩诗外传》《孔子家语》等。同时,心体分离的身观已决定修身之路的基本特点,《论语·为政》载其思路是"退而省其私"①,私即心,他正是以此发展心斋、坐忘之说。最后,相关理念也完全切合于其思想系统的整体情况。详论如下。

《庄子·田子方》载老子曾传"游心于物之初""遗物离人而立于独"之法②。相关文字包含诸多信息,需谨慎对待。在相关处,老子似具有心体分离的观念,这是后人的发挥,不可直接采信。但它透露出了一个确切信息:孔子从老子处发挥出了游心之说——以心废形,当时颜回也在左右倾听。此点并非向壁虚造,《列子·仲尼》亦载陈大夫聘鲁,私见叔孙氏,后者指孔子为鲁国圣人,理由是"吾常闻之颜回曰'孔丘能废心而用形'"③——此可验证孔子具有相关理念,且颜回也将此点视作孔子非常重要的思想之一。以心废形就是心斋的基础与基本内容。

孔子在形成心斋思想之初,相关概念相对朴素。《庄子·人间世》记载了他与颜回讨论心斋的过程。第一层面,颜回欲以平日所学仁义礼仪去匡扶卫国,孔子以"古之至人先存诸己而后存诸人。所存于己者未定,何暇至于暴人之所行"④止之,将话题拉回到修身之事。孔子指出颜回在修身层面存有缺失,即所学驳杂,内无所归。第二层面,颜回针对外在驳杂、内无归凭这一问题而提出"端而虚,勉而一,则可乎"⑤,试图在保持行动端正与勤勉的基础上,去追寻内在的虚无和精一。孔子答之以"将执而不化,外合而内不訾"⑥,指出这是无法做到的。于是话题进入了第三层面,颜回说:"我内直而外曲,成而上比。内直者,与天为徒。……外曲者,与人之为徒也。"⑦即以内心法天,自然虚无,外行法人,遵从礼乐修身。这也被孔子以"犹师心者也"否定,认为存在固化的心灵与理念,不可以化成。最终话题进入了第四层面,颜回认为自己已无法精进,问正确的修身之方。孔子曰:"若一志,无听之以耳而听之以心;无听之以心而听之以气。听止于耳,心止于符。气也者,虚而待物者也。唯道集虚。虚者,心斋也。"⑧孔子提出了心斋,即一气而虚,放开四肢感受、耳目视听与心知,用混一的身去体会,从而脱离坐

---

① 刘宝楠:《论语正义》,高流水点校,北京:中华书局,1990年,第52页。
② 庄子:《庄子》,方勇译注,北京:中华书局,2010年,第343—344页。
③ 杨伯峻:《列子集释》,北京:中华书局,2012年,第112页。
④ 庄子:《庄子》,方勇译注,北京:中华书局,2010年,第52页。
⑤ 庄子:《庄子》,方勇译注,北京:中华书局,2010年,第52页。
⑥ 庄子:《庄子》,方勇译注,北京:中华书局,2010年,第52页。
⑦ 庄子:《庄子》,方勇译注,北京:中华书局,2010年,第52—53页。
⑧ 庄子:《庄子》,方勇译注,北京:中华书局,2010年,第53页。

驰——一念生三千杂念,三千杂念复生亿兆妄念的困境,实现全然的忘。

关于坐忘,从学理上而言,直接母体是心斋,作为否定面而存在的产房则是坐驰。它也有生活中的原型,《列子·周穆王》载宋阳里华子中年病忘,须臾之间,不记前事。后其妻请一儒生施术治之。华子既悟而大怒,黜妻子、逐儒生,慨叹健忘之时,不觉天地之有无,记识之后,过去数十年以及将来的种种存亡得失、哀乐好恶之情皆汹涌而至,搅乱心池,难得片刻之安,复求须臾之忘而不可得。孔子闻此,命颜回记录思考,而告诫子贡,此非其所能及①。

颜回是结合了孔子所说的心斋、坐驰以及华子病忘之事,发明了坐忘。故《庄子·大宗师》载颜回提出坐忘时,孔子问曰何谓坐忘,颜回曰"堕肢体,黜聪明,离形去知,同于大通,此谓坐忘",于是孔子感慨"丘也请从而后也"②。《人间世》在讨论心斋时已涉及坐驰,本可自然地将话题导向坐忘,但庄子戛然而止,转而在《大宗师》中论述颜回修得坐忘之境的过程,相关现象也表明坐忘是颜回的发明。

《论语·雍也》载孔子曰:"回也,其心三月不违仁,其余则日月至焉而已矣。"③颜回之所以能够做到此点,是因为全身心地栖息于仁的世界中,以致全然忘之,其他人苦思冥想以求之,反而不能全然相合于仁。《列子·黄帝》亦载颜回与孔子讨论善游之道④,最后的结论是忘水才能善游,也体现了坐忘的基本内涵——忘却、了然以致消融于自然。

《淮南子·道应》曾引述颜回的坐忘,最后以《老子》"载营魄抱一,能无离乎!专气至柔,能如婴儿乎"评论之⑤。淮南子的比附一方面体现了颜回坐忘与老子之说有相似处,存在内在联系,另一方面也有问题,因为两者有着根本的差异。老子在大道之下形成了混沌的身观,但孔子确立了心的主体性,发明了心斋;颜回的坐忘发源于心斋,建立在心形分离的基础上,以心为君,以形为臣,同时废君黜臣,以达忘然之境——该理念虽发源于老子学说,但更多的是对其进行变革后的结果。

(二)内外皆化的修身论

颜回继承了孔子老学的思想,认为一切皆有所本,且人之祖在道,宗在心。如果说一切皆从本而化,那么心斋、坐忘是一种内化,仁义礼乐是一种

---

① 杨伯峻:《列子集释》,北京:中华书局,2012年,第104—106页。
② 庄子:《庄子》,方勇译注,北京:中华书局,2010年,第118—119页。
③ 刘宝楠:《论语正义》,高流水点校,北京:中华书局,1990年,第221页。
④ 杨伯峻:《列子集释》,北京:中华书局,2012年,第61页。
⑤ 何宁:《淮南子集释》,北京:中华书局,1998年,第878页。

外化。同时,内化后,必然外化,即仁心、中庸会外化为礼。

如《庄子·知北游》载孔子在与颜回的交谈中批判了"古之人外化而内不化,今之人内化而外不化"①。《韩诗外传》卷二载颜回曾以子夏读《诗》之事,问《诗》之表与里(此本是读《诗》事,许维遹据《尚书大传》等改作读《书》,不确),孔子指出其里为精微无邪之心,其表是弹琴歌咏之风②。在相关事件中,颜回皆深以为然,自明其志在遵从内外皆化之道,以实现"无有所将,无有所迎"之游。《韩诗外传》卷四又载颜回与孔子讨论仁心与形貌的关系,指仁心必然外化,如同玉朴虽埋于土中,也无法掩盖其光泽。形是内在之体的表征,色是衷心的外化③。这些都更明确地体现了其内化必然外显的理念。

坐忘是从消融于自然的心而行,最终在外化呈现时必然最合乎礼乐。那么外化之后,将呈现为何种状态呢,如何合乎礼乐呢?老子认为修身当以中和为本,具体化则为无名、守弱、守辱、守愚、处下,如此最后终会合乎自然。孔子对此作了进一步发展,改造为以中庸、自损、谦下之心实现合乎礼乐之行。颜回继承此道,孔子即赞其为人"择乎中庸"(《中庸》)④。中庸首先是一种内化,然后外在呈现为中庸之行。具体的可由颜回在生活中的状态获得体现。

颜回在生活中基本践行着老学的无欲知足、安贫乐道的主张。如践行老子去五色五味,淡然处之之法,以致孔子曾称赞他"一箪食,一瓢饮,在陋巷,人不堪其忧,回也不改其乐"(《论语·雍也》)⑤。在交友方面也是如此,颜渊曰"渊愿贫如富,贱如贵,无勇而威,与士交通,终身无患难",孔子闻之,也是大加赞叹,指出贫如富是知足而无欲、贱如贵是让而有礼、无勇而威是恭敬而不失于人、终身无患难是择言而出之,这些皆是上古圣人之道(《韩诗外传》卷十)⑥。颜回甚至因知足而不求入仕,曾答孔子"家贫居卑,胡不仕乎"之问,曰自己有薄田数十亩,足以粥食麻衣,鼓琴足以自娱,学道足以自乐,故不愿仕。孔子闻言而赞:"丘闻之:'知足者不以利自累也,审自得者失之而不惧,行修于内者无位而不怍。'丘诵之久矣,今于回而后见之,是丘之得也。"(《庄子·让王》)⑦单就此事而言,可以说老子传恬淡之道于孔

---

① 庄子:《庄子》,方勇译注,北京:中华书局,2010 年,第 378 页。
② 许维遹:《韩诗外传集释》,北京:中华书局,1980 年,第 72—73 页。
③ 许维遹:《韩诗外传集释》,北京:中华书局,1980 年,第 161 页。
④ 朱熹:《中庸章句集注》,见《四书章句集注》,北京:中华书局,1983 年,第 20 页。
⑤ 刘宝楠:《论语正义》,高流水点校,北京:中华书局,1990 年,第 226 页。
⑥ 许维遹:《韩诗外传集释》,北京:中华书局,1980 年,第 357—358 页。
⑦ 庄子:《庄子》,方勇译注,北京:中华书局,2010 年,第 495 页。

子,而颜回尤能践行。

除寡欲知足外,颜回也践行了老子的守愚、希言自然之法。孔子曾评价颜回说:"吾与回言终日,不违,如愚。退而省其私,亦足以发,回也不愚。"(《论语·为政》)①颜回平日的愚、寡言、不辩,是对守愚、希言的践行。其也奉谦虚、处下、不伐之道为圭臬,曾言志曰"愿无伐善,无施劳"(《论语·公冶长》)②。

此外,老子强调以德报怨:善者、不善者,皆善之;信者、不信者,皆信之。颜回亦然,曰:"人善我,我亦善之;人不善我,我亦善之。"(《韩诗外传》卷九)③认为虽然他人不善,但我还是要尊敬、善待他,并以此发展出了其自身的最大修为——"不迁怒"(《论语·雍也》)④。总之,当以上内化皆外化呈现时,自然会是和光同尘,成为谦谦君子,言行皆合乎礼乐。

（三）中道合礼的无为治国论

老子本人入世与出世兼备。孔子亦然,颜回亦如是。孔子曾谓颜回:"用之则行,舍之则藏,唯我与尔有是夫。"(《论语·述而》)⑤正如上文指出的,颜回不愿仕,大体上为隐士,但深具治国理念与才具。

在治国原则上,老子主要从帝舜无为之治转化出他的"太上之治"理念。太上,下知有之而已,无为而治。具体的治国方略,老子曰:"小邦寡民,使什佰人之器毋用,使民重死而远徙。有车舟无所乘之,有甲兵无所陈之,使民复结绳而用之。甘其食,美其服,乐其俗,安其居。邻邦相望,鸡狗之声相闻,民至老死不相往来。"以往都将此段文字理解为老子指理想之治为维系国小民寡、自给自足、互不交往的状态。但实际上老子在此处是说圣人能使小国得治,何况大国？简言之,其本义为:即使国家弱小,百姓稀少,只要不发动战争,就可以使百姓看重生死而疏远迁徙,不迁徙他国,即君王保有其民其国。君王将舟车等转为农具,发还百姓,以利农耕,并使百姓食物甘甜、衣裳美丽、风俗欢乐、起居安定,则百姓甘之、美之、乐之、安之。如此,即使邻国举目可见,鸡犬之声张耳即闻,人们到终老也不会逃往那里——因为这里就是理想中的王道乐土。

此后,老子弟子皆继承该思想,关尹子、文子便数称帝舜,并形成了系统的明王论。孔子亦然,直言"后世虽有作者,虞帝弗可及也已矣",并对明王

---

① 刘宝楠:《论语正义》,高流水点校,北京:中华书局,1990年,第52页。
② 刘宝楠:《论语正义》,高流水点校,北京:中华书局,1990年,第204页。
③ 许维遹:《韩诗外传集释》,北京:中华书局,1980年,第312页。
④ 刘宝楠:《论语正义》,高流水点校,北京:中华书局,1990年,第212页。
⑤ 刘宝楠:《论语正义》,高流水点校,北京:中华书局,1990年,第261页。

之道有过详尽论述(《礼记·表记》)①。简而言之,即以道德治国,"道者,所以明德也;德者,所以尊道也。是故非德,道不尊;非道,德不明"。具体的做法则是"内修七教,外行三至":上为百姓表率,君王遵从仁义礼乐,百姓应之如响,最终"至礼不让而天下治,至赏不费而天下之士悦,至乐无声而天下之民和",自然垂拱而治(《孔子家语·王言解》)②。

颜回对上述思想皆有继承,与老子一样坚守太上之治,认为尊道治国,不可苟且。在孔子困顿于陈蔡时,指出"夫子之道至大,故天下莫能容",大道不得通行并非孔子之病,而是有国者之丑,不可减损(《史记·孔子世家》)③。至于具体的治国方略,他曾言其志,曰:"愿得小国而相之,主以道制,臣以德化,君臣同心,外内相应,列国诸侯莫不从义向风,壮者趋而进,老者扶而至,教行乎百姓,德施乎四蛮,莫不释兵,辐辏乎四门,天下咸获永宁,蝖飞蠕动,各乐其性,进贤使能,各任其事,于是君绥于上,臣和于下,垂拱无为,动作中道,从容得礼。"并指"言仁义者赏,言战斗者死",天下自然太平(《韩诗外传》卷七)④。颜回在此处指出圣人以道治国,小国也能平天下,更不必说大国了。而治国的基本原则就是君行道,臣有德,上下中道,合乎礼乐,以无为而治。在具体措施方面,主要是安民、利农:

首先,君臣有道有德,应使百姓各乐其性。颜回曾与鲁定公讨论东野子善驭与否,指其将失马,因其穷尽马力,后者不堪重负,而真正善驭者如造父巧于使马,不穷其力。并以此比政,指人穷则诈,未有君主穷取百姓而能无危者,善政则如帝舜之治,巧用百姓而不穷尽民力(《荀子·哀公》)⑤。所强调的就是君王当寡欲、不扰民,使百姓安居乐业。

其次,坚决反对君王好大喜功,挑起战事。老子强调君王法道无为而利天下,从而上下交和,而兵者凶器,不得已而用之,并曰"强梁者不得其死"。

---

① 孙希旦:《礼记集解》,沈啸寰、王星贤点校,北京:中华书局,1989年,第1312页。
② 陈士珂:《孔子家语疏证》(据商务印书馆1940版影印),上海:上海书店,1987年,第11—12页。
③ 司马迁:《史记》,裴骃集解、司马贞索隐、张守节正义,北京:中华书局,1999年,第1555页。
④ 许维遹:《韩诗外传集释》,北京:中华书局,1980年,第268页。
⑤ 王先谦:《荀子集解》,沈啸寰、王星贤点校,北京:中华书局,1988年,第546页。关于东野子败马一事,《庄子·达生》《荀子·鲁哀公》有不同记载。前者记为鲁庄公、颜阖、东野稷等人故事,内容较简略,后者记为鲁定公、颜渊、东野毕等人故事,内容较详细。按成书而言,如果《庄子·达生》早于《荀子·鲁哀公》,则当以前者为是。但《达生》为《庄子》外篇,可能成于庄子后学,是否早于《鲁哀公》还需讨论。目前可确定的是《达生》所记人物关系不合历史,鲁庄公(公元前706年—公元前662年)不可能见颜阖,因此前人或指原文为卫庄公,以作回护。但从《荀子·鲁哀公》处而言,鲁定公、颜渊两人交谈合乎时代关系。从内容而言,颜回所论也合乎其思想体系。本文姑且采用此条文献。

孔子与老子一样，认为最高政治理想如帝舜之治无为而天下平，一方在坐席上言之，对方闻言而服，即所谓"还师衽席之上"(《孔子家语·王言解》)①。他以此出发，极力摒弃羿与奡不得其死然的非道之战(《论语·宪问》)②。颜回也继承了此道，他曾告诫子路曰"力猛于德而得其死者，鲜矣，盍慎诸焉"(《孔子家语·颜回》)③，相关言辞几乎与老子之诫如出一辙。且他在反战时，也明确提出君王当熔兵器以铸农具、还牛马于田野以利农事，明王治国"使民城郭不修，沟池不越，铸剑戟以为农器，放牛马于原薮"(《孔子家语·致思》)④。这些皆与老子"天下有道，却走马以粪"等治国理念相一致。

二、子夏以易理为核心的儒道融通

子夏曾明确告知鲁哀公"仲尼学乎老聃"，并指孔子为圣人，"(但若)未遭此师，则功业不能著乎天下，名号不能传乎后世"(《韩诗外传》卷五)⑤。他对老子如此尊崇，是其师言传身教的结果。他曾问易生万物之道，孔子告之"吾昔闻老聃亦如汝之言"(《孔子家语·执辔》)⑥。问丧礼之事，孔子答"吾闻诸老聃"云云(《礼记·曾子问》)⑦。可知老子传易学、礼乐于孔子，孔子传于子夏。此后，子夏则以易理为依据接受和转化老子道论，并以此为核心践行礼乐修身治国论。相关内容直接体现在《执辔》及其所传的《易传》中。

关于《易传》的作者与流派归属，传统上多认为它们是孔子弟子所作，近来陈鼓应先生主张《易传》为道家作品⑧。《易传》的许多思想确与道家十分接近，但也存在诸多不同。从时间轴与传承上而言，存在一个"易经"—老子—孔子—孔子弟子—《易传》这样一条线索。据此脉络言之，根本上老子与《易传》都是面对"易经"这同一母体，因此他们在思想上有一些共通性，可以说是理所当然。当然因为存在这一脉络，那么他们间的共通性也就绝非是面对同一母体这一单一原因可以解释的。《易传》的确在一定程度上受到过道家尤其是老子思想的影响。不过，老子和《易传》对"易经"的解读与

---

① 陈士珂：《孔子家语疏证》(据商务印书馆 1940 版影印)，上海：上海书店，1987 年，第 11 页。
② 刘宝楠：《论语正义》，高流水点校，北京：中华书局，1990 年，第 556 页。
③ 陈士珂：《孔子家语疏证》(据商务印书馆 1940 版影印)，上海：上海书店，1987 年，第 127 页。
④ 陈士珂：《孔子家语疏证》(据商务印书馆 1940 版影印)，上海：上海书店，1987 年，第 42 页。
⑤ 许维遹：《韩诗外传集释》，北京：中华书局，1980 年，第 195 页。
⑥ 陈士珂：《孔子家语疏证》(据商务印书馆 1940 版影印)，上海：上海书店，1987 年，第 167—168 页。
⑦ 孙希旦：《礼记集解》，沈啸寰、王星贤点校，北京：中华书局，1989 年，第 549 页。
⑧ 陈鼓应：《易传与道家思想》，北京：中华书局，2015 年。

转化在向度上也存在许多重要的差异,这也决定了两家根本性上的不同。如老子继承"易经"思想时,在强调"冲和"的基础上,更倾向于赞美阴柔退守、以贱为贵、以辱为宝,《易传》则更强调阳刚进取、尊卑有序、上下分明。有此基本区别,也就很难说《易传》是道家作品。总之,无论如何,我们可以确信《易传》是儒家传人在道家思想尤其是老子思想影响下的作品。

(一) 易理下的道论

在老子处,本名为大的混沌即太一,亦即太易,其成熟后为道,道生一,一生二,二生三,三生万物。子夏则以易统合相关思想,指其为宇宙之根,依次演化太极、两仪、四象、八卦而生有万物。

子夏对于易能生万物的原因并无追问,但详论了一能生多的机理及其具体过程。在老子处,大道无亲,无私而至公。道内有阴阳,万物负阴抱阳,冲气以为和,天地即由上下相交而成。孔子曾告子夏三无私之理,指出"天无私覆,地无私载,日月无私照"(《礼记·孔子闲居》)[1]。子夏易道对此有所转化,强调易无私爱,均施万物。《象传》注泰卦即指卦象内阳外阴,寓意天地交,上下合,万物通[2]。同时,也解释了易无私生物而各不同的原因:易是混沌完全者,万物只是取其部分而已,所得阴阳二气的比例不同,所成有异。与二气孕化相配合的还有天地人三才的交通及其生养作用。"天一,地二,人三,三三如九,九九八十一",三才交互的进一步分化,形成了更多品类。且同类也会因滋养不同而产生一定差异,人类在大地上就因山川各异、水土不同、饮食不类,产生了迥异的秉性,其他事物概莫能外(参见《执辔》)[3]。

虽然万物品性不同,但在生成后的世界中皆遵从易理。相关思想也往往体现出对老学的创造性转化以及儒道融通。如老子从易理中转出,认为天道均平、重归返,益之而损,损之而益,故天命自损——损有余而补不足。孔子曾读《易》,至于《损》《益》,喟然而叹,告子夏损益之道,"天道成而必变,凡持满而能久者,未尝有也""日中则昃,月盈则食,天地盈虚,与时消息""夫自损者必有益之,自益者必有决之"。子夏闻而知之,并终身诵之(《孔子家语·六本》)[4]。

---

[1] 孙希旦:《礼记集解》,沈啸寰、王星贤点校,北京:中华书局,1989年,第1277页。
[2] 李道平:《周易集解纂疏》,北京:中华书局,1994年,第163—164页。
[3] 陈士珂:《孔子家语疏证》(据商务印书馆1940版影印),上海:上海书店,1987年,第167—168页。
[4] 陈士珂:《孔子家语疏证》(据商务印书馆1940版影印),上海:上海书店,1987年,第99—100页。

又如老子由天道盈虚推演出处下、守弱之理,孔子归为谦道,曾告子夏损益之道后,又直接言及谦道(《说苑·敬慎》)①。子夏也深习之,如《象传》注谦卦即曰"谦,亨,天道下济而光明,地道卑而上行。天道亏盈而益谦,地道变盈而流谦,鬼神害盈而福谦,人道恶盈而好谦"②,也是以易通道,强调其必然性。

在明确道生万物,万物各不同的情况下,老子称王(至德人君)为与道、天、地并尊的域中四大之一,此后其弟子孔子、文子皆确立了人为贵理念。子夏亦然,指"倮虫三百有六十,而人为之长",且人中尊者"唯达道德者"——圣王、圣人,他们知易道原本,也能自觉地动必以道,静必顺理,"以奉天地之性,而不害其所主"(《执辔》)③。

(二)易理下的修德践行体系

在现有的文献中,未见子夏对修德体系有过直接而系统的论述,但从其易理出发,对散落于各处的文辞进行钩沉,可梳理出基本的样貌。简而言之,即交通儒道,认为大道至公,天地日月无私覆私载私照,人能法之,则衷心至诚,达到"无声之乐,无体之礼,无服之丧"——无丝竹之声,人人群乐;无手足之事,人人合礼;无丧服之具,人人哀恸。上下皆如此,则将实现真正由道德而来的礼乐要义以及无为而治的理想。

1. 修道始于修心,进而修身。自孔子脱离老子的混一身观后,儒家弟子皆以心内身外为基本理念,子夏亦如是,故其修道的第一位是修心。这在《易传》中获得了诸多反映。《系辞下》指易为乾坤,简知易行,是"能说诸心,能研诸侯之虑,定天下之吉凶,成天下之亹亹"的存在④。此处便以能说诸心为第一起点。又《象传》注复卦曰"复亨。……复其见天地之心乎"⑤,注咸卦曰"咸,感也。……圣人感人心而天下和平"⑥。此外,《象传》注重心更是常见,如注谦卦曰"鸣谦贞吉,中心得也"⑦,注中孚卦曰"其子和之,中心愿也"⑧。相类看法,俯拾即是。

至于修心的基本要求,老子认为人应"绝圣弃智""绝学无忧",颜回的

---

① 向宗鲁:《说苑校证》,北京:中华书局,1987年,第242页。
② 李道平:《周易集解纂疏》,北京:中华书局,1994年,第194—195页。
③ 陈士珂:《孔子家语疏证》(据商务印书馆1940版影印),上海:上海书店,1987年,第167—168页。
④ 李道平:《周易集解纂疏》,北京:中华书局,1994年,第679—680页。
⑤ 李道平:《周易集解纂疏》,北京:中华书局,1994年,第260—262页。
⑥ 李道平:《周易集解纂疏》,北京:中华书局,1994年,第313—314页。
⑦ 李道平:《周易集解纂疏》,北京:中华书局,1994年,第193—196页。
⑧ 李道平:《周易集解纂疏》,北京:中华书局,1994年,第515—518页。

心斋、坐忘与此暗合。但子夏的修心有其特点,他认为人贵在有心智,不能"刳心去智"(《列子·黄帝》)①,故与颜回废心不同,强调心不可虚无,当有依托。也因此更加注重"先王之义"以及博学近思的作用。如其每言《诗》《书》之中有圣人之道,知之可以发明本心,自我教化,并对老学"为学日益,为道日损"有了进一步认知。他在学习损益之道时针对自损而益、自益而损之理,问"学者不可以益乎",孔子答"非道益之谓也,道弥益而身弥损。夫学者损其自多,以虚受人,故能成其满博也"(《孔子家语·六本》)②。子夏也是由此领悟为学损益之道,坚守以虚受教,才能多识多方,日益精进。

实践方面,便是以仁爱充心,明心定气以充身,转化了老子"自胜之谓强"理念。子夏曾有"先王之义"与"富贵之乐"交战于心,因未知胜负而臞,后仁义胜而肥。韩非子并以老子"自胜"之理赞之(《韩非子·喻老》)③。在强调自胜之下,自然更重视内求,故也继承了老子的自虚、好静、守弱处下、勇于不敢等修身理念。子夏曾独处,离群索居多年,某种角度而言也是对此的践行。同时也曾在卫灵公前与勇士孙悁论勇,以三勇却后者之凌,指真正的勇者不敢敖乎匹夫而能上摄万乘,不敢专横而能内禁残害,不敢自矜勇功伐而能却敌于无形,总是有所为,有所不为(《韩诗外传》卷六)④。

2. 入仕与治国理念。从子夏的修身原则看,他强调他者不知则乐于独处,故不强求任仕。子夏曾贫癯乃至衣若悬鹑,人问为何不仕,答曰"诸侯之骄我者,吾不为臣;大夫之骄我者,吾不复见"(《荀子·大略》)⑤。也正因此,其一生虽见重于魏文侯,但主要还是居西河之地传易理、诗教、礼乐。但从其理想观念来看,修身有成之时应兼济天下,即所谓"学而优则仕"(《论语·子张》)⑥。

在治国理念方面,《易》大有卦强调众阳当尊六五之阴,不可离之,若逞强为之,大灾将至。老子从该易理中发展出"鱼不可脱于渊"之理,指君王为鱼,百姓为水,并传之孔子。孔子问子夏:"汝知君之为君乎?"答曰:"鱼失水则死,水失鱼犹为水也。"(《尸子》)⑦体现了他对相关民本主张的继承。

在治国的过程中,子夏强调君王遵从自损之道,不与民争利。如《象传》

---

① 杨伯峻:《列子集释》,北京:中华书局,2012年,第65—66页。
② 陈士珂:《孔子家语疏证》(据商务印书馆1940版影印),上海:上海书店,1987年,第99页。
③ 王先慎:《韩非子集解》,钟哲点校,北京:中华书局,1998年,第170页。
④ 许维遹:《韩诗外传集释》,北京:中华书局,1980年,第224—226页。
⑤ 王先谦:《荀子集解》,沈啸寰、王星贤点校,北京:中华书局,1988年,第513页。
⑥ 刘宝楠:《论语正义》,高流水点校,北京:中华书局,1990年,第744页。
⑦ 尸佼:《尸子》,黄曙辉点校,上海:华东师范大学出版社,2009年,第60页。

注益卦曰："益，损上益下，民说无疆，自上下下，其道大光。"①同时，继承了老学的善善之道与病病之法，强调以小为大，以少成多，"柳下惠与后门者同衣而不见疑，非一日之闻也"（《荀子·大略》）②，"《春秋》之记臣杀君、子杀父者，以十数矣。皆非一日之积也，有渐而以至矣"（《韩非子·外储说右上》）③。圣人君子总是积善成德，亡国毁家者皆积恶成怨主，故不可不知小大多少、善始善成之理。

三、曾子儒道融通下的天道观及其修齐治平论

曾子遗作众多，除从《礼记》抽出的《大学》之外，内容较全面的有《曾子》一书。《汉书·艺文志》载"《曾子》，十八篇"。唐宋以后则皆为"十篇"本，如唐樊宗师本《曾子》（即南宋晁公武所见"绍述本"）便为十篇。且该本与《大戴礼记》所存《曾子》十篇相较，只是题名稍异。应该说《曾子》原十八篇，《大戴礼记》原来收录之，此后残损为十篇。后因《曾子》不受重视，其他单行本多亡佚。唐宋以来的《曾子》十篇，则是时人又取《大戴礼记》中的十篇与其他残篇佚文校订而成。

也有人怀疑《曾子》是后人伪作。朱熹《书刘子澄所编〈曾子〉后》曰"其言语气象，视《论》《孟》《檀弓》等篇所载相去远甚"④。黄震《黄氏日抄·曾子》亦指其为后人仿作，内容杂衍，有不少"世俗委曲之语"，且"'良贾深藏如虚'，又近于老子之学，殊不类曾宏毅气象""特以天圆地方之说为非"⑤。明代方孝孺《读曾子》也以"其说间有不纯"，推论"意者出于门人弟子所传闻而成于汉儒之手者也"⑥。

但他们所谓的"不纯"、不类曾子语等，都是出于所谓"纯儒"陈见而对曾子思想进行人为割裂后所形成的误判。先秦时代本无所谓"纯儒"，"纯儒"是后人在司马谈分类基础上所作的细化乃至异化后的违背历史真实的简单臆想。且曾子与老子之间的联系是固然的，有类似老学之说，不足为怪。这些正是曾子思想深受老学影响的表现。

（一）熟知老子其人及其思想

在传世文献中，记载曾子与老子本人存在直接联系的文字有数例。其

---

① 李道平：《周易集解纂疏》，北京：中华书局，1994年，第382页。
② 王先谦：《荀子集解》，沈啸寰、王星贤点校，北京：中华书局，1988年，第513页。
③ 王先慎：《韩非子集解》，钟哲点校，北京：中华书局，1998年，第314页。
④ 朱熹：《晦庵集》，见《四库全书》本卷八十一，第45页。
⑤ 黄震：《黄氏日抄》，见《四库全书》本卷五十五，第12页。
⑥ 方孝孺：《逊志斋集》，见《四库全书》本卷四，第27页。

中,《庄子》佚文曰:"老子见孔子从弟子五人,问曰:'前为谁?'对曰:'子路勇且多力。其次子贡为智,曾子为孝,颜回为仁,子张为武。'老子叹曰:'吾闻南方有鸟,名为凤,所居积石千里,天为生食。其树名琼,枝高百仞,以璆琳琅玕为实。天又为生离珠,一人三头,递起以伺琅玕。凤鸟之文,戴圣婴仁,右智左贤。'"(《太平御览》卷九一五引)①相关内容的可靠性值得推敲。在其他典籍中,皆称孔子随从弟子四人,此处指五人,且唯曾参称"曾子",其他弟子皆称字。"曾子"称谓独别,且不合古礼,可见有关他的内容是后人妄加。虽然此处所记不能全然采信,但孔子晚年曾多次见老子,曾子在当时也已二十左右,不能完全排除他曾跟随孔子一起入沛而亲见老子的可能。

除此之外,《礼记·曾子问》载孔子常向曾子传授老子礼仪之说:1. 曾子问"古者师行,必以迁庙主行乎",孔子回答了相关礼乐,最后以"老聃云"结束,表明相关知识来自老子的传授②;2. 曾子问"葬引至于堩,日有食之,则有变乎,且不乎",孔子答曰"昔者吾从老聃助葬于巷党,及堩,日有食之",并详述了当时老子的应变及其对相关礼仪的解释③;3. 曾子问"下殇土周葬于园,遂舆机而往,涂迩故也。今墓远,则其葬也如之何",孔子再次以"吾闻诸老聃曰"的形式加以回答④。《曾子问》三载孔子传曾子以老子丧礼之学,相关记载皆确实无误,直接体现出了曾子对孔子老学的研习。

同时,黄震指《大戴礼记·曾子天圆》中的天圆地方之说为伪。但这是不清楚老子思想及其与孔子之间的关系而做出的误判。老子本为周朝史官,天文历法知识是其必备的知识。他也正是从原始的盖天说历法知识中,发展了太一、道的理念。老子将盖天说宇宙观和阴阳理论传于孔子,孔子传于曾子。曾子对相关学说有所发展。

在《曾子天圆》中,曾子是经单居离询问而对天圆地方进行阐述。他指出单居离对相关学说的理解是较日常且粗浅的,"如诚天圆而地方,则是四角之不揜也"——如果只是简单的天圆地方,那么天的圆就无法完全覆盖地方的四角,也就存在天外之地了。继而他对相关学说进行了自己的解读,指天圆地方的真正内涵是道的幽明施化:道有天道、地道。天道为阳、为圆、为明、为神、为火日,其气在吐施。地道为阴、为方、为幽、为灵、为金水,其气在含化。阴阳二气,施化而生万物。曾子与子夏一样,也认为阴阳之气所受

---

① 李昉等编:《太平御览》(据宋刻本影印),北京:中华书局,1960年,第4056—4057页。
② 孙希旦:《礼记集解》,沈啸寰、王星贤点校,北京:中华书局,1989年,第524页。
③ 孙希旦:《礼记集解》,沈啸寰、王星贤点校,北京:中华书局,1989年,第545—546页。
④ 孙希旦:《礼记集解》,沈啸寰、王星贤点校,北京:中华书局,1989年,第547页。

分数不同,于是万物有别。在天,则有风、雷、电、雾、雨、露、霜雪、雹、霰。在物,则有毛虫、羽虫、介虫、鳞虫、裸虫。其中裸虫——人,为阴阳之精,故为贵。尤其是人中拔萃的圣人更是"为天地主,为山川主,为鬼神主,为宗庙主",以此生养、役使生灵①。

在天道与人道的联系以及人道建构方面,曾子也从老子处吸收了诸多营养。老子提出道、天、地、王四大理念,其弟子孔子、文子等发展为道、天、地、人四大,指在天地之下、万物之中,人为贵。使得在最本质的道之下,存在了天道、地道、人道。曾子对此加以继承,认为人道就是道、天、地及其相关规律之下人的自然本性和社会性本质,也是人对这些特质的认知能力与践行能力,以及依从相关规律与自身特点所建立的客观自然法则与社会法则。最终遵从这些,使道的秩序在人间呈现。

在相关方面,曾子首先继承老学所强调的道在于生育,并以此推论人也是如此。人之本在于生养之道,于是以孝为根本,因此传有《孝经》。在此基础上,曾子遵从老子道有规律性的观念,指日月有数、星辰有行、四时有序,不可变革。反映在人世,就产生历法。同时,万物有节,管有十二节,因此物有八音之律,这些表明礼乐自在。于是人顺之而设五礼,以此成礼乐社会秩序(见《曾子天圆》)②。所谓人道的行德,就是自觉、协和该秩序。具体而言是以此修身齐家治国平天下。

(二)对老学修齐治平道德体系的继承与发展

老子以人能知道、用道,形成了其思想体系的落脚点——德。德是落实到人身上知道、用道的自觉之行,是认知,又是践行,是即认知即践行。老子曰:"善建者不拔,善保者不脱,子孙以祭祀不辍。修之身,其德乃真。修之家,其德有余。修之乡,其德乃长。修之邦,其德乃丰。修之天下,其德乃博。以身观身,以家观家,以乡观乡,以邦观邦,以天下观天下。"明确概述以自虚、无名、处下、守辱的原则,以负阴抱阳、阴极则阳之、阳极则阴之的阴阳冲和之法,修德于身、家、乡、邦、天下的修齐治平体系,且希望以此使百姓、公侯、君王,各自保全其身家,实现全面的上下交合,天下平和。老子的修齐治平修德体系传其弟子——孔子、关尹子、文子等。其中,孔子一脉经过曾子、子思的再发展后成为显学,以致后人认为该体系始出于孔子,乃儒家的创造。实则本是老子的发明。

从传世文献来看,曾子是目前所知最早明确全面系统化地继承修齐治

---

① 王聘珍:《大戴礼记解诂》,王文锦点校,北京:中华书局,1983年,第98—100页。
② 王聘珍:《大戴礼记解诂》,王文锦点校,北京:中华书局,1983年,第98—99页。

平体系的孔子弟子,并对其做了进一步发展,《大学》即云:"(明明德者)物格而后知至,知至而后意诚,意诚而后心正,心正而后身修,身修而后家齐,家齐而后国治,国治而后天下平。"①

1. 天知与修心。曾子继承老学的人为贵思想,认为人之所以为贵,是因其为道所生,且是阴阳之精,是阴阳的完全结合体,不偏不倚,于是能对道进行完全的体认。相对于孔子其他弟子而言,他在心形分离的道路走得更明确,更具标志性。如果说颜回在心形分离之下,以心为主导,但所做的却是要废心从而黜形,曾子所要做的就是用心而御形。

《大学》开篇即论明德。明德即阳德,是对外认知的能力。即所谓人本有天心,"心之灵莫不有知"②。既然人的心灵本自知,就要发挥它。"明明德"就是要发挥本心,发挥知,具体做法在于格物。关于格物,后世解读众多,但其义本直白,即格除物蔽,即"知止而后有定"的知止——知晓停止物欲妄念。人本有天知,只是被外物情欲妄念所蔽而不致知。故其又直言心有所忿懥、恐惧、好乐,皆不得其正,"心不在焉,视而不见,听而不闻,食而不知其味"③。物格而知、知而意诚、意诚而心正、心正而身修等即指物蔽革除后,天知自醒。如此则可知物事本末终始,"知所先后,则近道矣"④。道无私,至诚。人因此用意至诚,其心自公,于是七窍不见邪物,四肢端正,实现身正。

2. 战战兢兢以修身。老子曰"上士闻道,勤能行之",强调践行。且他从《书》《诗》的教义中转出了诸多修身理念。如强调圣人"欲不欲",无私利。且道、名具有辩证关系,在实践中为道,不求名,但为道后,名自来。老子本人主张即使为道有名,也要加以自损,以无名为归。在日常生活中要以患辱为宝,如冬日涉川,战战兢兢,总是慎言慎行。此后各家老学对此皆有吸收转化。

孔子一派也是如此,曾子也强调知而必行,君子耻于博学而无行。具体所为则继承了老学的一些基本主张,但也有调和。如他指出修心之道从无欲开始,因此修身践行也始于无欲,不为利益所动(《大戴礼记·曾子疾病》)⑤。且君子不为"好名而无体"之行。对于声名,名实相符即可。"行

---

① 朱熹:《大学章句集注》,见《四书章句集注》,北京:中华书局,1983年,第4页。
② 朱熹:《大学章句集注》,见《四书章句集注》,北京:中华书局,1983年,第7页。
③ 朱熹:《大学章句集注》,见《四书章句集注》,北京:中华书局,1983年,第8页。
④ 朱熹:《大学章句集注》,见《四书章句集注》,北京:中华书局,1983年,第3页。
⑤ 王聘珍:《大戴礼记解诂》,王文锦点校,北京:中华书局,1983年,第97页。

无求数有名"(《大戴礼记·曾子立事》)①,所行或善或恶,后人知之,善名、恶名后人自有评说,不作强求。身名如声响形影,"君子功先成而名随之"(《说苑·杂言》引)②。

无欲妄利虚名,便可以守住柔弱,去除刚强,君子不为"夸而无耻,强而无惮,好勇而忍人"之事。继而以患辱为宝,战战兢兢,"君子见利思辱,见恶思诟,嗜欲思耻,忿怒思患,君子终身守此战战也",有道的天子、诸侯、大夫士、庶人皆"临事而栗",日旦思其行,不敢失德,也因此能始终合道(《大戴礼记·曾子立事》)③。

3. 任仕之道与明王论。曾子也从孔子处继承了老子进退以道的任仕思想。"天下有道,则君子欣然以交同;天下无道,则衡言不革;诸侯不听,则不干其土;听而不贤,则不践其朝"(《大戴礼记·曾子制言》)④,君子总是以道为准绳,以道交君,如人知之,则进而能达,增益上之誉,减损下之忧。如君王不听,无人知我,则退而能静,不眷恋权势名利,亦不自怨自艾。

在治国方面,也继承了老学明王论。孔子告知曾子曰:明王之道不劳不费,"昔者帝舜左禹而右皋陶,不下席而天下治"(《孔子家语·王言解》)⑤。曾子基本上继承此说,其云"良贾深藏若虚,君子有盛教如无"(《大戴礼记·曾子制言》)⑥、"君子所贵乎道者三:动容貌,斯远暴慢矣;正颜色,斯近信矣;出辞气,斯远鄙倍矣。笾豆之事,则有司存"(《论语·泰伯》)⑦,强调君王治国贵天道,内修明德,盛教无为,令有司各司其职,垂拱而治。

小 结

颜回继承了孔子的老学,尊崇儒道交融的帝舜理念。他认为道为祖,心为宗,人皆有固性本心,发挥之就可以为圣人。具体方法是通过心斋、坐忘以内化,同时以此实现合乎礼乐的外化。推而广之,君王以内外皆化之道治国,修心而克己践礼,并以此利农事、兴教化,天下将各得其正,无为而治。颜回也是以此创立颜氏之儒流派,且影响深远,近及列子,远波庄子之学,至

---

① 王聘珍:《大戴礼记解诂》,王文锦点校,北京:中华书局,1983 年,第 70 页。
② 向宗鲁:《说苑校证》,北京:中华书局,1987 年,第 424 页。
③ 王聘珍:《大戴礼记解诂》,王文锦点校,北京:中华书局,1983 年,第 70—71 页。
④ 王聘珍:《大戴礼记解诂》,王文锦点校,北京:中华书局,1983 年,第 95 页。
⑤ 陈士珂:《孔子家语疏证》(据商务印书馆 1940 版影印),上海:上海书店,1987 年,第 11 页。
⑥ 王聘珍:《大戴礼记解诂》,王文锦点校,北京:中华书局,1983 年,第 91 页。
⑦ 刘宝楠:《论语正义》,高流水点校,北京:中华书局,1990 年,第 292 页。

于以后成为宋明理学理想人格化身,更充分体现了其学说基本原理的生命力。子夏则高尊老子,虽因其学驳杂而常被后世视作"不纯",乃至儒家异端,但在春秋末期原不成问题。子夏之学影响亦大,弟子众多,后人称为西河学派。其构成复杂,有公羊高、谷梁赤等经传派,也有李克、吴起等刑名法家派。同时,段干木、田子方等也与之存在紧密关联。实际上,李克、吴起、段干木、田子方等亦儒道兼备,这些皆与子夏思想体系的影响相关。而曾子也正是由于他熟知老子其人及其思想,形成了独特的天道观,并系统转化了修齐治平体系。相关思想则直接影响了子思学派对老学的接受与发展,子思以及郭店楚墓主人的相关老学研习便是典型案例。总之,春秋晚期,儒道原本交融,不可不知。

第三章　战国早期的老学

第一节　子思、墨子对老学的吸收转化

子思、墨子对老学也深有研习。严格来说,子思也是老子的再传弟子,他对老学的研习主要源于与老莱子等道家传人的交往,以及儒家老学本身的一贯传统,且他的老学也对后世儒家老学的发展产生深远影响。至于墨子,此前学界一般认为其未曾论及且不知老子之道,实则他深知之,并将相关思想转化而融入自身的天鬼思想体系中。

一、子思"性""教"论中的儒道融通

(一) 老学渊源

正如上一章所言,在先秦时期的绝大多数时间里,儒道原本交融。子思对老学的了解来自多方面。最直接的是孔子及其弟子的影响。子思为孔子孙,幼时亲受教于孔子。《孔丛子》的诸多篇章记载相关内容,子思曾展示了好学之心以及不可估量的潜力,以致孔子欣慰叹曰"吾无忧矣,世不废业,其克昌乎"(《孔丛子·记问》)①。当然子思从学孔子日短,孔子卒后,受孔子弟子指点,其中曾子、子夏等对其影响甚大。老子曾传丧礼、修齐治平以及易道等思想于孔子,孔子将前两者传于曾子(参见《礼记·曾子问》《礼记·大学》),将后者传于子夏(参见《孔子家语·执辔》),子思则分别继承了相关思想。

除直接受教于孔子及其弟子外,子思与道家传人老莱子也为师友关系,详见上文"亢仓子等人的隐道全生老学"中的"老莱子及其赤子柔弱之道"部分。同时,他与田子方也有过交往,辞谢后者所赠白狐之裘(《子思子·无

---

① 孔鲋:《孔丛子》,王钧林、周海生译注,北京:中华书局,2009年,第64页。

忧》)①。田子方在先秦时也与老聃并举,以"听于无声,视于无形"著称(《吕氏春秋·审应览·重言》)②,并获誉"轻爵禄而重其身,不以欲伤生,不以利累形"(《淮南子·泰族》)③,可见也深谙老子之学。

师友皆谙老子之术,子思兼修此道,自在情理之中。且从子思传世著作考察,其引用化用《老子》原文者甚众,《子思子》中有如下材料:他曾将君子至诚之道比于天地之道,云"至诚无息……不见而章,不动而变,无为而成",并称大道至淡至简至微,君子以声色化民为末,以天道无声无臭而化成天下为贵(《诚明》)④;又曾劝诫齐王去贪利之心,"夫水之性清,而土壤汩之;人之性安,而嗜欲乱之。故能有天下者,必无以天下为者也;能有名誉者,必无以名誉为者也"(《鲁缪公》)⑤;授子上知足之理,唯有无欲者能成其志,"知以身取节者,则知足矣。苟知足,则不累志矣"(《过齐》)⑥;以"上德不德,是以无德"答县子圣人之问(《无忧》),并以此评价孔子之德⑦。凡此种种皆合于老子称道"淡乎其无味,视之不足见,听之不足闻,用之不足既"以及"修之身,其德乃真。修之家,其德有余。修之乡,其德乃长。修之邦,其德乃丰。修之天下,其德乃博"的修身齐家治国平天下的基本思想,乃至无为、无名、无德为太上之治的最高理念。

除此之外,郭店楚简中子思弟子作品《忠信之道》《唐虞之道》也表现出较深刻的老学思想影响痕迹。且郭店楚简里除了子思及其后学的作品外,就是《老子》的三组摘抄修编本,已直接体现出子思学派内部对子思与老子之间的看法,他们也尊《老子》为经典,有着独特的传统。总之,子思对老学深有研习,以下结合《子思子》以及郭店楚简中的子思学派作品系统论之。

(二)四道下的人道转化与建构

老子曰域中四大,道、天、地、王。孔子、文子将王发展为人,并在老子"天之道"观念的影响下,形成了自然道、天道、地道、人道系统。子思对道的理解源自老子,但直接取于儒家老学,故曰"道者,群物之道。……道四术,唯人道为可道也。其三术者,道之而已"(《性自命出》)⑧。

关于自然道的本体,子思没有直接言之。或者说他深受公孙尼子、曾子

---

① 陈桐生:《曾子·子思子》,北京:中华书局,2009 年,第 189 页。
② 许维遹:《吕氏春秋集释》,北京:中华书局,2009 年,第 481 页。
③ 何宁:《淮南子集释》,北京:中华书局,1998 年,第 1411 页。
④ 陈桐生:《曾子·子思子》,北京:中华书局,2009 年,第 170—179 页。
⑤ 陈桐生:《曾子·子思子》,北京:中华书局,2009 年,第 226 页。
⑥ 陈桐生:《曾子·子思子》,北京:中华书局,2009 年,第 248—249 页。
⑦ 陈桐生:《曾子·子思子》,北京:中华书局,2009 年,第 186 页。
⑧ 荆门市博物馆编:《郭店楚墓竹简》,北京:文物出版社,1998 年,第 179 页。

的影响,称本源为天或天理。天命有常,但天时有变。子思曾说天道变化,故有夏商周之变、三统之义(《过齐》)①。自己行事之所以异于孔子,也在于各宜其时(《胡母豹》)②。同时,自然道与天地之道相近,基本特点也通过后者得以呈现。"天地之道,可一言而尽也。其为物不贰,则其生物不测。天地之道博也、厚也、高也、明也、悠也、久也"(《诚明》)③,天地因不自生而能生化万物,且不息不止,它们厚德载物,高明覆物,悠久无疆,且不为主宰,不居其功,不有不名。

不过,子思与其他儒家老学代表人物一样,指以上三者只能高尊、称颂,唯有人道可以为人路与践行之法。《尊德义》亦云:"圣人之治民,民之道也。禹之行水,水之道也。造父之御马,马之道也。后稷之艺地,地之道也。莫不有道焉,人道为近。是以君子人道之取先。"④至于其具体内容则与人性、人心、人行等相关。

老子曰:"孰能浊之以静者?将徐清。孰能安之以动者?将徐生。葆此道不欲盈。夫唯不欲盈,是以能蔽而不成。"关于本段内涵,历来因不同版本文字迥异,议论不定。帛书《老子》出后,或以其为是,而郭店楚简《老子》一出,复知帛书亦失真。但今人虽据简本注解,亦多不确。老子在此处指道体虚静,但生发万物,又使万物行归辅。虚静与归复虚静之动皆为内在属性。各安其性,自然化成。如静为清宁的内在因子,静者自清;归复虚静为变化的内在因子,动者自生。故静者,不能使之浊;动者,不能使之定而阻止它回归性。保有自虚之性,则外界无法填充,不能使之满溢,不会走到尽头而伤及其身。

公孙尼子、曾子等对此有所转化,子思直接继承了后者的思想。他认为道(天)生气,气命万物之形,赋予其性。"性自命出,命自天降"(《性自命出》)⑤,"天命之谓性"(《天命》)⑥。人由阴阳和合而成,本中和清静。如同水之性清,人之性安(《鲁缪公》)⑦;依凭本性,不动不发,自然澄清。同时,人拥有天心,宅于其中(《成之闻之》)⑧。它可以明道,但也与物相接相取而有情。心动而情发,发而有节以回归性,也是阴阳之和,最终也会澄清。

---

① 陈桐生:《曾子·子思子》,北京:中华书局,2009年,第253页。
② 陈桐生:《曾子·子思子》,北京:中华书局,2009年,第201页。
③ 陈桐生:《曾子·子思子》,北京:中华书局,2009年,第170页。
④ 荆门市博物馆编:《郭店楚墓竹简》,北京:文物出版社,1998年,第173页。
⑤ 荆门市博物馆编:《郭店楚墓竹简》,北京:文物出版社,1998年,第179页。
⑥ 陈桐生:《曾子·子思子》,北京:中华书局,2009年,第143页。
⑦ 陈桐生:《曾子·子思子》,北京:中华书局,2009年,第226页。
⑧ 荆门市博物馆编:《郭店楚墓竹简》,北京:文物出版社,1998年,第168页。

但若情发而失天性,则浑浊昏乱。

在性、心、情之间:性,圣人、众人无别,皆清静、淡泊;心,圣人、众人皆本能地会与物接而形成情;情,是关键所在,在心动生情之后,圣人知节制,以致中和,众人不知,多放纵,迷失本性。性相近、习相远,两者各自积累其情,则前者为圣人,后者为中人,乃至为纵欲之徒。故《成之闻之》说圣人之性与中人之性生而无别,只是圣人喜好善道,博长之、厚大之,最终使中人望尘莫及①。

也就是说,圣人与众人的区别就在于心、知。老子强调性本清静,要发挥其性,则要虚其心。此后孔子、曾子等对此多有发展。子思对此尤为重视,接受孔子"心之精神是谓圣区"的以心审物思想(《无忧》)②以及曾子格物致知理念,指"凡道,心术为主""人之虽有性,心弗取不出"(《性自命出》)③,如同金石具有潜在的发声能力,但不扣不鸣。

以心出发形成道与教。"天命之谓性,率性之谓道,修道之谓教"(《天命》)④,"道始于情,情生于性","四海之内,其性一也。其用心各异,教使然也"(《性自命出》)⑤。它们皆是遵从性而来。一个是发自本性,就是道。一个是在情动后去回归本性,即法道,亦即教。人道,教也,修道。以此具体化,则有六德、礼乐。

六德即圣知仁义忠信(《六德》)⑥。圣知是起始力量。圣即生而知之,知是学而知之。圣人生而知道,自诚明(《诚明》)⑦。由天诚而自然明白,则"不勉而中,不思而得,从容中道"(《鸢鱼》)⑧。一般人学而知之,自明诚,择善为之。对于儒家而言,圣人稀有,孔子也不敢言生而知之,只是好学而已。子思也继承此点,强调"虽有本性,而加之以学,则无惑矣"(《无忧》)⑨。

以圣知为基础,知性明心,知晓性中有仁义,即是非认知能力,知万物之道与节。除此之外,还有相关的好恶、善恶。"好恶,性也。所好所恶,物也。善不善,性也。所善所不善,势也。"(《性自命出》)⑩人性本有好恶能力,好恶无所谓善恶,在未发之前是无意义的。如同金石本有发声的能力,外物不

---

① 荆门市博物馆编:《郭店楚墓竹简》,北京:文物出版社,1998年,第168页。
② 陈桐生:《曾子·子思子》,北京:中华书局,2009年,第183—184页。
③ 荆门市博物馆编:《郭店楚墓竹简》,北京:文物出版社,1998年,第179页。
④ 陈桐生:《曾子·子思子》,北京:中华书局,2009年,第143页。
⑤ 荆门市博物馆编:《郭店楚墓竹简》,北京:文物出版社,1998年,第179页。
⑥ 荆门市博物馆编:《郭店楚墓竹简》,北京:文物出版社,1998年,第187页。
⑦ 陈桐生:《曾子·子思子》,北京:中华书局,2009年,第167页。
⑧ 陈桐生:《曾子·子思子》,北京:中华书局,2009年,第161页。
⑨ 陈桐生:《曾子·子思子》,北京:中华书局,2009年,第185页。
⑩ 荆门市博物馆编:《郭店楚墓竹简》,北京:文物出版社,1998年,第179页。

扣动,就不会有声音,那么它的声音与能力就不存在——没有从虚无中确立、呈现出来。但它们必是要发作的,且发作就在于物接,对具体事物占有与排斥的倾向性。好恶发动,在接物后产生的影响是善还是不善,由取物的差异造就。

"凡性为主,物取之也"(《性自命出》)①,一切都是以本性为主体,自己的是非观、好恶、行动力都是主动的,物是被动的。在面对性时,要以性理性,"凡性,或动之,或逆之,或交之,或厉之,或出之,或养之,或长之"(《性自命出》)②,不是一味地顺性,也不是一味地逆性,而是根据实际情况做出相应的行动,而其基本原则始终是用是非的知性来调节好恶的欲性,也就是从仁义出发做出判断与选择。

忠信则是对此的践行。子思说"自诚明谓之性,自明诚谓之教"(《诚明》)③,"诚者,天之道也。诚之者,人之道也"(《鸢鱼》)④。天道,率性而诚,但只有圣人能为之,世所难见。人道,教也,诚之,即发动知,择善执之。诚则明,明则诚,至诚无息"能尽其性",从而博厚载物,高明覆物,配地配天,"不见而章,不动而变,无为而成"(《诚明》)⑤。

六德的外化、具体化,便是礼乐。礼乐也是因情而制,方之序之节之。"礼乐,共也。内立父、子、夫也,外立君、臣、妇也",使夫妇父子君臣六位各行其德(《性自命出》)⑥——以此实现自我教化与教化他人,使天下各安其节。

(三)儒道融通下的修齐治平

修身方面,老子从帝舜德行而来,强调虚其心,强其骨,闻道力行。孔子老学亦如是,曾子发挥之,形成求诸己理念。子思继承之,强调尊崇帝舜之德,基本理念则是"闻道反己"(《性自命出》)⑦,即由赤诚而来的反求诸身。指君子上不怨天,下不尤人,皆在正己。"唯君子,道可近求,而不可远寻也。昔者君子有言曰'圣人天德曷',言慎求之于己,而可以至顺天常矣。"(《成之闻之》)⑧具体践行有以下层面:

---

① 荆门市博物馆编:《郭店楚墓竹简》,北京:文物出版社,1998年,第179页。
② 荆门市博物馆编:《郭店楚墓竹简》,北京:文物出版社,1998年,第179页。
③ 陈桐生:《曾子·子思子》,北京:中华书局,2009年,第167页。
④ 陈桐生:《曾子·子思子》,北京:中华书局,2009年,第161页。
⑤ 陈桐生:《曾子·子思子》,北京:中华书局,2009年,第170页。
⑥ 荆门市博物馆编:《郭店楚墓竹简》,北京:文物出版社,1998年,第179页。
⑦ 荆门市博物馆编:《郭店楚墓竹简》,北京:文物出版社,1998年,第181页。
⑧ 荆门市博物馆编:《郭店楚墓竹简》,北京:文物出版社,1998年,第168页。

"君子慎其独也"(《天命》)①,坚守由修心而来的慎独。心在接物,故接物慎重;继承知足理念,君子能实现其尊,在于有志,而成其志在于无欲知足(《过齐》)②。因此子思也常批判世俗的为士之道。老子曾说"利于饵,过客止",如此则非真道士。子思见垂钓者得鳏鱼盈车,亦感慨江河浩瀚,鱼本可悠然自得,却贪一饵而脱于渊,即指士本怀大道,可全身保真,却贪一禄,背道而亡其身(《过齐》)③。声名方面,老学认为大道本无名,故圣人无名,强求之名虽可闻于一时,非恒名。子思亦指唯不为声名为者,才能有名誉(《鲁缪公》)④。同时盛赞"桥子良修实而不修名。为善而不为人知己。不撞不发,如大钟然,天下之深人也"(《胡母豹》)⑤,以"上德不德"赞誉孔子(《无忧》)⑥。但同时,老子曾言圣人在天下,为天下浑其心。天下皆属耳目,圣人皆骇之(后人发挥为"孩之")。本义指圣人在位战战兢兢,慎言慎行,以身作则,风化百姓。此后孔子也说非道能弘人,人能弘道。子思则以此注意到声名对弘道的作用,曾答鲁穆公"不欲人誉己"之问,说"臣之修善,欲人知之。知之而誉,是臣之为善有功也"(《过齐》)⑦。当齐王曾因子思名高海内,天下士人皆属耳目,希望他能赞誉梁起以张后者声名时,子思也断然拒绝。理由是君子是非得当,天下人才属耳目,如虚言不实,必改耳目,如此则两丧,有害无益(《任贤》)⑧。也就是说君子弘道,不为名而行,行而有名。声名之下,百姓皆属耳目,修养令名可以助教化。故君子行道不为名,但养声名以劝教化。这与老子主张声名既有,当损之又损的主张有所差异。

在任仕方面,老子强调自己是怀玉者,希望能济世,但不会苟且,如不能行大道,便退隐,可谓柔中带刚。这本是儒家老学转化的一个重点,子思亦强调"国有道,其言足以兴。国无道,其默足以容"(《诚明》)⑨,一方面傲然入世,欲为帝王师,坚持以大道辅佐之,另一方面国无道,君王不听,也可隐退全身。

在治国理想方面,老子在君王为主导的前提下,强调太上之治,尊奉帝

---

① 陈桐生:《曾子·子思子》,北京:中华书局,2009年,第143页。
② 陈桐生:《曾子·子思子》,北京:中华书局,2009年,第248—249页。
③ 陈桐生:《曾子·子思子》,北京:中华书局,2009年,第248页。
④ 陈桐生:《曾子·子思子》,北京:中华书局,2009年,第226页。
⑤ 陈桐生:《曾子·子思子》,北京:中华书局,2009年,第199页。
⑥ 陈桐生:《曾子·子思子》,北京:中华书局,2009年,第186页。
⑦ 陈桐生:《曾子·子思子》,北京:中华书局,2009年,第245页。
⑧ 陈桐生:《曾子·子思子》,北京:中华书局,2009年,第241页。
⑨ 陈桐生:《曾子·子思子》,北京:中华书局,2009年,第172页。

舜无为之道。孔子继承之,发展为取法天地,"祖述尧舜,宪章文武"。子思亦然,并高尊尧舜,次敬文武,且从传世文献看,又稀言帝尧,多称帝舜。他以上德不德为最高境界,强调爱民如膏雨,"膏雨之所生也,广莫大焉,民之受赐也,普矣,莫识其由来者"(《无忧》)①,即指君王治国,当无为,润物无声而百姓以为我自然。

在此基础上以君王为核心、君—臣—民为架构,建构具体的治国之法,即九经体系,"凡为天下国家有九经,曰:修身也,尊贤也,亲亲也,敬大臣也,体群臣也,子庶民也,来百工也,柔远人也,怀诸侯也"(《鸢鱼》)②。老学治国论从君王修身开始。子思亦云"唯能不忧世之乱而患身之不治者,可与言道矣"(《无忧》)③、"古之用民者,求之于己为恒"、"君子之莅民也,身服善以先之,敬慎以守之,其所在者内矣。上苟身服之,则民必有甚焉者"(《成之闻之》)④。至于君王修身之法,除继承无私欲、知足外,又发展了君王无心、以百姓之心为心的理念,强调以公义为本。如告鲁穆公曰"私情之细,不如公义之大",应以利民、惠百姓之心为上(《鲁缪公》)⑤。君臣关系方面,老子强调天子新立,必设三公,以为辅佐。且大制无割,无弃财,朽木也可为栋梁。子思告卫君,亦曰"夫圣人之官人,犹大匠之用木也,取其所长,弃其所短。故杞梓连抱而有数尺之朽,良工不弃,何也?知其所妨者细也,卒成不訾之器"(《任贤》)⑥,两者所言,如出一辙。至于对待臣民的原则,老学强调君王"不尚贤",即不可自贤,否则群臣阿谀。子思指君本臣枝,本美末茂,本枯叶凋,"不以所能者病人,不以人之不能者愧人"(《过齐》)⑦。且他进一步发展为君臣皆不可自贤,君王自是,大臣不敢矫其非;大臣自是,士庶不敢矫其非,如此上下称贤,却人人伪诈,昏乱已潜伏其中(《任贤》)⑧。

当然,子思虽然始终强调君王当怀明德,效法自然,无为而治,以声色化民为末(《诚明》)⑨,但还是不认同老子后期否定礼乐的主张。如《尊德义》称"率民向方者,唯德可。……德者,且莫大乎礼乐"⑩。他在人道下,坚守

---

① 陈桐生:《曾子·子思子》,北京:中华书局,2009年,第186页。
② 陈桐生:《曾子·子思子》,北京:中华书局,2009年,第160—161页。
③ 陈桐生:《曾子·子思子》,北京:中华书局,2009年,第190页。
④ 荆门市博物馆编:《郭店楚墓竹简》,北京:文物出版社,1998年,第167页。
⑤ 陈桐生:《曾子·子思子》,北京:中华书局,2009年,第213页。
⑥ 陈桐生:《曾子·子思子》,北京:中华书局,2009年,第237—238页。
⑦ 陈桐生:《曾子·子思子》,北京:中华书局,2009年,第257页。
⑧ 陈桐生:《曾子·子思子》,北京:中华书局,2009年,第232页。
⑨ 陈桐生:《曾子·子思子》,中华书局2009年版,第170—179页。
⑩ 荆门市博物馆编:《郭店楚墓竹简》,北京:文物出版社,1998年,第174页。

礼乐之德,强调克己践礼,使夫妇父子君臣六位各行其德,从而上下和谐,实现大治。

二、墨子"天""鬼"体系中的道墨融通

(一)老学渊源

关于墨子对老子及老学的认知,部分学者曾以墨子不批判老子而指老子在墨子后,甚至指老子为虚构。如梁启超指《墨子》为好批评世事者,但终无提及老子事,大可疑①。孙次舟亦云:"涉孔子时,果有所谓老子,其学又若今所传书,则与墨子之主张大相舛牾,墨子之诋之,也恐将甚于非儒。夫墨子为'摩顶放踵利天下为之'者,而老子乃'人皆求福,己独求全'者也;墨子为富有创造性者,欲以人力代天,而老子乃任顺自然,轻视人为者也。二人之不相同而相反也如此。设与孔子同时,果有老子其人者,墨子胡为而不非之邪?"②此后,日知亦如是云,并指墨子不知老子,《老子》在《墨子》后③。王克奇继承梁启超、冯友兰、钱穆、侯外庐等人之说,以两书思想相通指《老子》系受《墨子》启发而作④。

但墨子自然知悉老子及老学。从渊源上,他熟知孔子之学,不能不对孔子之师有所了解。除儒家老学外,当时道家老学也传播甚广,墨子接触过当时的代表人物。《墨子·公孟》三载告子,他与孟子所见为一人,是当时养生派老学代表之一。而墨子之所以不批判老子及老学,是因他深受后者影响。

从《墨子》书便可看出墨子受老学影响至深。在相关文献中,此前较受关注的有以下两条。1.《太平御览》卷七五二载:"墨子曰:夫物有以自然,而后人事有治也……埏埴而为器……因其可也。"⑤2.《太平御览》卷三二二载:"墨子曰:墨子为守使公输般服,而不肯以兵知。善持胜者以强为弱,故老子曰:'道冲而用之有弗盈也。'"⑥高亨《老子正诂》曾以第1条材料论《老子》早于《墨子》。高亨、池曦朝《试谈马王堆汉墓中的帛书〈老子〉》重申此说⑦。陈鼓

---

① 梁启超:《论〈老子〉书作于战国之末》,见罗根泽编《古史辨》第4册,上海:上海古籍出版社,1982年,第306页。
② 孙次舟:《跋〈古史辨〉第四册并论老子之有无》,见罗根泽编《古史辨》第6册,上海:上海古籍出版社,1982年,第78页。
③ 日知:《墨子不知老子——〈太平御览〉卷三二二"墨子曰"引书有误》,《古籍整理研究学刊》1992年第4期,第4—5页。
④ 王克奇:《墨子与孔子、老子、韩非关系论》,《孔子研究》1997年第3期,第92—99页。
⑤ 李昉等编:《太平御览》,宋刻本影印,北京:中华书局,1960年,第3340页。
⑥ 李昉等编:《太平御览》,宋刻本影印,北京:中华书局,1960年,第1482页。
⑦ 高亨、池曦朝:《试谈马王堆汉墓中的帛书〈老子〉》,《文物》1974年第11期,第1—7页。

应则曾以第 2 条材料指"墨子或其弟子是读过《老子》的"①。实则,第 1 条已被孙诒让《墨子间诂》证为《淮南子·泰族》文(吴毓江《墨子校注》引)②。第 2 条已被吴毓江证为《淮南子·道应》的文字③。田宜超、黄长巩也指其本是《淮南子》引《老子》文④。日知亦如是云,指《老子》在《墨子》后⑤。即《太平御览》所引条目皆为讹误,高亨、陈鼓应之论有误(陈鼓应先生后来也注意到他此处所存在的误说,并加以修正。同时也将《墨子》《老子》中部分相似文句进行对比,以证墨子引用《老子》,受其影响)⑥。

但也不能以此就如日知等那样认为墨子不知老子。因为影响具体文章是否称引前人著作的因素众多,如孔子师从老子,《论语》书也仅一二处直接称引老子及化用其语句,《墨子》书即使较少直接称引也不足为怪。何况通观《墨子》全书,确也有诸多化用《老子》语句者。

如《尚贤中》曰"今王公大人有一衣裳不能制也,必借良工;有一牛羊不能杀也,必借良宰"⑦,此句便是直接化用老子"大制无割"及"夫代司杀者杀,是代大匠斲也。夫代大匠斲者,则希不伤其手矣"等句。

《亲士》曰"今有五锥,此其铦,铦者必先挫。有五刀,此其错,错者必先靡。是以甘井近竭,招木近伐,灵龟近灼,神蛇近暴。……故曰:太盛难守也"⑧,此与老子"曲则全""大植若屈""持而盈之,不若其已。揣而群之,不可长保也。金玉盈室,莫之守也。贵富而骄,自遗咎也。功述身芮,天之道也""强良者不得死"以及和光同尘挫锐解纷的玄同思想等无异。

《亲士》又曰"是故江河不恶小谷之满己也,故能大。圣人者,事无辞也,物无违也,故能为天下器"⑨,则是直接引用老子"江海所以为百浴王,以其能为百浴下,是以能为百浴王"之文。

---

① 陈鼓应:《老学先于孔学——先秦学术发展顺序倒置之检讨》,《哲学研究》1988 年第 9 期,第 40—48 页。
② 吴毓江:《墨子校注》,孙启治点校,北京:中华书局,2006 年,第 983 页。
③ 吴毓江:《墨子校注》,孙启治点校,北京:中华书局,2006 年,第 986 页。
④ 田宜超、黄长巩:《是〈墨子〉引〈老子〉,还是〈淮南子〉引〈老子〉》,《文物》1975 年第 9 期,第 93 页。
⑤ 日知:《墨子不知老子——〈太平御览〉卷三二二"墨子曰"引书有误》,《古籍整理研究学刊》1992 年第 4 期,第 4—5 页。
⑥ 陈鼓应:《墨子与〈老子〉思想上的联系——〈老子〉早出说新证》,见陈鼓应主编《道家文化研究》(第 5 辑),上海:上海古籍出版社,1994 年。又收录于陈鼓应《中国哲学创始者——老子新论》,北京:中华书局,2015 年,第 63—68 页。
⑦ 吴毓江:《墨子校注》,孙启治点校,北京:中华书局,2006 年,第 75 页。
⑧ 吴毓江:《墨子校注》,孙启治点校,北京:中华书局,2006 年,第 2 页。
⑨ 吴毓江:《墨子校注》,孙启治点校,北京:中华书局,2006 年,第 2 页。

《亲士》又曰"归国宝,不若献贤而进士"①,则是化用老子"道者,万物之注也,善人之宝也,不善人之所保也。……故立天子,置三卿,虽有拱之璧以先驷马,不若挫而进此"语句。

《亲士》又曰"昔者文公出走而正天下,桓公去国而霸诸侯,越王勾践遇吴王之丑而尚摄中国之贤君。三子之能达名成功于天下也,皆于其国抑而大丑也"②,则又是化用了老子"宠辱若惊,贵大患若身""知其荣,守其辱,为天下浴""受邦之诟,是谓社稷之主;受邦之不祥,是谓天下之王"等诫言。

至于《墨子》全书继承、转化老子思想者更是多不胜数。按墨反儒,老亦反礼乐,即可知二者多有相同点。认为老、墨大不同而当相抵牾者,多是取小异,不见大同而已。

(二)道德论下的天鬼体系

1. 重构天、鬼而非命。自从老子由太一观念发展出道论以来,道为宇宙本体的思想影响甚大。但老子又称天道,云"天之所恶,孰知其故"等,于是儒家老学又进一步发展出抽象的天,如公孙尼子、曾子、子思等皆重视该观念。墨子受此影响,甚少称道,皆言天。

墨子的天与老学的道存在诸多相合处。如《法仪》曰"天之行广而无私,其施厚而不德,其明久而不衰"③,即合于道的恒久、无私。但他的天又与之有重大差异。老子处,道本无心,以万物为刍狗。儒家老学中的天也无主观意志。墨子却背离此点,可以说是基于"天之所恶,孰知其故""天将建之,如以慈垣之""是谓配天,古之极也"等言语,但对其内涵有了创造性理解,认为所谓恶是类似人主观能力的好恶,从而指天有欲。如《法仪》曰"天何欲何恶者也?天必欲人之相爱相利,而不欲人之相恶相贼也"④。

在天有主观好恶的理念下,鬼也开始有了意志。老子虽也提到鬼,且也有其意志,但已相当弱化,强调"其鬼不神",根本用意只是让鬼作为道所赐的祥与不祥来出场。老子弟子继承此点,文子亦称人能行道,鬼神皆服,孔子亦然。但墨子一反此潮流,《尚贤中》指天鬼有善恶观,故赏之而为天子、使其富贵,罚之,则使身死刑戮、国灭家亡⑤。

当然,墨子相关理念又深受老学"天道无亲,恒于善人"以及圣人以百姓之心为心思想的影响,所谓天、鬼已非商周旧观念中的神灵,而是社会性的、

---

① 吴毓江:《墨子校注》,孙启治点校,北京:中华书局,2006年,第2页。
② 吴毓江:《墨子校注》,孙启治点校,北京:中华书局,2006年,第1页。
③ 吴毓江:《墨子校注》,孙启治点校,北京:中华书局,2006年,第29页。
④ 吴毓江:《墨子校注》,孙启治点校,北京:中华书局,2006年,第29页。
⑤ 吴毓江:《墨子校注》,孙启治点校,北京:中华书局,2006年,第77页。

以百姓理念为本源的万民代言人。也正是出于该点,墨子非命,强调不存在命定之事,一切皆在人为。《非命上》即批判上世穷民以我命固贫为借口,贪食惰事以致饥寒交迫。当今王公也以我固有命而不听治,导致人祸不断,天下大乱。"故命上不利于天,中不利于鬼,下不利于人。而强执此者,此特凶言之所自生,而暴人之道也。"①因此对迷信之说皆加批判,《贵义》即载其曾欲北行入齐,占日者据《日书》告知当日不宜北行。墨子不听,虽此后一时受困,但仍据理指其术不可用②。

2. 性、情、知的发觉与是非体系建构。老子指道生万物,并决定万物之性,因此性本清静,本寡欲。在其之后,各家老学对性、心、情、欲等命题都展开了系统探讨。墨子也深受影响,认为天生万物,故万物之性为一,见染丝而叹性本无别,只是染著不同(《所染》)③。

同时,墨子指情为人基本的身体需求。"圣人有传:天地也,则曰上下;四时也,则曰阴阳;人情也,则曰男女;禽兽也,则曰牝牡雌雄也。真天壤之情,虽有先王不能更也"(《辞过》)④,即指居家避风雨、衣服保冷暖、饮食养体腹、舟车致重远等皆是人之情,不可迁移。

在认知能力方面,墨子认为知包括两个层面:一个是人的认知,这是一人一义、十人十义的(《尚同中》)⑤;另一个是对人的认知的再认知,它可以形成共识。人可以用第二种认知来控制第一种认知,且通过学习、教化,可获得良好的调节。在具体是非判断方面,人有从利避害的本能,墨子强调兼之,通过众人的选择以分辨最根本的利与害。于是他发挥老学以百姓之心为心的善善、病病之道,强调最大众的是非就是是非、百姓所认为的利害就是利害,并以此正是非、正名实。在此之下,言行合一,就可以以正道治天下。

3. 敬天事鬼下的天民仁义理念。老子论道,但也强调天之道,因此有"治人事天""孰能有余而以取奉于天者乎""配天"等语,在一定程度上也强调尊崇鬼神。文子、孔子等对此皆有发展。墨子在别立天、鬼之后,更强调敬天事鬼。他所谓的遵从天、鬼意志本质上是主张公天下、利万民。

更为重要的是,老子指道生万物,但不去私有、主宰后者,故万物本是自由者,并非天下任何一物一人的私产,天下本是一个公天下。墨子继承了老

---

① 吴毓江:《墨子校注》,孙启治点校,北京:中华书局,2006年,第396页。
② 吴毓江:《墨子校注》,孙启治点校,北京:中华书局,2006年,第674页。
③ 吴毓江:《墨子校注》,孙启治点校,北京:中华书局,2006年,第16页。
④ 吴毓江:《墨子校注》,孙启治点校,北京:中华书局,2006年,第47页。
⑤ 吴毓江:《墨子校注》,孙启治点校,北京:中华书局,2006年,第107页。

学道生万物的观念,并发展为天、鬼生养万物,包括人。一切都是天、鬼的,不可以私有,从而发展出天民观念。如在批判君王好相攻时,即指"夫取天之人,以攻天之邑,此刺杀天民,剥振神之位,倾覆社稷,攘杀其牺牲,则此上不中天之利矣。意将以为利鬼乎"(《非攻下》)①。相关论述提出了天民概念,指人与人之间本是自由、平等的关系。

墨子在天、鬼和天民观念下,形成了独特的法天道德体系——内"仁"、外"义"。"仁"是修仁心,即兼相爱;"义"是人与人之间的关系,即交相利。老子强调在道之下,以身观身、以家观家云云。墨子发挥之,认为在天鬼之下,人当法敬之,遵从其好恶,故相爱相利,更何况天民本是同胞,更当如此(《法仪》)②。若使天下兼相爱,爱人若爱其身,则无不孝不慈;视人之室若其室,则无盗贼;视人国若其国,则无相攻,天下自然大治(《兼爱上》)③。实质就是在天、鬼之下,天民以仁——兼相爱为本,修身成仁人,然后发挥交相利,以齐家治国平天下。当然,由其衍伸而来的更有尚贤、公选等措施,从而实现尚同——天下大同的局面。

(三)新仁义观下的修身论

在身理念上,老子依从天道混融,领悟身心混一,在此基础下强调虚心、知足,并指修身是德行的开始。儒家老学对老子天道进行了转化,形成了心形分离,以心为君、以身为臣的身观,并对修心展开了系统建构。在此基础上,发展出了更为系统的反求诸身理念。当时,相关观念在社会上已经产生广泛影响。

墨子深受儒家老学影响,"吾闻之曰'非无安居也,我无安心也;非无足财也,我无足心也'"(《亲士》)④,即是以心为主,七窍、四肢受其左右的观念。在此基础上,指"善无主于心者不留,行莫辩于身者不立;名不可简而成也,誉不可巧而立也,君子以身戴行者也",由此形成了他的反之身理念——君子衷心至诚,贫见廉、富见义、生见爱、死见哀,不可虚假,并以此修身处世(《修身》)⑤。至于具体所为,墨子所论多与其治国观念相联系,主要涉及以下几个方面:

1. 老子强调三宝,其一为节俭。他依从人情,主张虚心强骨,为腹不为目,认为放纵五色、五味、五音与车舟狩猎,皆是非道之行。好游乐者不得其

---

① 吴毓江:《墨子校注》,孙启治点校,北京:中华书局,2006年,第215页。
② 吴毓江:《墨子校注》,孙启治点校,北京:中华书局,2006年,第29页。
③ 吴毓江:《墨子校注》,孙启治点校,北京:中华书局,2006年,第152页。
④ 吴毓江:《墨子校注》,孙启治点校,北京:中华书局,2006年,第1页。
⑤ 吴毓江:《墨子校注》,孙启治点校,北京:中华书局,2006年,第11页。

死,带利剑、服文采、宫室有余而致百姓饿死者皆为大盗贼。

墨子发挥之,人虽有其情,不能过度,也主张为腹不为目。他认为圣人出于人之情而作饮食、衣服、宫室、舟车,并定男女之道,"凡此五者,圣人之所俭节也,小人之所淫佚也。俭节则昌,淫佚则亡"(《辞过》)①。三代的灭亡也在于此,他们不慎心志,不正耳目之欲,内耽于酒乐,外疯狂于驰骋田猎,民困国虚,以致身死国灭,而当今之主也多淫过,不可不节(《非命中》)②。

《节用中》亦载墨子论古明王圣人所以王天下、正诸侯,皆以节用为本。强调饮食不极五味五色与难得之货,足以继气强体,则止;衣服冬暖夏清,则止;器具足用,则止;宫室足以避风雨、别男女、利祭祀,则止。并继续将之发展到节制丧礼层面,节葬不仅要使丧葬形式简约,同时"死者既葬,生者毋久丧用哀"③,即在精神层面也要节制哀伤之情。

在《节葬下》中,墨子认为丧礼之本在哀,不在厚葬,且原本崇尚薄葬——尧、舜、禹皆道死而薄葬,"厚葬久丧果非圣王之道"④。更何况当今的厚葬必然导致国贫、民寡、刑乱,于是百姓衣食不足,继而上下相怨,盗贼兴而难以治。任其发展,必然导致国家间相互攻伐,而事上帝鬼神者寡,最终上帝鬼神降之罪、厉之祸,罚而弃之,故修德必节丧。墨子又将节丧进一步扩大到非礼层面,指礼劳民伤财,是令孝慈仁义不复兴的原因所在。相关思想可以说正是对老子礼是令孝慈仁义不能实现的愚乱之首理念的继承与发挥。

与老子一样,墨子在非礼之后,也从虚心强骨、利百姓出发,痛斥五声,即非乐。首先从历史发展角度指出,乐对于治国本无益,"周成王之治天下也,不若武王;武王之治天下也,不若成汤;成汤之治天下也,不若尧舜。故其乐逾繁者,其治逾寡。自此观之,乐非所以治天下也"(《三辩》)⑤,进而指当下之乐更只是耳目享乐,将带来更大危害,且筑钟鼓,排歌舞,必然害天时、耗民力、夺民衣食,导致盗贼兴、国家攻伐。圣人治天下,恬淡为之,如欲愉目乐耳甘口而夺百姓衣食,必不为也,故有道者非乐(《非乐上》)⑥。

2. 继承老学曲直、处下、守辱之道。老子指君王当守虚好静,曲则直、洼

---

① 吴毓江:《墨子校注》,孙启治点校,北京:中华书局,2006年,第47页。
② 吴毓江:《墨子校注》,孙启治点校,北京:中华书局,2006年,第407页。
③ 吴毓江:《墨子校注》,孙启治点校,北京:中华书局,2006年,第249—250页。
④ 吴毓江:《墨子校注》,孙启治点校,北京:中华书局,2006年,第260页。
⑤ 吴毓江:《墨子校注》,孙启治点校,北京·中华书局,2006年,第60页。
⑥ 吴毓江:《墨子校注》,孙启治点校,北京:中华书局,2006年,第373页。

则盈,强调燕居而不出环官,从而守身保国。墨子亦然,"其直如矢,其平如砥,不足以覆万物。是故溪陕者速涸,逝浅者速竭,垸埆者其地不育。王者淳泽,不出宫中,则不能流国矣"(《亲士》)①,君王如同洼池,愈低虚,愈能得水归注,不至于干涸。君王好静而不出宫室,不扰民,就不会被百姓厌弃,也就不会有流离失国的危险。

老子也从道出发,强调君王自虚,并以江海自虚处下而为百浴王为喻。墨子也受其影响,"天地不昭昭,大水不潦潦,大火不燎燎,王德不尧尧者",君王也是如江海一样不厌弃小河归注,以小为大,才成为天下器(《亲士》)②。

老子强调以大患为贵、以辱为宝,受邦之不祥,才能成天下之王。墨子亦指晋文公、齐桓公、越王勾践三人皆身负大患巨丑,终转败为胜,为天下政长(《亲士》)③。

3. 老子从道恒无名出发,指君王当以无名为高。此后老学对其有所损益,墨子首先强调名实相副,君子总是尊道而行,不为声名,但在功成之后,自然有令名来归(《修身》)④。当然,墨子所认同的最高境界仍是老子的大言不辩、大功不伐,回归无功、无名之境。如楚国曾因有公输盘云梯而欲攻宋。墨子闻之,起于齐,行十日夜,冒杀身之险见楚王、公输盘而止之。"子墨子归,过宋。天雨,庇其闾中,守闾者不内也。故曰:治于神者,众人不知其功。争于明者,众人知之。"(《公输》)⑤太上治未病,圣人总是在事情未发生前就处理妥当,故处其实而不居其华者必然无名。

(四)新仁义观下的治平论

1. 君王自虚、尚贤。在君王治国的基本原则方面,老子除强调君王要实现上述的修身之道外,又要不自贤,从而为江海而得川河归注。故天子设三公以辅助,以道为贵,挫进宝玉。此后老学多继承君王自虚和任用贤能的主张。墨子亦然,直言"归国宝,不若献贤而进士"(《亲士》)⑥,君王应自虚立德,举义尚贤,从而得贤能相助。他强调尚贤是取法于天的,"虽天亦不辨贫富、贵贱、远迩、亲疏,贤者举而尚之,不肖者抑而废之"(《尚贤中》)⑦,并以天、鬼以尧舜禹汤文武为贤,以桀纣幽厉为不肖,各有赏罚,或誉或毁,至今

---

① 吴毓江:《墨子校注》,孙启治点校,北京:中华书局,2006年,第2页。
② 吴毓江:《墨子校注》,孙启治点校,北京:中华书局,2006年,第2页。
③ 吴毓江:《墨子校注》,孙启治点校,北京:中华书局,2006年,第1页。
④ 吴毓江:《墨子校注》,孙启治点校,北京:中华书局,2006年,第11页。
⑤ 吴毓江:《墨子校注》,孙启治点校,北京:中华书局,2006年,第747—748页。
⑥ 吴毓江:《墨子校注》,孙启治点校,北京:中华书局,2006年,第2页。
⑦ 吴毓江:《墨子校注》,孙启治点校,北京:中华书局,2006年,第77页。

不已等事迹明之。又云君王近善臣,可染而善。墨子曾见染丝而叹"染不可不慎",并云"非独染丝然也,国亦有染",善为君者选贤任能,后者能使之从善(《所染》)①。君王从善,贤者各司其职,则可无为而治。

同时因世殊时异,相关理念也有变革。在春秋晚期,老子的"不尚贤"确有不争的内涵。这是因为当时贵族并未完全没落,仍意图恢复其统治,故强调统治阶层内部不相争,以使百姓不争。但到了战国时代,诸侯兼并更烈,贵族社会日趋瓦解,贤哲皆强调才具,子思等甚至明确提出打破贵族世袭,用人不分贵贱。墨子亦然,认为"尚贤者,政之本也",强调效法古圣王,使官无常贵民无终贱:"以德就列",不义则不富不贵不亲不近,则公侯百姓竞相为义,"以官服事,以劳殿赏,量功而分禄",有能者举之,无能者下之,则上下争相为贤(《尚贤上》)②。

在彻底瓦解贵族世袭、树立尚贤理念后,与之配套的,墨子强调赏罚之术的建构。《尚贤下》载墨子要在尚贤之下,行赏罚之术,使为善者劝,为暴者沮③。这些都与老子本人的思想相去较远,但与刑名家老学思想相近。

2. 禅让与公选。在动摇世袭后,自然强调尚贤,尚贤的进一步发展则必然产生系统的禅让思想。禅让是当时哲人以古圣王之世的名义对当时社会的否定,本质是托古改制。子思曾对世袭和禅让作了分析,但最后仍只是说各有其理。墨子则明确认为世袭为祸乱根源,推崇尚贤,进而再现禅让。他对比古圣王之治与今王公大人之为刑政,指出古圣王尚贤禅让而大治,今王公"政以为便譬,宗于父兄故旧,以为左右,置以为正长",于是皆比周隐匿,善行不彰,恶行不除,无以治(《尚同中》)④。

树立"禅让"理念之下,又构想一整套公举、推选制度,这也体现了墨子对人间理想社会及其政治结构的设想与建构。天、鬼生养了这个世界,也决定了这个世界最根本的法则。在天、鬼之下,天民公天下,兼相爱、交相利,于是尚贤,行禅让,其具体之法就是选仁人以为官长。墨子对这个公选进行了系统论述,天民依次选定天子、三公、诸侯国君、正长。正长则包括了乡长、里长(《尚同上》)⑤。选举的基本依据则是尚贤。里长是里中仁人,乡长是乡中仁人,诸侯国君是国中仁人,三公是天下中三仁人,天子则是"天下贤

---

① 吴毓江:《墨子校注》,孙启治点校,北京:中华书局,2006年,第17页。
② 吴毓江:《墨子校注》,孙启治点校,北京:中华书局,2006年,第66页。
③ 吴毓江:《墨子校注》,孙启治点校,北京:中华书局,2006年,第94页。
④ 吴毓江:《墨子校注》,孙启治点校,北京:中华书局,2006年,第118页。
⑤ 吴毓江:《墨子校注》,孙启治点校,北京:中华书局,2006年,第107页。

良、圣知、辩慧之人"(《尚同中》)①。

在选举之后,则以尚同监督。里中之民法同于里长,各里长法同于乡长,各乡长法同于诸侯国君,各诸侯国君法同于三公,三公法同于天子,天子则法同于鬼、天。里民不同于乡长,则乡长以天子义赏罚之,乡长、诸侯国君、三公皆如是。如天子不同于天,则天将降下大灾以警示之。若天终不平和,则说明天子不同于天,需要受天与万民的惩罚,乃至禅让,即天民重选天子。尚同也是政令得以实现的依据,至于具体的方法则是在各级仁人选定后,通过家、国、天下逐级"发宪布令",从下而上,逐级尚同。实际上就是以天民之意为本。

通过以上上下交互的方法,形成一个上尊天、鬼,下崇天民的尚同世界。如果天下皆同而无异,必然无因差异而来的攻伐之事。老子曰"兵者,凶器",墨子发展之,认为攻战非道,以非攻为号召。《非攻》从战争危害的角度对相关事理进行了详论。此处则体现依从尚贤、公选、尚同等做法也就可以消弭战争,实现天下平和。

在中国政治思想史里,墨子是第一个明确系统论述公天下、公选天下仁人的哲人。不论如何称颂其意义,都不为过。但从当时的情况看,墨子的理念无法获得实现。不必说天下、国家层面,即使墨家内部钜子的产生也非依靠选举。如《吕氏春秋·离俗览·上德》载墨者钜子孟胜善阳城君,阳城君令其守国,后阳城君见罪于楚王,亡走。楚王将收其封地,孟胜死守之。在战死之前,派遣弟子传钜子于田襄子②。以此可知,墨家虽然强调天下、国家、乡里首长皆需公选而定,但它自己的领袖也非选举产生,其理念在当时只是空想。且从根本处而言,尚同理念无法消弭战争,因为人与人、家与家、国与国之间的差异本身不能消弭,不能同化,真正之道应该是"不同而和"。

小 结

子思虽然生活于春秋末代霸主勾践已死、战国并争已然开启的时代,但他仍未完全脱离尊王霸道思想的影响,还是希望君主遵从天道本性,发明明德,仁爱天下,从而实现天下平和的理想。也正因此,他对老学的吸收与转化在个人修为方面仍遵从本性明心中情,在治国理念上仍具备明王道德论的基本特点。而墨子则将老学的道转化为天、鬼,并以此形成振聋发聩的天民观念。也正因此,实现了对性、心、情的重新认知,形成了兼相爱、交相利

---

① 吴毓江:《墨子校注》,孙启治点校,北京:中华书局,2006 年,第 114 页。
② 许维遹:《吕氏春秋集释》,北京:中华书局,2009 年,第 521—522 页。

的新仁义观。老子倡三宝,首为节俭,强调虚心强骨,反对五味五色五音;墨子则曰节用,并以此非礼非乐。老子强调慈爱天下,无弃人弃物,且兵者凶器;墨子则曰四心四行有哀,发展出天民兼相爱、交相利的非攻理念,以及系统的尚贤、尚同思想和公选、禅让体系。墨子也是希望以这些理念最终实现一个众生和同、无为而治的大同世界。

第二节　列子对老学的继承与发展

关于列子其人其书,学界一直存有争议。影响所及,以致稀有人论其老学。列子为郑繻公(与鲁缪公同时)时人,生于公元前470年左右。少时师从壶丘子,友伯昏瞀人,且曾问道于师伯关尹子。在壶丘子处九年而得道,后归郑圃讲学。其间虽有学徒,但不见用于公侯。直到公元前400年,郑国发生饥荒,国相子阳听人荐,予之食,欲请为门客,列子拒之,后游卫,不知老于何处。

列子生前传有著述,单篇别行。卒后,弟子整理之,又追记见闻。汉初刘向编订《列子八篇》,主体内容为以上两者,也包含部分列子后学发挥的内容,且将部分与列子思想相关或相似的文献一同编入,如战国中期人物故事、《杨朱》等。汉代以后,该版《列子》流散,晋人张湛重新修编,基本内容与之同,当然也有部分汉以后士人及其本人的文字窜入,但只是小瑕,不掩大珠。总的来说,列子为老子再传弟子,继承壶丘子林老学的基本内容,并对生化、游、梦等思想做了进一步发挥,影响深远。

一、天道生化,万物化生

列子关于道本体及生化宇宙的论述主要集中于《天瑞》《汤问》等篇。《天瑞》与《乾凿度》诸多内容相重,关于两者关联一直有争议。老子对原始盖天说宇宙体系加以继承,发展出太一之道——"道不自生,故能生生"的理念。关尹子继承此说,其学派有《太一生水》传世,壶丘子亦传相关思想。列子曾问道关尹子,对盖天说多有继承,《汤问》即体现其对相关世界的形而下解读。《天瑞》则体现其从壶丘子处继承而来的对相关世界的形而上理解,两者可相印证。《天瑞》从关尹子、壶丘子而来的痕迹显著,应是列子本人思想的呈现。该思想对易学发展有过重要影响,先秦时影响《易传》的形成,汉代易纬制造者则在抄袭、改造相关篇章的基础上形成《乾凿度》。

关于道本体及其生化万物问题,《天瑞》载列子曾听闻壶丘子语伯昏瞀人之言,内容涉及相关方面。再联系《汤问》中的记载便可得较系统的认知。

(一) 道体及其化生

老子曰"有物混成",道与物是一即多,又非多,又一而多的关系。列子继承之,《汤问》载夏革答殷汤"古初有物乎"之问,曰"古初无物,今恶得物? 后之人将谓今之无物,可乎",指原初有物,道也是物①。但道非常物,本身始终相合,不存在一个时间上的消息变化,"自生自化,自形自色,自智自力,自消自息。谓之生化、形色、智力、消息者,非也"(《天瑞》)②,不能以平常的事物来认知、描述它,它本无形色,不存在空间性、时间性,也不会有来自两者的局限性。

至于道体的基本特点,老子指其独立不改,周行不殆。列子继承之,指"不生者疑独,不化者往复。往复,其际不可终。疑独,其道不可穷"(《天瑞》)③。此与上文所言道无始无终相合。且道本身不自我生化,"生物者不生,化物者不化""有生不生,有化不化"。但它又生化万物,"不生者能生生,不化者能化化"(《天瑞》)④。老子曰"谷神不死,是谓玄牝。玄牝之门,是谓天地之根。绵绵若存,用之不勤",列子称引原文,并直接将谷、神连读,指为谷神,视之为道的另一种具体呈现,体现了道对万物的生生作用。

道本身不生化,但能生阴阳、四时。后者往复不终,生化万物。具体过程,"夫有形者生于无形,则天地安从生? 故曰:有太易,有太初,有太始,有太素"(《天瑞》)⑤,无形生有形的过程可分为道生、气生、气化三阶段。道首先发展呈现为太易阶段,此时虚无,未有气。后进入太初阶段,产生气。太始时,气形成形体。太素时,气积淀而有质体。此时,形、质没有明确分离,万物间不存在边界,混混沌沌,"视之不见,听之不闻,循之不得"(《天瑞》)⑥,是变化无常的浑沦状态——故也称为易。易混沌为一,这个一开始生化,生出七,进而变为九,周而复始,成就万物。这个一、七、九的往复变化、万物生成,与盖天说的宇宙生成论基本相合,且也是对老学"道生一,一生二,二生三,三生万物"的进一步发展。

(二) 天地的生成与运转

在道生气、气化到一定阶段后,天地产生,"一者,形变之始也。清轻者

---

① 杨伯峻:《列子集释》,北京:中华书局,2012 年,第 140 页。
② 杨伯峻:《列子集释》,北京:中华书局,2012 年,第 4—5 页。
③ 杨伯峻:《列子集释》,北京:中华书局,2012 年,第 2—5 页。
④ 杨伯峻:《列子集释》,北京:中华书局,2012 年,第 2—5 页。
⑤ 杨伯峻:《列子集释》,北京:中华书局,2012 年,第 6—8 页。
⑥ 杨伯峻:《列子集释》,北京:中华书局,2012 年,第 6—8 页。

上为天,浊重者下为地"(《天瑞》)①。这时人的一个基本问题是天地无极,还是有极?在形体方面,《汤问》拟托汤、革对上下八方是否有极进行讨论,反映了列子对有极、无极的辩证看法②。道本无始无终,气亦充满于太虚,于是无涯,由此而来的天地也应无极。道、气本无穷,天地在道、气中,虽小于后两者,但也随之变得无尽。不过,天地终也是物,必有边界,故也有局限,如此又似有极。在运转方面也是如此。上文在论述道令万物有消息时,已指出天地有灭时。此外,《天瑞》通过鬻熊、杞人、晓之者、长庐子、列子等一连串环环相扣的言论对此进行了深入讨论③。

鬻子认为天地的演化无穷无尽,损益无缝,无人能察觉。但变化是客观的,就像人从出生到死亡,以日计之,一日之中不能知其变化,但从结局来看初始的状态,变化昭然。因此很多事只有待发生后才能知晓,之前的推测与喜乐皆无意义。此后又围绕天地变化与人认知之间的关系展开四个寓言,体现四种层次的见解。第一层面是杞人的理解。他忧惧天地终会崩坏,废寝忘食。第二层面是晓之者的认知。他担忧杞人的忧虑会使之病亡,告诉他天是气,日月星辰也是气,地是块,它们无穷无止,即使有一点点所谓崩坏也无碍大局。于是两者皆喜。但杞人是因认为天地不坏,除忧而喜,晓之者则是因杞人不忧而喜。第三层面是长庐子所言。他认为天是积气,具体由虹蜺、云雾、风雨、四时等构成。大地由块构成,块的具体内容是山岳、河海、金石、火木。它们虽然小到极致,大到无穷,但必会崩坏,"天地不得不坏,则会归于坏。遇其坏时,奚为不忧哉"④。第四层面是列子对整个事件的评论。列子笑曰:"言天地坏者亦谬,言天地不坏者亦谬。坏与不坏,吾所不能知也。虽然,彼一也,此一也。故生不知死,死不知生;来不知去,去不知来。坏与不坏,吾何容心哉?"⑤天地变化是客观的现象,不以人的意志为转移,人更应关心自己的认知,实质是认知问题。如同鬻熊所言,事情都在发生着,人对它的认知有时只能在发生后形成。未来的知觉对于现在的自己而言没有意义,不必容心。不论是杞人对天地崩坏之忧,或是晓之者对杞人忧之忧,还是长庐子对他人不忧之忧,皆不必容于心。

相关段落与寓言的思想核心是讨论事物变化与认知之间的关系,以及认知、感性的意义等问题。但也体现出了列子对天地运转是否有极的基本

---

① 杨伯峻:《列子集释》,北京:中华书局,2012年,第6—8页。
② 杨伯峻:《列子集释》,北京:中华书局,2012年,第141—144页。
③ 杨伯峻:《列子集释》,北京:中华书局,2012年,第29—31页。
④ 杨伯峻:《列子集释》,北京:中华书局,2012年,第29—31页。
⑤ 杨伯峻:《列子集释》,北京:中华书局,2012年,第29—31页。

看法。列子认为积气而成天、日月星辰,积块而成大地。天地运行有消亡,自然有崩坏。只是天地的消亡一直处于渐变中,对微小的人而言没什么影响。

(三) 万物的自我化生

老子称无生有,有生万物。道生一,一生二,二生三,三生万物。同时,万物生生。老子对生生没有给出详细的解读,同类生同类,如马生马,自是题中之义,然而同类的繁衍生息不足以解释世界上各异物种的存在。应该说,老子还是存有化生观念,道不生己而生阴阳、四时、万物,这本是一种化生的表现。或许本也可以以此推论出马返回道,于是马不生马,而生牛。但从现有的材料看,他没有对此进行明确论述,而是列子做了突破性发展。

列子从老子无生有、道生物、一生二等观念中,转化出了全新的生——异类化生。"《黄帝书》曰:'形动不生形而生影,声动不生声而生响,无动不生无而生有。'……道终乎本无始,进乎本不久。有生则复于不生,有形则复于无形。不生者,非本不生者也;无形者,非本无形者也"(《天瑞》)①,即从道不生己出发,表明生物者不一定生己,从而在生生之外,确立了生化,即化的作用。

关于生化的具体呈现,《天瑞》曰:"种有幾:若蛙为鹑,得水为㡭,得水土之际,则为蛙蠙之衣。生于陵屯,则为陵舄。陵舄得郁栖,则为乌足。乌足之根为蛴螬,其叶为胡蝶。……羊奚比乎不筍,久竹生青宁,青宁生程,程生马,马生人。"②此物可以化生彼物,不仅龙生龙、凤生凤,龙也可以生凤。在道、物之间,道生生而有物,物又返回道,不仅生生,也化生新物,并以此实现了事物的多样性——此点非常重要,是列子对自我否定发展的第一次观察。

道、物的生生与化生决定天地间万物差异巨大。《汤问》载汤问物的巨细、修短、同异,革荅之无垠如归墟、自由如仙圣,皆非一般国都、凡人所能比。又有修者如龙伯国之大人,跨步越五山,短者如东北极之诤人,身长仅九寸;巨者如天池之鲲与鹏,广数千里,细者如江浦之焦螟,群飞集于蚊睫而不相触;寿者如上古大椿,以八千岁为春,八千岁为秋,夭者如朽壤菌芝,生于朝,死于晦;又有大木,生于吴楚则为櫾,长于齐州化为枳③。即道生万

---

① 杨伯峻:《列子集释》,北京:中华书局,2012 年,第 17—18 页。
② 杨伯峻:《列子集释》,北京:中华书局,2012 年,第 11—16 页。
③ 杨伯峻:《列子集释》,北京:中华书局,2012 年,第 147—151 页。

物,天性均平,但形气相异,各有其分,于是从本性处大同,从形象处绝异。

(四)万物殊途同归,和同生死

在道中,一切皆有生灭。万物差异虽大,但都处于生生与化生状态,"生者不能不生,化者不能不化,故常生常化。常生常化者,无时不生,无时不化"(《天瑞》)①,皆是生死转化,必有消亡。生即意味着死,死即意味着生,只是都不是原有事物的循环生灭,而是不同事物间的死死不绝、生生不息。有些久远如仙种,近乎不老不死,与天地齐寿,有些则是五百岁一春秋,有些则是数十年一生死,有些则是瞬息而生灭。但本质上都有消息,"万物皆出于机,皆入于机"(《天瑞》)②。人也是如此,"人自生至终,大化有四:婴孩也,少壮也,老耄也,死亡也。……其在死亡也,则之于息焉,反其极矣"(《天瑞》)③。

道与物决定人必然有生死,继而也洞穿了死亡。死的本质是一种回归,"精神者,天之分;骨骸者,地之分。属天清而散,属地浊而聚。精神离形,各归其真,故谓之鬼。鬼,归也,归其真宅""死也者,德之徼也。古者谓死人为归人。夫言死人为归人,则生人为行人矣。行而不知归,失家者也"(《天瑞》)④。精神为气暂聚而成,形体为块暂聚而成,精神来自天,最终必然飞散而归于天,形体来自地,最终形变败坏而归于地。列子所谓黄帝登假之类并非精神完整不死,而是消亡化气,归于天。这意味着自我也随之消亡。列子相关思想是老学的一脉相承。老子曰寄身天下、托身天下,孔子老学发展为神灵为气土,暂游于天地间,老莱子亦指人生如寄、如远游。列子则继承之,发展为系统的死亡论。

死也是一种生。《天瑞》载林类答子贡"寿者人之情,死者人之恶。子以死为乐,何也"之问,曰:"死之与生,一往一反。故死于是者,安知不生于彼?故吾知其不相若矣?吾又安知营营而求生非惑乎?亦又安知吾今之死不愈昔之生乎?"⑤在面对生死时,应中和之,人生要及时行乐——但也不意味着纵欲。列子路见百岁髑髅,谓弟子曰"唯予与彼知而未尝生未尝死也。此过养乎?此过欢乎"(《天瑞》)⑥。相关思想影响了杨朱,也正因此他的思想篇章被后学整理入列子学派作品集。

---

① 杨伯峻:《列子集释》,北京:中华书局,2012年,第2页。
② 杨伯峻:《列子集释》,北京:中华书局,2012年,第17页。
③ 杨伯峻:《列子集释》,北京:中华书局,2012年,第20页。
④ 杨伯峻:《列子集释》,北京:中华书局,2012年,第26—27页。
⑤ 杨伯峻:《列子集释》,北京:中华书局,2012年,第24页。
⑥ 杨伯峻:《列子集释》,北京:中华书局,2012年,第11页。

二、法道修身,贵在虚、梦、游

列子指人为清浊二气冲和而成(《天瑞》)①,这与此前老学认为人为阴阳中和之物相同。但他并未因此推论人为贵,在他那里人与万物本无贵贱之别。人有其机种,自然有生死。圣人修身不在于永久其身,而在于在短暂的人生中使自己活过,获得自己的愉悦与悲伤。当然,这种愉悦与悲伤必须是来自自我的体验,不应是被外物占据后,自己制造出的幻象。为此,列子认为修身法道,贵在虚无。"子列子贵虚"(《吕氏春秋·不二》)②是当时的普遍认知。后世将《列子》称为《冲虚至德真经》,也有此内在原因。至于他为何贵"虚",时人也曾就此询问列子,而列子也有专门回答,他说"静也虚也,得其居矣;取也与也,失其所矣。事之破义而后有舞仁者,弗能复也"(《天瑞》)③,即指天道混沌虚无,人应效法它。法道虚静,则在于把握真我,以此变化消息,与物推移,所谓生者必死,是不可抗拒的,自然而然完成其旅行。

(一)对老学心斋、修身之道的继承与发展

修身的具体所为从修心开始。老子强调虚心,此后弟子皆有发明,形成各类心斋。《黄帝》载壶丘子曾因列子醉心于神巫之术,向其展示了地文、天壤、太冲莫眹,乃至"未始出吾宗"——"吾与之虚而猗移,不知其谁何"之境。于是列子三年不出门,心口不敢说是非利害;五年后,心口更念是非利害;七年后,从心口之所言,更无是非利害,最终内外皆进,彼此无别,物我不分④。可知壶丘子的心斋在于心归虚,心死而形废。

《黄帝》又载关尹子答列子"至人潜行不空,蹈火不热,行乎万物之上而不慄。请问何以至于此"之问,曰"是纯气之守也,非智巧果敢之列"。精气为内在根本,精气固形则有貌像声色,即为物。物与物之所以相接触,在于貌像声色的接触。两物相合则相益,相异则相伤。但如"壹其性,养其气,含其德,以通乎物之所造",纯气之守,不固化,则与物推移,无物可以伤之⑤。此处表现了关尹子的心斋即心归于天,虚无而完全,于是不受任何形骸损益的影响。

---

① 杨伯峻:《列子集释》,北京:中华书局,2012年,第5页。
② 许维遹:《吕氏春秋集释》,北京:中华书局,2009年,第467页。
③ 杨伯峻:《列子集释》,北京:中华书局,2012年,第27页。
④ 杨伯峻:《列子集释》,北京:中华书局,2012年,第67—73页。
⑤ 杨伯峻:《列子集释》,北京:中华书局,2012年,第46—48页。

亢仓子亦有"我体合于心,心合于气,气合于神,神合于无"(《仲尼》)①之道。同时,孔子闻亢仓子之术,笑而不答,则是因其亦具心斋之术。其传于颜回,后者发展为坐忘。除此之外,与列子同时的南郭子也谙此道。《列子·仲尼》载列子与南郭子连墙二十年,不相往来②。关于南郭子,成玄英疏曰:"楚昭王之庶弟,楚庄王之司马,字子綦。古人淳质,多以居处为号,居于南郭,故号南郭。……其人怀道抱德,虚心忘淡,故庄子羡其清高而托为论首。"楚庄王在位时间为前613年至前591年,楚昭王在位时间为约前523年至前489年。成玄英之说是因其以《庄子·让王》中与楚昭王问答的司马子綦相混同,此说不确。《庄子》书中,南郭子綦、南伯子綦、东郭子綦本为一人,为战国时人,与春秋的司马子綦为两人。

《寓言》篇载东郭子綦告其弟子颜成子修道之法是"一年而野,二年而从,三年而通,四年而物,五年而来,六年而鬼入,七年而天成,八年而不知死不知生,九年而大妙"③;《齐物论》又载南郭子綦与颜成子讨论心斋坐忘与吾丧我之论④;《徐无鬼》篇亦载南伯子綦与颜成子对话,内容与之极为相似,可以相参照。通观以上三处记载,可知三者实为一人。且从南郭子传道方式与壶丘子为列子的传道方式极类似,及其心斋思想来看,他也或许是壶丘子的弟子。列子与之本为师兄弟,只是各自得道,相忘于江湖而已。

列子的心斋主要继承发展于壶丘子之论,也受孔门颜氏之儒的心斋、坐忘之道,以及其他老学流派相关思想的影响。列子本人或其后学好论怪异,将相关学术追述至黄帝,称"黄帝与容成子居空峒之上,同斋三月,心死形废",乃神视、气听焦螟之形声(《汤问》)⑤。又谓黄帝"斋心服形三月",昼寝而梦游华胥国,见其国无师长,自然自化,百姓不别生死、亲疏、利害,与万物相合而不相伤。黄帝既寤而悟,大治天下,而后登假,百姓尊之至今(《黄帝》)⑥。

至于列子心斋的具体内容,由上文所引他对黄帝心斋的论述可知为心虚。《仲尼》亦载文挚称赞无别荣辱、得失、生死、贵贱、物我的龙叔,曰"吾见子之心矣,方寸之地虚矣,几圣人也"⑦。所谓心虚是返归道本虚无的状态,剔除一切世俗的是非之观、荣辱之念,立于道之墟。

---

① 杨伯峻:《列子集释》,北京:中华书局,2012年,第113—114页。
② 庄子:《庄子》,方勇译注,北京:中华书局,2010年,第16页。
③ 庄子:《庄子》,方勇译注,北京:中华书局,2010年,第466—477页。
④ 庄子:《庄子》,方勇译注,北京:中华书局,2010年,第16页。
⑤ 杨伯峻:《列子集释》,北京:中华书局,2012年,第150页。
⑥ 杨伯峻:《列子集释》,北京:中华书局,2012年,第40—41页。
⑦ 杨伯峻:《列子集释》,北京:中华书局,2012年,第123—124页。

列子的心斋本也指向形体,修心之语也是修身之论。他认同老莱子的人生如寄之说。精神和形体本出于机,后也归于机,非我所有。《天瑞》即载丞告知舜曰"汝身非汝有也",是天地之委形。不仅如此,"生非汝有,是天地之委和也;性命非汝有,是天地之委顺也;孙子非汝有,是天地之委蜕也"①,一切都只是气的造化而已。人不仅在天地间为寄,我对于吾而言也是寄,皆是旅行者。他以过客之心发展老学的以身观身、以家观家、以邦观邦思想,曰"视人如豕,视吾如人。处吾之家,如逆旅之舍;观吾之乡,如戎蛮之国"(《仲尼》)②。

(二)新修行法:在"觉""梦"冲和处"破我"

列子在继承各类"心斋""坐忘"修行法的基础上,对悟道的路径又有新的发展。他在《周穆王》中提出了真人"其觉自忘,其寝无梦"的理念,并将"觉""梦"对照而言,强调以"梦"破"觉",以"出梦而无梦"破对立而生的"两立""两可"与循环不定论的迷见,从而洞明"妄我"的存在,最终破除"我执"而归复本真虚无。《周穆王》在相关论述中,涉及诸多关于"梦"的论述与理念,部分文字与《周礼》的"占梦"、《黄帝内经·灵枢经·淫邪发梦》也有相似相近之处,因此关于其性质也一直存有争议。《周官》成书年代本身存有争论,或指为周公作,或指为春秋战国人作、或认为是汉人伪作。《黄帝内经·灵枢经》也被指作魏晋或唐人伪作。因此,相关内容之间的关系到底如何,需要进一步审视。

在笔者看来,占梦之说,古已有之。列子受占梦启发而发展出《周穆王》篇中的相关理念。但《周穆王》中的"梦"在思想层面已与古之占梦之论没有相近之处。至于《灵枢经·淫邪发梦》应该是战国晚期黄帝学派作品,但其主要阐述医理,与《周穆王》篇中的"梦"也无实质性关联。

且从思想发展逻辑来看,从"心斋"的"明我",到"坐忘"的"破我"而两相忘的思想处看,"觉""梦""破梦"其实就是它的翻版与进一步发展,因此从思想源流来看,列子"梦"理念的本源与历史形成脉络是有迹可循的。且与列子同时的南郭子也有类似思想。故《周穆王》篇中的"梦"的论述,应该是列子本人思想的反映。此后到战国晚期,列子后学又进一步追述到黄帝"梦"华胥氏之国,最后也影响到庄子之"梦"。

列子认为,我们在日常生活中存在"觉"与"梦"这样两种状态。"觉"指人日常"醒着"的时候,即所谓现实状态。这个"觉"的内容往往表现为"我"

---

① 杨伯峻:《列子集释》,北京:中华书局,2012年,第32—33页。
② 杨伯峻:《列子集释》,北京:中华书局,2012年,第123页。

在富贵或贫穷等状态中的欢愉或痛苦,但究其本质,则是"我"沉溺其中,受后者这些外在事物与观念的束缚与反噬。"梦"的实质则是希望、补偿或宣泄,内容往往表现为:现实中的金玉满堂者在梦中可能衣衫褴褛、疲于奔命,一贫如洗者在梦中可能坐拥金山、骄奢淫逸。在面对这两种截然不同的状况时,当事人可能也无法真正确立哪个为真,哪个为幻。因此,以往学者在解读列子的"梦"理论时,都会强调"觉"(现实)与"梦"(幻象)两者难以确立何者为"真",两者没有定处,都在无尽的循环中,于是可以形成"两立""两可",从而也就可以破除对日常现实的执念,指人生如梦。故多称颂"梦"的伟大,且实际上有以"梦"为"真"的倾向。

但实际上,在"觉"(现实)与"梦"(幻象)之间,列子并不是要强调难以确定何者为"真"以及"两立""两可",而是要借"梦"以破"觉",借"觉"以破"梦"。以阴阳、太极、无极为喻,他所追求的不是阴阳二分、两者对立而有、相生相克、循环往复、没有定处,而是阴阳冲和而不别阴阳,两者消融复归太极而无极。它们有定处,定在破除"我执",归复虚无。

人若一直处于所谓"觉"的状态,忙碌于现实中,一直无"梦",则会始终以所谓现实为"真",以致沉溺其中,无法发现"我"。一旦有"梦",且深究它,便会怀疑现实的可靠性,质疑它的"真"。那么到底谁是谁非、谁真谁妄呢?关键不在于两端,而在于有能力进行"觉"与"梦",且发动了这两者的那个"我"。在梦醒时分,真正的梦醒、惊觉是领悟"我"的存在,领悟痛苦疲惫的根源在于"我"——包括在现实与梦中,不论是身处富贵而惧怕贫穷,还是身处贫穷而渴望富贵,身心之苦皆来自"我"。他是要以此来发现"我",进而破"我",最后领悟"无我"而"自虚",自在自然。

也就是说,在列子处存在一个"觉"—"梦"—"出梦而无梦"的修行过程。人的日常之"觉",是"我"沉溺其中。"梦"也是一种"我"执,它只是一个契机、阶段、方式,最终需要出离。修道者借"梦"的虚妄以出离对现实的沉溺,"梦醒"则是指从根本上破除"我"。即"梦醒"是三重破解,包括对现实、梦幻、我等三个层面的洞穿。"梦醒"则"无梦","无梦"便是指进入了"无我"之境,无我则无物,自虚自然。庄周梦蝶也是如此。

总之,"觉"—"梦"—"出梦而无梦"是继"心斋""坐忘"后又一修行路径。"无梦"即领悟了自虚无我,无我而无物,相忘于江湖,于是就出现悠然之"游"。梦与"游"对接,而真正的游便是物我两忘之"神游"。

(三)修行的在世状态:"游"

在老子的思想中,"道"独立不改,周行不殆,且"道"本身所行,并无目的,乃是自然而然。故其所为"行",具有"游"的本质。从传世《老子》文本中,难以看到老子对"游"的直接论述,但在其他间接文献中,常涉及老子之"游",故其本人当对此有所认知。且其弟子及后学对此也多有继承发明。

其中,壶丘子对"游"有专门的论述,《列子》中的《仲尼》篇即载其传"游"之道于列子。同时《周穆王》中也对列子的"游"思想有集中记述。不过《周穆王》中相关内容与《穆天子传》又有一定关联,对于两者的关系也存有一种争论:《四库全书总目提要》认为《穆天子传》当系战国时已流传之作,其后失传,《周穆王》篇部分内容与其大体一致,可证其非秦汉人所能伪造,系先秦之作。武内义雄、严灵峰、岑仲勉、许抗生《列子考辨》、陈广忠、马达等也认为《左传》《史记》等皆载有周穆王好游一事,《穆天子传》中的关键词与它们所记相合,当系战国作品,战国晚期的列子后学抄写《穆天子传》入《列子》,于是有《列子·周穆王》;但胡应麟《四部正讹》、姚际恒《古今伪书考》、梁启超《古书真伪及其年代》、马叙伦《列子伪书考》、陈文波《伪造列子者之一证》、杨伯峻等认为《穆天子传》出土于西晋太康二年汲冢魏襄王或魏安釐王之墓,此前当无传播,故《周穆王》的相关内容当是西晋后作品,是西晋以后人窜入传本《列子》。

在笔者看来,《四库全书总目》等看法更为恰当,但也有待修正。《穆天子传》早已有之,但《周穆王》中的相关内容与之完全不同。《周穆王》并非战国晚期列子后学抄写《穆天子传》而来,而是战国初期列子研究《穆天子传》后,出于论述自己"游"思想,化用相关题材、内容的全新作品。且它虽然题材取自《穆天子传》,但行文大有不同,思想更是迥异,已经完全是从自己"游"思想出发,与原《穆天子传》没有多少关联的新作品了。列子本人也是通过这种方式,将"游"的思想追述到周穆王。至于战国晚期,则是列子后学在黄帝学派的影响下,进一步将"游"的思想追述到"黄帝"。如指黄帝"神游"于"华胥氏之国"云云。但这并非列子本人的发展,而是列子后学依据其思虑,根据时代变化,所做出的进一步演绎。因此,《周穆王》篇中有关"游"的内容,可以视作列子思想的呈现。

关于列子的"游"思想,《仲尼》载壶丘子针对列子"好游"一事,告知他"游"有三种境界:"太上之游"是从"道"之中"物"变化无已出发,强调内观。在"我"与"物"之间,因各自无时不化,于是不可能把握彼此,"物物皆游矣,物物皆观矣",是"相忘之游"。除此之外,皆是"外观之游",无本质区别,只是程度有差异。其一是持守固我,观外物之变。其二是观其所见而已。壶丘子的论述对列子影响深远,以致使他了然自己不知"游"而三年不出①。

---

① 杨伯峻:《列子集释》,北京:中华书局,2012年,第122—123页。

庄子曾评价列子的"游"只是御风之游,"犹有待"。这只是庄子的评说,列子对其御风有所比。恰如《周穆王》篇所言,"游"不在于形体之动,而是神游①。所谓御风之风不是指俗世之风,而是指无形与不休的变化。御风是指游于无形、变化不已的"道",以虚无对虚无,从而实现至高的自由,乃至直指此后庄子的"逍遥游"。

列子从道虚出发,形成物虚、我虚,于是"不贵",以致"游"。虚,就是消融于"道"本身,无我无性——就是回归"道"本身所赋予的自然而然,然后在物我不断消逝的无物我中,实现"游"。"游",不是行。"游"是无目的、无预设、无计划、无心的动作。"行",则是有目的的行为。太上之"游"便是"神游"。"神"既指精神本然性的状态,也指事物变化不休,不僵于形器,不定于一处的境界,"神游"就是指在不定处秉虚而"游",物我两忘,自然自化。

当人达到"神游"境界,且持守其中时,便抵达了修身的最高境界——"神人"。在列子看来,长寿、飞天的"仙圣"是有种的,但"神人"如同圣人、至人,可以练就。如同《黄帝》所指列姑射山上"神人",虚静而与时推移,使得"土无札伤,人无夭恶,物无疵厉,鬼无灵响焉",乃至仙圣为之臣。这些寓言的宗旨便是指当人真正实现自虚无我后,"物"的观念也无从而生。如人不自是、不自为主宰,物我两忘,天人不二,顺乎自然,便可长生久视。

三、法道治国,贵在持正、盗天

在治国方面,列子继承了老子以正治邦的理念,《战国策·韩策二》载列子后学史疾指出,列子治国之道贵正②。基本内容是在以正道持身、正名实的基础上,建立官僚体系,令各司其职,君王垂拱而治。

在治国中,列子首先继承了老学强调君王、公侯持正修身,以身为则的基本理念。如《说符》载壶丘子以身影关系告列子持身、持后之道,"形枉则影曲,形直则影正。然则枉直随形而不在影,屈申任物而不在我,此之谓持后而处先"③。又载关尹子以身影、声名之理告列子持正,身修则影长,言美则名善,"度在身,稽在人""汤武爱天下,故王;桀纣恶天下,故亡",君王要慎言慎行④。又载关尹子告列子射中之道在于身正,身正则弓箭正,弓箭正

---

① 杨伯峻:《列子集释》,北京:中华书局,2012年,第90页。
② 范祥雍:《战国策笺证》,范邦瑾协校,上海:上海古籍出版社,2006年,第1574页。
③ 杨伯峻:《列子集释》,北京:中华书局,2012年,第229页。
④ 杨伯峻:《列子集释》,北京:中华书局,2012年,第229—230页。

则射中,"非独射也,为国与身,亦皆如之"①。应该说,列子从壶丘子、关尹子处承袭了相关老学思想。治国又在于守己、无为、无功名,而令百姓自然自化。如《黄帝》载伯昏瞀人告列子"汝处己,人将保汝矣",并对列子到齐而令满城围观、争相来见之事进行了批评。伯昏瞀人指其病于道,当以守己无名药之②。

在此基础上,治国就是正身无为,令有司辅佐,百姓自化。列子指大道之下,"天地无全功,圣人无全能,万物无全用",它们各有其职,"天职生覆,地职形载,圣职教化,物职所宜"。万物皆有短长,随其所宜而不出所位,之所以能和谐运转,就在于大道无为,令各司其职。君王治理天下也当效法之,"无知也,无能也;而无不知也,而无不能也"(《天瑞》)③。即从道出发,令君王自知局限,然后正本守我无知、无能、无为,而令有司辅佐。

在君王无为、百官各司其职后,百姓盗利于天地,自然自化。列子认为人皆盗利于天地而生,当发挥之,以己盗天地之利便可以自化。他以齐人国氏盗利于天,大富而无殃一事晓喻此理(《天瑞》)④。治国的最终境界是百姓自化,君王无智巧善治之名而得恒名。正如上文所引,列子认为黄帝"斋心服形三月",梦游华胥国而悟后,正身无为,百姓自化(《黄帝》)⑤。黄帝登假数百年后,仍受百姓尊奉,即最终获得了恒名。

小 结

列子主要继承了壶丘子、关尹子的老学,将道、物的生发发展为道生化之下,物不仅生生,也生化。并明确万物变化无间,皆有消息生灭。同时,也以此继承老莱子的寄老学,强调人只是天地间的过客。人在与万物的交互中,因各自无间消息,皆不能把握彼此。在此之下,人应剔除对外物的执着,回归道实现自虚。并在"心斋""坐忘"理念的基础上,发展出"觉"—"梦"—"出梦而无梦"这一"破我"而"自虚"的新修行路径。在"虚"之下,实现与万物相忘而"游",以实现"神游"而成"神人",最终获得完美的自由、长生久视。在治国方面,列子继承了至正之邦无事无为的思想,强调正道持身,百姓如影后之而行自然。同时也受到了儒家老学贵正名思想的影响,强调正名。至于生产方面,应是受文子、范蠡老学影响,强调盗利于天。列子

---

① 杨伯峻:《列子集释》,北京:中华书局,2012年,第232页。
② 杨伯峻:《列子集释》,北京:中华书局,2012年,第73—75页。
③ 杨伯峻:《列子集释》,北京:中华书局,2012年,第8—10页。
④ 杨伯峻:《列子集释》,北京:中华书局,2012年,第33—36页。
⑤ 杨伯峻:《列子集释》,北京:中华书局,2012年,第37—39页。

的这些思想深刻地影响了此后杨朱的思想观念。同时,列子及其学派与后来黄帝学派之间的关系较为复杂。列子影响了黄帝学派的产生及其诸多思想的形成,而后黄帝学派影响日大,列子后学受其影响,常称引"黄帝"内容。现传本《列子》中常常引"黄帝曰"的内容即是列子后学在战国后期窜入。当然,列子老学又深刻地影响了庄子老学,自不待言。

第三节　魏文侯庭下和周太史儋的老学

魏国文侯礼贤下士,子夏晚年居西河讲学,名动四方。诸多贤士闻之而汇聚庭下,其中有田子方、段干木、李克、吴起等。魏文侯庭下是当时天下学术的大汇之地,也直接刺激了后来东方齐国稷下学宫的产生,可以说影响深远。学界以往多以相关学者源出子夏之门,统称之为儒家西河学派,但并不确切。田子方等人互有关联,又与道家学说颇有渊源,可以魏文侯庭下道学称之。稍后,周有太史儋。先秦典籍如《战国策》、《秦记》等记载其事迹,言其见秦献公,为之言尊王霸道。司马迁《史记·老子韩非列传》指出战国晚期社会已将之混同于老子。在民国"古史辨"的论争中,围绕他与老子的关系多有讨论,或指其为《老子》的真正作者,或指为法家人物,斥其思想与老学或道家无关。相关说法影响甚大,至今仍不乏追随者①。实则,太史儋与老子自是两人,但思想与后者有紧密关联。

一、田子方、段干木的自虚保真之道

(一) 田子方的老学渊源

田子方,魏文侯以士礼友之。他与子思有过交往,曾闻后者居卫而贫,派人赠狐白之裘,但子思辞谢(《说苑·立节》卷四)②。关于其师承:1.《庄子·田子方》载田子方答魏文侯之问,自称师从东郭顺子③。2.《吕氏春秋·仲春纪·当染》曰"田子方学于子贡,段干木学于子夏,吴起学于曾子"④。3.班固《汉书·儒林传》曰"仲尼既没,七十子之徒散游诸侯……子张居陈,澹台子羽居楚,子夏居西河,子贡终于齐。如田子方、段干木、吴起、

---

① 冉魏华、李朝阳:《"老子早出论"所据文献指谬——再论老子即太史儋》,《广西社会科学》2015年第8期,第163—168页。
② 向宗鲁:《说苑校证》,北京:中华书局,1987年,第80页。
③ 庄子:《庄子》,方勇译注,北京:中华书局,2010年,第337—338页。
④ 许维遹:《吕氏春秋集释》,北京:中华书局,2009年,第53页。

禽滑厘之属,皆受业于子夏之伦"①。班固在此处先列孔子诸弟子,再言田子方、段干木等受业于子夏之伦——指分别受业于子夏辈之人,实是遵从《吕氏春秋》之说,指田子方师从子贡。4. 韩愈谓孔子道大能博,弟子不能遍识,于是各自就其性而发挥,"盖子夏之学,其后有田子方"(《送王秀才序》)②,指田子方为子夏门人。

关于庄子之论,前人或指相关内容为虚构之言,但田子方答魏文侯问为何极少称引其师时,指东郭顺子"其为人也真,人貌而天虚,缘而葆真,清而容物。物无道,正容以悟之,使人之意也消",且自称因此无法对其德行进行言说(《庄子·田子方》)③。此处所论东郭顺子行迹皆合于田氏自身的修身之道,非虚妄之辞。

在《吕氏春秋·当染》《儒林传》之间,后者由前者所论发挥而来。但《当染》的整个相关论述本身存有问题,如段干木不可能是子夏弟子,论见下文。同样,指田子方师从子贡也不确切。虽然子贡曾随孔子入沛亲见老子,且与老子传人文子、范蠡等在越国有过接触,知晓道学,但因其是达巧之人,能言善辩,有浮夸之病,少有精深理解。孔子也恐其入虚而不务实,便依据因材施教原则,少与之言天道,多论具体的文章、礼乐等事,以致子贡曰"夫子之文章,可得而闻也;夫子之言性与天道,不可得而闻也"(《论语·公冶长》)④。子贡称孔子罕言天道、性命,只是他的感受,实则后者常与颜回等谈论相关内容,这也客观地反映出他对天道、性命之类理念较少关注。

何况子贡心气高昂,基本理念强调名实相副,有才者必居上流。他曾向孔子表达"赐为人下而未知也"的不平,孔子劝诫说"为人下者其犹土",身处下位犹如土地一样,掘之而有甘泉,树之而生草木五谷,生养万物而不辞辛劳,且不名其功(《荀子·尧问》)⑤。相关处未载子贡的回应,但恐怕不会改变初衷。如他对老学水居下流、拥抱污名的主张,便不以为然,说"纣之不善,不如是之甚也。是以君子恶居下流,天下之恶皆归焉"(《论语·子张》)⑥,再次表明其力居高位、排斥污名的一贯主张。

在待人处事方面,子贡也因高调的秉性而不认同老学的基本主张。如他无法如颜回那样遵从以德报怨、善善之道,主张在我与他者之间保持一定

---

① 班固:《汉书》,颜师古注,北京:中华书局,1962年,第3571页。
② 马其昶:《韩昌黎文集校注》,马茂元整理,上海:上海古籍出版社,1986年,第261页。
③ 庄子:《庄子》,方勇译注,北京:中华书局,2010年,第337—338页。
④ 刘宝楠:《论语正义》,高流水点校,北京:中华书局,1990年,第184页。
⑤ 王先谦:《荀子集解》,沈啸寰、王星贤点校,北京:中华书局,1988年,第552页。
⑥ 刘宝楠:《论语正义》,高流水点校,北京:中华书局,1990年,第748页。

距离,"我不欲人之加诸我也,吾亦欲无加诸人"(《论语·公冶长》)①,又曰"人善我,我亦善之;人不善我,我则引之进退而已耳"(《韩诗外传》卷九)②。至于治国方面,也不取老学的无为之说,主要接受了孔子的文武治国论,强调学习文王、武王,一张一弛。即从思想处而言,子贡与田子方相差悬殊,难以看出关联性。

至于韩愈所言,则是误读《儒林传》的结果,他不明"子夏之伦"所指,简单地将其理解为特指子夏,并不正确。李克曾指"(季成子)东得卜子夏、田子方、段干木,彼其所举人主之师"(《说苑·臣术》)③。《吕氏春秋》之《举难》④《察贤》⑤也将子夏、田子方、段干木并立而视。从伦理角度而言,子夏、田子方皆为魏文侯师,后者当非前者弟子。

总之,《庄子·田子方》载田子方师从东郭顺子,不可以虚妄视之;《吕氏春秋·当染》指其师从子贡,系道听途说;韩愈指其师从子夏,则是以讹传讹;《吕氏春秋·审应览·重言》曰"圣人听于无声,视于无形。詹何、田子方、老耽是也"⑥,点出了田子方的道学渊源。大体而言,老子后学中有东郭顺子,其传道于田子方,田子方又传道于詹何。

(二) 田子方的自虚保真老学

在传世文献里,未见田子方对道本身的描述。但由上文所引《吕氏春秋·重言》文字,可知他认为道无形、无声,对它的认知不能简单地借助于耳目,应采用全心全神之法。将道落实于修心修身方面的基本理念,则如其对东郭顺子的赞叹一样,主张天虚、保真。天虚即从道而虚。内守自然之虚,则保有本真、真我,从而与万物相容。这与列子等老学主张基本相同。

落实到具体层面,首先是从自虚而来的谦下之道。田子方也以此形成去骄之论,曾告魏文侯太子曰"人主骄人而亡其国"、"大夫骄人而亡其家"、富贵骄人必然失其财货与爵位,应恪守谦下之道(《说苑·尊贤》)⑦。进一步而言,则是在我与物之间,以自虚守住真我,主张捐物。《淮南子·泰族》称"田子方、段干木轻爵禄而重其身,不以欲伤生,不以利累形"⑧。田子方听闻子思贫苦,使人遗狐白之裘,恐其不受,谓之曰"吾假人,遂忘之;吾与人

---

① 刘宝楠:《论语正义》,高流水点校,北京:中华书局,1990年,第180—182页。
② 许维遹:《韩诗外传集释》,北京:中华书局,1980年,第312页。
③ 向宗鲁:《说苑校证》,北京:中华书局,1987年,第39—40页。
④ 许维遹:《吕氏春秋集释》,北京:中华书局,2009年,第540页。
⑤ 许维遹:《吕氏春秋集释》,北京:中华书局,2009年,第580页。
⑥ 许维遹:《吕氏春秋集释》,北京:中华书局,2009年,第481页。
⑦ 向宗鲁:《说苑校证》,北京:中华书局,1987年,第194—195页。
⑧ 何宁:《淮南子集释》,北京:中华书局,1998年,第1411页。

也,如弃之"(《说苑·立节》)①。其所言便表现了守虚后,不贵物,不为宰,善人而不望其报的理念。将捐物之道大而化之,一切皆外。如同魏文侯闻田子方称论其师之道后了悟一样,家国、仁义甚至理念等皆为外物、负累,应绝弃之(《庄子·田子方》)②。

当然,老子以及老学的修身从来不是偏执地强调遁世。田子方的虚也并非入深山,去过野人的日子。他所主张的自虚保真是期望能随心所欲,行不逾矩,在人世行善。自虚保真,从此全然由心动而行,非受于外物、观念的左右。其所行非提线木偶所为,乃合于本性本心,如此才是真正的自我践礼,才是真正的礼。也正因此,他能在魏文侯前数称溪工——遵从圣智仁义者(《庄子·田子方》)③,同时讽刺魏太子击趋而入见的行为,告诫其应遵从基本的礼仪(《说苑·敬慎》)④。

将自虚保真思想延伸到治国层面,田子方也继承了老学的一贯主张。首先,君王自虚以任用贤能。田子方听翟黄将自己与季成子所推荐之人相比较后,说"吾闻身贤者贤也,能进贤者亦贤也,子之五举者尽贤,子勉之矣,子终其次也"(《说苑·臣术》)⑤,体现出进贤的重要性。其次,老子主张不代大匠斫,以免伤己手,强调君王无为,臣下各司其职。田子方继承之,讽刺魏文侯亲自调整编钟音高,"君明则乐官,不明则乐音。今君审于声,臣恐君之聋于官也"(《战国策·魏策一》)⑥。各司其职的内在要求,除君王不可越界外,臣子亦然。故他看到田子颜过分招揽民心,就洞悉他将发动叛乱(《说苑·权谋》)⑦。

君臣所职是生养百姓,不弃物弃人。他看见公家马匹因老罢不能用而被出售时,讽刺说"少而贪其力,老而弃其身,仁者弗为也"(《淮南子·人间》)⑧,并束帛赎回,以令当政者有所领悟。不弃物弃人理念的进一步发展,自然是绝弃杀伐,令百姓生息。故又以战争遗孤讽谏魏文侯贼心滋甚,令他悔悟而兵革不用(《说苑·复恩》)⑨。

总之,田子方从道体虚无出发,强调人法之而自虚。在个人层面,自虚

---

① 向宗鲁:《说苑校证》,北京:中华书局,1987年,第80页。
② 庄子:《庄子》,方勇译注,北京:中华书局,2010年,第338页。
③ 庄子:《庄子》,方勇译注,北京:中华书局,2010年,第338页。
④ 向宗鲁:《说苑校证》,北京:中华书局,1987年,第251页。
⑤ 向宗鲁:《说苑校证》,北京:中华书局,1987年,第41—42页。
⑥ 范祥雍:《战国策笺证》,范邦瑾协校,上海:上海古籍出版社,2006年,第1250页。
⑦ 向宗鲁:《说苑校证》,北京:中华书局,1987年,第322页。
⑧ 何宁:《淮南子集释》,北京:中华书局,1998年,第1299页。
⑨ 向宗鲁:《说苑校证》,北京:中华书局,1987年,第140页。

保真,不以物累形。在治国层面,君臣上下皆自虚,各司其职,于是百姓各行其是,自然自化。相关理念也深刻地影响了此后杨朱学派的老学发展。

(三) 段干木的全真保身老学

段干木,"晋之大駔"(《淮南子·氾论》)①。关于其师从,《吕氏春秋·仲春纪·当染》曰"段干木学于子夏"②。此后魏文侯以相位相请(《淮南子·人间》)③,他"逾垣而避之"(《孟子·滕文公下》)④。魏文侯最终不敢臣,以为师(《淮南子·氾论》)⑤,每次见他,"立倦而不敢息"(《说苑·尊贤》)⑥。也正因此,历史上常将田子方、段干木并称。

以上信息多有史料依据,可以据信,但关于段干木的师从,有待商榷。《淮南子·氾论》《说苑·臣术》皆云段干木为魏文侯师,从魏文侯对他的尊崇可证此说。据此便可知段干木不可能为子夏弟子。从伦理上而言,魏文侯已师子夏,不可能再师子夏弟子。且由《说苑·臣术》可知,子夏、田子方、段干木皆是季成子推荐⑦。魏文侯以子夏为师,自然知晓其弟子。如果段干木是子夏学生,也不必由季成子来推荐了。

至于段干木的老学渊源,他虽非子夏弟子,但应与后者有过交集。同时作一个大胆的推测,老聃后代有入魏而隐居于段干者,姓氏音转为李。后人中有名李木者,颇得道,时人以其生地敬称之曰段干木。此后又有名李耳者——"老子之子名宗,宗为魏将,封于段干"(《老子韩非列传》)⑧,该"老子"即李耳。李耳生李宗,李宗因战功获封段干之地,于是正式易姓为段干,后世子孙有段干假等。当然,这只是聊备一说。

在段干木的老学思想方面,目前已难知其对道本体的论述,但其修身之法仍可窥见一斑。相关方面与田子方大体一致,强调自虚保真,轻禄重身,"不以欲伤生,不以利累形"(《淮南子·泰族》)⑨,这也是两者并称的原因之一。由其拒魏文侯相位之请可知政治上为隐士之学。诸侯如欲臣之,则避而不见,如欲师之友之,可赠一二言。虽不若子思傲然,但也是可则言,不可则去,一派道学之风。

---

① 何宁:《淮南子集释》,北京:中华书局,1998 年,第 964 页。
② 许维遹:《吕氏春秋集释》,北京:中华书局,2009 年,第 53 页。
③ 何宁:《淮南子集释》,北京:中华书局,1998 年,第 1298 页。
④ 焦循:《孟子正义》,沈文倬点校,北京:中华书局,1987 年,第 441 页。
⑤ 何宁:《淮南子集释》,北京:中华书局,1998 年,第 964 页。
⑥ 向宗鲁:《说苑校证》,北京:中华书局,1987 年,第 197 页。
⑦ 向宗鲁:《说苑校证》,北京:中华书局,1987 年,第 41 页。
⑧ 司马迁:《史记》,裴骃集解、司马贞索隐、张守节正义,北京:中华书局,1999 年,第 1703 页。
⑨ 何宁:《淮南子集释》,北京:中华书局,1998 年,第 1411 页。

二、李克、吴起对老学的兵家法家转化

（一）李克及其对老学思想的法术、兵道转化

李克，少于田子方、段干木。关于李克与李悝关系，《淮南子》《说苑》皆称李克，但《韩非子》《吕氏春秋》《史记》《汉书》分出兵家李克、法家李悝，将相关事迹时分时合，实则本是一人。

李克本为将帅，从他在任上地守期间规定"人之有狐疑之讼者，令之射的，中之者胜，不中者负"（《韩非子·内储说上》）①，以及与秦人作战而激将用兵之事（《韩非子·外储说左上》）②等皆可证之。同时因兵家尚军礼、军制、军法，故多为法家。且当时兵家多下层士族出身，以获得军功上升，对于原有的贵族世袭制度多敌视，强调功名相副，主张变法。李克由拜将而入相后，主政魏国，主要事迹就是主持变法。

李克受业于子夏或子夏弟子曾申，但深受邓析子、文子、范蠡等人思想的影响，也与田子方、段干木、吴起等有交集，老学渊源颇深。又因深受法家、兵道老学的影响，故对老学思想的研习与接受主要集中于治国思想方面，且强调法治。

对于治国，老子认为国之本在民，若王公不为民利则为盗，可以废之。所谓国中四大，王居其一，此王非独夫，是指以百姓之心为心的君主。君王虽为治国主干，但须向民而生。李克亦然，他对君王个人修行的要求即自守清静，去骄奢、淫技、奇物，使百姓富足。曾告诫魏文侯"雕文刻镂，害农事者也；锦绣纂组，伤女工者也"，农事、女工受损，则饥寒并至。公侯服文彩以相矜，百姓饥寒以相怨，后者必有邪念，"民以为邪，因以法随诛之，不赦其罪，则是为民设陷也"（《说苑·反质》）③。有道君王则塞其本，治于刑罚之起源，故自虚，去骄奢，禁淫巧文彩。

在此基础上，李克又行开源之事。宋代高承《事物纪原》引《沿革》指"井田废，沟洫湮，水利所以作也，本起于魏李悝"④。即通过土地改革，废除各种贵族世袭的井田边界，促进水利系统的建设，从而大兴水利，以利农事。同时又尽地力之教。老子曰：天之道，损有余补不足；人之道，损不足以奉有余。在物极必反理念下，强调上下调和，有备无患。文子、范蠡以此为理念基础，发展出了平粜法。李克则在此基础上行善平籴，即发展为平籴法。

---

① 王先慎：《韩非子集解》，钟哲点校，北京：中华书局，1998 年，第 230 页。
② 王先慎：《韩非子集解》，钟哲点校，北京：中华书局，1998 年，第 288 页。
③ 向宗鲁：《说苑校证》，北京：中华书局，1987 年，第 518—519 页。
④ 高承：《事物纪原》，见《钦定四库全书·子部十一》，清刻本，卷一，第 48 页。

两相比较,平籴法、平粜法的目的都是利农,增加国家财物收入。但在具体操作上,前者是国家参与调节物资,从而实现农商皆利,以维持农业的良性发展;后者是国家直接参与交易,兼具调节者和商人双重身份,从而实现重农抑商,农利而国利。这也正是李克根据当时实际,对相关思想进行取舍发展的重要表现。

在政治体制上,老子认为大道生养万物,但不为主宰,王公也因此当生养百姓而不占据其人其物。虽然老子本人还是试图维护世袭制,但该思想已埋下了废除世袭制的种子。因为王公如不为百姓,与民争利,则为盗,可废可杀。李克以此为理论基础,进行了改革实践。他废除沟洫、井田,实际上以土地改革的形式从根本上动摇了世袭制(商鞅的开阡陌封疆是其在秦国的延续),这也是法家老学在践行中的必然结果。

废除井田已从经济基础上打破了世袭制,在具体行政上则强调尚贤、赏罚。李克告诉魏文侯为国之道在于"食有劳而禄有功,使有能而赏必行、罚必当",应进一步废除世袭——"夺淫民之禄",即"其父有功而禄,其子无功而食,出则乘车马、衣美裘以为荣华,入则修竽瑟、钟石之声而安其子女之乐,以乱乡曲之教,如此者夺其禄以来四方之士"(《说苑·政理》)①。

在废世袭和尚贤、重赏罚之下,自然发展出以法择贤的新局面。老子强调君王当不自贤、不自伐,以智治邦,邦之贼;不以智治邦,邦之福。后世老学将后者发展为以法治国。李克继承之,当魏武侯谋事而当,攘臂疾言于庭"大夫之虑,莫如寡人矣"时,便以"楚庄王谋事而当,有大功,退朝而有忧色"告之君王智高群臣以自贤自伐,为败亡之道(《吕氏春秋·恃君览·骄恣》)②。君王本人应不自贤、守愚,以法治国。

在征伐方面,老子强调天道生生,"兵者,不祥之器",反对轻兴杀伐。且善者不以兵强于天下。此后文子、孙子等兵道老学对此多有发展。李克继承之,告之魏武侯,吴国亡于"骤战而骤胜":"骤战则民罢,骤胜则主骄。以骄主使罢民,然而国不亡者,天下少矣。"(《吕氏春秋·离俗览·适威》)③此后,《淮南子·道应》也记载此事,并以"老子曰:功成名遂,身退,天之道也"评述之④。

不过,李克本是将帅出身,对于治军、征伐的重要性自然有深刻认知,指征伐为社稷大事,治军常备。且深知治军之道,曾立法奖励军功,实现

---

① 向宗鲁:《说苑校证》,北京:中华书局,1987年,第165—166页。
② 许维遹:《吕氏春秋集释》,北京:中华书局,2009年,第574页。
③ 许维遹:《吕氏春秋集释》,北京:中华书局,2009年,第528—529页。
④ 何宁:《淮南子集释》,北京:中华书局,1998年,第845页。

武卒。即解放奴隶,令之入军,利其兵锋。又荐吴起为将(《史记·孙子吴起列传》)①,后者的成功也验证了李克兵道思想的精深。

(二) 吴起对老学的吸收转化

吴起,卫人。初在鲁国,师从曾申。曾申为曾参之子,曾参得孔子老学;至魏国,又受子夏、田子方等影响;后到楚国,受文子遗说影响至大。文子初在楚国,曾为帝王师,任宛令。此后伍子胥助吴国兵入楚都,文子、范蠡则助越国灭吴,行霸中原,声名与思想震动楚地。这些自然影响到在八十年后于楚为相的吴起。

吴起为苑守时,曾求教于屈宜臼,表明自己的为相治国之道,曰"将均楚国之爵而平其禄,损其有余而继其不足,厉甲兵以时争于天下"。屈宜臼对他说"吾闻昔善治国家者不变故、不易常。今子将均楚国之爵而平其禄,损其有余而继其不足,是变其故而易其常也。且吾闻兵者凶器也,争者逆德也。今子阴谋逆德,好用凶器,殆人所弃,逆之至也,淫泆之事也,行者不利",并指楚王"数逆天道",现在吴起增益其所为,恐怕大祸将至(《说苑·指武》)②。从两人的对话来看,有许多内容直接化用老子名言。可见吴起在鲁、魏时,已对老学有所研习,深谙天道均平、损有余补不足之理。入楚后,又受当地老学影响。且从传世材料看,吴起受文子、范蠡老学影响至大,尤其是继承了后两者的兵道老学。

在传世文献中,吴起对道体没有专门论述,但指出"夫道者,所以反本复始"(《图国》)③,认同道是万物的根本与初始,在其作用下,万物存在一个从本而出,又反归初始的归复运作。以此为起点,他强调治国图霸之要在于尊道行德。魏武侯君臣曾浮于西河,夸河山之险,以图霸王之业,吴起谏曰"河山之险,信不足保也。是伯王之业,不从此也",列举了三苗、夏桀、殷纣等皆据险而亡,夏禹、商汤、周武王虽无兵甲之利却伐而胜之的前车之鉴,告知霸主之道"在德,不在险"(《战国策·魏策》)④。

以尊道行德为核心,形成了系统的道德理念,"夫道者,所以反本复始;义者,所以行事立功;谋者,所以违害就利;要者,所以保业守成"(《图国》)⑤,并以此建构四德体系,绥以道,理以义,动以礼,抚以仁。能行此四德,则天下兴,失之则家国衰。相关看法与老子本人的思想不同,但近于孔

---

① 司马迁:《史记》,裴骃集解、司马贞索隐、张守节正义,北京:中华书局,1999年,第1722页。
② 向宗鲁:《说苑校证》,北京:中华书局,1987年,第367—368页。
③ 傅绍杰:《吴子今注今译》,台北:台湾商务印书馆,1978年,第50页。
④ 范祥雍:《战国策笺证》,范邦瑾协校,上海:上海古籍出版社,2006年,第1251—1252页。
⑤ 傅绍杰:《吴子今注今译》,台北:台湾商务印书馆,1978年,第50—51页。

子、文子等人的老学思想。

首先，尊道而行，以正治国，慎始善终。具体言之，正身而任贤。魏武侯问《春秋》元年之本，吴起告之君王须以正治国，"国君必慎始""君身必正，近臣必选"。以此出发，君王不自智、不自贤，"多闻而择焉，所以明智也"（《说苑·建本》）①。上文已明魏武侯自伐，李克谏之。同是此事，吴起也有同样的谏言（《图国》）②。

其次，德即践行天道，损有余，补不足。他对楚王说"荆所有余者，地也；所不足者，民也。今君王以所不足益所有余，臣不得而为也"（《吕氏春秋·贵卒》）③，并以此广开农耕，令贵人往实广虚之地。

最后，强调百姓富足，施以仁义教化，使之亲和。至于教化的进行，老子曰：信不足，有不信焉。吴起也知立信在己，在治理西河地区时便有倚表取信之事（《吕氏春秋·慎小》）④。以信为基础，再辅以赏罚。

当然，吴起本是将帅出身，重在研习从老子到李克的兵道老学。首先认为兵者为国之大事，须永做准备。但也强调兵者凶器，好战必亡。曾对魏文侯说承桑氏修德废武而亡国，有扈氏恃众好勇而丧社稷，明君"必内修文德，外治武备"，故能当敌而进，张扬仁义。又说"天下战国，五胜者祸，四胜者弊，三胜者霸，二胜者王，一胜者帝。是以数胜得天下者稀，以亡者众"（《图国》）⑤，即征伐不可不备，但兵不足以强天下，好战者虽善战数胜，亦必灭亡。

征伐是国家间综合实力的较量。他曾答武侯"陈必定，守必固，战必胜之道"之问，说"君能使贤者居上，不肖者处下，则陈已定矣。民安其田宅，亲其有司，则守已固矣。百姓皆是吾君而非邻国，则战已胜矣"（《图国》）⑥，征伐之胜本在治国，此外才是治军、用兵之道。

在治军方面，强调素时教戒，并形成了一定体系。征伐的兴止则始于料国、料民、料敌，以和与否为机。面对具体战争，继承了文子的义兵、强兵、刚兵、暴兵、逆兵等五兵之说，指出"五者之数，各有其道"，建立了更为系统的应对原则"义必以礼服，强必以谦服，刚必以辞服，暴必以诈服，逆必以权服"（《图国》）⑦。至于具体的用兵之法，则强调知气机、地机、事机、力机等四

---

① 向宗鲁：《说苑校证》，北京：中华书局，1987年，第57页。
② 傅绍杰：《吴子今注今译》，台北：台湾商务印书馆，1978年，第66—67页。
③ 许维遹：《吕氏春秋集释》，北京：中华书局，2009年，第597页。
④ 许维遹：《吕氏春秋集释》，北京：中华书局，2009年，第674页。
⑤ 傅绍杰：《吴子今注今译》，台北：台湾商务印书馆，1978年，第42、55页。
⑥ 傅绍杰：《吴子今注今译》，台北：台湾商务印书馆，1978年，第64页。
⑦ 傅绍杰：《吴子今注今译》，台北：台湾商务印书馆，1978年，第57—58页。

者,根据实际情况作出应变之道(《论将》)①。相关内容虽与道学亦有渊源,但多为兵家之术,此处不再展开。

三、太史儋对老学王霸思想的坚守与发展

(一)太史儋及其"谶语"新辨

关于太史儋,《史记》是最早对其进行记述的传世文献,载其曾见秦献公,并发表了一番关于周秦关系的见解。历史上皆将相关内容视作谶语,关于其内涵多有争论。晁福林《周太史谶语考》②对此有过集中讨论,颇有启发,但也有可商榷处。以下将重新解读其原始内涵与意义演变,并以此揭示太史儋的基本思想。

关于太史儋见秦献公,《史记·老子韩非列传》载:"自孔子死之后百二十九年,而史记周太史儋见秦献公曰:'始秦与周合,合五百岁而离,离七十岁而霸王者出焉。'或曰儋即老子,或曰非也,世莫知其然否。老子,隐君子也。"③此外,还有以下几处:1.《史记·周本纪》:"(周烈王二年)周太史儋见秦献公曰:始周与秦国合而别,别五百载复合,合十七岁而霸王者出焉。"④2.《史记·秦本纪》:"(秦献公十一年)周太史儋见献公曰:周故与秦国合而别,别五百岁当复合,合七十七岁而霸王出。"⑤3.《史记·封禅书》:"(秦灵公作上畤、下畤)后四十八年,周太史儋见秦献公曰:秦始与周合,合而离,五百岁复合,合十七年而霸王出焉。"⑥4.《汉书·郊祀志》:"(秦灵公作上畤、下畤)后四十八年,周太史儋见秦献公曰:周始与秦国合而别,别五百载当复合,合七十年而伯王出焉。"⑦

由《史记·六国年表序》可知,周王室所藏史书皆亡于秦火,唯《秦记》独存。同时《老子韩非列传》称"史记周太史儋见秦献公曰"⑧,且相关记载都是从秦人视角出发行文,可证相关记录原出《秦记》。根据这几条材料及其基本特点,可以获知太史儋的一些基本信息:1.太史儋是周烈王时人,为周朝太史。且可以明确他在见秦献公时是以周朝使者身份访秦。因为《秦记》特称其为"周太史儋",强调来自周廷的身份,如果他是来投奔秦国,不

---

① 傅绍杰:《吴子今注今译》,台北:台湾商务印书馆,1978年,第115页。
② 晁福林:《周太史谶语考》,《史学月刊》1993年第6期,第21—27页。
③ 司马迁:《史记》,裴骃集解、司马贞索隐、张守节正义,北京:中华书局,1999年,第1703页。
④ 司马迁:《史记》,裴骃集解、司马贞索隐、张守节正义,北京:中华书局,1999年,第114页。
⑤ 司马迁:《史记》,裴骃集解、司马贞索隐、张守节正义,北京:中华书局,1999年,第144页。
⑥ 司马迁:《史记》,裴骃集解、司马贞索隐、张守节正义,北京:中华书局,1999年,第1167页。
⑦ 班固:《汉书》,颜师古注,北京:中华书局,1962年,第1199页。
⑧ 司马迁:《史记》,裴骃集解、司马贞索隐、张守节正义,北京:中华书局,1999年,第1703页。

会如此记录。因此太史儋在与秦献公进行交谈时，始终是以周王使者身份、站在周廷的立场上进行立论；2. 周烈王二年（公元前374年），太史儋曾见秦献公，并留下类似谶语的一段话，传世《史记》各处对相关内容的记述存有重大差异，需仔细辨析。但传统上倾向于将其理解为预言了秦将并周，一统天下；3.《史记》的相关记载皆源于《秦记》，说明战国晚期及秦汉时期，社会上普遍流传太史儋即老子的观念。这些皆为理解太史儋言语内涵的关键，以下详论之。

1. 霸道的原初内涵。在周礼之下，霸道的确切称谓是伯道。周礼的基本要求是霸主称伯。伯长原指在血缘和礼制关系上与周天子最亲近的诸侯，后来发展为与周廷和亲，成为天子舅婿，进而为诸侯长，并以此辅佐周廷、平和天下的诸侯。

相关记载称太史儋论霸王，但此二字较可疑。从当时的形势看，周天子依然是天下共主，太史儋自然不会预测到将来各国竞相称王。且他身为周廷使者，以其立场而言，断不会允许乃至鼓励其他诸侯与周天子并尊，原字应是霸主。如《左传·成公八年》："士之二三，犹丧妃耦，而况霸主？霸主将德是以，而二三之，其何以长有诸侯乎？"①《管子·枢言》："王主积于民，霸主积于将战士。"②相关记载皆以霸主为称。

退一步而言，即使原字本作霸王，也应是诸侯称王后的修改或追述。且当时所云霸王也仅指霸主，如《国语·晋语八》："夫霸王之势，在德不在先歃。"③《礼记·经解》："义与信，和与仁，霸王之器也。"④相关言辞中所谓霸王皆是指尊天子而行霸道之主。总之，太史儋所言的本意是指周天子与秦国和亲，秦国将成为伯长，辅助周廷。

2. 关于离、合问题。传本《老子韩非列传》中所言的离与合，与其他地方的记载相反。结合太史儋站在周廷立场立言这一前提来看，他肯定强调秦国行霸道是为周廷服务，且周礼的基本要求是诸侯与周廷和亲而为诸侯长，因此其必然强调秦国合于周廷而霸，不可能说离周廷而独立为霸主。至于传本《老子韩非列传》的差异实系后人在篡改老子列传时，不知周礼伯霸之义，而以战国霸王之事妄改之。

3. 关于始合、别、复合的时间与事件。太史儋的相关论述皆从周廷立场

---

① 杨伯峻：《春秋左传注》，北京：中华书局，2009年，第837页。
② 黎翔凤：《管子校注》，梁运华整理，北京：中华书局，2004年，第243页。
③ 无名氏：《国语》，韦昭注、明洁辑评、金良年导读、梁谷整理，上海：上海古籍出版社，2008年，第218页。
④ 孙希旦：《礼记集解》，沈啸寰、王星贤点校，北京：中华书局，1989年，第1256页。

出发,始合是指周孝王封非子为附庸。附庸即周廷畿内国,与外封诸侯有别,故曰始合。所谓别,指周宣王封秦仲后人以西戎之地,即外封为诸侯。至于复合而霸的时间,有合后十七年、七十年、七十七年之别,可进一步分析。

《史记·周本纪》载烈王二年,太史儋见秦献公称"合十七岁而霸王者出焉"。十年,烈王崩,显王立。"显王五年,贺秦献公,献公称伯。九年,致文武胙于秦孝公。二十五年,秦会诸侯于周。二十六年,周致伯于秦孝公。三十三年,贺秦惠王。三十五年,致文武胙于秦惠王。四十四年,秦惠王称王。其后诸侯皆为王。"①据此可知,周廷曾先后授命秦献公、秦孝公、秦惠王为伯长。但其中唯有秦孝公合诸侯于周,可见其为最早的霸主。将此事发生的时间往前推十七年左右,正是周显王致文武胙于秦孝公之时。故《史记正义》指"周显王致文武胙于秦孝公,复与之亲,是复合也"②,该看法是可取的。

总之,太史儋以周廷使者身份立论,其所说言辞本义是指周天子与秦国结亲,授命秦君为伯长,以此辅助周廷。太史儋指此对周秦两方皆是利好之事,秦献公欣然接受,并记录于国史。可以说太史儋不辱使命。

(二)新王霸思想体系

老子为春秋时期周朝柱下史、征藏史老聃,太史儋与之不可混同。但战国晚期人认为太史儋即老子,自然事出有因。太史儋与老子混同的时代源动力主要来自秦国的宣传需要。当时秦已然有并吞八荒之心,开始为自己统一中原做意识形态宣传。于是在整理《秦记》时,刻意扭曲太史儋言辞的本意,将其转化为预言秦将一统天下的谶语。当时在黄老学派的影响下,老子已成至大圣人,秦人为提升谶语威信,有意识地将太史儋与老子混同。至于秦人的这种宣传之所以能被时人接受,除了太史儋与老子的官职、名字、事迹相仿之外,最大原因是两者的思想存在内在关联,较为相近。

从周武王取天下以后,周朝基本上形成了以王为核心、以伯为辅的天下结构。到了齐桓公时代,尊王攘夷的王霸之道达到了顶峰。齐桓公称霸的得力大臣商容传此道于老子。老子对此进行了系统发展,强调天子遵道无为,立三公以辅佐之,而诸侯以德成事长、官长。此后其弟子孔子、文子皆有继承发展。太史儋也显然继承了相关老学的基本主张。他积极鼓励秦献公等行霸主之道,后者的所为在一定程度上也体现出其在相关方面的思想。

---

① 司马迁:《史记》,裴骃集解、司马贞索隐、张守节正义,北京:中华书局,1999年,第114页。
② 司马迁:《史记》,裴骃集解、司马贞索隐、张守节正义,北京:中华书局,1999年,第115页。

1. 春秋晚期到战国初期的老学在天下层面,皆强调王道无为、霸道辅之的政治结构。太史儋坚守之,强调周王为天下共主,持有王道。王道的基本特点是君王无为,使上下交合、大小相平,最后天下和合,即无为而治。霸主的作用则是辅佐周王,主持正道。这样就形成了一个王无为,诸侯各司其职,天下无事的大治局面。当然,由于时代以及社会现实的差异,春秋时的老子更强调周王无为,而战国时的太史儋更强调诸侯尊王为伯。

在基本内容方面,春秋末战国初老学霸道的基本思想是尊王攘夷。尊王是基础,秦献公、秦孝公在名义和行动上对周廷的尊重与辅佐即体现了此点。尤其是秦孝公会天下诸侯于周,全然体现出了其对周王独尊的认同。战国强雄会天下诸侯于本国,乃至令周王前来朝会,全无此霸道之义。至于攘夷,是对维护周廷的安全与权威的落实,秦国在初期对此甚为用心。

2. 与法家老学一样,太史儋的霸道也有其时代下的新发展,突出的特点就是强调变法。此事便反映在其所认同的秦献公治国方略上。秦献公在成为秦君之前,曾流亡魏国,魏文侯、魏武侯的治国理念对其产生了深刻影响,显然是秦简公到秦孝公之间的改革者。他在迁都栎阳的同时,对秦国的政治制度进行了系统变革:首先,在祭祀、丧葬等礼制方面,作畦畤,祭白帝少昊氏。并止从死,废人殉。其次,在土地、户籍制度方面,继承秦简公的"初租禾",并效法魏文侯、吴起改革,进一步打破井田制,为秦孝公、商鞅"制辕田,开阡陌"打下基础。同时户籍相伍,取消国人、野人之别,使新的土地与户籍制度相互巩固。再次,在经济与城市发展方面,开设贾市,鼓励发展工商业,并加强中央集权,推广县制,为商鞅在全国推行县制打下基础。最后,在对外战争与国际地位方面,虽在初期受创,但最终取得了较大胜利,以致周王遣使来贺。

太史儋对秦献公所为的认同,体现了他对老学王霸之道的接受与发展。如老子主张慈爱百姓,部分老学在此基础上强调与鬼神交通,太史儋继承了此点。同时,老子强调在尊奉中央权威下,实现无为而治,吴起等道法派老学则发展为废世袭、井田,行均平之道,太史儋亦对废井田、广县制、励工商等给予肯定。

太史儋对吴起等刑名老学的认同,也集中体现出了他在尊王之下,又接受和发展了变法而霸的新思想,形成了上"王"下"法"的两级体系——在天下层面,诸侯要尊崇中央权威观念,奉行以周天子为核心的王道体系,但在封国内部则应施行刑名法制,发展中央集权下的郡县制。这种看似矛盾的新王霸思想恰是当时周天子尚为名义上的天下共主,诸侯之间仍处于相互制衡状态这一社会现实的反映。它也是在春秋原始王霸体系发展为战国晚期皇帝体系过渡阶段的特有构想,表明太史儋为黄帝学派及其老学的先驱之一。

小　结

战国前期,魏文侯庭下贤能汇聚,道学昌明。养生派道学有田子方、段干木。田子方远尊老子、师法东郭顺子,强调从道体虚无出发,法道自虚,不以物累形。段干木道学也以全真保身为枢。杨朱、詹何皆受相关思想影响。刑名派道学则有李克、吴起。李克受业于子夏学派,也深受邓析子、文子、范蠡、孙子等思想影响,对道学的接受主要集中于治国思想方面,且强调法治。李克老学下启吴起,远波商鞅、韩非,影响甚大。吴起学于子夏弟子曾申,本对老学有了解。至魏国,又受子夏、田子方等影响。后到楚国,则受文子、范蠡遗说润泽。他主要发展了道学的治国理念以及兵道思想。由上可知,魏文侯庭下学术多元,且道家学术亦为中流砥柱,这些也都直接影响了后来受其启发而立的齐稷下学宫的基本格局。至于太史儋,则本为周廷太史,只是战国晚期秦国为统一天下进行意识形态宣传时,将其混淆于老聃。他在思想方面主要继承了老学的王霸理念,但由于时代格局的变化,将其转化为刑名思想,发展出了上王下法的新王霸体系,从而为黄帝学派及其老学的兴起奠定了一些基石。

第四节　郭店楚墓主及其儒家化老学

1993年冬,湖北荆门出土郭店一号楚墓,发掘者指该墓"具有战国中期偏晚的特点,其下葬年代当在公元前四世纪中期至前三世纪初"①。楚墓又出土有鸠杖,表明墓主年寿较长。两相结合,可知其生活于战国早期偏晚以及战国中前期。学界关于墓主身份一直存有争议,如随墓出土的物品中,有一件刻有"东宫之币(不)"铭文的杯具。李学勤曾论"币"即"师",铭文为"东宫之师",并以此指墓主生前为太子老师②。但彭浩等认为即使如此,也可以是指其为"东宫的工师",是"物勒工名"的体现,无法反映墓主人是"太子老师"身份③。楚墓发掘者则认为铭文当作"东宫之杯"解④。李零赞同

---

① 荆门市博物馆:《荆门郭店一号楚墓》,《文物》1997年第7期,第47页。
② 李学勤:《荆门郭店楚简中的〈子思子〉》,《文物天地》1998年第2期,第28—30页。
③ 彭浩:《郭店一号墓的年代与简本〈老子〉的结构》,见陈鼓应主编《道家文化研究》第17辑,北京:生活・读书・新知三联书店,1999年,第13—21页。
④ 荆门市博物馆:《荆门郭店一号楚墓》,《文物》1997年第7期,第47页。

其说,指出将铭文解作"东宫之老师"或"东宫之工师"皆与墓制不合。该墓形制虽不及太傅规格,但高于一般工师墓格局;将其理解为"工师",也与"物勒工名"要加私名的制度不合,且从器物为杯、其字近"不"角度看,铭文当是"东宫之杯"①。在定名为"东宫之杯"的基础上,就墓主身份问题又衍生出三种不同的看法:1. 李零认为"它们对判断墓主本人的身份或墓中出土书籍与墓主的关系都没有太大帮助"②;2. 王葆玹认为楚国的"东宫"非指太子住处,是指王宫或太庙,表明墓主是个贵族③;3. 程水金认为"东宫"指姓氏,结合墓葬规格,只表明墓主为普通士④。至于具体其人,姜广辉、李裕民、高正等各指为陈良⑤、慎到⑥或屈原⑦,而范毓周指为环渊⑧,高华平亦主之,论之尤详⑨。但诸说多未全面、详细考察墓中楚简的形制、性质及其思想特点,所得结论皆不确。墓主应为子思亲炙弟子,极可能为楚人世硕。同时墓中出土有三组楚简《老子》,关于其性质也是意见纷纷,现有看法也皆有待商榷,它们应为不同性质的五千言《老子》摘抄修编本。郭店楚墓与楚简《老子》体现出了子思学派老学的源远流长及其对战国老学的重大发展。

一、墓主的儒家身份

关于墓主身份,从墓葬形制看,藏具为一棺一椁,不合于贵族的一般标准,但不能排除特殊原因所致。从随葬品看,事物颇丰,有铜钺、龙形玉带钩、七弦琴、漆器以及诸多丝织品。这些皆非底层百姓与一般士所能有,尤其竹简数量之多,也数罕有,当与楚国贵族有一定联系。关于铭刻"东宫之币(不)"的杯具,解读的多重性也已表明它无法成为判断墓主身份的有效

---

① 李零:《郭店楚简研究中的两个问题》,武汉大学中国文化研究院编《郭店楚简国际学术研讨会论文集》,武汉:湖北人民出版社,2000年,第49页。
② 李零:《郭店楚简研究中的两个问题》,武汉大学中国文化研究院编《郭店楚简国际学术研讨会论文集》,武汉:湖北人民出版社,2000年,第49页。
③ 王葆玹:《郭店楚简的时代及其与子思学派的关系》,武汉大学中国文化研究院编《郭店楚简国际学术研讨会论文集》,武汉:湖北人民出版社,2000年,第645页。
④ 程水金:《郭店简书〈老子〉的性质及其学术定位》,武汉大学中国文化研究院编《郭店楚简国际学术研讨会论文集》,武汉:湖北人民出版社,2000年,第500页。
⑤ 姜广辉:《荆门郭店1号墓墓主是谁》,见《中国哲学》编辑部、国际儒联学术委员会编《中国哲学》第20辑("郭店楚简研究"专号),沈阳:辽宁教育出版社,1999年,第397—399页。
⑥ 李裕民:《郭店楚墓年代与墓主新探》,《陕西师范大学学报(哲学社会科学版)》2000年第3期,第23—27页。
⑦ 高正:《屈原与郭店墓主的关系》,《光明日报》1999年7月2日。
⑧ 范毓周:《荆门郭店楚墓墓主当为环渊说》,《人民政协报》1998年12月26日。
⑨ 高华平:《环渊新考——兼论郭店楚墓竹简〈性自命出〉及该墓墓主的身份》,《文学遗产》2012年第5期,第32—41页。

依据。现在唯有全面考察楚简的形制、性质及其思想特点,才能解决该问题。

(一) 楚简构成规律表明墓主为子思门人

楚简信息包含诸多方面,最能客观呈现的是其形制特征,即简端形状、简身长度、编线数、编线间距、抄字密度、字形结构、书法风格、标点符号及其篇章内部结构等。笔者曾根据相关形制的异同以及简文篇章结构的规律,确认整个楚简呈现的是一个修编的文本库,共分五个梯队,第五、四梯队中的竹简是简文碎片化到单句或单章结构、用于修编新文本的材料,第三、二、一梯队中的竹简是已经过修编或校订后的文本,详情参见拙文①。

现在该文本库的全部材料集中于墓主处,说明墓主为主持者。文库内部有五种文字特征与书写风格,则有五人参与修编,较可能的是墓主率领四名弟子进行工作。库中每一种独立的文章皆由一人完成抄写,可作为确定墓主手记的基本线索。丙《老》是用于修编新《老子》的摘抄材料,书写风格与修编后的乙《老》、甲《老》相一致,说明相关文本从摘抄到修编皆由一人完成。且完成后,没有交予第二人抄写。如交予第二人抄写,不会在修编完成后还重新抄写剩余材料——丙《老》。以此来看,三组简《老》保留了最原初的摘选、修编过程,且文章的最后抄写者即修编者——墓主本人。这也表明其他不同风格的书写篇章为墓主弟子抄写。现在虽然能做出这样的判断,但因整个楚简构成复杂,有抄本、摘抄本、修编本,子思作品、墓主文章等。因此以往一般学者所采用的个别作品分析法无法确定其身份,唯有把握整个楚简的修编规律才能明之。

在楚简中,第一梯队包括《缁衣》《五行》《性自命出》《成之闻之》《尊德义》《六德》以及甲《老》,它们皆是以"章"为文本表层结构基本单位、文本深层语义结构较系统化的文章。相较而言,甲《老》简长略短于其他竹简,说明在墓主心中《老子》地位在其他典籍之下,可以肯定他不是道家后学。且第一、二、三梯队简文地位依次降低,以古人编书分内篇、外篇、杂篇看,依次为相应作品集的三部分。第一梯队中,《缁衣》《五行》为子思作品,已成学界共识。而《性自命出》谓"性自命出,命自天降"②与《中庸》"天命之谓性"③无二。《成之闻之》"古之用民者,求之于己为恒""君子之求诸己也深""昔

---

① 玄华:《论郭店竹简〈老子〉性质》,《江淮论坛》2011年第1期,第66—71页。《从"章节异同"看郭店楚简〈老子〉性质》,《江淮论坛》2012年第6期,第91—96、126页。
② 荆门市博物馆编:《郭店楚墓竹简》,北京:文物出版社,1998年,第179页。
③ 朱熹:《中庸章句集注》,见《四书章句集注》,北京:中华书局,1983年,第17页。

者君子有言曰圣人天德曷。言慎求之于己而可以至顺天常矣"①等,则是对反求诸身理念的专门论述。《尊德义》论治民当取人道,尊德行义②,《六德》"[何]谓六德? 圣、智也,仁、义也,忠、信也"以及君君臣臣父父子子夫夫妇妇六位之论③,显然是对《成之闻之》"君子慎六位"④论题的系统展开。它们与《五行》《缁衣》本为一体,皆系子思作品,也因此才会同列为内篇。第二梯队仅有《鲁穆公问子思子》和《穷达以时》。恰如周凤五所言"两篇的内容都与子思的生平、思想相应,当属子思学派有关其宗师的嘉言懿行的记录与阐述"⑤。正是由于它们是弟子对子思言行的追记和论述,才在楚简中被视作子思学派文集的外篇而存在。第三梯队中的《忠信之道》《唐虞之道》是弟子对子思思想的注解与发挥,故被置入杂篇,但从整个楚简的分布规律看,却极可能是墓主的作品。总之,楚简主体部分为子思学派文集,墓主应为子思门人。

（二）在儒道兼修层面,墓主也合乎子思门人的基本特征

子思学派的重要特点是儒道兼修。子思对老子思想深有研习,详见上文"子思、墨子对老学的吸收转化"。子思兼修儒道,弟子自然承袭其法,《忠信之道》《唐虞之道》便表现出较深刻的老学思想影响痕迹。现楚简中,除子思学派文集外,仅有《老子》及其传文,即三组简《老》和《太一生水》,这非常合乎子思学派儒道兼修的基本特点,亦可为墓主是子思门人之证。

（三）墓主对子思作品极端尊崇,应为子思亲炙弟子,盖为世硕

在相当于子思学派文集的内篇中,无子思之外作品,仅在杂篇中出现弟子对子思思想进行注解发挥的文章,这不会是再传弟子所为。否则,作为其老师——子思弟子作品的地位不会如此低,故墓主是子思亲炙弟子。

从现有文献考察子思弟子,除子上外,其余皆不可考,但世硕颇可留意。班固《汉书·艺文志》载"《世子》二十一篇",并注"名硕,陈人也。七十子之弟子"⑥。王充《论衡·本性》云"周人世硕以为人性有善有恶……善恶在所养焉。故世子作《养书》一篇。密子贱、漆雕开、公孙尼子之徒亦论情性,与世子相出入,皆言性有善有恶"⑦。班固所谓陈人并不确切(王充所说周人

---

① 荆门市博物馆编：《郭店楚墓竹简》,北京：文物出版社,1998年,第167—168页。
② 荆门市博物馆编：《郭店楚墓竹简》,北京：文物出版社,1998年,第173页。
③ 荆门市博物馆编：《郭店楚墓竹简》,北京：文物出版社,1998年,第187页。
④ 荆门市博物馆编：《郭店楚墓竹简》,北京：文物出版社,1998年,第167—168页。
⑤ 周凤五：《郭店竹简的形式特征及其分类意义》,武汉大学中国文化研究院编《郭店楚简国际学术研讨会论文集》,武汉：湖北人民出版社,2000年,第54页。
⑥ 班固：《汉书》,颜师古注,北京：中华书局,1962年,第1724页。
⑦ 黄晖：《论衡校释》,北京：中华书局,1990年,第132—133页。

指周代人),当时楚已灭陈,实为楚人。至于指世硕为七十子弟子而未详明师承何人,大概他也难以明晓,仅从生存时代推论而已。子思年幼时亲受教于孔子,古人也视其为七十子之一。从时代与传承而言,世硕作为子思弟子并无问题。且王充称世硕主性情、著《养书》,董仲舒《春秋繁露·俞序》曾称引世硕之论"功及子孙,光辉百世,圣王之道,莫美于恕",并以此证《春秋》义理在于"详己而略人,因其国而容天下"①。可见世硕思想与子思至诚养性、反躬自省的基本主张相一致。

又《荀子·非十二子》载:子思首倡五行,孟子和之②。帛书《五行》所附"说"(或称传)引有世硕之言,相关内容为:"大者,人行之□然者也。世子曰:人有恒道,达……间也。间则行矣。不匿,不辩于道。匿者,言人行小而轸者也。小而实大,大之□者也。世子曰:知轸之为轸也,斯公然得矣。轸者多矣,公然者,心道也。"③现在一般将这个"说"确定为世硕弟子依据其传授而修订的。可知世硕参与《五行》修订与传播,而他早于孟子,应是子思亲炙弟子。

现楚简也包含一篇《五行》,与帛书《五行》、孟子五行观相较,楚简《五行》与孟子五行观的差异较大,帛书《五行》与孟子五行观差异较小。在春秋末战国初时,人们普遍比较注重圣、智,子思亦然,故在其提出的原始五行体系中,两者最受重视。现在楚简《五行》重圣智,帛书《五行》更强调仁义。孟子的五行观较之帛书《五行》而言,去圣智更远,强调仁义更甚。即大体而言,存在一个由楚简《五行》到帛书《五行》,再到孟子五行观的发展过程。似可做如下假说:子思创作《五行》,其弟子修订出楚简《五行》,并加以传教。此后再传弟子又对《五行》加以修订,以成帛书《五行》中的观念系统,孟子作为子思再传弟子参与或继承了后者。如将该子思弟子视作世硕,该假说亦可成立。

同时,我们已知墓主修编三组简《老》所依据的底本《老子》是一个附有传文《太一生水》的《老子》注本,也就是关尹子学派的传本。结合《庄子》和《史记》所载,可知关尹子最终与老子一起隐居沛地。他的学说以沛为中心,对楚、宋、陈等地影响最为重大。世硕作为楚人,对该派老学极为了解,深受影响,理固当然。

总之,墓主为子思弟子。楚人世硕作为子思亲传弟子,符合墓主国别特

---

① 董仲舒:《春秋繁露》,凌曙注,北京:中华书局,1975年,第201页。
② 王先谦:《荀子集解》,沈啸寰、王星贤点校,北京:中华书局,1988年,第94页。
③ 国家文物局古文献研究室:《马王堆汉墓帛书(1)》,北京:文物出版社,1980年,第22页。

征,同时他参与《五行》修编传播的历史事实也与该墓出土楚简《五行》这一现象相吻合。且也符合墓主对关尹子学派极为了解的楚人身份特征。仅就现有材料而言,在讨论墓主身份时,世硕应为最重要的参考对象。

二、墓主的儒家化老学

关于三组简《老》性质,笔者曾通过对先秦文献与郭店楚简篇章的分析,确认摘抄现象普遍存在于楚墓时代,也见于郭店楚简内部。并以此为基础,从郭店楚简、三组简《老》的竹简形制规律、篇章结构、思想特点以及后者与五千言相关方面的异同等方面,论证了三组简《老》为互有关联,但性质不同的摘抄修编文本。简而言之:1. 三者在郭店楚简中地位不同:甲《老》作为山寨《老子》虽不能拥有真正"经典"的地位,但也相差无几。三组中,它的地位最高,乙《老》次之,丙《老》最低。2. 与地位对应,三者的结构、思想、主题各异:甲《老》为上下篇结构,思想已完全儒化,主题有两个,即"修道"与"治国";乙《老》是单篇结构,思想部分儒化,主题单一,为"修道";丙《老》无一定结构,思想尚未儒化,也无主题。但其摘抄内容,主要以"治国"议题为主。3. 以上反映出三者性质不同:丙组《老子》本是直接抄自五千言,原始的章节划分、文字、思想皆未改变,是抄写者用于修改、重组新《老子》的原始材料。且丙组简《老》本有更多内容,因有些已被修编于乙组、甲组,根据不重复原则,皆已被删除。而目前尚保留在丙组简《老》中的内容,皆是墓主人生前试图将之修编于乙组简《老》的材料。乙组《老子》是修改未完全的本子,而甲组《老子》是修改最完全的本子。由于相关论证复杂,本文不作赘言,详情请参见相关拙文①。

总体而言,墓主试图改造出儒学化的《老子》文本,乙《老》、甲《老》全方面地呈现了该特点。以下在详论三组简《老》与五千言思想差异的基础上,进一步论证它们的性质,并系统呈现墓主独特的儒家化老学思想。

(一) 简《老》的儒家化思想主题

在楚简地位方面,丙组简《老》最低,乙组居中,甲组最高。与之对应的正是文章系统化程度的不断提升,实质是抄写者对原有简文的修改与重组力度不断加强。在整合过程中存在一定原则与方向,自然会呈现出思想倾向,甚至主题。

---

① 玄华:《论郭店竹简〈老子〉性质》,《江淮论坛》2011 年第 1 期,第 66—71 页。《从"太上"等章的差异论郭店竹简〈老子〉性质》,见方勇主编《诸子学刊》(第六辑),上海:上海古籍出版社,2012 年,第 68—78 页。《从"章节异同"看郭店楚简〈老子〉性质》,《江淮论坛》2012 年第 6 期,第 91—96、126 页。

1. 丙《老》是对原五千言章节的直接摘抄,墓主本带着儒家的有色眼镜,取其所感兴趣的章节,也体现了一定的儒化特点,如现存简文都涉及治国思想。当然因简文本身只是修编文章所需的材料,并未被人为修改与重组,故不存在严格意义上的文章结构与主题。

2. 乙《老》为单篇结构,没能涵盖母体五千言的全部主题——修道、行德(主要指治国),仅涉及前者。主题的不完整性也再次证明它是修编未完全的本子。更为重要的是所缺者为治国部分,表明相关内容尚在修编中。丙《老》保留的材料皆涉及该主题,证明它作为原材料而能保存在修编库中,是因其尚有价值——墓主生前希望以其为基础修编出主题为治国的篇章,以补合乙《老》。

3. 甲《老》完整模拟了五千言上下篇结构,包含母体的两大主题。且相对而言,乙《老》部分儒化,甲《老》全面儒化。如乙《老》与甲《老》相比,前者中的道仍与丙《老》相同,作道;后者涉及天道者皆作道,与人相关者全部作衟,该变化体现出其儒化的加深,详论见下文。

(二) 道、衟体系的儒化建构

1. 道、衟分离。甲《老》存在一个特殊现象,简文同时出现道、衟二字。如其第 4 组竹简连片涉及道字的有"道恒无名、朴,虽细,天地弗敢臣""譬道之在天下也,犹小谷之与江海",涉及衟字的有"以衟(道)佐人主者,不欲以兵强于天下""保此衟(道)者不欲尚盈",以及"衟(道)恒无为也,侯王能守之,而万物将自𢡺(化)"等,即部分五千言的"道"被修改作"衟"。关于该现象,黄人二认为:"在甲组中'道'作'衟',是意在贬损《老子》书中最推崇的'道'。"[1]此说不确,若墓主真想贬损道家,不会使甲《老》在竹简形制上与儒家经典保持大体一致。高华平在对比各篇的道、衟差别后,认为书写者明确区分了天道之道和人道之衟[2],其说大体可取。只是高先生未完全认知楚简书写者的复杂性——他们不是一般的抄写者而是修编者,故道、衟之别远非如此简单。尤其在三组简《老》中直接与修编完备程度对应,具有较高的复杂性。

在老子处,道原本天人融合,但因五千言常云天之道、人之道,后学对此有所误解,以致将道分化为自然道、天道、地道、人道等。儒家老学更为显著,从孔子接受子产的"天道远,人道迩"到子思的道有四、惟人道可道一脉

---

[1] 黄人二:《读郭店〈老子〉并论其为邹齐儒者之版本》,武汉大学中国文化研究院编《郭店楚简国际学术研讨会论文集》,武汉:湖北人民出版社,2000年,第494页。

[2] 高华平:《郭店楚简中的"道"与"衟"》,《哲学研究》2009年第5期,第75—84页。

相承。墓主继承了儒家的天人相分理念,明确区分自然道与人道,如楚简《性自命出》除"行之不过,知道者也。闻道反上,上交者也。闻术反下,下交者也。闻道反已,修身者也"①中的术为道的抄误外,其余文句"术始于情,情生于性""术者,群物之术。凡术,心术为主。术四术,唯人术为可术也。其三术者,术之而已"②等皆以自然道为道,以人道为术。墓主也将该理念转化到其修编的新《老子》文本中。在甲《老》中,自然、天地之道皆用道,如是人的道术、君王的治国之法皆用术。但丙《老》、乙《老》不然,即使涉及的是人之道,也皆作道。该区别也再次印证三组简《老》的不同性质,丙、乙、甲的儒化程度依次递增。

2. 术与德的合一。原始五千言开篇论德,贯穿全文,体现了该观念的重要性。墓主也对其进行了创造性转化,在其理想的道、术体系里,道为天道,术为人道,即道术、德行,且试图用术消融德。

甲《老》是修编最完善的本子,已形成完整的道、术体系,后者也兼具德的内涵,故仅第三组竹简连片的"含德之厚者,比于赤子"涉及德字,且其内涵也非德行,是指天然的德性。除此之外,未再收编其他与德相关的内容。乙《老》为修改未完全的本子,天道、人道尚未彻底分离,术也未被炼出,出现了不少与德字直接相关的内容。如第一组简文"是以早复,是谓[重积德,重积德则无]不克"、第二组简文"上德如浴,大白如辱。广德如不足,健德如[偷]"、第三组简文"修之身,其德乃真。修之家,其德有余。修之乡,其德乃长。修之邦,其德乃丰。修之天下,[其德乃博]"等等。现存丙《老》中的相关内容本是用于修补乙《老》的材料,皆不涉德字。从乙《老》包含较多德论的现象看,原本丙《老》的相关章节应已被修编利用。总之,在墓主理想的思想体系中,术兼容老学的德。

3. 术与五行、六德的整合。墓主的目标是修编出一套符合儒家思想的老学文本,恰如周凤五所言,他刻意修改文字,避免与儒家思想正面冲突③。而他建构相关思想体系的基本手法是以术整合子思学派的五行、六德。甲《老》对五千言原有文字与思想的改造集中体现此点。

五千言曰"绝圣弃智,民利百倍。绝仁弃义,民复孝慈。绝巧弃利,盗贼无有"、甲《老》第四组竹简连片简文为"绝智弃辩,民利百倍。绝巧弃利,盗贼无有。绝伪弃虑,民复孝慈",面对相关差异,学界解读存有争议。笔者曾

---

① 荆门市博物馆编:《郭店楚墓竹简》,北京:文物出版社,1998年,第181页。
② 荆门市博物馆编:《郭店楚墓竹简》,北京:文物出版社,1998年,第179页。
③ 周凤五:《郭店竹简的形式特征及其分类意义》,武汉大学中国文化研究院编《郭店楚简国际学术研讨会论文集》,武汉:湖北人民出版社,2000年,第53—54页。

对此有过系统分析,详情可参见拙文①。现就思想意义而言,包含以下两个方面:

首先,春秋晚期社会在表面上的主流意识形态仍是天子平和万邦,大言不辩。战国时,天子失权,诸侯处士横议。五千言绝圣弃智、绝仁弃义针对的是春秋时已流行的圣、仁观念,是出于对王权不再、礼制衰微,统治者大唱仁义而不为,以致混战不休的怪象的反思。墓主重组本将文字修订为绝智弃辩、绝急弃虑(急指教化、虑为思虑),则是出于对战国社会现实的批判。

其次,春秋时统治者宣扬的圣、智、仁、义、礼等思想虽被老子批判,但部分观念仍具积极意义,故后来子思在建构五行、六德思想体系时吸收转化了相关内容。子思后学虽各有发明,但墓主与子思看法较接近,极强调圣智,如楚简《五行》在道德并行的基调下,阐释"金声而玉振之",指"金声,善也。玉音,圣也",又云"闻而知之,圣也""见而知之,智也"②。在面对五千言强烈批判春秋时圣智仁义观念时,虽知其本质上与自家的圣智学说不直接对应,但仍有城门失火,殃及池鱼之感。故甲《老》易之以批判智巧、辩言、过度教化和思虑,在批判的对象和程度上都有所转移和弱化。但就根本而言,这些修改也不是被动为之,是墓主以儒家思想对老学进行的主动改造。

小　结

墓主是整个楚简的修编主持者。从各楚简地位分布情况看,墓主极端尊崇子思的作品,应是子思门人。在整个子思学派相关作品里具有内篇地位的只有子思作品,外篇只见直接记录和反映子思思想的论著,杂篇里才出现其弟子的文章,故墓主不会是子思的再传弟子,应是亲炙弟子。通过对《五行》和《太一生水》的分析,可明确墓主是对《五行》修编传播作出重大贡献,并对关尹子学派极为了解的人。就目前所知的子思弟子中,唯有楚人世硕符合这些条件。墓主是儒家子思学派的重要传人,对该派老学做了进一步发展。1. 从《老子》文本发展而言,摘抄五千言,并将之修编为儒家化的三组楚简《老子》。且三者各自的地位、结构、思想、主题皆有不同:甲《老》地位最高,为上下篇结构,思想完全儒化,主题有二,修道与治国;乙《老》地位居中,单篇结构,思想部分儒化,主题单一,为修道;丙《老》地位最次,无一定结构,思想尚未儒化,也无主题,其内容主要以治国议题为主,是为补完乙

---

① 玄华:《从"太上"等章的差异论郭店竹简〈老子〉性质》,见方勇主编《诸子学刊》(第六辑),上海:上海古籍出版社,2012年,第68—78页。
② 荆门市博物馆编:《郭店楚墓竹简》,北京:文物出版社,1998年,第150页。

《老》的准备材料。2.与《老子》文本文字、结构改造相表里的是对《老子》文本思想的儒家化。墓主将道区别为天之道和人之道——自然道为道,人道为术,并试图用术兼容德,使之与子思学派的五行、六德思想相融合,从而建立一个全面子思学派化的老学。这是先秦儒家老学发展的重要阶段,在此后两千多年的老学发展史中亦独树一帜。

第四章 战国中期的老学

第一节 告子等对老学的全生、刑名转化

自梁惠王、齐威王称王而始,尊王霸道理念荡然无存,天下诸侯开始彻底走上"一天下"之路。在此新的社会条件下,老学发展也呈现出了新的面貌。一方面心性老学仍继续发展,如告子、杨朱老学即是典型代表。另外一方面则是刑名老学开始大放异彩,如惠施、申不害、尸子、商鞅等老学的研习与刑名转化即是其例。

一、告子、杨朱对老学的"为我""贵我"转化

(一)告子及其老学渊源

在传世文献中,与告子其人相关的材料有《墨子·公孟》中的告子,《孟子》之《公孙丑》《告子》篇中的告子,以及《孟子·尽心下》中的浩生不害。至于三者的具体关系,则有待辨析。

1.《墨子》告子与《孟子》告子关系。清代苏时学认为"此告子自与墨子同时,后与孟子问答者当另为一人"。孙诒让《墨子间诂》称引之,并赞同其说,吴毓江亦复如是[1]。陆建华也认为两者并非一人[2]。东汉赵岐则云告子"兼治儒墨之道"(《孟子正义》引)[3],指两者为一人。王应麟、洪颐煊等皆承袭其说(《墨子校注》引)[4]。此后,梁启超[5]、钱穆[6]、郭沫

---

[1] 吴毓江:《墨子校注》,孙启治点校,北京:中华书局,2006年,第714页。
[2] 陆建华:《告子辨析》,《孔子研究》2008年第2期,第40—47页。
[3] 焦循:《孟子正义》,沈文倬点校,北京:中华书局,1987年,第731页。
[4] 吴毓江:《墨子校注》,孙启治点校,北京:中华书局,2006年,第714页。
[5] 梁启超:《墨子年代考》,见罗根泽编《古史辨》第4册,上海:上海古籍出版社,1982年,第248—252页。
[6] 钱穆:《先秦诸子系年》,北京:商务印书馆,2005年,第209—214页。

若①、庞朴②等亦断两书中的告子为一人。相较而言,梁氏等人之论可取。墨子与孟子虽相距百年,但告子生存于两者间,从时间与年辈而言不成问题(说见下文)。在此基础上,联系两书中的告子所论,两者基本思想大体一致,可相互贯通印证。

至于告子与《孟子》中的浩生不害的关系,赵岐注除注告子"名不害""尝学于孟子,而不能纯彻性命之理",又注浩生不害曰"浩生,姓。不害,名。齐人也"(《孟子正义》引)③。明阎若璩云:"浩生,复氏。不害,其名。与见《公孙丑》之告子,及以《告子》题篇者,自各一人。赵氏偶于《告子篇》误注曰名不害。"(《孟子正义》引)④指赵氏说告子名不害,是混淆告子与浩生不害的结果。此后,焦循也称引此说⑤。但陆建华认为赵氏之说并不表明其混淆二者,只是两者同名而已⑥。实则,从赵岐称告子学于孟子,可知其已将之与学于孟子的浩生不害相混同,进而所谓告子名不害等确系混淆讹误之言。也就是说,告子与浩生不害并无关系,其名字不得而知。

2. 告子与墨子、孟子等人的关系。赵岐称告子兼修儒墨,但学于孟子。阎若璩指此为臆度,梁启超亦云"今案《孟子》本文,无以证明告子为孟子弟子。非惟不是弟子,恐直是孟子前辈耳"⑦。孙世扬从三方面对此加以论证:《孟子》之《公孙丑》《万章》篇均以弟子名为题,"(《告子》篇)称子而不名,盖尊之亦远之尔";孟子曰"告子先我不动心""先我者,盖谓其年齿长于我也";孟子及其弟子与告子问对,皆称后者为子,而不直呼其名⑧。

大体言之,赵岐之说是综合《墨子》《孟子》所记,然后混同告子和浩生不害后的一种臆测。告子不会是墨子弟子,从墨子弟子称告子为子,且墨子也待之以客,告子言语全无弟子语气,以及墨子主张仁义皆内,告子主张仁内而去义等,皆可证告子非墨子弟子。应该说告子见过墨子,早于孟子。这从孟子称告子为子也可证。

墨子、孟子相距近百年。告子上见墨子,下对孟子,可知他与墨子年龄相差悬殊。孟子指自己四十而不动心,告子早之。盖告子早慧,年少时即悟

---

① 郭沫若:《名辩思潮的批判》,见《十批判书》,北京:东方出版社,1996年,第260—321页。
② 庞朴:《告子小探》,《庞朴文集》第1册,济南:山东大学出版社,2005年,第160页。
③ 焦循:《孟子正义》,沈文倬点校,北京:中华书局,1987年,第994页。
④ 焦循:《孟子正义》,沈文倬点校,北京:中华书局,1987年,第731页。
⑤ 焦循:《孟子正义》,沈文倬点校,北京:中华书局,1987年,第731—732页。
⑥ 陆建华:《告子辨析》,《孔子研究》2008年第2期,第40—47页。
⑦ 梁启超:《墨子年代考》,见罗根泽编《古史辨》第4册,上海:上海古籍出版社,1982年,第252页。
⑧ 孙世扬:《告子辨》,《制言半月刊》1935年第2期,第34页。

道,形成较大社会影响,故能上及语对墨子。且年寿较长,晚年影响愈大,犹能下见晚辈孟子,与之交流。

3. 至于告子的师承,不得而知。郭沫若认为"(告子)关于性的主张是道家的看法,而他不非毁仁义还保持着初期道家的面貌"①,指其为道家人物。庞朴也认为"是一位道家者流"②。但陆建华认为其为儒家传人③。相较而言,告子的基本理念深受老学思想影响,但未局限于道家老学思想。除研习田子方、段干木的养生老学,还受到经过颜回、曾子、子思、世硕等发展的儒家心性老学的影响,主要继承他们的全生保身思想,涉及性、仁、义等问题。

(二)告子"为我"的自然本性论

1. 生性自然,且"为我"。老子强调自然而道,道生万物,人由自然而来,含有相应本性,故曰"我自然",又"生而好生"。在老子的思想体系中,存在生—性概念。且人与万物之性本合于道,不加妨害,就会呈现得道的面貌,实现无争平和的状态。该思想在后世如曾子、子思等处发展为重天性的老学。告子对相关内容加以发展,认为"生之谓性"(《孟子·告子上》)④。性指与生俱来的特点与能力。万物包括牛马之性与人之性无本质区别。不过在现存材料中,没有体现出告子对老学天性清静的强调,更多的是从天性到"为我"的发挥。

告子认为"我"是一个完全者,有保障和实现"我"之存在与完全的本能,即以我为出发点与落脚点。以此为基础,首先指出"食色,性也"(《孟子·告子上》)⑤。食色出于我,追求饮食、男女之事与生俱来,是人的本能。其次,"仁,内也,非外也"(《孟子·告子上》)⑥。从我出发,仁也仅限于与"我"相关的范畴。即从"我爱"和"爱我"出发,仁指爱属于"我"或与"我"直接相关的人,并非宽泛意义上的爱人。至于推己及人,老吾老以及人之老、幼吾幼以及人之幼,是一种与具体自我无关、基于抽象外在理念的要求——这是义,是外在的。

关于以我出发的仁内义外,告子曰:"吾弟则爱之,秦人之弟则不爱也,是以我为悦者也,故谓之内。长楚人之长,亦长吾之长,是以长为悦者也,故

---

① 郭沫若:《宋钘尹文遗著考》,见《青铜时代》,北京:中国人民大学出版社,2005年,第203—204页。
② 庞朴:《告子小探》,《庞朴文集》第1册,济南:山东大学出版社,2005年,第160页。
③ 陆建华:《告子哲学的儒家归属》,《文化中国》(加拿大)2003年第3期。
④ 焦循:《孟子正义》,沈文倬点校,北京:中华书局,1987年,第737页。
⑤ 焦循:《孟子正义》,沈文倬点校,北京:中华书局,1987年,第743页。
⑥ 焦循:《孟子正义》,沈文倬点校,北京:中华书局,1987年,第743页。

谓之外也。"(《孟子·告子上》)①以"我"出发,遵从以"我"为中心的悦然之心,"我"爱我亲弟,是因为他是"我"的亲弟,"我"不爱秦人之弟,因为他与"我"无关,故不爱。他进一步推论,脱离"我",与"我"无关,即使悦然为之,也是外在。如楚国人的尊者、长老与"我"无关,"我"却尊长他,那是因为以尊长为乐。但尊长是一个与"我"无关的、基于外在义礼的事物与行为,根本上仍是外。

同时,他认为作为本能爱自己,和由其而来的维护自我存在的食和悦然自我、与自己相关的色等,都是自然生发。他以老学常用的水为喻,指"人性之无分于善不善也,犹水之无分于东西也"(《孟子·告子上》)②,它们自然而然,如水般左右流淌,与人为的义礼文化无关。在义礼文化的世界中,总是以合乎义礼与否评定所谓善、不善。但性本身独立自在,与义礼教化无关,无法用人为文化后的所谓善、不善来评价。故"性无善无不善也"(《孟子·告子上》)③。

且生性本来可以内在发挥,人应遵从具体内在的自我,不可依从外在的义礼。如强行教化,非要遵从外在的义礼,那便是人为扭曲,就是"余食赘行",即"性,犹杞柳也;义,犹桮桊也。以人性为仁义,犹以杞柳为桮桊"(《孟子·告子上》)④,由此所建构的只能是一个非人、异化的尸行世界。

2. 全生保身。告子主张遵自然本性,以此修身。他继承老学性本清静主张,但指出心会感物而动。虽然性本无善、无不善,心之所欲亦无所谓善恶,但因它是感物而动,且极可能被义礼外在染著,故不可轻易动作。因此,他继承老子的虚心之法,强调练就不动心。

关于不动心,告子曰:"不得于言,勿求于心;不得于心,勿求于气。"(《孟子·公孙丑上》)⑤具体言之,存在一个归返的认知和践行过程,内部涉及言、知、心等基本因素。通过考察言——不论是自我之言,还是他人之言,从而认知心。恰如孟子对知言的论述:"诐辞知其所蔽,淫辞知其所陷,邪辞知其所离,遁辞知其所穷。"(《孟子·公孙丑上》)⑥通过对言的辩论——自我内辩或自我与他人的辩论,来发见言的自然矛盾,从而发觉心的问题所在,并以此获得心的真实情况。如果心所想是合理的,则动气运之。如果心

---

① 焦循:《孟子正义》,沈文倬点校,北京:中华书局,1987年,第744页。
② 焦循:《孟子正义》,沈文倬点校,北京:中华书局,1987年,第735—736页。
③ 焦循:《孟子正义》,沈文倬点校,北京:中华书局,1987年,第748页。
④ 焦循:《孟子正义》,沈文倬点校,北京:中华书局,1987年,第732页。
⑤ 焦循:《孟子正义》,沈文倬点校,北京:中华书局,1987年,第194页。
⑥ 焦循:《孟子正义》,沈文倬点校,北京:中华书局,1987年,第209页。

所想不合理,则不动心,也就不运气、不动作。应该说告子对老子的"言者不知,知者不言"做了最大的颠覆。在相关方面,他继承了邓析子、墨子的形名思想,在心不能依靠的情况下,强调只有通过论辩,才能发现真知,借助言背后的逻辑来确认自我内心的正确与否。

当然,告子还是依从他的自然生性论对言进行判断,人自然生性为我,我爱、爱我为仁为内,爱与我无关的他人等义礼为外,大体上也继承了老子所认为的上仁尚可行,义礼之说绝不可取的观念,故强调遵从仁,排除义礼。告子就是以此来练就不动心、以此修身。这从墨子对他的批判可获印证。墨子曾回应弟子称"告子胜为仁"时说,"未必然也。告子为仁,譬犹跂以为长,隐以为广,不可久也"(《墨子·公孟》)①,指告子即使以他所谓的生性为我的衷心来遵从仁,但离开义礼,是行不通的。

告子也继承老子以正治国,遵从太上之治的理念,欲以天性为我,排斥义礼的理念治国为政,但也正因此见斥于墨子,指其口言之而不能身行之,言虚而身乱,岂能以之治国(《墨子·公孟》)②。孟子也指其"率天下之人而祸仁义者,必子之言夫"(《孟子·告子上》)③。他们皆认为单纯的主张天性为我,在离开义礼纽带的情况下,无法连通自我与他者的社会性关系,也就不能以此来平和天下。且过分强调为我,反而会增益世人的私心,使人们相互贼害。

(三)杨朱及其老学渊源

关于杨朱其人,由前文"文子等人的'明王'老学"之"阳子居其人考"可知他是战国中期哲人,与春秋时期的阳子居为两人,只是魏晋之时人们将两人的部分事迹相混淆。至于其学派归属,传统上一般视作道家老学传人,但也有异议者,如:陈此生认为杨朱为道家别派,其学与老子思想之间是一种殊途同归的关系,杨朱只是深受老子哲学影响,但非老学传人④;另外,高亨⑤、詹剑锋⑥等甚至指杨朱与道家无关,是另一个独立学派的开创者。

杨朱必是道家人物,且是老学思想的继承与发展者。他曾与禽子论辩贵己与兼爱治天下之理,后孟孙阳维护其师杨朱之说,禽子终曰"以子之言

---

① 吴毓江:《墨子校注》,孙启治点校,北京:中华书局,2006年,第694页。
② 吴毓江:《墨子校注》,孙启治点校,北京:中华书局,2006年,第694页。
③ 焦循:《孟子正义》,沈文倬点校,北京:中华书局,1987年,第734页。
④ 陈此生:《杨朱》,上海:商务印书馆,1930年,第23页。
⑤ 高亨:《杨朱学派》,见罗根泽编《古史辨》第4册,上海:上海古籍出版社,1982年,第578页。
⑥ 詹剑锋:《杨朱非道家论》,见《中国哲学》编辑部编《中国哲学》第7辑,北京:生活·读书·新知三联书店,1982年,第58—65页。

问老聃、关尹,则子言当矣;以吾言问大禹、墨翟,则吾言当矣"(《列子·杨朱》)①,可见时人指其术为老子、关尹一派之学。大体而言是关尹子影响列子,列子一派影响杨朱。

杨朱思想也受到子思学派心性老学的影响。子思曾说"(体道者)明于死生之分,通于利害之变,虽以天下易其胫毛,无所概于志矣"(《子思子·外篇任贤》)②。此论亦传于后世,杨朱之学也有此渊源。同时,他也受到了田子方、段干木等全生养生派老学的影响。如《列子·杨朱》载端木叔家有万金,但不治世故,放意所好,乃至病而无药石之费,死而无瘗埋之资。段干生闻而赞其为达人。此处的段干生即段干木③。杨朱借此以印证自己的全生贵物轻物之道,可见也曾受段干木老学影响。

除以上相关源流影响外,杨朱最为直接的师承是告子。实际上,告子首先接受了以上诸人的老学,杨朱则为告子弟子。且杨朱思想影响甚大,在后来超越其师,成为显学。孟子敬告子,而直斥杨朱,庄子则不语告子,径对杨朱大加批判,皆是此理。

(四) 杨朱的"贵我"老学

杨朱对道体少直接论及,但继承了列子由道而来的理,即物之理。道不生而能生生,于是不死,物皆由道而来,是生者,自然也是死者。万物非自身所有,永恒变化化生,故"理无不死""理无久生"(《列子·杨朱》)④,皆在消息之中。

杨朱曰"万物所异者生也,所同者死也"⑤,死亡不可回避,对于人而言也是如此。且发挥老子"生之徒十有三,死之徒十有三"以及生生之厚之论,指人生苦短,百岁之寿,千中无一。即使有人长寿如此,婴孩无知与老昧昏聩的时间已占其半生。睡眠时间又居其半,"痛疾哀苦,亡失忧惧"再居其半。真正无忧无虑、怡然自得的时光屈指可数(《列子·杨朱》)⑥。

但杨朱也认为人与众物不同,"人肖天地之类,怀五常之性,有生之最灵者也"。人拥有知,懂得去追问人生。面对人生苦短,杨朱追问的是"人之生也奚为哉? 奚乐哉"。如果是为了美厚、声色,两者都不能常餍足、常玩闻。如欲极之,必然为刑赏所禁劝,这与"重囚累梏"没有分别(《列子·杨

---

① 杨伯峻:《列子集释》,北京:中华书局,2012年,第220—221页。
② 陈桐生:《曾子·子思子》,北京:中华书局,2009年,第230页。
③ 杨伯峻:《列子集释》,北京:中华书局,2012年,第219页。
④ 杨伯峻:《列子集释》,北京:中华书局,2012年,第219页。
⑤ 杨伯峻:《列子集释》,北京:中华书局,2012年,第210页。
⑥ 杨伯峻:《列子集释》,北京:中华书局,2012年,第209页。

朱》)①。因此，他体悟出"智之所贵，存我为贵"，进而以贵我、全生保身为是。在基本法则上，真正全生者应是"制命在内"，而非"制命在外"者——贵我而不受制于外物。我在世之所以难以休息，在于为寿、为名、为位、为货，故应绝弃此四者(《列子·杨朱》)②。

不逆命，不畏生死。杨朱认为日去日来，昏昏昧昧，无有定处，难以知其然而然，即是命的表现。道之理是万物消息生灭，各有其命。老子曰"天之所恶，孰知其故"，杨朱将其发挥为天的意志没人可以臆测，想要人为地逢迎天意，揣测利害，必会困顿，不如及早停止，而任其自然。对于生死的态度即不求长生，并对厚生以求不死久生的妄念愚行进行批判，"生非贵之所能存，身非爱之所能厚"，但也非消极等死，而是要废心，任其所生，随其所尽。寿夭对于人的意义不在于寿夭本身，在于它们在人身上所形成的情欲与思虑。没了这些思虑，也就不复存在什么寿夭的比较，也就无所谓寿夭(《列子·杨朱》)③。因此信从其命者，信其理、信其心、信其性，于是无寿夭、无是非、无逆顺、无安危的思虑，也就没这样的困顿。总是自然而然，"独往独来，独出独入"(《列子·力命》)④，毫无挂碍。杨朱洞穿此道，故称颂"生相怜，死相捐"(《列子·杨朱》)⑤，人生在世多饥寒困苦，要及时使之温饱通达，而一旦死亡，与我何干，何必锦衣玉食来埋葬。

去伪名。在名实之间守实，不矜贵，不为虚名所累。老子曰"名与身孰亲""吾所以有大患者，为吾有身也。及吾无身，有何患"，圣人总是放下虚名以及高且贵的身份，因此能身先身存，乃至寄身而游于天下。杨朱曰"实无名，名无实；名者，伪而已矣"(《列子·杨朱》)⑥，大道本无名，伪物有虚名。强调从一开始就遵从大道，为本不为末，为实不为名，全生保我而不为其他。一切从全生修身开始，又回归全身。杨朱以太古以来的名实之辩为之。太古到三皇五帝之事，荣辱俱灭，无万世之名。名可名，非恒名也。即使如舜禹周孔、桀纣等虽有声名至今，但对他们的"我"而言，也毫无意义。四圣生无一日之欢，死有万世之名，天下之善归之；二凶生有纵欲之欢，死被愚暴之名，天下之恶归之。但即使誉之毁之，当事人皆同归于死而不知。近世追求名声者也多累于此。如伯夷、柳下惠皆非无欲无情之人，为求清贞之

---

① 杨伯峻：《列子集释》，北京：中华书局，2012年，第209—210页。
② 杨伯峻：《列子集释》，北京：中华书局，2012年，第225页。
③ 杨伯峻：《列子集释》，北京：中华书局，2012年，第219—220页。
④ 杨伯峻：《列子集释》，北京：中华书局，2012年，第197—198页。
⑤ 杨伯峻：《列子集释》，北京：中华书局，2012年，第212页。
⑥ 杨伯峻：《列子集释》，北京：中华书局，2012年，第208页。

名,以致饿死或后继乏人。这就如同人为学游泳而溺亡,为求仁义虚名而杀身毁家,与追求羊羔而迷于歧路无法归家一样可悲。总之,如果要以难得而短暂的人生去追求礼乐、声名的夸饰,那是"我"为外物所役,还不如死的状态。不妨追随春秋末年的公孙朝、公孙穆兄弟,去虚妄伪名而求其实,快意人生。

去位。老子认为大道守弱处下,不为主宰。人也一样,君王之所以有杀身之祸,正是因为自身的权势。杨朱亦然,对于"我"而言,权势也是负累。正如上文指出的,尧舜禹周孔以及桀纣等皆因有权势,"戚戚然以至于死"(《列子·杨朱》)①,不足取。

去货。老子曰"身与货孰多",全身比拥有财货更为可贵。杨朱对此作了极大发挥,指真正的养生之道不在于久生和拥有财货,在于于短暂自然的生中,不被外物侵蚀,做真自我。"智之所贵,存我为贵。力之所贱,侵物为贱。"圣人总是公天下之身、公天下之物。因我在世为生,"身非我有也",它是天地之委形,是借来的事物。物在身外,更非我之私。当然"身固生之主,物亦养之主"。既已有身,不得不全之。同时即使无法去物,也不能去占有物。在生的过程中,要成全自我,对于外物应是一种不积累也不苛责的态度(《列子·杨朱》)②。杨朱指人生在世在于乐生、逸身,"原宪窭于鲁,子贡殖于卫",窭则损生,殖则累身,皆不可取。养生对于外物顺其自然,不节制,也不放纵。又以管夷吾"肆之而已,勿壅勿阏"的恣身心之所欲,不戚戚然以求久生的养生之道,以及端木叔放意所好、死无瘗埋之资的处世之道等明之(《列子·杨朱》)③。

关于治国,老子强调"我自然"、公天下,君王无为稀言,绝弃圣智仁义礼乐教化,百姓自然自化。杨朱曾见梁王,言"治天下如运诸掌"(《列子·杨朱》)④,太上之治即君王贵己,并使人人如是。对于"我"而言,声名、财货、天下皆是身外之物,贵己去之,皆不为"我"私有。人人皆公天下之身与物,不意占有与主宰,天下自然无争而平和。且人生而贵我、全我,顺此则必然自足自给。"丰屋美服,厚味姣色,有此四者,何求于外"(《列子·杨朱》)⑤,不制于外物,则可不逆命、不矜贵、不要势、不贪富,顺天为民。如此情欲失半,人不婚宦、不衣食,君臣道息,便可无为而治。如果不贵我而追求

---

① 杨伯峻:《列子集释》,北京:中华书局,2012 年,第 221 页。
② 杨伯峻:《列子集释》,北京:中华书局,2012 年,第 224—225 页。
③ 杨伯峻:《列子集释》,北京:中华书局,2012 年,第 211—212 页。
④ 杨伯峻:《列子集释》,北京:中华书局,2012 年,第 222 页。
⑤ 杨伯峻:《列子集释》,北京:中华书局,2012 年,第 227 页。

外物,生活丰厚又欲求忠义之名者,则是贪得无厌,"无厌之性,阴阳之蠹也"。更何况忠义之说只是外物,令百姓欲之,只是趋民于非道,天下将争比不休(《列子·说符》)①。

老子说予取相随,有予必然有取,有取必然有争。杨朱发挥之,即使行善也将导致争斗,"行善不以为名,而名从之;名不与利期,而利归之;利不与争期,而争及之"(《列子·说符》)②。以此出发,指"古之人损一毫利天下,不与也,悉天下奉一身,不取也"(《列子·杨朱》)③,人人不损一毫,不利天下,则无得而予,自然无法巧立名目去取天下,不予不取,君民皆如是,无得而乱,自将大治。

二、惠施、申不害对老学的刑名转化

(一)惠施对老学思想的刑名式吸收

惠施,乡里不详。东汉高诱注《吕氏春秋·审应览·淫辞》称其为"宋人"④。但据现有资料,其主要事迹都在魏国。梁惠王在前期任用惠施为相。当时魏国,有惠施变法、白圭理财、庞涓用兵,国力大增。魏惠王曾尊惠子为仲父,并为称尧舜之名,欲禅魏国于惠施,惠施不受。

惠施在魏国为相多年,但变法并不彻底,也无法阻止梁惠王好大喜功。如《吕氏春秋·审应览》载魏惠王"乃请令周太史更著其名"⑤,以往解读为梁惠王尊惠施"仲父"之名,但实为梁惠王昏昧听从商鞅游说,开始去"侯"称"王"。梁惠王对外征伐不休,以致魏国日弱。

但惠施还是在危难之际力挽狂澜。如《战国策·魏策二》载"齐魏战于马陵,齐大胜魏,杀太子申,覆十万之军",梁惠王召惠施,告之欲悉起兵攻齐。惠施止之,以变服折节朝齐,尊其为"王",以令楚王怒、赵氏丑之。于是"楚王怒,自将而伐齐,赵应之,大败齐于徐州",魏国也因此得以喘息。但此后,魏惠王又中秦相张仪之计,逐惠施⑥。又据《战国策·楚策》载"张仪逐惠施于魏。惠子之楚,楚王受之",但楚王惧张仪,"乃奉惠子而纳之宋"⑦。

惠施晚年可能又重回魏国,故《吕氏春秋·开春论》载:"魏惠王死,葬有日矣。天大雨雪,至于牛目。"群臣谏太子弛期更日,无果,于是告请惠公

---

① 杨伯峻:《列子集释》,北京:中华书局,2012年,第256页。
② 杨伯峻:《列子集释》,北京:中华书局,2012年,第256页。
③ 杨伯峻:《列子集释》,北京:中华书局,2012年,第220页。
④ 许维遹:《吕氏春秋集释》,北京:中华书局,2009年,第493页。
⑤ 许维遹:《吕氏春秋集释》,北京:中华书局,2009年,第497页。
⑥ 范祥雍:《战国策笺证》,范邦瑾协校,上海:上海古籍出版社,2006年,第1337页。
⑦ 范祥雍:《战国策笺证》,范邦瑾协校,上海:上海古籍出版社,2006年,第846页。

(即惠施),惠施说之以文王之义,令太子信服,并弛期更日①。

惠施遗著,《汉书·艺文志》名家著录"《惠子》一篇"。《隋书·经籍志》等皆不再著录,应该魏晋时就亡佚了。此后,明代归有光《诸子汇函》、清代马国翰《玉函山房辑佚书》等辑录有《惠子》。但皆只是从古书辑录其言行事迹,非原书。

关于惠施之学及其渊源,《庄子·天下》曰:"惠施多方,其书五车,其道舛驳,其言也不中。"②惠施之学涵盖天文、人事,同时贯之以名实之辩,因此其思想来源也是驳杂的。如天文地理方面,与尸子等同源。相关遗说主要是"历物十事"。修身思想方面,直接受到魏文侯西河之学影响,且与杨朱、季梁、季真等关系不浅。惠施与季梁同辈,年长于季真。后世将两者并称,即两者思想有较相似之处。人伦观念方面,受墨家影响较大。最集中体现是将墨子"兼爱"思想发展为"泛爱"理念,强调天道为万物本,天地万物一体,当泛爱众生。政治思想方面,主张刑名变法,远溯邓析,荀子即将惠施、邓析并举。《荀子·非十二子》曰:"不法先王,不是礼仪,而好治怪说,玩琦辞,甚察而不惠,辩而无用,多事而寡功,不可以为治纲纪。然而其持之有故,其言之成理,足以欺愚惑众。是惠施、邓析也。"③惠施刑名之学也中及墨子(墨辩),在其为魏相后,又受到韩国、秦国变法刺激,当受到了申不害、商鞅等刑名思想的影响。当然,他与庄子也是忘年交,《庄子·徐无鬼》载:"庄子送葬,过惠子之墓,顾谓从者曰:'……自夫子之死也,吾无以为质矣!吾无与言之矣。'"④后世《说苑·谈丛》亦云"惠施卒而庄子深瞑不言,见世莫可与语也"⑤,可见两者互相影响之深。惠施的老学渊源即与上述人物直接相关。

从惠施的思想体系看,其应对道本体有所讨论,但在现存资料中,未保留其相关论述。《庄子·天下》中的"历物十事",体现了他对宇宙万物的基本看法,虽只留有议题与结论,未见论证过程,后世解读纷杂,但究其根本,也与老子之道相通。

老子强调道本无穷,惠施也认为存在一个无穷尽的存在,"至大无外,谓之大一;至小无内,谓之小一"(《庄子·天下》)⑥,所谓"一"即混沌而无穷,

---

① 许维遹:《吕氏春秋集释》,北京:中华书局,2009年,第582—583页。
② 庄子:《庄子》,方勇译注,北京:中华书局,2010年,第585页。
③ 王先谦:《荀子集解》,沈啸寰、王星贤点校,北京:中华书局,1988年,第93—94页。
④ 庄子:《庄子》,方勇译注,北京:中华书局,2010年,第414页。
⑤ 向宗鲁:《说苑校证》,北京:中华书局,1987年,第406页。
⑥ 庄子:《庄子》,方勇译注,北京:中华书局,2010年,第585页。

无始无终,无有差别。表现在时间上,"今日适越而昔来"、"无厚,不可积也,其大千里"(这也是空间的)。表现在空间上,则是"我知天下之中央,燕之北越之南是也"(《庄子·天下》)①。

惠施基于道的"无穷",指出"大同而与小同异,此之谓小同异;万物毕同毕异,此之谓大同异",即从大同而言,万物皆同。故"天与地卑,山与泽平。日方中方睨,物方生方死",万物从根本上无差别。虽然如此,从小的地方看,还是有穷尽,有差别,即"南方无穷而有穷"(《庄子·天下》)②。

在确立世界的基本特征后,则涉及主体问题。惠施虽然主张万物大同,但也强调众物有异,且主要是继承老学域中四大理念,突出人的作用,确立其主体性。惠施认为我们所认知的世界就是人下的世界,人是构成世界的基本要素,一切都经过人的洗礼。世界之所以在隐藏、沉寂中被发现,就是因为人,且之所以世界能被爱,也是因为有人。

在人的主体性获得确立之后,首先涉及的是认知主体的认知能力问题。《庄子·寓言》载庄子谓惠子曰:"孔子行年六十而六十化,始时所是,卒而非之,未知今之所谓是之非五十九非也。"庄子意图以此表现是非无法确立。惠子答之曰:"孔子勤志服知也。"他认为认知就是这样一个过程,既然前面"非",则今"是",就是不断从"非"中,认知出"是"③。在惠子看来,世上皆可知,只是有未知的而已,且只要立志于认知,总是能更接近"是"。

至于认知手段,他脱离了老子本人的大辩不言思想,接受了后世老学的名辩至真之法,与邓析、告子、孟子最根本的相同点就是认为通过辨析、论辩可以确立是非、获得真知。《庄子·徐无鬼》载庄子曾问惠施"天下非有公是也,而各是其所是""然则儒、墨、杨、秉四,与夫子为五,果孰是邪",认为论辩无法获得是非。惠子答之曰:"今夫儒、墨、杨、秉,且方与我以辩,相拂以辞,相镇以声,而未始吾非也,则奚若矣?"④即认为通过形名论辩,依赖于背后抽象逻辑,可以获得是非。

惠施认为在论辩中认知事理的最基本方法是"譬喻"。《说苑·善说》载梁惠王要求惠施论事无譬而直言,惠施仍以譬喻明理,告之曰:"夫说者固以其所知,谕其所不知,而使人知之。今王曰无譬则不可矣。"⑤此处即体现了惠施对譬喻之法的坚守。《庄子·天下》载惠子的一个重要命题是"连环

---

① 庄子:《庄子》,方勇译注,北京:中华书局,2010 年,第 585 页。
② 庄子:《庄子》,方勇译注,北京:中华书局,2010 年,第 585 页。
③ 庄子:《庄子》,方勇译注,北京:中华书局,2010 年,第 474 页。
④ 庄子:《庄子》,方勇译注,北京:中华书局,2010 年,第 412 页。
⑤ 向宗鲁:《说苑校证》,北京:中华书局,1987 年,第 272 页。

可解也"①。关于此命题的所指与内涵,学界争论不休。实则,说的是譬喻明理之道。惠子名辩以"譬"解物,如要解释"A",则用"B"譬喻,如解释"B",则用"A"譬喻,即使中间再增加几个过渡譬喻也一样,如此就形成了一个连环——其实就是循环论证。时人认为在名实辩论时,必须"直解",譬喻只是连环,无法解释,而惠子认为可以解通。至于他如何论证其说,已不得而知。

由于在这个四大的世界中,人为主体,可以论辩而知晓世界的真相,那么如何判断是非呢?其根本的出发点则是继承了老学思想中的"用"理念。老子以"用"作为事物确立性质的标准,惠施强调"用"为是非判断的根本依据。辩论的目的是辨析出名实,即"用"。

《韩非子·外储说》载:"墨子为木鸢。三年而成,飞一日而败。弟子曰:'先生之巧,至能使木鸢飞。'墨子曰:'不如为车輗者巧也,用咫尺之木,不费一朝之事,而引三十石之任致远,力多久于岁数。今我为鸢,三年成,飞一日而败。'惠子闻之曰:'墨子大巧,巧为輗,拙为鸢。'"②惠施对墨子的评论,体现出他明确认为"用"才是真的巧,无用则不足道。

惠施在与庄子论辩中,也常将这种思想作为基本论调。如他以大瓠"无用而掊之"、樗"其大本臃肿而不中绳墨,其小枝卷曲而不中规矩。立之涂,匠者不顾",喻指庄子之言"大而无用,众所同去"(《庄子·逍遥游》)③,甚至直言庄子"子言无用"(《庄子·外物》)。

惠施认为小用则修身,大用则治国平天下。在治天下方面,主张"泛爱万物,天地一体也"(《庄子·天下》)④,即强调"爱"。认为人的认知能力和名辩之术,发见、带出了被隐藏的世界,而世界本身就是天地一体,人在四大中与之为一。故从本质上,人必须泛爱万物,一切有用之学都是尊此道出发。即君王治国,自然就是要爱惜百姓,实现其用。具体操作继承了老学的以下方面:

1. 君王去尊。《吕氏春秋·开春论·爱类》载匡章指惠子"公之学去尊",表明其一个基本论点是"去尊"⑤。惠施认为天地一体,"天与地卑,山与泽平"(《庄子·天下》)⑥,人事也应是各自平等、谦卑,故君王等都应去

---

① 庄子:《庄子》,方勇译注,北京:中华书局,2010年,第585页。
② 王先慎:《韩非子集解》,钟哲点校,北京:中华书局,1998年,第266—267页。
③ 庄子:《庄子》,方勇译注,北京:中华书局,2010年,第12页。
④ 庄子:《庄子》,方勇译注,北京:中华书局,2010年,第585页。
⑤ 许维遹:《吕氏春秋集释》,北京:中华书局,2009年,第595页。
⑥ 庄子:《庄子》,方勇译注,北京:中华书局,2010年,第585页。

尊、处下、谦虚、善待左右,与万民平。

2. 君王不争利,慈爱百姓。惠子在魏惠王欲悉起全国之兵伐齐时,谏之尊"王"于齐,理由之一就是"今可以王齐王而寿黔首之命,免民之死,是以石代爱子头也,何为不为"(《吕氏春秋·开春论·爱类》)①。此后齐国败盟,梁惠王欲伐之,惠子又荐戴晋人,令其以蜗角之国相攻伐的荒诞,晓喻梁惠王而止之,亦是以免除百姓"伏尸数万"之祸(《庄子·则阳》)。乃至其晚年,又以"文王之义"劝诫太子更魏惠王葬日,皆是以百姓之利为虑。故《吕氏春秋》亦赞之曰"惠子不徒行说也""说以文王之义示天下,岂小功也哉"(《吕氏春秋·开春论》)②。

当然,惠施在治国方面对老学思想的最重要转化是刑名变法之术。惠子曾为梁惠王变法,具体内容已不得而知,只是时人翟翦即以"治国有礼,不在文辞"非之,此后荀子等将其比之邓析,谓其乱先王之法,乃至《淮南子·道应训》亦引老子"法令滋彰,盗贼多有"之语非之③,但这些恐怕皆非公允之论。惠施变法令魏国强盛一时,只是梁惠王图虚名,好大喜功,轻兴杀伐,以致数战数败而已,非惠施变法之罪。

(二) 申不害对老学的刑名转化

申不害,郑人。郑被韩吞并后,初在韩为小吏,后辅佐韩昭侯变法强韩。申不害虽有著述,但已亡佚,现只能通过前人的辑佚本,窥知一二。《申子辑注》④是相关方面的用力之作,虽然出于历史原因,在注释方面多有局限,但辑佚方面较为周备,后来的作品多未超出它的收集范围。因此本文所引《申子》原文皆以其为本。

申不害老学思想渊源颇深,深受郑国刑名学派老学影响,如邓析为郑国人,本是刑名家老学的开创人物。在此之后的魏国李克思想对其也有一定影响。且当时子华子已在韩昭王处取得一定地位,申不害在其后为韩相,当会受其思想的直接影响。《史记·老庄申韩列传》将老庄申韩并传,指"申子之学,本于黄老而主刑名"⑤,可谓确切。

申不害本人深知老子之道,对其内涵的理解主要继承刑名老学的规律论。如在他看来,道最基本特点为"数",即客观规律,"失之数而求之

---

① 许维遹:《吕氏春秋集释》,北京:中华书局,2009年,第595页。
② 许维遹:《吕氏春秋集释》,北京:中华书局,2009年,第582—583页。
③ 何宁:《淮南子集释》,北京:中华书局,1998年,第831页。
④ 中共荥阳县委宣传部理论组、郑州大学政史系工农兵学员:《申子辑注》,郑州:中共荥阳县委宣传部,1976年。
⑤ 司马迁:《史记》,裴骃集解、司马贞索隐、张守节正义,北京:中华书局,1999年,第1706页。

信,则疑矣"①。同时将道具体化为"天道""地道""人道"的理念,指"天道无私,是谓恒正。天道恒正,是以清明"②,"地道不作,是以常静"③,人道便是遵从道,以之行事。申不害主张遵道行事,且主要在法道治国层面对老学思想进行转化、发挥。

申不害继承了老学的农本、民本思想,认为治国之本在于积蓄粮食和安民。四海之内、六合之间以土为贵,"土,食之本也"④,"昔七十九代之君,法制不一,号令不同。然而俱王天下,何也?必当国富而粟多也"⑤。

对于治国的基本方略也有革新,转化老学的"绝圣弃智"理念,首先追问圣人治国的普世性,进而将圣人治国转变为中主治国。治国存在一个基本问题:君王只有一个,臣民众多,在事物纷扰的状态下,一如何驾驭多呢?此前的治国之术强调君圣臣贤相辅以治。但现实困境是"百世有圣人,犹随踵;千里有贤者,是比肩"⑥,圣贤并世之景,百世难求。期待以其治国,实是求远水以救近火。至于中等情况,则是君王圣知,大臣平庸,但一君易被众臣蒙蔽。"上明见,人备之;其不明见,人惑之。其知见,人饰之;其不知见,人匿之。其无欲见,人伺之;其有欲见,人饵之""慎而言也,人且知汝;慎而行也,人且随汝"⑦,即使君王圣明、慎言、慎行,还是经不住众多大臣的揣测,必然受到牵制。更何况从古至今,圣明的君王总是不世出,多为中人之资,与常人无二。"智均不能使,力均不相胜"⑧,在大多数人的智慧与力量皆相差无几的情况下,君王与大臣、百姓处于以一对多的状态,难以凭借这些治理邦国。可以说,申不害对老学绝圣弃智、不尚贤理念有了新的突破性发展。指出以往的治国之道讲求圣人、贤者,但这些本是稀有之物,从现实

---

① 中共荥阳县委宣传部理论组、郑州大学政史系工农兵学员:《申子辑注》,郑州:中共荥阳县委宣传部,1976年,第26页。
② 中共荥阳县委宣传部理论组、郑州大学政史系工农兵学员:《申子辑注》,郑州:中共荥阳县委宣传部,1976年,第31页。
③ 中共荥阳县委宣传部理论组、郑州大学政史系工农兵学员:《申子辑注》,郑州:中共荥阳县委宣传部,1976年,第32页。
④ 中共荥阳县委宣传部理论组、郑州大学政史系工农兵学员:《申子辑注》,郑州:中共荥阳县委宣传部,1976年,第19页。
⑤ 中共荥阳县委宣传部理论组、郑州大学政史系工农兵学员:《申子辑注》,郑州:中共荥阳县委宣传部,1976年,第18页。
⑥ 中共荥阳县委宣传部理论组、郑州大学政史系工农兵学员:《申子辑注》,郑州:中共荥阳县委宣传部,1976年,第28页。
⑦ 中共荥阳县委宣传部理论组、郑州大学政史系工农兵学员:《申子辑注》,郑州:中共荥阳县委宣传部,1976年,第35—36页。
⑧ 中共荥阳县委宣传部理论组、郑州大学政史系工农兵学员:《申子辑注》,郑州:中共荥阳县委宣传部,1976年,第30页。

角度指明圣贤之道非恒道也。

申不害在指明问题后,指出必须转变思路,效法道对物的一对多关系。道不是物,却主宰万物,"鼓不预五音而为五音主"①。因此首先要区分出自己,不要以火救火。基本做法是"天道无私,是谓恒正。天道恒正,是以清明"②、"地道不作,是以常静。帝是以正方,举事为之,乃有恒常之道"③。天道无私,地道好静,而恒为万物主。君王当法之,不为自己的好恶左右,不可妄自行动。

在此原则之下,君王首先"绝圣弃智",不以耳目、智慧治国。只要君王启动自己的耳目与智慧,不论明与不明,必受群臣揣测,受制于人。因此对于群臣所为,"惟无为可以规之"④,"镜设精无为,而美恶自备矣"⑤。具体的可以体现在以下故事上。《吕氏春秋·审分览·任数》载"韩昭厘侯视所以祠庙之牲,其豕小,昭厘侯令官更之。官以是豕来也,昭厘侯曰:'是非向者之豕邪?'官无以对。命吏罪之。从者曰:'君王何以知之?'君曰:'吾以其耳也。'申不害闻之,曰:'何以知其聋?以其耳之聪也。何以知其盲?以其目之明也。何以知其狂?以其言之当也。故曰去听无以闻则聪,去视无以见则明,去智无以知则公。去三者不任则治,三者任则乱。'"它对申子之言的解读是"夫耳目知巧,固不足恃,惟修其数、行其理为可"⑥,可谓深得其道。申子曰:"失之数而求之信,则疑矣。"⑦在天为"数",在人则为法、势和术。

正名为法治基础。"名者,天地之纲、圣人之符。……名自正也,事自定也。是以有道者,自名而正之,随事而定之也"⑧,通过刑名以立法,然后遵法而行,无不治。"君必明法正义,若悬权衡以称轻重,所以一群臣也"⑨、

---

① 中共荥阳县委宣传部理论组、郑州大学政史系工农兵学员:《申子辑注》,郑州:中共荥阳县委宣传部,1976 年,第 12 页。
② 中共荥阳县委宣传部理论组、郑州大学政史系工农兵学员:《申子辑注》,郑州:中共荥阳县委宣传部,1976 年,第 31 页。
③ 中共荥阳县委宣传部理论组、郑州大学政史系工农兵学员:《申子辑注》,郑州:中共荥阳县委宣传部,1976 年,第 32 页。
④ 中共荥阳县委宣传部理论组、郑州大学政史系工农兵学员:《申子辑注》,郑州:中共荥阳县委宣传部,1976 年,第 34—35 页。
⑤ 中共荥阳县委宣传部理论组、郑州大学政史系工农兵学员:《申子辑注》,郑州:中共荥阳县委宣传部,1976 年,第 32 页。
⑥ 许维遹:《吕氏春秋集释》,北京:中华书局,2009 年,第 445—446 页。
⑦ 中共荥阳县委宣传部理论组、郑州大学政史系工农兵学员:《申子辑注》,郑州:中共荥阳县委宣传部,1976 年,第 26 页。
⑧ 中共荥阳县委宣传部理论组、郑州大学政史系工农兵学员:《申子辑注》,郑州:中共荥阳县委宣传部,1976 年,第 12 页。
⑨ 中共荥阳县委宣传部理论组、郑州大学政史系工农兵学员:《申子辑注》,郑州:中共荥阳县委宣传部,1976 年,第 20 页。

"尧之治也,善明法察令而已。圣君任法而不任智,任数而不任说。黄帝之治天下,置法而不变,使民安乐其法也"①。法治的基本内涵是君王、臣民各司其职,"各司其职,不越俎代庖。治不逾官,虽知不言"②,君王所要做的就是操名责实,行以赏罚。"法者,见功而与赏,因能而受官。"③

在确立法的同时,也强调势的作用。荀子说"申子蔽于势而不知知"(《荀子·解蔽》)④,这既是荀子对申子的批判,也是对其学说基本特点的总结。虽然这与韩非对商鞅、申不害、慎到特点的总结不同,但已经体现出申子对势的重视。只是在传世文献中,已难知晓申不害对势的论述。

申不害在法、势之外,十分强调术治。关于术,韩非曰:"申不害言术,而公孙鞅为法。术者,因任而授官,循名而责实,操杀生之柄,课群臣之能者也,此人主之所执也。法者,宪令著于官府,刑罚必于民心,赏存乎慎法,而罚加乎奸令者也,此臣之所师也。"⑤同时指行"术"要以"法"为根本,但申不害以"术"辅佐韩国,却不知梳理韩国之法。韩国新立,颁布新法,但韩本分离自晋,后者原有之法也是韩的旧法。新法、旧法之间存在诸多矛盾,申不害却没去梳理它们,因此他即使用"十术"去帮助韩昭侯,终是无本之木,无法真正肃清根源上的混乱,最终也没能使韩国强大(《韩非子·定法》)⑥。

钱穆《先秦诸子系年》说:"若韩非之言,申子之所以为治,与商君绝异。后世顾以申、商齐称,则误也。"认为吴起、商鞅所为在于变"法"图强,内外皆可以公诸天下,因此君王可以心行合一,臣下也竭诚待之,最终仍有"忠贞殉主之节",而申不害的"术"只是教君王将自己的好恶深藏,让臣下无法猜度,然后通过权谋、赏罚等以驭臣下。如此则君王与大臣都无法开诚布公,只是以权势利害维系而已,忠诚气节自然成为奢谈。且当人们认知到此点后,君王之"术"也便行不通。如到了公孙衍、张仪纵横捭阖的时代,韩昭侯的阴谋之术就完全失效了。同时,钱穆又指申不害的"术"思想与黄老道德之说无关,将两者相联系是后人的发挥,而司马迁说申不害之学源出于黄

---

① 中共荥阳县委宣传部理论组、郑州大学政史系工农兵学员:《申子辑注》,郑州:中共荥阳县委宣传部,1976年,第22页。
② 中共荥阳县委宣传部理论组、郑州大学政史系工农兵学员:《申子辑注》,郑州:中共荥阳县委宣传部,1976年,第27页。
③ 中共荥阳县委宣传部理论组、郑州大学政史系工农兵学员:《申子辑注》,郑州:中共荥阳县委宣传部,1976年,第23页。
④ 王先谦:《荀子集解》,沈啸寰、王星贤点校,北京:中华书局,1988年,第392页。
⑤ 王先慎:《韩非子集解》,钟哲点校,北京:中华书局,1998年,第397页。
⑥ 王先慎:《韩非子集解》,钟哲点校,北京:中华书局,1998年,第397—398页。

老,则是承袭了前人的错误①。郭沫若《前期法家的批判》也如是说②。曾振宇等则因袭、发展郭氏之论③。

实则,钱穆等对申不害的"术"有所误解。首先,韩昭侯的阴谋诈力所为不能完全作为申不害的主张来看待。申子曾说叶公好龙寓言,感慨"叶公非好龙也,好夫似龙而非龙者也",即喻指韩昭侯非真能领会自己的主张。恰如《论衡·效力》所论"韩用申不害,行其三符,兵不侵境,盖十五年。不能用之,又不察其书,兵挫军破,国并于秦"④。其次,韩非子也误读了《申子》。或者说,韩非子为了突出自己的集大成,有意或无意地狭隘化申子,当然也包括对商鞅、慎到理论的狭隘化,他对申子的评价不可完全取信。大体而言,申不害的术治是建立对官吏的考察制度,只是具体主张已不得而知。最后,申不害的这种"术"显然是与具体的制度、法相配合的,它的有效运作需要排除君王的主观意志与人为干扰,相关思想便是来自对老学君王自虚无为论的转化,因此司马迁所言并无不当,申学接引了老学,难以动摇。

三、尸子、商鞅对老学的刑名转化

(一) 尸子及其老学渊源

关于尸子身世,学界存有争议。司马迁是最早言及该人者,《史记·孟子荀卿列传》载"楚有尸子""世多有其书"⑤,相关信息仅此而已。刘向《别录》称其为晋人,名佼,商鞅客卿,对后者的谋划有重要影响。商君被诛,乃逃亡入蜀,指《史记》楚乃蜀之误(裴骃《史记集解》引)⑥。班固采刘向语,只是认为他不仅是商鞅之客,且是商鞅之师⑦。至于传本《汉书·艺文志》称其为鲁人,鲁字是晋字的形误。钱穆《先秦诸子系年》据当时三晋已分,魏继承其地位,指尸子为魏国人⑧;但张西堂从尸子楚、晋之别,《汉志》《隋志》著录书目不同,以及传本《尸子》内容儒法相杂等方面,指历史上存在两个尸子⑨。

---

① 钱穆:《先秦诸子系年》,北京:商务印书馆,2005年,第275—277页。
② 郭沫若:《前期法家的批判》,见《十批判书》,北京:东方出版社,1996年,第236—258页。
③ 曾振宇:《"申不害术家说"再认识》,《文史哲》1994年第6期,第12—19页。
④ 黄晖:《论衡校释》,北京:中华书局,1990年,第586页。
⑤ 司马迁:《史记》,裴骃集解、司马贞索隐、张守节正义,北京:中华书局,1999年,第1843页。
⑥ 司马迁:《史记》,裴骃集解、司马贞索隐、张守节正义,北京:中华书局,1999年,第1843页。
⑦ 班固:《汉书》,颜师古注,北京:中华书局,1962年,第1741页。
⑧ 钱穆:《先秦诸子系年》,北京:商务印书馆,2005年,第316页。
⑨ 张西堂:《尸子考证》,见罗根泽编《古史辨》第4册,上海:上海古籍出版社,1982年,第646—653页。

实则,史上的尸子只是一人,为魏国人。国籍之别,前人已明之;著录不同,则系古书成书体例与流传有别的结果。至于传世《尸子》儒法思想相杂,主要是因尸子出于儒家,但思想上尊道而用刑名,这与韩非子等相近。只是尸子法家思想较原始,不像后进的韩非子那么纯正。尸子初在魏国,商鞅师之。后商鞅不得重用,携李悝的《法经》入秦,尸子从之。

《尸子》,《汉书·艺文志》录为杂家,二十篇①。《隋书·经籍志》子部杂家载"《尸子》二十卷,目一卷",自注"梁十九卷。秦相卫鞅上客尸佼撰。其九篇亡,魏黄初中续"②。关于这个"续",孙次舟曾说:"复得其所亡九篇以续之乎?抑黄初时人补作九篇,以足其数乎?二者必居其一,而《隋志》言之不详,颇费揣测也。"③从古书著录体例来看,在著录时如知该书为补作,会指明补作者。此处未提及,可见所谓续是时人复得曾亡佚的部分内容而续之或辑录了他书称引的内容。唐李贤注《后汉书·宦者·吕强传》云尸子著书二十篇,并言其主体内容④,所见应已有黄初时人增续的部分。此书在唐代尚存,《旧唐书·经籍志》《新唐书·艺文志》亦将其入杂家,皆二十卷,南宋以后逐渐散佚。南宋郑樵《通志·艺文略》记《尸子》二十卷,南宋王应麟《汉艺文志考证》云"《李淑书目》存四卷,《馆阁书目》止存二篇,合为一卷",其后《宋史·艺文志》在子部儒家类著录《尸子》一卷。不久,该本也失传了。

往后,元陶宗仪曾辑佚一段文字,明徐元太《尸子汇撰》、归有光《诸子汇函》等也有辑佚,皆不系统。清代辑佚工作有所深入,先有惠栋《尸子辑本》三卷、任兆麟《校订尸子》三篇、孙星衍《尸子集本》二卷等,后汪继培据前三者,"以《群书治要》所载为上卷,诸书称引与之同者分注于下。其不载《治要》而散见诸书者为下卷,引用违错及各本误收者别为存疑,附于后"(《尸子校正自序》)⑤,重订为《尸子校正》二卷。汪继培本是目前所见善本,本文所引《尸子》经文皆出自该本。

据先秦两汉时期的编书体例,秦汉时流传的《尸子》必会有非尸子所作的文章窜入,传本《尸子》更非原书,自然也会有后人增删修改之处,所反映的并非全系尸子思想。但总体上,它保留了尸子的基本材料,可以用于讨论

---

① 班固:《汉书》,颜师古注,北京:中华书局,1962年,第1741页。
② 魏徵等:《隋书》(第4册),北京:中华书局,1976年,第1006页。
③ 孙次舟:《再评〈古史辨〉第四册——论〈尸子〉与〈新语〉》,见罗根泽《古史辨》第6册,上海:上海古籍出版社,1982年,第101—112页。
④ 范晔:《后汉书》,李贤等注,北京:中华书局,1999年,第1708页。
⑤ 尸佼:《尸子》,汪继培辑、黄曙辉点校,上海:华东师范大学出版社,2009年,第1页。

其思想的概况。

尸子曾遍评诸子,"墨子贵兼,孔子贵公,皇子贵衷,田子贵均,列子贵虚,料子贵别囿"(《尸子·广泽》)①,他对以上诸子学说当有研习。吕思勉《经子解题》称:"据今所辑存者,十之七八皆儒家言……此书盖亦如《吕览》,兼总各家而偏于儒……实足以通儒、道、名、法四家之邮。"(《〈尸子〉附录引》)②其说颇为得当。从《尸子》的内容看,尸子思想主要以儒家为主。他应曾直接受过曾子、子思一派的影响,可能为子思的再传弟子。如在修身方面,推崇心、求诸己,在治国上推崇舜,皆与子思基本理念相一致。他是魏国人,魏文侯庭下以子夏为首的西河学派遗说对其深有影响。刑名学方面,吴起的法家之学是其研习的主要对象。此外,对墨家思想的吸取也较显著。至于他的道学渊源,除直接受到以上学派的道学传统影响外,还包括以下几个方面:首先,从《尸子》的称引化用情况看,他熟知《老子》书。其次,知老莱子之道,曾称引其人生为寄之论,阐释说"寄者,固归也"(《佚文》)③。最后,深受列子思想影响。张湛注《列子》,序指"(《尸子》)玄示旨归,多称其言"。汪继培亦指"今按'归人'之说见《天瑞篇》,'言行响影'之说见《说符篇》,其所诵述定非数言"④。

尸子虽然杂合众家,但有一以贯之道,恰如他批判诸子相非现象,"皆弇于私也","若使兼、公、虚、均、衷、平易、别囿一实也,则无相非也"(《广泽》)⑤。主张以公为核心,辐射兼爱、虚均、衷诚、平易、别囿等观念,统合诸子各家之说,形成一个更为全面的思想系统。他对老学思想的吸收与转化也是在此背景下进行的。

(二)尸子的道法论

老子指道体混成,先天地生,无穷无尽。其后,关尹子继承其史家天文历法之学。部分学派也因之发展,如墨子指宇为"弥异所",即无所不在的各种处所,表现为东西南北;久为"弥异时",亘古的各种时光,表现为古今旦暮(《墨子·经上》)⑥。尸子与惠施一样受此影响,指"天地四方曰宇,往古来今曰宙"(《佚文》)⑦。这也是诸子较早明确地对空间、时间作出无穷尽的

---

① 尸佼:《尸子》,汪继培辑、黄曙辉点校,上海:华东师范大学出版社,2009年,第28页。
② 尸佼:《尸子》,汪继培辑、黄曙辉点校,上海:华东师范大学出版社,2009年,第112—114页。
③ 尸佼:《尸子》,汪继培辑、黄曙辉点校,上海:华东师范大学出版社,2009年,第82页。
④ 尸佼:《尸子》,汪继培辑、黄曙辉点校,上海:华东师范大学出版社,2009年,第1—2页。
⑤ 尸佼:《尸子》,汪继培辑、黄曙辉点校,上海:华东师范大学出版社,2009年,第28页。
⑥ 吴毓江:《墨子校注》,孙启治点校,北京:中华书局,2006年,第466页。
⑦ 尸佼:《尸子》,汪继培辑、黄曙辉点校,上海:华东师范大学出版社,2009年,第37页。

规定。

尸子也继承了关尹子学派的天地物理,在盖天说的范畴之内,对天地的空间存在作了描述,指"八极为局",对其经纬长度,上至天文星象,下至地理风貌进行了概述(《佚文》)①。相关看法出于太一、阴阳之理,但皆可勘验于实际。

在确立道下的世界后,则涉及人对它的认知与效法。帝舜以来便有相关理念,老子对此作了极大的发展,指道是善人之宝,"上士闻道,勤能行之"。圣人总是道纪天下,"为之于未有,治之于未乱"。后世老学对此一脉相承,尸子亦然。称引帝舜之言"从道必吉,反道必凶,如影如响"(《佚文》)②,且云大道莫见其形而长物亡物,圣人法之,在虚无微妙之时已解决问题于未形,人莫能知而谓之"神人"(《贵言》)③。

老子的尊道行德主要针对君王治国平天下而言,后世老学将相关内涵拓宽,使修身与治国为并立之事,形成了相对独立的全生老学与治国老学。如老子强调道独立自在,不受物累。全生保身派老学以此为起点,主张守性命、全人身,甚至视天下为物累。尸子的确受到相关影响,如曰"舜受天下,颜色不变;尧以天下与舜,颜色不变。知天下无能损益于己也"(《佚文》)④。但老子又说道大,天大,地大,王亦大。道、天地的作用在于生养万物,王居四大其一,即因具有生养万民、平和天下的作用。先秦时,治国论一直是老学的中坚力量,尸子的法道践行论也主要针对君王治国而言,其一切论说皆在此系统之内。尸子认为道应生天地,天地日月应生养万物,圣人的作用就在于治国。"天若不覆,民将何恃何望?地若不载,民将安居安行?圣人若弗治,民将安率安将?是故天覆之,地载之,圣人治之。"(《神明》)⑤也正因此,他赞誉舜受天下,同时说周公返政、让天下,是天地割弃万物,当受非议(《佚文》)⑥。

治国基础方面,老子曰"鱼不可脱于渊",君王为鱼,百姓为水。孔子亦问子夏君之为君的道理,子夏曰"鱼失水则死,水失鱼犹为水也",孔子赞之(《佚文》)⑦。尸子对相关民本理念皆有继承,不仅称引孔子之言,且直云

---

① 尸佼:《尸子》,汪继培辑、黄曙辉点校,上海:华东师范大学出版社,2009年,第41页。
② 尸佼:《尸子》,汪继培辑、黄曙辉点校,上海:华东师范大学出版社,2009年,第49页。
③ 尸佼:《尸子》,汪继培辑、黄曙辉点校,上海:华东师范大学出版社,2009年,第9页。
④ 尸佼:《尸子》,汪继培辑、黄曙辉点校,上海:华东师范大学出版社,2009年,第49页。
⑤ 尸佼:《尸子》,汪继培辑、黄曙辉点校,上海:华东师范大学出版社,2009年,第34—35页。
⑥ 尸佼:《尸子》,汪继培辑、黄曙辉点校,上海:华东师范大学出版社,2009年,第55页。
⑦ 尸佼:《尸子》,汪继培辑、黄曙辉点校,上海:华东师范大学出版社,2009年,第60页。

"天子忘民则灭,诸侯忘民则亡"(《佚文》)①。治国理想方面,老子发明舜德,不出户,以知天下;不窥牖,以见天道,圣人燕居无为而天下治。孔子也对帝舜多有褒美,且告鲁哀公治国为于堂上而已并非迂言(《吕氏春秋·先己》)②。尸子亦然,他虽涉猎神农、黄帝、尧、汤、文王、武王的治国方略,但总体上仍以帝舜之治为基,认为帝舜以道保真,无为而百姓自化,成就超过大禹劳苦所得(《仁意》)③。

那么以怎样的国家基础实现这样的治国理念呢?老子认为声音相合、身影相随,君王影响百姓,后者皆有耳目注视,故应慎言慎行以致希言无为,从而使百姓自化。孔子则谓"君者,盂也;民者,水也。盂方则水方,盂圆则水圆"(《处道》)④,此处也是以水喻民,只是突出君王的影响,同时说"不出于门户而知天下治者,其惟知反于己身者乎"(《吕氏春秋·先己》)⑤。尸子继承老子理念,并褒美孔子之论(《处道》)⑥。他称君为言为名,百姓如响和之;君为身为行,百姓如影随之(《佚文》)⑦。"君诚服之,百姓自然;卿大夫服之,百姓若逸;官长服之,百姓若流"(《处道》)⑧等,皆称治国求诸己,当修身以作则。

关于君王修身的具体理念,老子是身心混一论者,但此后的老学基本上脱离此道,以身心分合形式为主。尸子指"心者,身之君也"(《贵言》)⑨。具体的修心之术则遵从老学之道,并结合墨子之论。老子劝诫君王无私、公天下,三宝之首即为慈爱天下。尸子继承之,认为人有私心,则如井中观星,所视不过数星;人有公心,则如丘上以视,众星升没皆在眼底。"智载于私,则所知少;载于公,则所知多矣。"(《广泽》)⑩以私心出发,自然无是非公理,不爱他人;以公心出发,则知公义,兼爱天下。

由私心到公心方面,老子认为君王以其无私故能成其私,君王之私与众人不同,以百姓之心为心。尸子发挥之,"圣人于大私之中也为无私""先王非无私也,所私者与人不同也"(《绰子》)⑪,如帝舜、商汤、文王皆不歌禽

---

① 尸佼:《尸子》,汪继培辑、黄曙辉点校,上海:华东师范大学出版社,2009年,第64页。
② 许维遹:《吕氏春秋集释》,北京:中华书局,2009年,第73页。
③ 尸佼:《尸子》,汪继培辑、黄曙辉点校,上海:华东师范大学出版社,2009年,第26页。
④ 尸佼:《尸子》,汪继培辑、黄曙辉点校,上海:华东师范大学出版社,2009年,第31页。
⑤ 许维遹:《吕氏春秋集释》,北京:中华书局,2009年,第73页。
⑥ 尸佼:《尸子》,汪继培辑、黄曙辉点校,上海:华东师范大学出版社,2009年,第33—34页。
⑦ 尸佼:《尸子》,汪继培辑、黄曙辉点校,上海:华东师范大学出版社,2009年,第81页。
⑧ 尸佼:《尸子》,汪继培辑、黄曙辉点校,上海:华东师范大学出版社,2009年,第33页。
⑨ 尸佼:《尸子》,汪继培辑、黄曙辉点校,上海:华东师范大学出版社,2009年,第7页。
⑩ 尸佼:《尸子》,汪继培辑、黄曙辉点校,上海:华东师范大学出版社,2009年,第27页。
⑪ 尸佼:《尸子》,汪继培辑、黄曙辉点校,上海:华东师范大学出版社,2009年,第29—30页。

兽、不私身家,皆以百姓天下之利为利,此是其私,以此私成其私,从而实现公心。

以公心而行,实现无私之爱。首先发挥老子的慈母生养赤子之德。父母衷心爱子,生养之,即使其子非贤强、俊智,也不吝资财教育之、救治之、爱忧之,"欲其贤己也";尧舜爱天下也是如此,"见人有善,如己有善;见人有过,如己有过"(《治天下》)①。然后,将慈爱发挥为兼爱。老子强调君王法天道,慈爱天下,无弃人弃物,天下自归之。尸子指天地无私于物,承袭此道者,谓之天子。"匹夫爱其宅,不爱其邻;诸侯爱其国,不爱其敌。天子兼天下而爱之大也"(《广泽》)②,并举例从黄帝、尧、舜以来,圣王皆不分别万民,兼爱四海而为天子(《佚文》)③。

修心之后,对老学的修身论也有较全面的继承与转化。首先,老子强调心善渊、居善地。尸子曰"厚积不登,高台不处,高室多阳,大室多阴,故皆不居"(《佚文》)④。其次,老子三宝中倡节俭,无贪欲,不贵奇货。尸子指帝尧之所以为明王,首先在于食粝饭、衣大布、居白屋、坐素车⑤。他甚至以此为基础,接受墨子老学,主张对礼乐进行精简。如礼器方面,指玉的色泽润光不如雪雨膏烛,且采之不易,制之甚难,劳民伤财⑥(《佚文》)。在丧礼方面,亦云大禹丧法,道死即葬,"桐棺三寸,制丧三日",皆从精简出发,强调损之又损⑦。最后,老子三宝有"不敢为天下先"理念,即勇于不敢、守弱、处下,贵大辱,宝大患。尸子亦指圣人"畜勇而不主勇""勇而能怯",王伯"资于辱""得于困"⑧,并以商汤、文王、武王以及春秋五霸事迹明之⑨(《佚文》)。

老子强调以修身之德广人,江海之所以为王,以其善为下。孔子亦谓"大哉河海乎,下之也"。尸子直接称引孔子语,并曰"夫河下天下之川故广,人下天下之士故大"(《明堂》)⑩。且应善待才士与百姓,践行老子的以德报怨。虽然"以德报怨,人之难也"(《明堂》)⑪,如鱼跃龙门,牛越太行,

---

① 尸佼:《尸子》,汪继培辑、黄曙辉点校,上海:华东师范大学出版社,2009年,第22页。
② 尸佼:《尸子》,汪继培辑、黄曙辉点校,上海:华东师范大学出版社,2009年,第27页。
③ 尸佼:《尸子》,汪继培辑、黄曙辉点校,上海:华东师范大学出版社,2009年,第45—47页。
④ 尸佼:《尸子》,汪继培辑、黄曙辉点校,上海:华东师范大学出版社,2009年,第81页。
⑤ 尸佼:《尸子》,汪继培辑、黄曙辉点校,上海:华东师范大学出版社,2009年,第46—47页。
⑥ 尸佼:《尸子》,汪继培辑、黄曙辉点校,上海:华东师范大学出版社,2009年,第85页。
⑦ 尸佼:《尸子》,汪继培辑、黄曙辉点校,上海:华东师范大学出版社,2009年,第52页。
⑧ 尸佼:《尸子》,汪继培辑、黄曙辉点校,上海:华东师范大学出版社,2009年,第73—74页。
⑨ 尸佼:《尸子》,汪继培辑、黄曙辉点校,上海:华东师范大学出版社,2009年,第74页。
⑩ 尸佼:《尸子》,汪继培辑、黄曙辉点校,上海:华东师范大学出版社,2009年,第13页。
⑪ 尸佼:《尸子》,汪继培辑、黄曙辉点校,上海:华东师范大学出版社,2009年,第81页。

但须坚守之。

除此之外，尸子也对老子的治国道论进行了刑名法势术转化。他认为势是君主政治的基础所在，具体内容包括地理、地位等客观因素，以及自身愿望、定位等主观因素。在确立高势之后，则定分、正名。明王审名分，则是非可辨，情尽而不伪，质素而无巧。在此之后，"执一之道，去智与巧"（《分》）①。明君立于廷上，庄心正貌，虚视清听，绝圣弃智，不用间谍以长耳目，审分应辞，自可不见而明、不听而聪，以名实实行赏罚，于是远近皆服，无为而治。

老子指行道非在于一时的刚强、锋利，而在于柔韧、愚拙，并且从未始之时便行之，积少成多，防微杜渐，这才是道纪。尸子与惠施一样也继承了老学的守拙、积累之说，"利锥不如方凿""水非石之钻，绳非木之锯，而渐摩使之然"（《佚文》）②，又云"土积成岳，则梗楠豫章生焉；水积成川，则吞舟之鱼生焉"（《劝学》）③，即奇巧易败，行道需守拙，且义无反顾，坚持不懈，积善成德。

最后，老子强调非道所得的声名非恒久之名，只有法道行德，才有不封爵而恒有之尊。同时法道则神人无功，不求声名，而声名自致。在声名自致时，仍要去名，坚守无名之名。后世老学也有天爵一说，尸子发挥之，指爵列是私贵，德行是公贵。"夫德义也者，视之弗见，听之弗闻，天地以正，万物以遍，无爵而贵，不禄而尊也。"（《劝学》）④不过在声名方面，他与之后的黄老派一样皆强调恒久之名，不主张去名。这也是他们面对帝王始终渴求声名这一现实而作出的相应调整。

（三）商鞅对老学思想的刑名转化

商鞅思想驳杂，年少时在魏，受李悝、吴起等人的影响，如他曾携前者著作《法经》入秦，又效法后者徙木立信。商鞅师从尸子，曾对秦孝公说"臣闻之疑行无成，疑事无功"（《商君书·更法》）⑤，相关内容便出自尸子语录（《尸子·佚文》）。以上三人对老学皆有涉猎，商鞅自然受其影响。至于对社会上其他老学耳濡目染，自不待言。

商鞅初见秦孝公，曾说以帝道、王道而不用，于是说以霸道。他显然知五帝三王的无为、仁义之道，且指施行该道费时久，但有恒功，秦用霸道"难

---

① 尸佼：《尸子》，汪继培辑、黄曙辉点校，上海：华东师范大学出版社，2009年，第15—16页。
② 尸佼：《尸子》，汪继培辑、黄曙辉点校，上海：华东师范大学出版社，2009年，第68页。
③ 尸佼：《尸子》，汪继培辑、黄曙辉点校，上海：华东师范大学出版社，2009年，第5页。
④ 尸佼：《尸子》，汪继培辑、黄曙辉点校，上海：华东师范大学出版社，2009年，第4—5页。
⑤ 蒋礼鸿：《商君书锥指》，北京：中华书局，1986年，第2页。

以比德于殷周"(《史记·商君列传》)①。不过,商鞅对相关思想的认知只停留在浅层。他相秦十年,宗室贵戚多怨。赵良曾警告其危若朝露,欲以老子无为之道以及仁义之理全之。在性命方面,告诫其不可贪位恋名。治国方面,应效法帝舜的自卑守弱、处下无为之道,"反听之谓聪,内视之谓明,自胜之谓强"。且真正的霸道当如百里奚事遂不居其功,德行后世,而商鞅在内"贪商于之富,宠秦国之教,畜百姓之怨",对外不能平和诸侯,失之千里(《史记·商君列传》)②。商鞅显然无法接受此说,恰如司马迁所论"迹其欲干孝公以帝王术,挟持浮说,非其质矣"(《史记·商君列传》)③,他对老学的认知只是浮于表面,未有真见。

商鞅对道本体少有论及,对事理多有注意,且认为事理繁多。若只是针对治国而言,在看待国的本质方面,商鞅继承了老学的以民为本思想,但此后不再更深入地追问,只强调保持国的存在与强大即可。

基本国策方面,老子主张以一道治万物,且自然之世虽与时推移,但绳绳可寻,以今之道可知古之始,其目的是法古。后世老学对此有所发展,有时也取其革新之义。商鞅也吸取此点,指以少的政策来治理多的问题方是良政,以繁多政策去解决一个问题,国家必弱。因此继承刑名老学基本主张,强调圣人定名分,进而确立法,以之赏罚,严格践行。"名分定,则大诈贞信,巨盗愿悫,而各自治也。"(《定分》)④同时也指出"王道有绳"(《开塞》)⑤,但反其道而行之,强调从古到今的变化,"世事变而行道异",以证当前社会以及变法的合理性。

老子曰治国"莫若啬",啬可解读为吝惜精神,也可指重视穑(农耕)。依从后者,其义指治国之本在于农事,目的是为百姓安乐。商鞅也认为国之根本在农事,如《垦令》强调取消贵族特权、禁锢迁徙、压制娱乐、重农抑商等各种手段,都是为促进农耕,但目的是为维持国的存在与强大。

对于战争,老子虽重视,但视为凶器。商鞅认为战是国强的原因,"国之所以兴者,农战也"(《农战》)⑥、"国强而不战,毒输于内,礼乐虱官生,必削;国遂战,毒输于敌,国无礼乐虱官,必强"(《去强》)⑦。在根本上,他认

---

① 司马迁:《史记》,裴骃集解、司马贞索隐、张守节正义,北京:中华书局,1999年,第1764页。
② 司马迁:《史记》,裴骃集解、司马贞索隐、张守节正义,北京:中华书局,1999年,第1767—1768页。
③ 司马迁:《史记》,裴骃集解、司马贞索隐、张守节正义,北京:中华书局,1999年,第1769页。
④ 蒋礼鸿:《商君书锥指》,北京:中华书局,1986年,第146页。
⑤ 蒋礼鸿:《商君书锥指》,北京:中华书局,1986年,第53页。
⑥ 蒋礼鸿:《商君书锥指》,北京:中华书局,1986年,第20页。
⑦ 蒋礼鸿:《商君书锥指》,北京:中华书局,1986年,第29页。

为当时是以力王天下的时代,治国平天下当以武力。

农战的主体为百姓,但农苦、战危,百姓不乐之。商鞅认为人的性情本偷惰,但贪于利与名,可通过利诱威逼使之行。具体操作始于愚民。老子曾强调君王以道治国,应绝圣弃智,希言自然,否则奇物滋起、法令滋彰,国必昏乱。其中的去智巧包括君王勿自智以及勿令百姓多智,本意是希望世人复归淳朴,不争而平和。但此后部分老学发挥之,如孔子强调民可使由之,不可使知之。商鞅继承此类极端化的主张,将绝圣弃智发展为愚民政策。商鞅云:"语曰:'愚者暗于成事,知者见于未萌。民不可与虑始,而可与乐成。'"(《更法》)①他说这里引用的是谚语,实际上皆化用自老子语句,且将其异化为愚民之术。并指君王治国应根除智慧,去诗书礼乐教化,斥辩知、文学、游宦为淫道,应禁绝之,从而使百姓无知、愚昧,专于农战。同时"凡人主之所以劝民者,官爵也"(《农战》)②,实行军功封爵以劝战,最终以此将秦塑造为虎狼之国。

小 结

老子在太一、道的世界中,发现了完满独立以及相应的"我自然"思想,告子、杨朱发挥其理念,发现"生""我"。在大道之下,理固有生灭,物不可长久,人生必苦短。因此全生之道在于贵生、为我(《孟子·滕文公》)③、贵己(《吕氏春秋·不二》)④、"全性保真,不以物累形"(《淮南子·氾论》)⑤。且人人自爱自利,不为外物以及忠义虚名所累,不动心,拔一毛利天下而不为,不予不取,必不相争相杀,最终天下无为而治。两者的全生保身理念影响甚大,季梁、季真、子华子等就是他们思想的拥护者与继承者。孟子、庄子虽多有批判,但也将其作为他山之石磨砺自身。惠子则具有杂家性质,但其核心方式为刑名之法。他从老学思想中转化出了宇宙大同、泛爱万物以及刑名明理的思想,与庄子相互辩论,后世老学也多受其启发。申不害发展了邓析子、吴起、太史儋等人的刑名老学,影响甚大,直接推动了黄帝学派老学的产生,同时也令后世老学出现了更强有力的刑名、阴谋诈术老学分支。尸子盖为子思再传弟子,思想以儒家为主,偏向曾子、子思一脉,对子夏、吴起、老莱子、墨子、列子、田子等学说也有研习,并试图博取众长,融通诸子,成一

---

① 蒋礼鸿:《商君书锥指》,北京:中华书局,1986年,第2页。
② 蒋礼鸿:《商君书锥指》,北京:中华书局,1986年,第20页。
③ 焦循:《孟子正义》,沈文倬点校,北京:中华书局,1987年,第456页。
④ 许维遹:《吕氏春秋集释》,北京:中华书局,2009年,第467页。
⑤ 何宁:《淮南子集释》,北京:中华书局,1998年,第939—940页。

家之言。他对老学的研习与转化在此背景下进行,上至天文历法,下至刑名法术皆有涉猎。且对老学发展影响甚大。宇宙论方面,与惠施之学互相促进,且影响庄子、淮南子的老学天道思想建构。刑名方面,润泽商鞅、韩非子等人的刑名老学。至于神人无功论,对庄子"圣人无名,至人无己,神人无功"思想的影响也是直接的。商鞅是尸子弟子,对老学思想一知半解。他吸收了以一道治万物的理念,并以此形成自己的法治思想,主持变法而强秦,从根本上改变了当时天下的格局,使之进入了更为激烈的诸侯争并阶段。但他对老学治国理念的转化存在严重问题,曲解了天道无亲、绝圣弃智等理念,将国家视作一个为强大而强大的怪物,沦为最残酷的战争机器。商鞅的思想可以使秦国强盛一时,但恰如老子所言"兵强则折",当天下一统,秦国再无可外输毒素之处时,疾毒内反,自然暴亡。虽然商鞅所为在根本上有违老学宗旨,也因此与秦国皆"不得其死然",但其说的确对阴谋诈力老学的发展起到了推波助澜的作用,余响至今,不可低估。

第二节　黄帝学派及其老学

始于齐国稷下学宫的黄帝学派,其代表人物有宋钘、尹文子、彭蒙、田骈、慎到、环渊等。传世著述除具名宋钘等人的集子外,还有《管子》中的诸多篇章以及《黄帝四经》等。该学派由追述追论所谓黄帝思想而形成,但其核心内容深受老学影响。

一、稷下学宫托古思潮与黄帝学派

齐稷下学宫始建于田氏齐桓公(田午)时代。从公元前386年田氏代姜以来,已历两代君主。公元前374年,田午弑其君田剡及孺子喜而自立,初期广受诸侯讨伐,故于内外交困之际,征贤纳良、外交强国,试图改变困局,初创稷下学宫即在此背景下进行。

田午设立稷下学宫的直接目的是网罗国内人才,使不敢妄议,掩盖弑君罪行。同时田氏代姜时间尚短,仍需继续宣扬天命,总结姜氏齐国兴亡,为田氏主国正名。当然也有求取贤能的考虑,且主要是受魏国刺激与启发。魏文侯、武侯时形成西河学派,国力甚强。田氏能被周天子以及诸侯们认可为齐侯,便与魏文侯相助有关。田午也是见此而决心创立稷下学宫。

稷下学宫广收天下才士,立为大夫,不仕而议论。创立之初,从总结姜氏齐国灭亡原因出发,形成了以追述齐国学术为主的齐学流派。第一阶段的代表是以淳于髡修编《晏子春秋》为中心的晏子学派。虽然从齐威王开始，稷下学宫追述主题发生转向，该派逐渐沦为配角，但也一直延续到齐宣王时期。

齐威王当政时，天下形势剧变。起初，魏国因文侯、武侯的余威，国力盛强。魏惠王继位之初也为中原霸主，但好大喜功，率先称王，遭到了由商鞅变法强盛后的秦国的打击，此后一蹶不振。魏国衰落，秦国虽崛起，仍局限于西部，故齐国独霸中原。在齐称王后，形成了一种前所未有的新格局——齐威王实现了天下无共主情况下的新霸主之道。在此背景下，他开始使稷下学宫成为定制，并扩建，对追述追论的主题进行转向、深化，试图为自己所为正名，建构齐学新霸道。

这时的稷下学宫主要为齐学争取天下文化正统地位，为齐进一步扩张乃至兼并天下寻找理念支持。在继续追述姜氏齐国霸业事迹外，更主要的发展方向是作出新的文化阐释与建构，学术生产方式已从追述转向追论，对象则为更古的圣贤事迹，思想也已从社稷兴亡转向一天下（王天下），且受威王"大放兵法"影响，内容以兵道为主，形成了以齐学兵道为主的新霸道流派。宣王初期继承此思路，相关建构达到顶峰。当时形成了诸多典籍与分支流派。

以修编、完善为主，辅以追述而形成的作品由近及古有《孙膑兵法》、《孙子兵法》（孙武为齐人）、《司马穰苴兵法》。孙膑与威王言说兵法，门人记之，始有《孙膑兵法》原型。孙膑卒后，宣王后期该书初成规模，湣王以后学者复有增益。孙武、司马穰苴等也去当时不远，相关典籍的内容虽受追述者时代印记影响，但大体上保留了他们的理念。

以进一步追述、追论为主所形成的作品有《管子》中的议论文章、《六韬》、《古司马法》等。今本《管子》是经班固汇编之后的作品，成分复杂，以管子为主角的对话体、议论体文章皆为稷下大夫追述追论管子事迹与思想所作，没有提及管子其人而独立成系统的议论文多是黄帝学派的文章。《六韬》是时人对姜太公兵法的追论。《古司马法》本是姜太公在周朝新立时修订的军礼，原书久佚，稷下学者对其进行了追述追论。相关作品因追述对象时代久远，追记之事虽多可信，但追记之言以及追记之论大体上出于新霸道流派的理解，是当时思想者的产物，可以将它们中具有战国以后思想特点的内容视作该流派的理念。稷下学宫围绕相关典籍的修编，形成了管子学派、太公学派等。

当时，管子学派、太公学派成为齐学新霸道流派的中坚力量，甚至为齐国成为全新的天下霸主提供了一种新的理念与意识形态。相关意识形态在齐国甚为浓烈,孟子初到稷下所遇君民皆言管子之事,他不喜此道,甚不如意。其他诸侯受齐刺激,不甘示弱,纷纷效法其追述托古之法,且往往超而越之,追述追论更古的、与本国相关的圣贤,从而确立自己在天下中的意识形态地位和新霸道理念。影响较大的分别有楚国号为周文武之师的鬻子学派,以及宋国号为商汤之师的伊尹学派(宋灭后,此学派多并入齐国)。

到了齐宣王后期,在诸侯已称王的前提下,天下形势开始向帝道转移,且稷下学宫面对各国更古圣贤意识形态地位的压力,也开始追论更古的黄帝事迹,并以此形成全新的黄帝学派。稷下学宫系统建构黄帝学派也有其渊源。关于五帝之论,司马迁说"学者多称五帝,尚矣",《春秋》《国语》载有五帝之德,百家亦多言之,同时各地长老皆称黄帝之事(《史记·五帝本纪》)①。可见相关观念由来已久,各地皆有流布。相较于他地而言,齐地更为兴盛。《大戴礼记·五帝德》载宰我闻荣尹令有五帝之论而问之孔子甚详②。宰我,齐人,其五帝之问即是齐地广布相关传说的反映。此后宰我仕齐,愈滋长相关学说的流行。故战国中期,孙膑等论述兵法也皆从黄帝胜四帝而始。且当时齐威王为正田氏法统,更高尊黄帝为始祖。郭沫若考订《陈侯因咨敦》释文为曰:"唯正六月癸未,陈侯因咨曰:皇考孝武桓公恭哉,大谟克成。其唯因咨,扬皇考昭统,高祖黄帝,迩嗣桓文,朝问诸侯,合扬厥德。"③威王自称黄帝之后,志于继承烈德,便是直接体现。

但需注意的是,当时天下形势剧变,以及稷下学宫的进一步扩增,黄帝学派已非纯粹的齐学流派,而是华夏思想的集体结晶。首先,稷下学宫已步入巅峰,成员由各国才士构成。黄帝学派的理论者便海纳百川,除尹文子、彭蒙、田骈为齐人外,宋钘为宋人,慎到为赵人,环渊为楚人。其次,该派是在各国流派思想刺激下形成。除齐国自身的兵学流派外,分别受到来自魏国的全生学派、韩国与郑国的法家学派、宋国的伊尹学派以及楚国的鬻子学派、太一学派等影响。再次,思想内容也具有国际性特征,在内向度方面主张道气阴阳修身,在天下层面主张由霸天下的新霸道转向一天下的帝道。最后,影响也是国际化的,除齐国本身外,魏、楚、韩等治国为政也皆以黄帝学派思想为号召。屈原、詹何的事迹与思想即体现了黄帝学派在楚、魏的巨大影响。

至于黄帝学派的构成,代表人物有宋钘、尹文子、彭蒙、田骈、慎到、环渊

---

① 司马迁:《史记》,裴骃集解、司马贞索隐、张守节正义,北京:中华书局,1999年,第35页。
② 王聘珍:《大戴礼记解诂》,王文锦点校,北京:中华书局,1983年,第117页。
③ 郭沫若:《稷下黄老学派的批判》,见《十批判书》,北京:东方出版社,1996年,第156—157页。

等。历史上的著述,除具名宋钘等人的集子、《管子》部分篇章外,还有以黄帝及其大臣名义直接命名的作品。《汉书·艺文志》所载有数十种,涉及道家、阴阳家、兵家、小说家、天文医药类等,传世文献较少,仅存《黄帝内经》《黄帝四经》。相关材料基本上也体现了该学派思想的主要内容,大体包含天道阴阳、全真保身以及刑名治国等方面。

在黄帝学派思想与老学关系方面,司马迁曾有术语曰"黄老之术",后人将其视作一种学术。司马迁的本意只是将黄帝之术与老子之术合称而已,内部对两者有所区分。"黄老之术"的称谓也在一定程度上体现出两者关系的密切性,但正确的源流是"老学"催生"黄学"。关于老子、老学及其与黄帝传说、黄帝之言、黄帝学派之间的关系,可以说相当复杂:老子本人的思想观念来源甚为复杂,在他之前,黄帝传说、《易经》及其思想、《金人铭》等都已流传于世,老子自然对这些有所吸收转化。但相对而言,当时的黄帝传说及黄帝之言仍处于零散状态,而老子的思想体系已系统化。此后"老学"在发展的过程中,也多少会吸收"黄帝之言"的内容,不过这与"黄帝学派"的形成与发展之间还存在区别。零散的黄帝传说以及"黄帝之言"虽传世良久,但零碎、驳杂,到了战国时代才被正式地进行学理化的提炼、整理,才形成了所谓"黄帝学派"。"黄帝学派"作为一个严格意义上的学术流派,它的形成与发展显然是受早于它产生的"老学"的影响,这在其核心人物、典籍、思想概念体系的建构上都有深刻体现。简言之,"黄帝学派"是以追述追论所谓黄帝思想而形成的流派,核心思想不论修身,还是治国平天下层面,都深受老学——包括全生老学、刑名老学、兵家老学等的影响。其思想是老学思想影响下诞生的新事物,核心内容是对各种老学思想的吸收与转化。

二、代表人物对老学思想的多元转化

宋钘,与孟子同时,年幼之。《汉书·艺文志》小说家类载"《宋子》十八篇。孙卿道宋子,其言黄老意"①。《宋子》早佚。马国翰《玉函山房辑佚书》小说家类辑录《宋子》一卷。此外,钱穆《先秦诸子系年》指《吕氏春秋·先识览·去宥》为《宋子》佚文②,郭沫若《宋钘尹文遗著考》指《管子》的《白心》《心术》《内业》《枢言》等为宋子作品③。郭说大体可取,但也有待完善。从思想上看,《管子》的《白心》《心术》《内业》《禁藏》应是其作品,《吕氏春

---

① 班固:《汉书》,颜师古注,北京:中华书局,1962年,第1744页。
② 钱穆:《先秦诸子系年》,北京:商务印书馆,2005年,第437—438页。
③ 郭沫若:《青铜时代》,北京:中国人民大学出版社,2005年,第151页。

秋·有始览·去尤》《吕氏春秋·去宥》中的主体思想与大部分寓言也取自《宋子》。

在讨论宋钘与老学的关系方面,除了有先秦典籍对宋钘思想言行的种种记载与评述之外,《管子》中的相关篇章无疑是十分重要的材料。后者受老子思想影响的痕迹十分显著,许多学者对此也有一定的注意。陆建华甚至说:"虽不可说《管子》四篇(指《白心》《内业》《心术上》《心术下》)是对《老子》的注解、阐释之作,《管子》四篇中甚至也没有直接引用《老子》中任何一章的文字。但是,毋庸置疑,《管子》四篇中却有注解《老子》的文字。""《管子》四篇不仅注解了《老子》中关于道、圣人、人生修持等重要思想,而且有准确的解读。"①应该说《管子》相关篇章化用《老子》思想与语言的地方甚多,且也有其特色,以此也能看出宋钘老学的一些基本特征。从思想脉络上而言,宋钘思想深受杨朱、告子、孟子影响,对老学的接受与转化也是如此。

老子指道独立自在,自本自根,先天地生,为万物母。此后老学也将此视作基本点。宋钘亦然,"凡道无根无茎,无叶无荣。万物以生,万物以成"(《内业》)②。又有道体虚无无形,"其大无外,其小无内"(《心术上》)③、"其重如石,其轻如羽"(《白心》)④诸论。宋钘强调道的虚无,故在生化万物而具体化时,须借助一、精,最终以气的形式来实现。精气无往不在,下则生五谷,上则为列星,流行于天地之间(《内业》)⑤。当然,宋钘的道体虚无、气化万物之论也决定他将无法真正理解老子"有无相生"之理。如他认为气流行而成天地,以天为虚、地为实,全不知天也是实体,虚空本是天地之间的事物。又因认为道本虚无,天近之,推论天尊地卑,少了万物平等理念(《心术上》)⑥。

他也以此理解人的心与形。道无形,心也无形,故道在人为心,充在形体之内(《内业》)⑦。道本清静无为,于是心本白净,情亦寡欲。庄子之徒称宋钘之学发于白心,"以情欲寡浅为内",不累于外物俗念(《庄子·天下》)⑧,荀子亦云其指"情为欲寡而不欲多"(《荀子·正论》)⑨,皆表明宋

---

① 陆建华:《〈管子〉四篇"〈老子〉注"研究》,《管子学刊》2018 年第 1 期,第 42—47 页。
② 黎翔凤:《管子校注》,梁运华整理,北京:中华书局,2004 年,第 937 页。
③ 黎翔凤:《管子校注》,梁运华整理,北京:中华书局,2004 年,第 767 页。
④ 黎翔凤:《管子校注》,梁运华整理,北京:中华书局,2004 年,第 810 页。
⑤ 黎翔凤:《管子校注》,梁运华整理,北京:中华书局,2004 年,第 937 页。
⑥ 黎翔凤:《管子校注》,梁运华整理,北京:中华书局,2004 年,第 764 页。
⑦ 黎翔凤:《管子校注》,梁运华整理,北京:中华书局,2004 年,第 935 页。
⑧ 庄子:《庄子》,方勇译注,北京:中华书局,2010 年,第 575 页。
⑨ 王先谦:《荀子集解》,沈啸寰、王星贤点校,北京:中华书局,1988 年,第 344—345 页。

钘认为道本不欲物,故心亦不欲物,情欲本寡。世人对此也有质疑:人之情为欲,欲求极致,目耳口鼻形欲綦色声味臭佚,认为人之情欲五綦而不欲多,如同指人之情欲富贵而不欲货,好美而恶西施,显然自相矛盾(《荀子·正论》)①。在荀子的记述中没有包含宋钘对这种质疑的回应,但当有其论。在宋钘看来,道心相连,心本白,只是被染著,常人所认为的情本欲多是被观念灌输、洗脑后的错觉,"世之听者,多有所尤。多有所尤,则听必悖矣"(《吕氏春秋·去尤》)②。心可通过洗净以复白、全天(《吕氏春秋·去宥》)③,即通过对各种名——观念、陈见进行辩证、批判,便可消除错觉,去其妄诞,回归自然本性。故宋钘之学"接万物以别宥为始。语心之容,命之曰'心之行'"(《庄子·天下》)④。

白心之后,心和于道,虚无寡欲,免疫世俗的荣辱观,不会产生好恶欲念,四肢因之而静。"人皆以见侮为辱,故斗也;知见侮之为不辱,则不斗矣"(《荀子·正论》)⑤,侮,只是一个动词,带有社会贬义的词汇,贬义大过客观所指;辱,是一种感受,是对社会附加贬义所产生的反应。若没有那个贬义,辱的感受与反应无从而生。对于世俗的荣也是如此。因此,白心者"举世而誉之而不加劝,举世而非之而不加沮"(《庄子·逍遥游》)⑥。

老子自身修道独立,不求入世,但以道从事者同于道,道本好生,行道者自有好生之德,心系救世,希望缔造万世太平。此后的老学践行者皆如是。宋钘定内外之分,主张白心而情寡欲,别宥于世俗之见,置荣辱于不顾,本应逍遥于世外,但为平和诸侯,也总奔走天下,如听说秦楚构兵,即欲说二王罢之(《孟子·告子下》)⑦。庄子之徒称其自为太少、为人太多,日夜不休,虽饥而不忘救天下之弊(《庄子·天下》)⑧。荀子虽对宋钘之学大加批判,但也肯定他的救世之心(《荀子·正论》)⑨。且其行自苦如墨子,无怪后人或指其为墨者。

至于具体的救世之法,宋钘在继承老子道德体系的基础上,也吸收了后世刑名老学,乃至法家老学的相关思想,建构了系统的道、德、义、礼、法的救

---

① 王先谦:《荀子集解》,沈啸寰、王星贤点校,北京:中华书局,1988年,第344—345页。
② 许维遹:《吕氏春秋集释》,北京:中华书局,2009年,第289页。
③ 许维遹:《吕氏春秋集释》,北京:中华书局,2009年,第426页。
④ 庄子:《庄子》,方勇译注,北京:中华书局,2010年,第575页。
⑤ 王先谦:《荀子集解》,沈啸寰、王星贤点校,北京:中华书局,1988年,第340页。
⑥ 庄子:《庄子》,方勇译注,北京:中华书局,2010年,第3页。
⑦ 焦循:《孟子正义》,沈文倬点校,北京:中华书局,1987年,第823—826页。
⑧ 庄子:《庄子》,方勇译注,北京:中华书局,2010年,第576页。
⑨ 王先谦:《荀子集解》,沈啸寰、王星贤点校,北京:中华书局,1988年,第345页。

世体系：道虚而无形,周流万物而不变,无为自然。德者,得道、居道。"义者,谓各处其宜也。""礼者,因人之情,缘义之理,而为之节文者也。"法,不得不然者,以其杀戮禁诛,以其督事(《心术上》)①。个人层面,依从白心,以别宥为始。人人皆法道、白心、发明本寡欲之情,从而归返朴素。具体表现：首先,继承老学知足理念,讲求人人寡欲,求一饭而足。其次,去荣辱,以辱为宝。见侮不辱不斗即此体现。最后,老子曰道本无名,从事于道者亦然。宋钘也指圣人法道,归返无名,"事成而顾反无名""名满于天下,不若其已"(《白心》)②。治国层面,接受刑名老学,强调正名,以法静之,令无斗。圣人虚心静身,物至而名自治之,正名而自治之,"名正法备,则圣人无事"(《白心》)③。天下层面,继承兵者凶器、善者不以兵强天下的理念,并对个人见侮不斗之理进行延伸,主张"禁攻寝兵,救世之战"(《庄子·天下》)④,天下交平而废兵。

尹文子,与宋钘、彭蒙、田骈等同为稷下先生,曾见齐宣王、齐湣王(《公孙龙子·迹府》⑤《吕氏春秋·正名》⑥《说苑·君道》⑦)。至于《孔丛子》载尹文子与子思对话,当是别人,或系后人伪托。《汉书·艺文志》名家类著录《尹文子》一篇⑧,高诱注《吕氏春秋·正品》称其作《名篇》一篇⑨,两者所指当为一书。此后《隋书·经籍志》等皆著录为《尹文子》。传本为汉魏时山阳仲长氏重订本。明宋濂《诸子辨》以仲长氏序称"(尹文子)与宋钘、彭蒙、田骈同学于公孙龙,公孙龙称之"错乱时代,指所谓"仲长氏序"本为后人伪作,其书亦然⑩。后世不乏响应其说者,如钱穆《田骈考》又据书中田子读书一条,田骈直呼彭蒙之名,乱师徒关系等,指全书为魏晋人伪托⑪。实则,序文乃后世抄本脱字,原文应是"(尹文子)与宋钘、彭蒙、田骈同学,[先]于公孙龙,公孙龙称之",并无问题。至于田子读书段落以及诸多与《天下篇》所载尹文子思想不合者,确为浅陋者伪托,而仲长氏窜入。传本乃仲长氏重修本,原文散佚不少,也窜入了诸多修编者之论以及魏晋人的浅薄之言。该书

---

① 黎翔凤：《管子校注》,梁运华整理,北京：中华书局,2004年,第770页。
② 黎翔凤：《管子校注》,梁运华整理,北京：中华书局,2004年,第807页。
③ 黎翔凤：《管子校注》,梁运华整理,北京：中华书局,2004年,第789页。
④ 庄子：《庄子》,方勇译注,北京：中华书局,2010年,第576页。
⑤ 吴毓江：《公孙龙子校释》,吴兴宇标点,上海：上海古籍出版社,2001年,第1—6页。
⑥ 许维遹：《吕氏春秋集释》,北京：中华书局,2009年,第428—429页。
⑦ 向宗鲁：《说苑校证》,北京：中华书局,1987年,第2页。
⑧ 班固：《汉书》,颜师古注,北京：中华书局,1962年,第1736页。
⑨ 许维遹：《吕氏春秋集释》,北京：中华书局,2009年,第428—429页。
⑩ 宋濂：《诸子辨》,顾颉刚点校,北京：朴社,1927年,第28—29页。
⑪ 钱穆：《先秦诸子系年》,北京：商务印书馆,2005年,第496页。

并非全然伪托之物,也非纯粹先秦真品,大体而言,六分真,四分伪。

尹文子的思想虽受彭蒙、田骈等人影响,但核心与宋钘相同,在别宥、去尤方面更下功夫。部分学者以此将其归入名家,失于偏颇,他大体上属于道法家。尹文子对老学思想的发挥与转化也集中于刑名法治层面。大体而言,是以道、法、术、权、势为要素形成相配合的归返而行的系统体系。以道出发,依次具体化为法、术、权、势,且前者永远是后者的基础与依据,后者始终要归复前者,从而相互补足而参用(《大道上》)①。

太上,尊道无为。如其称引老子"道者,万物之奥,善人之宝,不善人之所宝"之言,解读为以道治者为善人,借用名法儒墨者为不善人。大道治,则四者自废。以四者治,不得离大道②。认为"道行于世,则贫贱者不怨,富贵者不骄,愚弱者不慑,智勇者不陵"③(《大道上》)。

其次,正名用法。尹文子继承老子"无名,天地之始;有名,万物之母"理念,接受道无形、无名而为万物主之说。也以此为基础,将道与器、名、法等相结合而论。道本无形,故无名、不称,生万物。因道赋予万物方圆黑白,故有形,有形则为器,故有名。方圆黑白不同,万物之形有差别,故称器殊异,名自不同。"名者,名形者也;形者,应名者也",形则有名,有名则可由名察其形,而得其理。但形、名之间并非完全对应,"有形者,必有名;有名者,未必有形"(《大道上》)④。且也存在形非正名、名非正形的情况,故形名有别,可以分离。在形名可能有别的情况下,人所要做的是正名。

具体的正名方法从名辩开始。尹文子认为名是主客观相杂之物,有客观的黑白方圆,也有人为的善恶贵贱爱憎。正名就是对这一特点进行洞察,并且分类为之,"善名命善,恶名命恶"(《大道上》)⑤,使主客观相合,名实相符。在正名的基础上,以之立法。

尹文子曾对齐宣王说:"人君之事,无为而能容下。夫事寡易从,法省易因。"(《说苑·君道》)⑥即发挥刑名老学理念。老子曰"以正之邦以奇用兵,以无事取天下",本义指至正之国至少用兵,以无为无事的方式聚合天下。尹文子称引为"以政治国",指"政者,名法是也;以名法治国,万物所不能乱"(《大道下》)⑦。以法齐是非、习俗,臣民各处其位,各守其职,贫贱富

---

① 王恺銮:《尹文子校正》,上海:商务印书馆,1935年,第2页。
② 王恺銮:《尹文子校正》,上海:商务印书馆,1935年,第1—2页。
③ 王恺銮:《尹文子校正》,上海:商务印书馆,1935年,第12页。
④ 王恺銮:《尹文子校正》,上海:商务印书馆,1935年,第3页。
⑤ 王恺銮:《尹文子校正》,上海:商务印书馆,1935年,第4页。
⑥ 向宗鲁:《说苑校证》,北京:中华书局,1987年,第2页。
⑦ 王恺銮:《尹文子校正》,上海:商务印书馆,1935年,第29页。

贵愚弱智勇皆不敢妄为。当然这是法不及道之处。

最后，兼用术权势。术指基本的监督机制与考察手段，但为君王所密用，群下不可窥见，有此才能驾驭群臣。权，权谋变通。势则是君王的地位、权力在国家系统中所形成的优势。君王借助其势，才能获得群臣拥戴（《大道上》）①。尹文子曾作狐假虎威的寓言以表明居势、借势之用（《太平御览》卷四九四）②。

当然，落实到具体层面是赏罚得当。君王之事就在于科功黜陟、庆赏刑罚，相关方面必须得宜。首先，任法而不任心。尹文子曾以见侮不斗告湣王明法治。他说齐王之令"杀人者死，伤人者刑"，百姓见侮不斗，是全王令，齐王指为软弱耻辱，则是非赏罚与法相悖，法不能立，争斗不止，国家必乱（《吕氏春秋·正名》）③。其次，老子曰"民不畏死，奈何以死惧之"，尹文子称引之，指刑罚中正，则百姓畏死而乐生，不敢为非，慎处其所宜。刑罚过度，民不聊生，视君威如尘末（《大道下》）④。

对于外事，以上下相交、平和相处为基本原则。在不得已而用兵时，也接受兵家老学思想，将"以奇用兵"理解为以奇道用兵，"奇者，权术是也；以权术用兵，万物所不能敌"。但也强调用兵出于矫抑残暴，"以求无事，不以取强"。如取强，终会被柔弱者所制（《大道下》）⑤。故兵贵果，不贵久，不好之。

慎到，司马迁指其"学黄老道德之术，因发明序其指意""著十二论"（《史记·孟子荀卿列传》）⑥，后班固著录《慎子》四十二篇（《汉书·艺文志》），但多散佚。后人有辑录，民国王斯睿所校订者为其中善本，本文所引相关经文皆出该本⑦。此外，依从文章的核心思想、概念术语演变、学术史脉络、文气等特征而言，今本《管子》中的《牧民》《形势》《权修》《立政》《乘马》《幼官》《幼官图》《宙合》《八观》《法禁》《重令》《法法》《兵法》《君臣上》《君臣下》《水地》《五行》《势》《正》《九变》《任法》《正世》《九守》以及相关经解类篇章，也是慎到或其学派作品。

结合《庄子·天下》《慎子》等典籍的记载，可知慎到师承于彭蒙，田骈是其同窗，环渊为其弟子。从思想渊源流变看，慎到深受管子学派、太公学

---

① 王恺銮：《尹文子校正》，上海：商务印书馆，1935年，第3页。
② 李昉等编：《太平御览》，宋刻本影印，北京：中华书局，1960年，第2261页。
③ 许维遹：《吕氏春秋集释》，北京：中华书局，2009年，第428—429页。
④ 王恺銮：《尹文子校正》，上海：商务印书馆，1935年，第29页。
⑤ 王恺銮：《尹文子校正》，上海：商务印书馆，1935年，第29页。
⑥ 司马迁：《史记》，裴骃集解、司马贞索隐、张守节正义，北京：中华书局，1999年，第1842页。
⑦ 慎到：《慎子》，王斯睿校正、黄曙晖点校，上海：华东师范大学出版社，2010年。

派、鹖子学派、伊尹学派的影响。慎到为稷下黄帝学派承上启下的关键人物,对老学思想的接受与转化是在新霸道等相关老学直接影响下完成的,对黄帝学派帝道老学的系统形成具有突出贡献。

老子提出道为万物之本,主宰万物生化,君王当法之。老学不离其宗,慎到亦然,指道始乎无端,不可量;德卒乎无穷,不可数。畜道则和,养德则合,和合则莫之能伤。进而继承老学法道修德下的修齐治平论,"道之所言者一也,而用之者异",有闻道而好为家、乡、国、天下,乃至定万物者,分别是一家一乡一国一天下之人以及天下之配(《形势》)①。并发挥老子的以身观身、以家观家、以乡观乡、以邦观邦、以天下观天下理念,强调无私,以己之家国天下视人之家国天下,不别彼此,走入尚同(《牧民》)②。

老子强调抱一修身,慎到亦然,指圣人修心由内而外,不制于耳目,不累于物。相关过程以衷心至诚为始(《内篇》)③。进而继承战战兢兢之说,强调"养心必先自慎""慎以畏为本",故圣人慎于小、戒于近,畏身、畏人、畏物、畏天、畏道(《外篇》)④。落到实处,则知天道有节,衣食止于温体充腹,知足则无患(《内篇》)⑤。由此形成的个人修为则如老子所言,大智守愚,大勇不敢,大言不辩。他称引老子"曲则全……圣人抱一为天下式"之语,曰大智大辩大勇者知智辩勇不足以周物喻物胜物,故守愚讷怯(《外篇》)⑥。

待人处事方面,慎到对修身之道作了延伸。老子强调自损、处下,江海为百浴王,为其能下之。慎到称引"贵以贱为本,高以下为基"之语,又化用部分语句,云"抑高而举下,损有余而补不足,天之道也。江海处地之不足,故天下之水归之"(《外篇》)⑦,法道之士行益高而意益下、权益重而心益小、禄益厚而施益博,如此才不招侧目,和光同尘。

老子本人兼具隐士、帝王师双重身份,思想也包含修身、治国两个层面。在此后的老学发展中,部分流派将之发展为修道者致力于全真保身,治国只是圣人余业。刑名老学虽也常有此意,但往往会以道义之名提倡修道者关心天下。慎到亦然,指尧舜汤武皆因道义,或让天下,不以为有恩惠而有德色,或取天下,不以为有污嫌而有愧色(《内篇》)⑧。以此出发,自然继承老

---

① 黎翔凤:《管子校注》,梁运华整理,北京:中华书局,2004年,第41—42页。
② 黎翔凤:《管子校注》,梁运华整理,北京:中华书局,2004年,第16—17页。
③ 慎到:《慎子》,王斯睿校正、黄曙晖点校,上海:华东师范大学出版社,2010年,第23页。
④ 慎到:《慎子》,王斯睿校正、黄曙晖点校,上海:华东师范大学出版社,2010年,第54页。
⑤ 慎到:《慎子》,王斯睿校正、黄曙晖点校,上海:华东师范大学出版社,2010年,第21页。
⑥ 慎到:《慎子》,王斯睿校正、黄曙晖点校,上海:华东师范大学出版社,2010年,第54页。
⑦ 慎到:《慎子》,王斯睿校正、黄曙晖点校,上海:华东师范大学出版社,2010年,第34页。
⑧ 慎到:《慎子》,王斯睿校正、黄曙晖点校,上海:华东师范大学出版社,2010年,第23页。

子以道治国的理念。指道为万物之要,人主执之,君一国王天下,皆是其道临之(《君臣上》)①,也只有尊道行德,才能实现君民和合。

在国之为国,君民基本关系层面,老子曰"鱼不可脱于渊",鱼即君,民为水。此后孔子问子夏"君之为君"之理,卜子曰"鱼失水则死,水失鱼犹为水也"(《内篇》)②。慎到称引相关内容,表明他也继承该主张。且直言"古者立天子而贵者,非以利一人也""立天子以为天下,非立天下以为天子也"(《内篇》)③,天子为天下设立,非私利一人。天子是百姓的天子,百姓则不一定是天子的百姓。诸侯国君、大夫官长与百姓的关系也以此类推。故化用老子"将欲取天下而为之,吾见其弗得已"之语,指圣人有天下,爱之而非敢取之(《内篇》)④。君王对于百姓的价值就在于顺天无为,不妨民,保障其自化。

在确立国家主体的基本关系后,慎到对具体行政体系的建构与老子有所不同,更强调尊君。君王独尊,才能治国。也正因此,君王在治国的过程中始终要守势:"凡人君之所以为君者,势也。"(《法法》)⑤在确立君王独尊而治天下的格局后,慎到对理想的国家状态也有系统论述。他对治世的评价依从老子的太上、其次、其下,以及道德仁义礼分法为之,且更为细化。指遵循太一,如夜守静,无为而无人知之,则为"皇";遵从大道自然,生养百姓,功成不居,百姓也无以称誉君王,则为"帝";躬行仁义为之,百姓也自以为自然,且赞誉君主之行,则是"王";遵从制度,选士利械,功成而不以数战为贵,则为"霸"(《兵法》⑥《幼官》⑦《乘马》⑧)。相关境界逐级降低,但皆可取。且慎到认为当时的皇、帝、王、霸之道已无法纯粹为之,只能杂合而用,于是形成了道、德、法、政、刑的道德刑名法治体系,"刑以弊之,政以命之,法以遏之,德以养之,道以明之"(《正》)⑨。

在相关体系中,根本的治国之道是尊道行德。老子曰道无私而好生,均平万物而有静,故万物尊之。慎到也强调君王当法道无私而均地、分力,无德无怨,无好无恶,万物崇一,阴阳同度,虚静无为而治。他对老学治国论的

---

① 黎翔凤:《管子校注》,梁运华整理,北京:中华书局,2004年,第563页。
② 慎到:《慎子》,王斯睿校正、黄曙晖点校,上海:华东师范大学出版社,2010年,第21页。
③ 慎到:《慎子》,王斯睿校正、黄曙晖点校,上海:华东师范大学出版社,2010年,第2页。
④ 慎到:《慎子》,王斯睿校正、黄曙晖点校,上海:华东师范大学出版社,2010年,第1页。
⑤ 黎翔凤:《管子校注》,梁运华整理,北京:中华书局,2004年,第305—306页。
⑥ 黎翔凤:《管子校注》,梁运华整理,北京:中华书局,2004年,第316—317页。
⑦ 黎翔凤:《管子校注》,梁运华整理,北京:中华书局,2004年,第135—139页。
⑧ 黎翔凤:《管子校注》,梁运华整理,北京:中华书局,2004年,第84页。
⑨ 黎翔凤:《管子校注》,梁运华整理,北京:中华书局,2004年,第893页。

最大转化是将道的四时不贷,昭明百姓,转化为刑名法治,百姓自化。道为一,能生养万异,君王为一,百姓万不同,自然不能遍知,故应尊道定形名、度量,以作法。且天道不智不辩,人智有局限,应"去智弃我",依从法。圣王任道、公、法,不任物、私、智,最终垂拱而天下治(《内篇》)①。乔健、张彦龙说慎到在根本上"修正"了老子的思想,突出体现在对"法度"和"因循"的强调上,同时在"公利""私利"的定位与发展方向上也有所不同②。慎到对老学的"修正",更多的是一种转化和另一种向度的演化。老子本人强调君王、贵族无为,百姓自然自化,更多的是依靠人的自然本性与文化自觉,即所谓内化,而此后的道法家更多的是强调依从外在的法度,以达到君王"无为"而百姓"得治",因此可以说虽有源于老子之学的"大同",但走向与内容又"大异"。慎到在相关方面也是如此。

具体内容方面涉及变法、定法、持法等事。老子有"曲则全"之语,慎到发挥之,以"鸟飞准绳"——群鸟返巢,曲途同归如准绳为喻,指治国无不变之法(《宙合》)③,更直言五帝三王以来,君长"以道变法"(《内篇》)④,从不泥古,皆据世俗时宜,对法条加以变革,甚至因地制宜、因俗导之。变法的同时意味着立法、定法。立法为公,定守分。分未定,"一兔走,百人逐之";分已定,"积兔在市,行者不顾"(《内篇》)⑤。治国亦如是,君臣夫妇父子定位而后有序,继而一切断于法。在君臣关系上,慎到首先从一对多,一不能遍知的角度出发,要求君王法道,用贤能相辅,化用老子之言,指江海不辞水而为百川王,山不辞筐土而成其高,圣人不辞村夫之言才能广其智。并以黄帝立明堂、尧开衢室、舜设告善之旌、禹立谏言之鼓、汤有总街之廷、武王有灵台之宫等明之(《外篇》)⑥。同时发挥老学不尚贤理念,强调尊君尚法,以法去私爱、去尊贤,大臣只要依法办事即可。且明确继承老子的乱世而有仁义、孝慈、忠贞的观念,指君父以法治国则无乱,自然无慈孝、忠贞之说,不必求此类乌有之贤(《内篇》)⑦。君臣百姓皆各司其职即可,同时以"符节、印

---

① 慎到:《慎子》,王斯睿校正、黄曙晖点校,上海:华东师范大学出版社,2010 年,第 20—21 页。
② 乔健、张彦龙:《论慎到对老子思想的修正》,《兰州大学学报(哲学社会科学版)》2017 年第 4 期,第 148—161 页。
③ 黎翔凤:《管子校注》,梁运华整理,北京:中华书局,2004 年,第 227—228 页。
④ 慎到:《慎子》,王斯睿校正、黄曙晖点校,上海:华东师范大学出版社,2010 年,第 9—10 页。
⑤ 慎到:《慎子》,王斯睿校正、黄曙晖点校,上海:华东师范大学出版社,2010 年,第 6 页。
⑥ 慎到:《慎子》,王斯睿校正、黄曙晖点校,上海:华东师范大学出版社,2010 年,第 55 页。
⑦ 慎到:《慎子》,王斯睿校正、黄曙晖点校,上海:华东师范大学出版社,2010 年,第 10 页。

玺、典法、策籍"为准绳,无有他说(《君臣上》)①。

在执法的过程中,核心内容是政教,基本措施是赏罚。老子强调以正治邦,且欲取之,必先予之,"民不畏威,奈何以死惧之"。慎到亦指"政者,正也",圣人"明正以治国"(《法法》)②。直言"予之为取者,政之宝也",君王从百姓之欲,远者自亲,行百姓之恶,近者离叛(《牧民》)③。又称引老子"民不畏死"句,亦指刑罚太过,民不聊生,上位必危(《外篇》)④。

在征伐方面,老子曰"国之利器,不可以示人",兵道重要,但应希用。慎到对于兵争也有辩证看法,"地大国富,人众兵强,此霸王之本也,然而与危亡为邻矣"(《重令》)⑤。国富兵强是王霸之资,五帝三王德行天下,四海宾从,亦不废兵。今德不及先王,身处乱世,更不可轻废(《法法》)⑥。但"天道之数,至则反,盛则衰。人心之变,有余则骄,骄则缓怠"(《重令》)⑦,拥兵自傲,以兵强于天下,终将民贫国危。故兵具大利大害,必备之,且不得已时方用之。

老子强调征伐为道义而兴,慎到亦然,"明主之征也,诛其君,改其政,率其民,而不夺其财也""明主之征也,犹时雨也,至则民悦矣"(《内篇》)⑧。且指征伐为系统性工程,以综合国力为基础,关乎内政外交(《重令》)⑨。具体征伐的评价体系也继承了老子上兵不战,用人杀伐为下的看法。"至善不战,其次一之":太上不战而胜;其次一战而全胜之。其末,数战、好战,"数战则士疲,数胜则君骄,骄君使疲民,则国危"(《幼官》)⑩。具体征战的兵道则继承兵家老学,强调以道术用兵,无形无设,虚实变化(《兵法》)⑪。

三、《黄帝四经》对老学思想的接受与转化

《黄帝四经》是黄帝学派在刑名治国方面的集大成之作。《汉书·艺文志》载其书,后亡佚。马王堆帛书《经法》等四篇古佚书出土后,唐兰指其为

---

① 黎翔凤:《管子校注》,梁运华整理,北京:中华书局,2004年,第553页。
② 黎翔凤:《管子校注》,梁运华整理,北京:中华书局,2004年,第307—308页。
③ 黎翔凤:《管子校注》,梁运华整理,北京:中华书局,2004年,第13页。
④ 慎到:《慎子》,王斯睿校正、黄曙晖点校,上海:华东师范大学出版社,2010年,第52—53页。
⑤ 黎翔凤:《管子校注》,梁运华整理,北京:中华书局,2004年,第289页。
⑥ 黎翔凤:《管子校注》,梁运华整理,北京:中华书局,2004年,第313—314页。
⑦ 黎翔凤:《管子校注》,梁运华整理,北京:中华书局,2004年,第289页。
⑧ 慎到:《慎子》,王斯睿校正、黄曙晖点校,上海:华东师范大学出版社,2010年,第10页。
⑨ 黎翔凤:《管子校注》,梁运华整理,北京:中华书局,2004年,第288页。
⑩ 黎翔凤:《管子校注》,梁运华整理,北京:中华书局,2004年,第175页。
⑪ 黎翔凤:《管子校注》,梁运华整理,北京:中华书局,2004年,第326页。

《黄帝四经》①,余明光补充论证②,陈鼓应等亦持之③。是说可取。如该书所论皆以黄帝为宗,《十六经·立命》称黄帝贯三才,立法度,使百姓生息不绝,故为天下宗④。其他篇章也多颂扬黄帝及其大臣事迹。

唐兰等认为《黄帝四经》为战国中期作品,大体也可取,但指为黄帝学派之宗,申子、慎子受其影响,则不确。该书并非黄帝学派的前期作品,它柔和了宋钘、尹文"白心、情寡欲"与彭蒙、田骈、慎到"弃知去己"两种道学思想,主张寡欲白心,以知道行法——虽不能确定为环渊之作,但确为黄帝学派集大成之著。它对老学思想的吸收转化,与文子、范蠡以及彭蒙、田骈、慎到等一脉相承。

自老子指道先天地生,为万物本,且混混沌沌,生化无穷后,文子以来皆承袭之。《黄帝四经》亦然,也将道作为本源,指其特点为一,混沌一体,虚无自在,无始无终,无形无名,但生化天地万物(《道原》)⑤。

在道生化万物以及之后的过程里,万物都遵从由道而来的规律。老子指"反也者,道之动也","反"即"返",夫物芸芸各归根。关尹子《太一生水》继承之,指在道生化万物的过程中,先生事物须返回辅助道,以孕生新事物。《黄帝四经》亦然,"(万物)皆取生,道弗为益少;皆反焉,道弗为益多"(《道原》)⑥。同时,也有万物本身之反的一面。天地之道"极而反,盛而衰"(《经法·四度》)⑦。天地有恒常,四时、晦明、生杀、柔刚,一文一武、一立一废、一生一杀,终而复始(《经法·论约》)⑧。

在此规律之下,物有生,生即性。性则有情。情纵过度,不知足就是欲。且生必有动,动不合时,即有害。事、言也是如此,不合道,即不称、不信(《经法·道法》)⑨。故也转化了老子道生万物,福祸同门,应玄之又玄的理念,强调万物顺道则生,逆道则亡,应动善时。

在老子看来,道及其理皆可知。《黄帝四经》将神明发展为知性及其能力。"道者,神明之原也。神明者,处于度之内而见于度之外者也。"(《经

---

① 唐兰:《马王堆出土〈老子〉乙本卷前古佚书的研究——兼论其与汉初儒法斗争的关系》,《考古学报》1975年第1期,第7—37页。
② 余明光:《黄帝四经与黄老思想》,哈尔滨:黑龙江人民出版社,1989年。
③ 陈鼓应:《黄帝四经今注今译:马王堆汉墓出土帛书》,北京:商务印书馆,2007年。
④ 国家文物局古文献研究室:《马王堆汉墓帛书(1)》,北京:文物出版社,1980年,第61页。
⑤ 国家文物局古文献研究室:《马王堆汉墓帛书(1)》,北京:文物出版社,1980年,第87页。
⑥ 国家文物局古文献研究室:《马王堆汉墓帛书(1)》,北京:文物出版社,1980年,第87页。
⑦ 国家文物局古文献研究室:《马王堆汉墓帛书(1)》,北京:文物出版社,1980年,第57页。
⑧ 国家文物局古文献研究室:《马王堆汉墓帛书(1)》,北京:文物出版社,1980年,第57页。
⑨ 国家文物局古文献研究室:《马王堆汉墓帛书(1)》,北京:文物出版社,1980年,第43页。

法·名理》)①道有不易之理,圣人能运作神明,深察太虚,视无形、听无声,从而见微知著,见往知来。

至于认知的方法则是发展老子以今知古的道纪原则,并接受刑名老学的名辩思想。道虽无形无名,但与神明本和同,通过形名就可以逆知道。以名知形,从而知物,然后由物知道,即所谓"循名复一"(《十六经·成法》)②。与认知共时的是法道。道令万物生、百事成,众人日用而不知。圣王知而用之,"抱道执度,天下可一也"(《道原》)③。具体之行包含以下几个层面。

修身方面,继承老学抱一、守一之道。道本为一,施化而有天地四海,守一即自虚无我无为,与天地同极,从而应物自如,万物自来自去。该状态不可言说,勉强论之,则是与周围之物相对而言。老子有雌雄之论,强调知其雄而守其雌。《黄帝四经》发挥之,雄节即纵欲、刚强、骄傲。它批判奢靡,"宫室过度,上帝所恶"(《称》)④、"黄金珠玉藏积,怨之本也。女乐玩好燔材,乱之基也"(《经法·四度》)⑤。刚强满溢即使偶有收获,也是积殃,凶忧必至。雌节亦即女节,虚心寡欲,静柔谦下。它继承老子的不贵五色五味五色田猎等,不为外物所动。同时,"柔节先进,善予不争"(《称》)⑥、"立于不敢,行于不能"(《十六经·顺道》)⑦。谦退之道即使数亡,也是积德,大禄后至(《十六经·雌雄节》)⑧。黄帝即屈身不争,以和于道,终成大有(《十六经·五正》)⑨。

任仕方面,老子认为有道之士是身怀美玉之人,非有道之士求君王,而是君王求有道之士。自身也有道则显,无道则隐。老学后人多如是。同样在《黄帝四经》看来,道本尊贵,以道从事者同于道,有道之士也因此可贵。故道士可以为帝师王友,不能作隶臣。它对君王待士态度的分析也是如此,并将其作为是否辅佐君王的判断依据。帝者以臣为师,王者以为友,霸者以为宾,危者以为庸,亡者以为虏。凡骄人者,人必辱之,不能善终,故"不仕于

---

① 国家文物局古文献研究室:《马王堆汉墓帛书(1)》,北京:文物出版社,1980年,第58页。
② 国家文物局古文献研究室:《马王堆汉墓帛书(1)》,北京:文物出版社,1980年,第72页。
③ 国家文物局古文献研究室:《马王堆汉墓帛书(1)》,北京:文物出版社,1980年,第87页。
④ 国家文物局古文献研究室:《马王堆汉墓帛书(1)》,北京:文物出版社,1980年,第82页。
⑤ 国家文物局古文献研究室:《马王堆汉墓帛书(1)》,北京:文物出版社,1980年,第51页。
⑥ 国家文物局古文献研究室:《马王堆汉墓帛书(1)》,北京:文物出版社,1980年,第83页。
⑦ 国家文物局古文献研究室:《马王堆汉墓帛书(1)》,北京:文物出版社,1980年,第79页。
⑧ 国家文物局古文献研究室:《马王堆汉墓帛书(1)》,北京:文物出版社,1980年,第70页。
⑨ 国家文物局古文献研究室:《马王堆汉墓帛书(1)》,北京:文物出版社,1980年,第65页。

盛盈之国"(《称》)①。

关于治国,《黄帝四经》也效法老子,作出评价等级,指太上无形无为,其次行仁义,争于明,其下以法度政令求果,救祸患,太下令烦而无果,徒生昏乱(《称》)②,且它与老子坚守太上之道不同,更接近后世老学的务实主张,认为并非只有太上之治才能被认可,在现实中应调和杂糅。

最好样板是所谓黄帝之治。黄帝"受命于天,定位于地,成名于人""畏天、爱地、亲民,立无命,执虚信"(《十六经·立命》)③,即在尊君理念下,形成具体的系统。君王为天下尊,但法天道,以无私为先,行父母之德,慈爱百姓,同时不重虚名。当然,它对老子的圣人无名理念还是有所损益,不再恪守无名,更多的是强调"名功相抱"(《经法·四度》)④,黄帝所实现的也是有实的恒名。

具体的治国方略主要继承于刑名老学。《十六经·观》载黄帝令力黑微服天下,正黑白善恶,布制建极⑤。相关内容便是以寓言的方式体现了黄帝在尊道之下立刑名以为法,并一切断于法的事迹。其他篇章也对相关问题进行了理论性阐释。它强调"道生法"(《经法·道法》)⑥,道本虚无而生物,物有形而黑白自分。名分,则各明物之位、理,从理而设法。在执法方面,亦转化老学的正奇之论,"奇从奇,正从正。奇与正,恒不同廷"(《称》)⑦,所谓正道是以法断事,奇是变化,正奇不同廷即在治国方面遵从法,不敢妄自私变。依从天地,则万民之事、贵贱之位、畜臣使民之道将各自正,守法而行,万事万物自来自去,可无为而治。

《黄帝四经》在兵学思想方面主要接受文子、范蠡兵道老学的影响。"始于文而卒于武,天地之道也"(《经法·论约》)⑧,道生天地,天地生万物,自然而然,君王只要随之以文治即可。但天道也有极,天地本身即一阴一阳,有生有灭,故也有刑杀。人事之理亦然,如众人中总有始作争者,在必要时也要法天道、顺天时,施以武道。但在武道之后,应再继之以文道。

虽然它强调"用二文一武者王"(《经法·四度》)⑨,最终的落脚点是文

---

① 国家文物局古文献研究室:《马王堆汉墓帛书(1)》,北京:文物出版社,1980年,第81页。
② 国家文物局古文献研究室:《马王堆汉墓帛书(1)》,北京:文物出版社,1980年,第82页。
③ 国家文物局古文献研究室:《马王堆汉墓帛书(1)》,北京:文物出版社,1980年,第61页。
④ 国家文物局古文献研究室:《马王堆汉墓帛书(1)》,北京:文物出版社,1980年,第51页。
⑤ 国家文物局古文献研究室:《马王堆汉墓帛书(1)》,北京:文物出版社,1980年,第62页。
⑥ 国家文物局古文献研究室:《马王堆汉墓帛书(1)》,北京:文物出版社,1980年,第43页。
⑦ 国家文物局古文献研究室:《马王堆汉墓帛书(1)》,北京:文物出版社,1980年,第81页。
⑧ 国家文物局古文献研究室:《马王堆汉墓帛书(1)》,北京:文物出版社,1980年,第57页。
⑨ 国家文物局古文献研究室:《马王堆汉墓帛书(1)》,北京:文物出版社,1980年,第51页。

道,但因并立文武,赋予兵争有别于好生老学的肃杀之气,对征伐也颇为积极。指人道有时必须顺天时进行刑杀,所伐当罪,有其福报。如不顺时为之,则是违背天道,"当断不断,反受其乱"(《十六经·兵容》)①。当然,如果所伐不当,祸患倍至。王道、霸道、失道等也与之关联。王天下者正身明德,参于天地,覆载而无私,轻县国,贱财货,重才士,贵有道。以赏罚,以必伐,天下服之,"唯王者能兼覆载天下,物曲成焉"。霸天下者也是在不私其利的前提下,积甲兵征不服,诛禁当罪,天下不敢不听。此自以下,兵战力争,暴虐百姓,则是失道,危亡即至(《经法·六分》)②。

可以说,《黄帝四经》也接受了老学的基本主张,一方面认为兵道是天道刑杀的一部分,不可缺失。另外一方面,又痛斥好杀,将好凶器与行逆德、纵心欲同列为三凶(《经法·亡论》)③。因此它对兵道的态度就是老学的一贯延续,"圣人不执偃兵,不执用兵;兵者不得已而行"(《称》)④。

既然圣人也必然用兵,故对其作了分类。在相关方面,老子有哀兵观念,文子分五兵,此后老学兵道多有发展。《黄帝四经》分三类:为道义者、为利者、行忿者。为义者"伐乱禁暴,起贤废不肖",为利者"见生民有饥,国家不暇,上下不当,举兵而栽之",行忿者即因忿怒而有为者(《十六经·本伐》)⑤。只要出于天道而行,征伐即使失败也不会有大的灾难(《经法·四度》)⑥。但也指出万乘之主多以义为号召用兵,但鲜能终之,不少都走向了反面(《十六经·本伐》)⑦。即继承老子所说的慎始善终、"善者,果而已,不敢取强"等理念。至于为利之兵若能果而已,亦无大害。以忿兴兵,则是非道行逆,必受不祥。

在道义下,《黄帝四经》又对征伐之事做了详论。治军方面,继承文子、范蠡的七年之教理念(《经法·君正》)⑧。兴兵则强调顺天者昌,逆天者亡。行军用兵则在正德之下行诡道(《称》)⑨。具体战术问题,较少论及。对于征伐的结果,老子强调道生万物,天地无私,一切皆是自然之功,圣人顺之而栽,不据为己功。故在征伐结束后,不贪利,功成不居。《黄帝

---

① 国家文物局古文献研究室:《马王堆汉墓帛书(1)》,北京:文物出版社,1980年,第71页。
② 国家文物局古文献研究室:《马王堆汉墓帛书(1)》,北京:文物出版社,1980年,第49页。
③ 国家文物局古文献研究室:《马王堆汉墓帛书(1)》,北京:文物出版社,1980年,第55页。
④ 国家文物局古文献研究室:《马王堆汉墓帛书(1)》,北京:文物出版社,1980年,第81页。
⑤ 国家文物局古文献研究室:《马王堆汉墓帛书(1)》,北京:文物出版社,1980年,第75页。
⑥ 国家文物局古文献研究室:《马王堆汉墓帛书(1)》,北京:文物出版社,1980年,第51页。
⑦ 国家文物局古文献研究室:《马王堆汉墓帛书(1)》,北京:文物出版社,1980年,第75页。
⑧ 国家文物局古文献研究室:《马王堆汉墓帛书(1)》,北京:文物出版社,1980年,第47页。
⑨ 国家文物局古文献研究室:《马王堆汉墓帛书(1)》,北京:文物出版社,1980年,第81页。

四经》也强调无私、"毋擅天功",不为主宰。圣人征伐以当罪,堕其城郭,布其资财,裂其地土,以封贤者,如此"功成不废",否则"身危有殃"(《经法·国次》)①。

小　结

在战国中后期的新时代格局下,以齐国稷下学宫的齐学新霸道追论为起点,各国先后兴起了一股追述追论之下的新霸道思潮。最终又反过来影响了稷下学宫帝道思想下黄帝学派的形成。黄帝学派是以追述追论所谓黄帝思想而形成的流派,其核心思想不论是修身,还是治国平天下层面,皆深受老学(包括全生老学、刑名老学、兵家老学等)影响。宋钘思想深受杨朱、告子的影响,在明确继承了老学道独立,自本自根,生化万物理念的基础上,转化出了白心、情寡欲思想,认为法道修身,别宥、白心,则自然寡欲。如此,不辩荣辱,可无为全身,人人如此,则天下不争。尹文子的核心思想与宋钘相同,在别宥、去尤上更下功夫,且主张以道、法、势、术治国,为刑名老学。慎到则为黄帝学派承上启下的关键人物,对黄帝学派帝道老学的系统形成具有突出贡献。《黄帝四经》是该学派在刑名治国方面的集大成之作,柔和了宋钘、尹文"白心、情寡欲"与彭蒙、田骈、慎到"弃知去己"两种老学思想,主张寡欲白心,以知道行法。它对后世刑名老学的发展起到了巨大的推动作用。

第三节　庄子对老学的创造性转化

老子在观照天文历法规律的基础上,发展出了独特的"太一""道"等理念,他的弟子与后学对此多有体贴与传承。庄子对老学的接受与转化,是受春秋以来众多学派洗礼后的结果,如远纳关尹子的太一观、颜回的心斋坐忘说、列子的虚游之道以及魏文侯庭下全生派的心性论。且又以相关思想为核心,吸收了黄帝学派中以《黄帝内经》为代表的养生派老学,如真人、至人等观念,最终以此去重构、消解黄帝学派中的道法刑名派老学。庄子一直在黄帝学派的直接影响下进行研习,但又在偏僻处自说自话,走出了另外一条道路,形成了独特的老学路径。

---

① 国家文物局古文献研究室:《马王堆汉墓帛书(1)》,北京:文物出版社,1980年,第45页。

一、道生万物,各有"吹""言"

(一) 道生万物,万物反辅又化生

老子从天文历法的太一发展出道,关尹子对此有所继承。庄子对后者的太一老学有认知,这在其及其弟子的作品中获得了呈现,如将老子到关尹子一脉的老学概括为"主之以太一"(《天下》)①,可谓独具只眼。但对太一的具体论述仅"太一形虚"(《列御寇》)②,相关处将其作为无始之始、虚无的存在。除此之外,基本上是以道囊括了老子原有的太一、道两个阶段。

在庄子的思想体系中,道即一,自本自根,无始无终,自身虚无却生发万物(《大宗师》)③。庄子对此前老学的道生发过程与宇宙秩序有所继承,亦有发展。他将道生万物分为"未始有夫未始有始"、"未始有始"、始三阶段,具体化为"未始有夫未始有无"、"未始有无"、无、有四过程(《齐物论》)④。道化成太极,太极即气。气虽为物,但此时没有边界,无上下、左右、彼此之分,混沌一体。同时继承黄帝学派老学的阴阳观,认为气本身分阴阳,相离相合,相生相杀,循序往复为之而有天地(《则阳》)⑤。此后也一直流行于六极之中,贯穿无间而生化消息万物。

在此过程中,除阴阳和合外,万物本身也有作用。老子提出生生,列子发展为生生与化生,庄子接受后者老学。在此需对两则材料的关系进行辨析。《列子·汤问》载商汤与夏革讨论太初有无、宇宙大小、有限无限以及万物异同等问题。其中,夏革答商汤的物有同异乎之问,曰"从中州以东四十万里得僬侥国。……夷坚闻而志之"⑥。《逍遥游》开篇则载"北冥有鱼……且适南冥也"⑦,两部分有诸多内容相似。此前一般认为是《列子》抄袭《庄子》,实则不然。首先,在《列子》处语言连贯,大椿、鲲、鹏立意相同。《庄子》处将所引喻证割裂,如大椿未出现于相关段落,而是错落于其他段落。在同一个部分中,也把鲲、鹏这两则比喻分割处理。其次,《列子》处,鱼、鲲、鹏之间不存在化生。《逍遥游》中"汤之问棘也是已……且适南冥也"段落与《列子·汤问》内容相近,也无化生。但其"北冥有鱼,其名为鲲。……化而为鸟,其名为鹏"段落则存在改造痕迹,且彼此间存在化生关系。这应是

---

① 庄子:《庄子》,方勇译注,北京:中华书局,2010年,第580—581页。
② 庄子:《庄子》,方勇译注,北京:中华书局,2010年,第554页。
③ 庄子:《庄子》,方勇译注,北京:中华书局,2010年,第102页。
④ 庄子:《庄子》,方勇译注,北京:中华书局,2010年,第31页。
⑤ 庄子:《庄子》,方勇译注,北京:中华书局,2010年,第450页。
⑥ 杨伯峻:《列子集释》,北京:中华书局,2012年,第148—149页。
⑦ 庄子:《庄子》,方勇译注,北京:中华书局,2010年,第2—3页。

接受《列子·天瑞》"马化生人"思想影响,对相关内容进行改造的结果。据此可知是庄子接受了列子的化生老学,并加以发展。

在道生万物之后,老子指返也者,道之动也,夫物云云,各归复其根。关尹子太一生水理论亦然,指万物存在归辅运动——道每生一物,该物皆归返道,辅佐其生化新物。庄子亦继承此说,指本然的宇宙秩序是"性修反德,德至同于初"(《天地》)①,只是对具体过程无详论。

应该说,从老子思想、春秋末战国初老学到庄子老学之间,对道生万物及其宇宙秩序的看法存有一定的变化发展。老子本人身居王庭史官,职涉天文历法。其道及宇宙发生论脱胎于上古天文体系与原始盖天说历法知识的推演,思考极具空间迭层感与史理秩序性,是分析性哲学。此后的老学研习者多非天文史官,较少具有该思维特点。庄子更为显著,一介漆园小吏,虽常天问,但终无观星之利,所比常为彭祖朝菌,所闻多为老叟野谈,其思多得于细微之见与烂漫狂想。关于道及世界的建构已无原始天文历法痕迹,更倾向于时间上的追溯与迷踪。大体而言,是一种时间迷乱的、诗意的描述型哲学。他将老学的道及其生发论做了许多简化,使之更形而上,也将其从叠层的空间维度拖入了迷乱的时间之河。

(二) 自然之吹与有心之言

在对道生万物的宇宙本质与秩序进行建构后,庄子之思进入道与万物关系及两者间秩序谐和层面。在其思想体系里,道生发万物,但万物有同异。庄子接受了黄帝学派阴阳论的影响,认为天地间的运作皆为阴阳之理,万物皆有阴阳之患,消息生灭,但过程各不同。

在天地日月山川自然生物等层面,庄子创造性地发展了老子吹的理念。《老子》曰"吹者不立。自视者不彰,自见者不明;自伐者无功,自矜者不长。其在道,曰:余食赘行。物或恶之,故有欲者弗居",此章极为重要,但前人解读多未得其实。此处"吹者不立",帛书甲乙本皆作"炊者不立";传本归二十四章,多作"企者不立",且多衍"跨者不行"四字。从句子上看,帛书保存原貌。传本的讹误先是因后人误读吹为开口;便错误地易字为企;接着,后来者又将企解读为举趾而望,以致最后又以追求对偶的句式和谐而窜入跨者不行四字。帛书整理组将炊作吹,是恰当的。但解为古导引术,则落错解立字的窠臼②。吹者不立句与下文四个带有主观性自如何如何者并非并

---

① 庄子:《庄子》,方勇译注,北京:中华书局,2010 年,第 187 页。
② 马王堆汉墓帛书整理小组:《马王堆汉墓帛书〈老子〉》,北京:文物出版社,1976 年,第 32 页。

列句,它们所针对的对象分属不同层面。吹指物自然而然的发生,没有任何在动作发生之前就存在的先于动作的主观意图。且在该动作正发生及其以后的过程中,也不存在任何源于主观的意图,一切都顺道而发,是纯粹动作的(发声的、言语的等)。那些自如何如何者在动作之前就存在一个主观的意图,是在后者作用下产生人为的造作,是行为——对于道而言,都是多余而无法真正确立的非道之行。

庄子继承了吹的理念,在道之下,阴阳二气相吹而生万物。同时又将吹发展为自然物的运作。大到天地,是所谓天籁、地籁(《齐物论》)①;小到尘埃,是所谓"野马也,尘埃也,生物之以息相吹也"(《逍遥游》)②。自然物之行无不是吹。且"夫吹万不同,而使其自已也"(《齐物论》)③,万物之吹的形态虽各有不同,但无机心、不造作,都是顺道而发,自然而然的动作。

庄子也因此彻底摒弃了老子受万物有灵思维影响的灵理念。老子的灵理念是其时代的印记,庄子时代对自然界的认知已到可清除该印记的阶段。当然,也正是由于对自然物吹的升华和灵的摒弃,在后者的思想体系里,它们总是无我而虚静,默然地与道相合。

天道、阴阳本无情、无好恶,生死之类皆是自然。万物如此,人本应如是。庄子即谓惠子,道赋予人貌,天予之形,恒因袭于自然,本固无情(《德充符》)④,他同时又认识到人始终与他物不同。庄子对人的基本认知体现在身理念中。吴光明曾认为庄子身体思想存在四种特征,其一是重视身体,将其视作生命、生活的根本,失去身体即失去真正的完整生命与美好生活的可能,所以养身、保身成为最高目标。同时也具有泛身体理念,如正是通过鲲鱼化鹏、庄周化蝶等具体身体的转化来呈现故事与情理,令人感同身受。且身体能虚化自身,成为虚室与静水,包容和照见万物,也由此获得普遍性⑤。

但实际上,庄子的身理念深受颜氏之儒、宋钘等人的影响,是一种隐性的心形分合观。虽然他对身的理解似乎存于矛盾之中,如混沌寓言体现其挣扎,但最终还是走向了心形分离。混沌寓言讲的就是心与七窍的矛盾,混沌即无七窍而与自然和同的心,南海帝儵、北海帝忽即须臾间便变化千万信息的耳目。混沌之心本处中央,与自然相合,一旦七窍成,即死矣,显然是将

---

① 庄子:《庄子》,方勇译注,北京:中华书局,2010年,第16页。
② 庄子:《庄子》,方勇译注,北京:中华书局,2010年,第2页。
③ 庄子:《庄子》,方勇译注,北京:中华书局,2010年,第16页。
④ 庄子:《庄子》,方勇译注,北京:中华书局,2010年,第91—92页。
⑤ [美]吴光明:《庄子的身体思维》,蔡丽玲译,见杨儒宾编《中国古代思想中的气论与身体观》,台北:巨流图书公司,1993年,第393—414页。

心与形体分离,视七窍等身体为负累。

庄子重视心,并不看重形体,所谓泛身体恰恰是追求无身体的一种表现。他始终认为心可如静水,身为乱浮尘,如"夫大块载我以形,劳我以生,佚我以老,息我以死"(《大宗师》)①,又如蜩、鸠、鲲、鹏的身体,不论身体小大,俱为余赘,不能使自身逍遥(《逍遥游》)②。对于名声也一样,不论是恶名,还是美名,都是拖累。美誉便是另外一种身体。

同时他也否定了心,即知。"夫知有所待而后当,其所待者特未定也。庸讵知吾所谓天之非人乎?所谓人之非天乎"(《大宗师》)③,这个知便是老子思想体系里的知——天然的认知能力(不是指智巧)。庄子对知和以其来追寻道皆持彻底否定的态度。首先,他对老子的知的本性与能力进行了追问,质疑其完满性,"瞽者无以与乎文章之观,聋者无以与乎钟鼓之声。岂唯形骸有聋盲哉!夫知亦有之"(《逍遥游》)④。知存在知的障碍,无法全然知晓道的真实,甚至冰山一角。甚至它与道本是分属于两个世界的事物,没有交集。其次,他对知能力下的认知运作进行了批判。知相对道而言,本是尘埃之于泰山,粟粒之于沧海,更何况仅仅所知的,也是人之所知。是人知道了自己知道的而已。只能知其所能知,是其所能是,非其所能非。知我所能知,不知我所不能知。能认知的,就是你所要认知的。你在认知的过程之前,已存有一个认知对象。你之所以能注意到那个对象,是因为那个对象就是你所注意的。至于你本不知的,无法注意,也就永不知你所不知。这种先验的知只是一个封闭的回路。

庄子又在否定知的基础上,进一步通过瓦解实、名关系,彻底消解知的作用。也以此指出基于心而来的言无法触及真实。这可以说是对老子道可道,非恒道,名可名,非恒名,以及大言不辩、希言自然等理念的极端发挥。庄子指道本无,无有无名,无封无畛,无分辨(《齐物论》)⑤。同时说"名者,实之宾也"(《逍遥游》)⑥,人对道以及事物的认知与区分所形成的名也只是人的认知,它只能局限在人的世界里。对于被认知的事物本身而言,并没有因此被人占有,依然保持着自我的独立,拥有着自我。

以道实、华名相分为基础,又进一步分离是与非。"未始有是非也。是

---

① 庄子:《庄子》,方勇译注,北京:中华书局,2010年,第100页。
② 庄子:《庄子》,方勇译注,北京:中华书局,2010年,第2—3页。
③ 庄子:《庄子》,方勇译注,北京:中华书局,2010年,第95页。
④ 庄子:《庄子》,方勇译注,北京:中华书局,2010年,第10页。
⑤ 庄子:《庄子》,方勇译注,北京:中华书局,2010年,第31页。
⑥ 庄子:《庄子》,方勇译注,北京:中华书局,2010年,第8页。

非之彰也,道之所以亏也"(《齐物论》)①,道本无真伪、是非,只是人在有心作用下,身处环内自我环证,是其所是,非其所非,"因是因非,因非因是"(《齐物论》)②,在这个无尽的自足循环中,只是徒耗人生。故曰"吾生也有涯,而知也无涯。以有涯随无涯,殆已!已而为知者,殆而已矣"(《养生主》)③。

庄子分离道华、名实、是非的同时,其实已对人心之下的言做了彻底消解。在人的层面,与自然界的吹相对,提出言的概念。"夫言非吹也。言者有言,其所言者特未定也"(《齐物论》)④,言的人在言之前就已先验地存在所要言的意图和它要通过言来表达的观念。它从始至终都是存在而徘徊于主观性的铁屋子,无法逃离这个封闭的回路。也正因此,它会言其所言。且在该过程中,是非早已在动作发生之前先验地确立,言发动后的动作皆只是对既定是非的彼此同质的论证。这种论证是伪论证,不是纯粹的动作,只是一种主观性的行为,无法真正地体现和把握真宰。

庄子这里对言的批判与对知的批判如出一辙。在其思想体系里,知是言的源头,言是知的呈现,两者同质一体。言是自先见的心与知而来,并非独立之物,自然不能通过言来发现背后所谓独立的逻辑,得出真相与道。可以说形成了对心、知、言的系统批判。

由上可知,在道与万物的关系上,老子认为道生物,物继承其属性,又有差异。自然物具灵,拥有一定的类能动性。因此从道到万物这一层次之间,天然存在着乱常现象。人与自然物相比,具备更高等级的能动力——知。因此人在具备主观违道以乱常的可能同时,也具备了认知道、效法道以袭常的可能。后世老学多继承该理念,但庄子做了重大转向。道生万物后,万物状态各有不同。自然物不具备灵,它们的一切运作皆是无心而动作性的吹,始终全然静默而合于道。只是人存有机心,诞生了欲、知等等,从而背道而行,使世界在玄寂中喧嚣起来,并纷乱不止。机心之下的知只是成心之知,无法对道形成正确而完整的认知。在它的作用下,只会局限在自我意志里,述说着自认之理,在失道之路上越走越远。

二、体道消融,重构"无用"体系

(一)体道贵在两忘、消融

庄子消解了此前老学中知、言对道的认知把握能力后,提出了新的悟道

---

① 庄子:《庄子》,方勇译注,北京:中华书局,2010年,第29页。
② 庄子:《庄子》,方勇译注,北京:中华书局,2010年,第24页。
③ 庄子:《庄子》,方勇译注,北京:中华书局,2010年,第44页。
④ 庄子:《庄子》,方勇译注,北京:中华书局,2010年,第24页。

理论。道有情有信，可得可传，但只有兼备圣人之道与圣人之才的真人才能行之。所要做的是天人合一，"不以心捐道，不以人助天"。反映在身理念上，是消融分离的心形，和同七窍意识，回归混一(《大宗师》)①。

基本路径是以心为君，通过废君而任自然。南郭子曾修得"吾丧我"之境，捐弃人籁，齐于地籁、天籁。所谓地籁、天籁就是无心之吹——虽然因有窍穴而发声变化无穷，但都是无心的自然之作(《齐物论》)②。庄子借此说明人虽有形体七窍之累，但心自为主导，可通过废心而废形。《庄子》书中反复出现游心，即废心虚无。心的虚无实现身形的忘，了却由形体而来的瞬息万变的信息洪流。具体法门是听之以气、尊道集虚的心斋(《人间世》)③和物我两忘、直悟凝始的坐忘(《大宗师》)④，直达"吾丧我"(《齐物论》)⑤，最终与道消融，游于虚无，实现逍遥游。

应该说，老子本人反对各种世俗的游走，尤其是君王的巡守，主张燕处超然，不出户而知天下，相关理念包含心游要素。尤其是他强调虚心，实已埋藏了心斋的种子。孔子将此道传于颜回，颜回发展出坐忘。壶丘子则传心游于列子，列子发展为虚游。与列子同时的南郭子也保有此道。庄子正是基于以上诸人的学说，分合心形，指心的虚无可以封闭形体的实有，升华坐忘、虚游，发展出了逍遥游理念。

（二）人主体性的消解和无用理念的形成

庄子对体道的独特认知，开启了一个新的法道世界。老子强调知的本性与能力，以及知道。他从知出发，使人与道、外物之间形成一种认知与被认知的关系。在此体系下，人的主体性获得了确立，外物、道等以客体身份呈现，用理念便以此产生。对于主体而言，客体的本质源于主体对其功用的判断。对于人而言，各事物的利用功能成为了它们的属性和本质。且该判断以利于人的生为准则。如果妨害人的生，说明事物已异化，成非道之物，其存在的合理性与合法性就被取缔。

在庄子的世界中，他通过升华吹，否定了自然物的灵，使之天生获得了合乎道的境界。同时通过否定言，摒弃了人的知，认为在机心之下，只是一个无尽循环的死路，只有坐忘、心斋才是得道的途径。前者使万物获得了自我独立的自身依据，后者的影响更为重大，直接改变了此后老学发展的基本

---

① 庄子：《庄子》，方勇译注，北京：中华书局，2010年，第92页。
② 庄子：《庄子》，方勇译注，北京：中华书局，2010年，第16页。
③ 庄子：《庄子》，方勇译注，北京：中华书局，2010年，第53页。
④ 庄子：《庄子》，方勇译注，北京：中华书局，2010年，第118—119页。
⑤ 庄子：《庄子》，方勇译注，北京：中华书局，2010年，第16页。

方向。

庄子否定了以前老学的知,自然而然地就会认为由它所建构的人与道、自然物之间的认知与被认知的主客关系是梦幻泡影。客观情况是道不在人之外,而在即一切中——在一切中,又即一切自身。人所要做的是撕下人为用世界的铁幕,使万物全然地呈现自我,占有自我,成为自在物。即令它们从人的认知体系解放出来,确立并实现各自的主体性。

认知体系下建构的主客关系被打破后,人的主体性消解,那么主体性理论下的用的理念就无处附存。泛主体之下,无用理念应运而生。道通为一,本来无有无名,无彼此分别,这为无用之用提供了最根本的支撑。"唯达者知通为一,为是不用而寓诸庸"(《齐物论》)①,庸,用也,通也,得也,自然栖居于大道,如鱼优游而忘水。

在人与道的关系中,已不是法道、用道。道不在人之外,而在即一切中。道不再是人效法的对象,人所要做的不再是对道的宇宙秩序的模仿,使它从道的世界再现到人间世。因为道不是外在的世界,人就在道中,社会就在道中。人要做的就是消融于其中,无所谓我,无所谓物,无所谓道,一切复归混沌。

在人与外物的关系中,后者也具有主体性,成为自在物。应该说在《庄子》里,该思想存在一个变化发展的过程。《逍遥游》中惠子与庄子分别围绕大瓠与大樗产生两段对话②。惠子始终从人的主体性出发,以用对待他物。庄子在大瓠对话中,认为惠子的思维着眼浅近,指大瓠可以浮于江湖。但浮并非大瓠自浮于江湖,而是大瓠浮人于江湖。他采用的是与惠子一样的从人主体性出发的思维,最后也落入了用理念的陷阱。也正因此,惠子抓住了这个不彻底性,有了大樗的进一步追问。大樗较之大瓠可谓彻底无用。本对话中依然存在一个关键字:树——移植。庄子认为大樗若立于涂,妨害行人又无所用,人可以选择将其移植于广莫之野。如此人可逍遥乎寝卧其下,大樗又可脱离用的困苦,避开斧斤之祸。但此处还是从人的能动性出发,主张扩大能动性。所谓用与无用只在于人的选择,对于事物本身而言,非其实质。而强调人能动性的背后隐藏着主体性思维的根据。从结局来看,大樗等物也仅限于避祸,未得逍遥,虽从最后的文字来看,主体性似已隐约地露出一角,但尚未彻底确立。此阶段,庄子对人主体性的革除尚不彻底,但已踏上追本溯源,从根本上改变思维理念的道路,看到了微光。到了

---

① 庄子:《庄子》,方勇译注,北京:中华书局,2010年,第26页。
② 庄子:《庄子》,方勇译注,北京:中华书局,2010年,第12页。

《齐物论》中，通过人与自然物之间，孰知正处、孰知正味、孰知正色的诘问，自然物才被彻底地解放出来，泛主体的无用理念才真正地贯穿于整个思想体系。故到《马蹄》里，便对人为获得马、陶、木之用而戕害泯灭三者自然本性的行为大加鞭挞。最终在《人间世》中，以不材木、散木等寓言彻底确立自然物无用是其本性，将其从人的用理念中解放出来，指向逍遥。

（三）无用逍遥游理念下的修身治国论

庄子无用理念亦延伸到人类社会中，并以此重构了老学的修身齐家治国平天下的修德体系。在庄子的理解里，万物皆在阴阳消息之中，故修身也从阴阳而始。但"官阴阳"（《在宥》）①并非以此求长生，而是指阴阳自有变化，人能各安其命即可。基本理念是从废心开始，通过心斋、坐忘，消弭是非、名辩，从而归复无有无名、无封无畛、无分无别的恒一虚无之境。

在废心方面，庄子指人皆有成心，无法通过心智获得真知，故当玄冥之。如宋荣子一样抛离是非荣誉，剔除一切人为的意识形态。进而废形，废七窍。对于混沌之我而言，百骸、九窍、六藏等皆为吾亲，它们内部并无君臣次序，甚至没有分别（《齐物论》）②。我原本逍遥，七窍成后，才以视听食息而死（《应帝王》）③。因此使七窍功能无别，便无所谓七窍，可归复混沌。

再次是废言。"大知闲闲，小知间间。大言炎炎，小言詹詹。"（《齐物论》）具体方法是要懂得道枢。万物是非如连环，无穷无尽。惠子曾言连环可解，但其法不得而知。以道枢解之，人不居留连环的一隅，而居环之外，居其虚无之中。人处是非之环的虚无之央，归于静默，于是是非自来自去，不留滞（《齐物论》）④。

在废言后，达颜回的忘言之境，即坐忘。两相忘，进而至于物化——与物推移，游于无方。壶丘子林示列子"未始出吾宗"等境界，以非郑巫季咸"死生、存亡、祸福、寿夭"之知，令列子迷途知返。于是列子三年不出，无别亲疏是非，复归于朴（《应帝王》）⑤。庄子受此影响，有蝴蝶之梦，如道初始，无物我之别（《齐物论》）⑥。以此可以实现自然之吹，人籁与地籁、天籁和同，自然而然。

庄子的世界中，自然物合于道，皆是吹。其中的坳堂之水、江河、沧海，

---

① 庄子：《庄子》，方勇译注，北京：中华书局，2010年，第165—166页。
② 庄子：《庄子》，方勇译注，北京：中华书局，2010年，第21页。
③ 庄子：《庄子》，方勇译注，北京：中华书局，2010年，第132页。
④ 庄子：《庄子》，方勇译注，北京：中华书局，2010年，第24页。
⑤ 庄子：《庄子》，方勇译注，北京：中华书局，2010年，第127—128页。
⑥ 庄子：《庄子》，方勇译注，北京：中华书局，2010年，第42页。

芥、杯、大舟、蜩、学鸠、斥鴳、大鹏鸟、朝菌、蟪蛄、冥灵、大椿、夭者、众人、彭祖还有更长寿者等等,皆相忘于道,无别而自适逍遥。如妄生比较之心,执着于所谓更大之用,则会自取其辱,甚至失去性命,如池中之龟和庙堂上的龟。因此得道者栖居于目前所栖居的状态,和光同尘如藏身,无法与周遭区别开来,好像无己一样,如此自然无用于他人,也就无功无名,但全其真。

当然,与道消融者虽是同种,但花开千万,各有不同,即各安其命,各有其吹。有白日飞升,比于列星者,如狶韦、伏戏、黄帝、颛顼、傅说等,有成山鬼河神者,如堪坏、冯夷、肩吾、禺强、西王母等,有人间巨寿者,如彭祖等(《大宗师》)①,又有帝之县解者,如老聃(《养生主》)②、子来、子桑户(《大宗师》)等。由道而言,斯人皆入无何有之乡,逍遥于广莫之野,同食一果。

老子本人积极参与治国,五千言无一语不是对君王言。但后世老学中有隐士养生派,多将治国视作圣人余业,庄子也更进一步,视作不得已而为之之事。他对老学治国思想的研习主要集中在《在宥》《天地》《天道》等篇章中。学界以往认为它们非庄子之作。现在虽不能完全排除是庄子弟子作品的可能,但其核心思想与庄子相合,也可能是庄子本人批判性吸收转化黄帝学派老学的作品。

庄子对老学治国论的研习,从根本处是来自对老子思想的认知,但最直接的则是受到宋钘、慎到等黄帝学派老学的影响,最大特点是对该派治国论进行消解。战国中后期,稷下先生们从齐学新霸道开始,反溯管子、鬻子、伊尹乃至黄帝,并以此形成了以刑名思想为主体的黄帝学派。庄子等则顺其思路,托古至所谓泰皇时代,并以此消解黄帝学派之说。且在消解了该派治国论后,又顺而下之,对尧舜禹三王之道不加区别,尽于否定。这与此前老学一般尊崇帝舜之道存在着标志性差异。也正因此,庄子对老学治国论的转化有其特点。

关于治国之道,庄子继承了老子的尊王论,以及"道可道也,非恒道也"理念,指众人之道不足以治国。世俗之人常以众人之是非治理众人,但众人的是非来自众人,只是出于众人之知,不一定得道。且当前的众人已被尧舜禹以来的仁义礼理念染著,其同异不可以为依傍。得道而有真知的圣人须有独见。基本原则就是君王以道治国,不以物治国。道之于物,至大而非物,故能物物。有土有国者,土为大物,国为神器,故不可以物治物,包括不

---

① 庄子:《庄子》,方勇译注,北京:中华书局,2010年,第102—103页。
② 庄子:《庄子》,方勇译注,北京:中华书局,2010年,第49页。

能以众人所用的智治智等(《在宥》)①。

那么如何以道治国?万物诞生,有封有畛,世界有了边界,于是有上有下,有左有右。这也使事物之间有了边界,在彼此之中确立自身。继而有分有辩,有竞有争,于是有常,有伦有义(《齐物论》)。庄子以此为基础,继承老学思想中道兼指道路、方法的理念,将道分天道、人道。以此出发,形成系统的道德治国体系,依次为天、道、德、仁、义、形名(礼、法)、事、物。天即无为为之,无为而无不为,可谓神,神而不可不为;道为抱一不别,和同万物,但须与时推移,各随其是,故一而不可不易;德即无为言之,持守中道,中而不可不高;仁为爱人利物,亲而不可不广;义为等平四方,远而不可不居;礼为节度分守,虽细小不可不积;法为刑名,粗而不可不陈;事为原省、是非,匿而不可不为;民为因任,卑而不可不因;物为赏罚,贱而不可不任(《天地》②《在宥》③)。

在此体系中,君王主天道,遵道全身,无为不言,居中应响而已。自老子指圣人保身而有天下,后学多指明王只闻修身,未闻治国。庄子亦然,他称引老子之论,化用诸多寓言,皆指明王修身窈冥昏默、无视无听,抱神以静,游于无有,无撄人心,保有无用之庸(用),则天下自化。君王在此过程中虽也立仁义礼法等,但设而不用。如君王个人妄为,好用圣智聪明,夸饰仁义礼乐,则是朝三暮四的多余之言,撄扰人心,必然劳而无功,反使天下大衰。臣仆则法地行人道,为君子,在明道崇德之下响应虚设的仁义礼法而已。君臣相合,则平和天下,使事顺而物通,各处其宜。

应该说,庄子对老学治国做了重大发展。老子在人间世的德行之论多依傍《坟》《典》《索》《丘》之戒。在用的体系下,主张体用为一,体以合乎其用,实现合乎其体,从而合于道。表现在君民关系上,君之所以是君,在于它对民的生养作用。否则,君非君,是为盗。老子的希望是使君王认清民在天下之中具有主体性,君当明确自身利民的功用,从而以百姓之心为心,实现无为而利民的太上之治,最终使道的宇宙秩序呈现于人间世——这也是此前老学的基本论调。但庄子对人间世的论述则受到黄帝学派刑名老学影响,自身又多依托于耽想。在否定了知,使泛主体理念诞生后,以人为主体下的用理念便无处附存,无用理念应运而生。一切人为的,不论受者还是施者,都在束缚之中,只有全部回归无用,才会全然解放。体现在君民关系上,

---

① 庄子:《庄子》,方勇译注,北京:中华书局,2010年,第172页。
② 庄子:《庄子》,方勇译注,北京:中华书局,2010年,第177—178页。
③ 庄子:《庄子》,方勇译注,北京:中华书局,2010年,第174页。

则是君获得了与民一致的主体性,民可以为无用者,君王亦可以为无用者。君王也开始回归本源,以天下为外物,视民为物累,以坐忘、心斋得逍遥为贵,志消融于道。《应帝王》中的无名氏答天根之问①,《逍遥游》里的许由辞帝尧之让,俱是此义。故黄帝之流皆以自我县解、白日飞升、逍遥于无何有之乡为贵。庄子希以此解放一切,使万物归复逍遥而世界自平。当然,这是庄子所构想的行天道下的太上之治,同时也为行人道留下了一些现实的空间。

小　结

老子在观照天文历法规律的基础上,形而上化出了"太一""道"等思想,以及"灵""知""吹""用"等观念,他的弟子与后学对此多有所继承与发展,形成了诸多老学流派,各具特色。庄子对老学的接受与转化是受这些老学洗礼后的结果,但同时又有重大变化与突破。庄子对老学之道及世界建构的理解已无原始天文历法痕迹,认为道生万物后,万物的状态各不同:自然物不具灵,运作皆是吹;人存机心,于是背道而行。且庄子否定人的知,形成泛主体理念,将用转化为无用,试图以此解放一切,使万物归复逍遥而世界自平。这些皆极大地改变了老学的基本特质,甚至形成了以"庄"解"老"的传统,将老学等同于庄学的误区。可以说,这既是庄子之后老学发展的重要特色之一,同时也对原始的老子本义以及早期老学传承有诸多遮蔽与异化。

---

① 庄子:《庄子》,方勇译注,北京:中华书局,2010年,第124—125页。

第五章 战国晚期的老学

第一节 屈原与荀子的老学

屈原、荀子等人的老学研究一直是学界的盲区。实则,两人对老学深有研习。且他们的老学是在黄帝、庄子等学派思想直接影响下的产物,呈现出了战国晚期老学发展的基本特点,也体现出了此后老学发展的几种基本路径,对整个老学的传承发展具有十分重要的意义。

一、屈原的修仙美政老学

屈原,楚人,年幼于庄子二十岁左右。当时楚地的老学呈现了一些新的特点:关尹子学派尚有余热,黄帝学派的影响如日中天,庄子及其学派在宋、楚的影响日益深入,尤其是宋国见灭后,其思想主要流布于楚国。屈原的思想、文风等皆受上述流派的熏陶,如宇宙观来源于关尹子太一理念,《远游》修仙理念源自黄帝学派以及庄子学派,《渔父》的文风文法则直接取法于《庄子·渔父》。正是由于上述原因,屈原对老子其人其书及其思想的接受与转化显得颇具特色。

(一)战国晚期楚人对老子的刻板印象

由"绪论"可知,老子本是春秋末年周朝的征藏史,但在文化观念与社会意识形态中的"老子"会随社会的发展而变化。从现存的史料看,老子形象在战国中期时总体上仍保持历史客观性,但中晚期开始发生显著变化。在庄子的相关论述中,常有五百岁的寿者以及不死的仙人、神人等故事,表明不死观念有了较大发展。虽然他明确说老子最终"帝之悬解"(《庄子·养生主》)①,但对其长寿的强调自不能免。同时,虽然他也指老子为老聃,为孔子师,但也已开始将老莱子劝诫孔伋(子思)一事讹误为老莱子劝诫孔子,

---

① 庄子:《庄子》,方勇译注,北京:中华书局,2010年,第49页。

且深化为老莱子为孔子师,这为后世混同老聃与老莱子埋下了伏笔。

战国晚期,老子的长寿被夸大,获称百余岁,乃至两百余岁。生平事迹也已混同于老莱子的传说。同时,秦国已有吞并天下之心,为了强化秦代周的天命意识,开始不断混同老聃与太史儋,最终使以上三者在民间文化中难以分别。司马迁《史记·老子韩非列传》记录了三者事迹,并以"或曰""盖"等文辞指出时人已不能分别①。谭戒甫云:"我以为《史记》说老聃是周守藏室之史,原极确实,那是后话。至于在苦地濑乡曲里的老子实是老莱。老莱本生在宋都睢阳而长于相地,他后来还耕于蒙山之阳,其地在沛。但终竟又迁于苦地濑乡,度他的残年去了。"②此外关于老子的世系,司马迁也混淆于老聃与太史儋之间。司马迁作为汉初严谨的史家,有机会且也必然曾就此事请教于秦朝遗老或亲往实地考察,但无论是博学的鸿儒,还是当地老耄都已不能分别,他力求辨析,仍难免以讹传讹。以此可知,在战国晚期——屈原的时代,作为典型形象存在于楚人刻板印象中的"老子"已不是老聃、老莱子或太史儋,而是三者的混合体。

作为混合体而存在的"老子"有其特点,集中体现在会将三者重要信息集于一身。以下从姓名、籍属、家世、官职、常住地、事迹、思想等方面予以概括:

1. 姓名。老聃,姓老氏,后音转为李,名耳,字伯阳,聃为别字或尊号。战国晚期楚人对老的理解,或为氏,或为寿考者敬称,或为楚国史官称谓。老莱子,姓莱,时人因其寿考有德行而如是敬称。但战国晚期楚人或不辨,故司马迁未指其姓名。时人或以老为寿考敬语、莱为氏、子为尊称,或以老为氏,莱或莱子为名。太史儋,司马迁未明姓字,但本名为儋,应无疑问。楚人观念里的"老子"集合了这些因素——他以老或李为氏,且不论以聃还是以儋为名,二者音同,在民间流传时即使兼用也不足怪。

2. 籍属、家世、官职。老聃,《老子韩非列传》原始文本指其为楚人。《庄子》载老聃免而归居于沛,较可能是沛人。沛地本为宋所有,后为楚所并。其为周守藏史,古时史官世袭,可知出身于史官世家。老莱子,司马迁仅云"或曰老莱子亦楚人也"。通过考辨,可知其生于宋都睢阳而长于相地,后耕于蒙山之阳(沛),终迁于苦地濑乡。"楚苦县厉乡曲仁里也"是老莱子葬母处。又因其青年时楚国发生白公之乱,他须避而逃之,可知与楚公室有

---

① 司马迁:《史记》,裴骃集解、司马贞索隐、张守节正义,北京:中华书局,1999年,第1703页。
② 谭戒甫:《二老研究》,见罗根泽编《古史辨》第6册,上海:上海古籍出版社,1982年,第488页。

关联,是贵族之后。老莱子曾拜老聃为师,得其隐士之学,晚年与子思有过交往。太史儋,籍贯家世无史料可参,但曾为周太史,可知世为史官。由此,在楚人观念里的"老子"必是楚国人,且出身贵族,是一名博闻强识的史官或礼官。

3. 常住地。老聃为周柱下史、征藏史,庄子又言其免而归沛,可知常住地为周地与沛地。老聃曾因王子朝之乱,避难西秦,未久居,周室既平,便返周廷。后人发挥《庄子·养生主》"老聃死,秦失吊之"①之论,指其客死秦国。此说虽不确,但不排除战国晚期人也有此观念。老莱子为宋人,初隐居沛。后为避楚王征召,逃往"江南"——楚国流放罪臣之地,此后屈原也流放在此。老莱子逃至此地即表明自我放逐、不求仕用的决心,意使楚王打消念头。太史儋为周太史,常为周王游走,应对诸侯,可知常住地为周地。在楚人观念中的"老子",因被认定为楚人,常住地自然在楚。沛为老聃籍贯地与住所,又是老莱子最初的隐居地,孔子又曾于此问礼于他们,此地影响甚大。战国宋人庄子尚且认为老子居此,楚人也必视沛为其最重要居处。

4. 事迹。老聃事迹众多,较重要者:口述道德五千余言,关尹子修编之;口授孔子礼仪道德要义;避乱于秦。尤其是第三件事在后世传说中被讹误神化,以致《老子韩非列传》云"莫知其所终"②,《列仙传》发挥之,称"(关令尹喜)与老子俱之流沙之西,服巨胜实,莫知其所终"(《史记集解》引)③。老莱子事迹亦有三:著书十五篇,言道家之用;授孔伋以道家柔弱之理;避乱世,拒楚王,一逃于蒙山,再逃于江南。尤其是后两者至为重要,"授孔伋"进而讹误为"授孔子",最后被混淆为老子事迹。避乱世使得后世传说中的老莱子不仅是一位隐士,同时也是养生得道之士。刘向《七略别录》云"老莱子,古之寿者"(李善注《文选·天台山赋》引)④,司马迁也是因此类传说而云"盖老子百有六十余岁,或言二百余岁,以其修道而养寿也"⑤。太史儋主要事迹为辅佐周王,应对诸侯。结合三者重要事迹,楚人心中的"老子"是一个博闻强识,修道有方,入世能应对诸侯,出世能隐身保性的圣贤。

5. 思想。老聃,主张尊道行德,以保虚无为的方式修身治国,实现全身保国,大而化之,则以此实现天下清静太平。老莱子主要发展了老学的虚无柔弱思想,将其运用于个人的养生,思想上倾向保有个体的本性与逍遥。太

---

① 庄子:《庄子》,方勇译注,北京:中华书局,2010年,第49页。
② 司马迁:《史记》,裴骃集解、司马贞索隐、张守节正义,北京:中华书局,1999年,第1702页。
③ 司马迁:《史记》,裴骃集解、司马贞索隐、张守节正义,北京:中华书局,1999年,第1703页。
④ 萧统:《文选》,李善注,上海:上海古籍出版社,1986年,第498页。
⑤ 司马迁:《史记》,裴骃集解、司马贞索隐、张守节正义,北京:中华书局,1999年,第1703页。

史儋的学说主要集中在王霸之略上，在应对时局变化时除保持尊王思想外，更注重霸主作用。楚人观念中的"老子"当以道为本，内于修身，外以治国，且王霸并尊。

（二）屈原对老子其人的接受

战国晚期，楚人将老子视作本国最重要的先贤之一，博闻强识的屈原当对其人有所认知，以下结合彭咸辨析，对此加以考察。彭咸出现于《离骚》两处，《抽思》《思美人》各一处，《悲回风》三处。屈原自谓"指彭咸以为仪"（《抽思》）①、"愿依彭咸之遗则"（《离骚》），多在困顿之时以其自勉，可见"彭咸"是其追慕的前贤。关于其身份，历来解说不一：1. 扬雄《反离骚》曾责难屈原"弃由聃之所珍兮，跖彭咸之所遗"②，"由聃"为许由、老聃，彭咸与之对文，可见在其理解中为另外两人，但未明是何人。王闿运《楚辞释》云"彭，老彭；咸，巫咸。皆殷臣之传道德者也"，许富宏亦持之③。龚维英则认为"彭咸"指巫彭、巫咸，即《离骚》的灵氛、巫咸④。他们皆认为屈原为大巫，彭、咸为重臣巫神，故尊崇之。2. 王逸《楚辞章句》云"彭咸，殷贤大夫，谏其君不听，自投水而死"，洪兴祖《楚辞补注》则引颜师古语"彭咸，殷之介士，不得其志，投江而死"⑤。3. 汪瑗《楚辞集解》认为屈原在言及彭咸时多涉归隐之事，应是具有隐居事迹的前修。相关隐居事迹、地点等与彭祖隐居故事相合，且彭咸与彭祖名字音转可通，故彭咸即彭祖⑥。4. 此外，有肖兵指为水神⑦，牛贵琥指为楚南民族祖先神槃瓠⑧等。

巫咸说的主要论点是《离骚》曰"摄提贞于孟陬兮，惟庚寅吾以降"，睡虎地竹简《日书》云"凡庚寅生者为巫"。但楚人视巫觋为贱业，这在《日书》中获得了明确呈现。《睡虎地竹简〈日书〉甲种》之《星》载"斗，利祠及行贾、贾市，吉。娶妻，妻为巫。生子，不盈三岁死""翼，利行。不可藏。以祠，必有火起。娶妻，必弃。生子，男为觋，女为巫"⑨。《睡虎地竹简〈日书〉乙种》亦载"七月：张，百事吉。娶妻，吉。以生子，为邑杰。翼，利行。不可藏。以祠，必有火起。娶妻，必弃。生子，男为觋，女为巫""十月：……斗，

---

① 王逸章句，洪兴祖补注：《楚辞补注》，白化文等点校，北京：中华书局，1983年，第138页。
② 扬雄：《反离骚》，见朱熹《楚辞集注》，北京：人民文学出版社，1953年，第241页。
③ 许富宏：《"彭咸"考》，《船山学刊》2009年第1期，第95页。
④ 龚维英：《彭咸考略》，《贵州社会科学》1983年第5期，第104页。
⑤ 王逸章句，洪兴祖补注：《楚辞补注》，白化文等点校，北京：中华书局，1983年，第13页。
⑥ 汪瑗：《楚辞集解》，董洪利点校，北京：北京古籍出版社，1994年，第330页。
⑦ 肖兵：《彭咸：水神——〈楚辞·离骚〉新解》，《厦门大学学报（哲学社会科学版）》1979年第3期，第49页。
⑧ 牛贵琥：《彭咸新说》，《山西大学学报》1988年第2期，第58页。
⑨ 睡虎地秦墓竹简整理小组：《睡虎地秦墓竹简》，北京：文物出版社，1990年，第334页。

利祠及行贾、贾市,吉。娶妻,妻为巫。生子,不到三年死"①。《日书》此处行文结构皆为先言吉,后道不祥,涉及巫觋者皆在不祥判语中,屈原及其家人引以为荣的大吉生辰绝非生而为巫之日。

察《日书》对庚寅的相关记载,可知前人对其解读有误。《睡虎地竹简〈日书〉甲种》之《生子》原文作"庚寅生子,女为贾,男好衣佩而贵"②,《睡虎地竹简〈日书〉乙种》之《生》作"庚寅生,女子为巫"③。若以《乙种》为本,则《甲种》的"贾"为"巫"。但不可以此认定楚人认为凡庚寅日生的人都将作巫觋。《日书》此句不是语义承接句,是前后相反对比句。《睡虎地竹简〈日书〉乙种》指十月某日"生子,贫富半",即该日所生之子有贫有富,不能一概而论。以此参照,庚寅日生子,"女为巫"指生女则贱,为不祥,"男好衣佩而贵"指生男则贵,为大吉。佩,佩玉,王公贵族所有。贵,位高之谓,特指王公大夫。即庚寅利高爵,该日生男则为贵胄。

又《乙种》之《入官》云"冬三月,庚申、庚子、庚寅、辛丑,利入官"④。《甲种》之《病》云"人良日,乙丑……癸巳。其忌,丁巳……戊子,不利出入人。男子龙庚寅,女子龙丁"⑤,"龙"义为"忌",句意:买奴隶,庚寅日忌男子。《日书》如此断语的依据是庚寅日利高官,该日出生的男性奴隶又逢庚寅日,其运大旺,将来可能反客为主。此处独云男子,亦可证庚寅日利男子,不利女子。正因为庚寅生男,将来必为高而贵的公侯大夫,屈原家人才以此为美,屈原亦多以"纷吾既有此内美兮"(《离骚》)自夸。

且《史记·屈原贾生列传》载屈原官职左徒,博闻强志,善辞令,应对诸侯等等,无言及巫事⑥。《离骚》《卜居》中屈原有疑而卜,须假以他手,对灵氛占吉有疑,更须待巫咸解惑。若屈原职巫事,占卜乃必备之术,何须屡屡劳烦他者,又对占辞疑而不决。可见屈原非巫觋。此外,《离骚》中曾出现巫咸,屈原邀之以解其疑。若屈原所追慕之彭咸乃巫咸,其已至身边,又何不立刻与之同游,非得一人独往,历经万苦而从其所居。故巫咸非彭咸。

至于王逸的殷臣介士说,朱熹《楚辞集注》虽取其说,但《楚辞辨证》又疑之,"洪引颜师古以为殷之介士,不得其志而投江以死,与王逸异。然二说皆不知其所据也"⑦。汪瑗则直指其是汉儒误解屈赋后所为附会,可谓一语

---

① 睡虎地秦墓竹简整理小组:《睡虎地秦墓竹简》,北京:文物出版社,1990年,第380页。
② 睡虎地秦墓竹简整理小组:《睡虎地秦墓竹简》,北京:文物出版社,1990年,第345页。
③ 睡虎地秦墓竹简整理小组:《睡虎地秦墓竹简》,北京:文物出版社,1990年,第394页。
④ 睡虎地秦墓竹简整理小组:《睡虎地秦墓竹简》,北京:文物出版社,1990年,第393页。
⑤ 睡虎地秦墓竹简整理小组:《睡虎地秦墓竹简》,北京:文物出版社,1990年,第336页。
⑥ 司马迁:《史记》,裴骃集解、司马贞索隐、张守节正义,北京:中华书局,1999年,第1933页。
⑦ 朱熹:《楚辞集注》,北京:人民文学出版社,1953年,第166页。

中的。但汪瑗指彭咸为彭祖,亦不确。在屈赋中,彭咸除是隐士外,还是具有治国之志的贤达,至少与屈原一样抱有类似美政的政治理想。彭祖封于彭城,其氏保有社稷八百余年,可谓治国有方,但由《庄子》、屈赋可知,战国时"彭祖氏享国八百年"已讹为"彭祖寿八百岁",作为一个典型形象而存在的彭祖,在时人(包括屈原)的刻板印象中已非治国能士,特一养生有道之士耳。此外,如神灵等说则多不经,不足取信。

由上可知,关于屈赋彭咸的种种旧说皆难成立。实则它是楚人观念中的"老子",此可证于两者的重合现象:

1. 姓名。姚鼐《老子章义》序云"彭城近沛,意聃尝居之,故曰老彭,犹展禽称柳下也。皆时人尊有道而氏之"①。战国后期楚人观念中的"老子"名聃或儋,籍属及最重要的居处在沛,即彭城。楚人以其生地或居地之名敬称之,谓之彭聃或彭儋。彭咸的"咸"古通"感",干声,与"聃""儋"相近。彭聃或彭儋在传播过程中,又音转为彭咸。

2. 籍贯、家世与官职。楚人观念中"老子"为楚国贵族,王庭史官,常陪王伴驾。彭咸的籍贯、家世、官职,虽无直接史料可查,但通过屈原对其尊崇可知一二。屈原是楚先王之后,居三闾大夫、左徒,执掌宗亲礼仪,内修法度,外对诸侯,颇以自己的出身为傲。在其颂扬的人物中,多有身为王亲贵胄而为公室鞠躬尽瘁者,如比干等。作为屈原最崇敬的彭咸也应是楚国贵胄,曾位居类似官职。

3. 思想。楚人观念中的"老子"兼具治国修身于一体,出世则修性,入世则平天下。屈原所推崇的彭咸也是具治国、隐居于一体的贤者。屈原云"望三五以为像兮,指彭咸以为仪"(《九章·抽思》)②。三五即三皇五帝。三皇五帝之说,道家倡之最甚。在治国方面,最具代表性者即黄帝学说,以道德为旨,无为为行。屈原以彭咸与之对称,可知二者不仅思想相合,且地位相当。当时在思想流派上能与黄帝并称的只有老子,后世合称黄老。彭咸必是"老子"无疑。

4. 事迹。楚人观念中,"老子"初为王臣,后为隐士。隐退时,曾卧居沛地,又自放于江南,最终过流沙,传道于西方。彭咸为官事迹虽不曾见,但其隐居轨迹历历在目。《思美人》云"独茕茕而南行兮,思彭咸之故也"③,即言屈原流放于江南,不为小人折腰,追思彭咸自放而保性。《离骚》中屈原从彭

---

① 姚鼐:《老子章义》,清同治九年桐城吴氏重刊本,第3页。
② 王逸章句,洪兴祖补注:《楚辞补注》,白化文等点校,北京:中华书局,1983年,第138页。
③ 王逸章句,洪兴祖补注:《楚辞补注》,白化文等点校,北京:中华书局,1983年,第149页。

咸之所是，越昆仑，渡流沙，指西海以为期，也可知其最终布道于西方。彭咸事迹、归宿皆与"老子"的传说相合。

（三）屈原对老学思想的接受

屈原以"老子"为榜样，尊之曰彭咸，在思想上也接受后世老学的影响。主要是当时在楚国尚有影响的关尹子学派、黄帝学派以及庄子学派的老学，从而形成了自己的老学接受与转化，主要体现在天道、修身、任仕、治国等理念上。

1. 天道。老子对天道的建构从太一开始。太一原初虚无，成长后为道，道通过反之动实现了道生一。一者不皦不昧，无状无象，忽忽恍恍，但最后衍生出上下，形成为天地，并发展出万物。此后关尹子及其学派将老子天道说发展为太一生水理论。同时，太一生水不仅是对老子天道的直接解读，也是对老子天道宇宙系统的进一步建构。它建构了一个包含星象运行、历法推演和万物生发的盖天说宇宙体系。这个宇宙体系若转化为一个模型，具有这样一个显著特点：以太一为起点，往外推演，依次呈现为太一、水、天、地、神明、阴阳、四时、寒热、湿燥九个环。每个环都有自己的界限，拥有自己的属物，日月星辰皆有其位，整个宇宙可以说是一个拥有九个层级的世界。屈原正是面对并接受着这样的宇宙观，集中体现在《天问》中。

《天问》曰"曰遂古之初，谁传道之？上下未形，何由考之？冥昭瞢暗，谁能极之？冯翼惟象，何以识之？明明暗暗，惟时何为？阴阳三合，何本何化？圜则九重，孰营度之"[1]，通过对此处关键词的把握，可知它论述了一个虚无太一的存在，同时呈现了太一成长为道，而道初时恍惚为一，此后上下渐分，天地成形，最终形成九天九地世界的盖天说宇宙生成过程。而"斡维焉系，天极焉加？八柱何当，东南何亏？……自明及晦，所行几里"[2]则是对盖天说宇宙成形后，北极星、天柱、星宿、地貌等几种基本要素的归属与几何特征的追问。至于"夜光何德，死则又育？厥利维何，而顾菟在腹"[3]等，又是结合当时的民间传说，对盖天说宇宙运行的进一步追问。《天问》以追问的方式呈现了楚人所面对的由老子及其后学所建构的世界，也体现了屈原对这个世界的思考与理解。

2. 修身。老子主张以保虚守弱处静修成赤子之德，实现"深根固柢，长

---

[1] 王逸章句，洪兴祖补注：《楚辞补注》，白化文等点校，北京：中华书局，1983年，第85—86页。

[2] 王逸章句，洪兴祖补注：《楚辞补注》，白化文等点校，北京：中华书局，1983年，第86—87页。

[3] 王逸章句，洪兴祖补注：《楚辞补注》，白化文等点校，北京：中华书局，1983年，第88页。

生久视之道"。列子将此发展为修仙之道。庄子继承之,并指出成果各有不同:有帝之县解者,如老聃(《养生主》)①、子来、子桑户(《大宗师》)等;有人间巨寿者,如彭祖等(《大宗师》);有成山鬼河神者,如堪坏、冯夷、肩吾、禺强、西王母(《大宗师》)等;有白日飞升,比于列星者,如狶韦、伏戏、黄帝、颛顼、傅说(《大宗师》)②等。这些对屈原修身观念有深刻影响,主要表现在《远游》上。

关于《远游》的归属,虽有争论,但应是屈原之作。因文旨所限,此处不赘言。朱熹《楚辞集注》指该文"实长生久视之要诀",可谓一语中的。屈原于诗中云"漠虚静以恬愉兮,澹无为而自得。闻赤松之清尘兮,原承风乎遗则。贵真人之休德兮,美往世之登仙"③,集中表达了修身以成仙的意愿。且云"奇傅说之托辰星兮",更是直接化用了庄子"傅说得之,以相武丁,奄有天下,乘东维,骑箕尾,而比于列星"(《大宗师》)④之语。同时也系统虚构了自己的求仙过程,称自己穷至四荒六极,上至无天,下至无地,"视儵忽而无见兮,听惝恍而无闻。超无为以至清兮,与泰初而为邻"⑤,最终也将逍遥于太虚仙境作为最终归宿。据此而言,他对老子及其后学修身修仙之道的接受不可谓不深。

3. 任仕。老子指上士闻道力行,惟道是从。且"宠辱若惊",以辱为宝。若对弘道有益,甘守"愚人之心",可以受邦之垢与不祥,但若于道有损,绝不同流,必归隐以全身保性。

屈原也以此自勉,"屈心而抑志兮,忍尤而攘诟。伏清白以死直兮,固前圣之所厚"(《离骚》)⑥,直接体现了他对以道为本、以辱为宝的尊崇。又云鸷鸟不群,方圆不合,岂能异道相安?自明坚持大道,绝不苟且。若阴阳易位,时命不当,大道难行于世,自然效法老子怀信归隐之行。故常世俗不容、国人不知,愿依彭咸遗则,从其所居。

4. 治国理念。老子曰"天道无亲,恒于善人",主张以正道无为治邦,强调"大道甚夷",宽阔平坦,斥责"民甚好径",认为只有行正道,不走小径,不取淫巧,国家才能上通天地鬼神,下和百姓,中平天下。此后,稷下学派将之发展为黄帝之学,以致后人统称之为黄老之术。

---

① 庄子:《庄子》,方勇译注,北京:中华书局,2010年,第49页。
② 庄子:《庄子》,方勇译注,北京:中华书局,2010年,第102—103页。
③ 王逸章句,洪兴祖补注:《楚辞补注》,白化文等点校,北京:中华书局,1983年,第164页。
④ 庄子:《庄子》,方勇译注,北京:中华书局,2010年,第102—103页。
⑤ 王逸章句,洪兴祖补注:《楚辞补注》,白化文等点校,北京:中华书局,1983年,第174—175页。
⑥ 王逸章句,洪兴祖补注:《楚辞补注》,白化文等点校,北京:中华书局,1983年,第16页。

屈原所主张的美政本质即是以黄老治国,其亦云"皇天无私阿兮,览民德焉错辅"(《离骚》)①,并劝诫君王"望三五以为像兮,指彭咸以为仪",直言"善不由外来兮,名不可以虚作"(《九章·抽思》)②。即希望君王遵从黄老之学,以恒道治国,不务虚名,永固社稷,从而获得恒名。他为此联系了尧舜禹与桀纣的兴亡,阐明老子所谓的大道与捷径之别,"昔三后之纯粹兮,固众芳之所在。……彼尧、舜之耿介兮,既遵道而得路。何桀纣之猖披兮,夫唯捷径以窘步。惟夫党人之偷乐兮,路幽昧以险隘"(《离骚》)③——只有像三王一样遵从大道,周行而不苟且、错差,才能兴国,若背弃绳墨,追求时俗的捷径与工巧,只会落得桀纣式的败亡。

二、荀子和《孔子家语》对老学的认知与转化

(一)荀子著述及其对老学的基本认知

荀子曾三为稷下祭酒,著述颇丰。除《荀子》书外,相关的尚有《孔子家语》。关于后者的成书,历来有争议。部分学者主张它是三国时王肃伪托修编之作,但非定见。《孔子家语》附有《孔安国序》,序文称孔子及其弟子有问对资料传世,荀子素有研习,"当秦昭王时,荀卿入秦,昭王从之问儒术,荀卿以孔子之语及诸国事七十二弟子之言凡百余篇与之,由此秦悉有焉",且此本即传世《孔子家语》的底本④。战国晚期,诸子相争,皆以掌故为重,荀子也有常备资料的习惯,这从其弟子韩非作《说林》《内储说》等可印证。且荀子自称孔氏真传,非议儒家别派,当对相关图文有所传承。更为重要的是吕不韦主持修编《吕氏春秋》的直接原因是受荀子著书颇丰的刺激,若他只是传《荀子》一书,著述并不丰厚,当有更大型的图书修编。且从《吕氏春秋》"六论"体例来看,是在每个主题下收集事例而成,这与《孔子家语》体例相类,应是参考后者而作。

荀子修编出原始《孔子家语》后,带入秦国。后来汉廷得之,藏于石室。吕后时,传入民间。1977年安徽阜阳双古堆汉墓出土的汉代简牍有与该书相关者。1973年河北定县八角廊汉墓出土了一份被整理者定名为《儒家者言》的简文,内容也与《家语》相近。两者都抄写于文景与武帝时期的竹简,应是当时流传于民间的残本。汉景帝时,朝廷又收集该书,但此时已与他书相杂。此后孔安国抄其副本,重新校订编次为新《孔子家语》。根据《后孔

---

① 王逸章句,洪兴祖补注:《楚辞补注》,白化文等点校,北京:中华书局,1983年,第23页。
② 王逸章句,洪兴祖补注:《楚辞补注》,白化文等点校,北京:中华书局,1983年,第138页。
③ 王逸章句,洪兴祖补注:《楚辞补注》,白化文等点校,北京:中华书局,1983年,第7—8页。
④ 杨朝明、宋立林:《孔子家语通解》,济南:齐鲁书社,2009年,第578—579页。

安国序》,此书又经刘向校订,即为《汉书·艺文志》论语类所著录的"二十七卷"。该书一直传于孔家,王肃得之于孔猛,又作增补、校订为十卷。也就是说,荀子是《孔子家语》较早也是最为重要的修编者,历代哲人虽对该书有所修订,所涉材料并无重大差异,也能反映出荀子的部分见解与思想。

  大体而言,荀子思想以对传统基本观念的反拨为前提,以儒家思想为内核,又接受稷下黄帝学派的基本理念,并对墨家、道法刑名学派、全真养生学派以及庄子学派等有批判性吸收。如荀子提出法后王,正是对当时稷下学宫追述三皇五帝事迹以自固的做法乃至儒家追尊尧舜禹事迹的理念的一种反拨。它是从刑名法家基本理念而来——世殊时异,异制而同治。但他对其做了最有力的强调,以至于后世新法家都将其作为基本口号。韩非、李斯所学也皆为君王南面术,并非儒家仁义理念,而是黄帝学派的思想,由此也可知荀子思想驳杂。至于《非十二子》在展现荀子对各派批判的同时,也体现出了他对各家思想的吸收与转化。他对老子以及老学的认知也是经过上述流派老学洗礼的结果。

  荀子对老子事迹有较充分的认知,明确肯定其为孔子师。详载孔子对师从老子事的追忆,如孔子入周问礼于老子的经过(《孔子家语·观周》)①、称引老子易道评价子夏易学(《孔子家语·执辔》)②、以老子五行观向季康子论述五帝之名的内涵(《孔子家语·五帝》)③等等。此外还记述了诸多孔子称引、化用老子思想的内容。在天道规律方面,孔子曾向鲁哀公阐述天道贵在无为而物成之理(《孔子家语·大婚解》)④以及福祸相倚之论(《孔子家语·五仪解》)⑤。在修身自损、守虚、处下方面,记载了孔子向子夏传授《易经》损益之道,"夫自损者必有益之,自益者必有决之""道弥益而身弥损。夫学者损其自多,以虚受人,故能成其满博哉。天道成而必变,凡持满而能久者,未尝有也"(《孔子家语·六本》)⑥。孔子观鲁桓公庙欹器而阐述持满之道,曰"聪明睿智,守之以愚;功被天下,守之以让;勇力振世,守之以怯;富有四海,守之以谦。此所谓损之又损之之道也"(《孔子家语·三恕》)⑦。以及孔子针对公西赤能行宾客之事,曰"满而不盈,实而如虚",且

---

① 陈士珂:《孔子家语疏证》(据商务印书馆 1940 版影印),上海:上海书店,1987 年,第 71 页。
② 陈士珂:《孔子家语疏证》(据商务印书馆 1940 版影印),上海:上海书店,1987 年,第 167—168 页。
③ 陈士珂:《孔子家语疏证》(据商务印书馆 1940 版影印),上海:上海书店,1987 年,第 161 页。
④ 陈士珂:《孔子家语疏证》(据商务印书馆 1940 版影印),上海:上海书店,1987 年,第 17 页。
⑤ 陈士珂:《孔子家语疏证》(据商务印书馆 1940 版影印),上海:上海书店,1987 年,第 36 页。
⑥ 陈士珂:《孔子家语疏证》(据商务印书馆 1940 版影印),上海:上海书店,1987 年,第 99 页。
⑦ 陈士珂:《孔子家语疏证》(据商务印书馆 1940 版影印),上海:上海书店,1987 年,第 54 页。

荀子以"安静虚无"评论之(《孔子家语·弟子行》)①。在无为治国方面,记载了孔子告知曾子明王之道"不出户牖而化天下"(《孔子家语·王言解》)②,以及告卫灵公"所谓不出于环堵之室而知天下者,知反之己者也"(《孔子家语·贤君》)③等。在以上段落的行文中,孔子虽无直接提及老子之名,但相关思想皆源自后者,部分文字也与《老子》言辞几乎一致。荀子的记述表明他对老子传道于孔子一事确信无疑。

但荀子又与孟子不同,并不避讳对老子的批判。从现有的材料看,他是诸子中第一个点名批判老子者。这与当时诸子学派开始分流,老子不再是诸子之宗,身份不断被道家化有关。且当时庄子等极力将老子形象与思想纯粹化,也加剧了老子只是道家宗师这一刻板印象的形成。荀子本人的批判精神甚于孟子,除尊崇孔子、子弓外,其余诸子不论是孔子弟子或子孙,还是其他学派宗师皆在批判之例。也正因此,对孔子师的批判也不予避讳。

荀子对老子思想有总体性评介,曰"万物为道一偏,一物为万物一偏,愚者为一物一偏,而自以为知道,无知也",指"老子有见于诎,无见于信""有诎而无信,则贵贱不分"(《天论》)④。但荀子所理解和批判的老子思想已是老学思想,且主要是庄子学派的老学思想,故他对老子的批判和对庄子的批判相去不远。当然,诸子在批判别派思想时总是会自觉或不自觉地将对方狭隘化,在学习和转化时又趋于全面,荀子对老学思想的处理也有此特点。

(二) 道中的天人分离

在老子本人的思想中,道是融合本体论、发生论、规律论以及方法论于一体的事物或现象。此后老学常取其一道论之。庄子也常以天为本体,以道为规律。儒家老学原本区别天道、人道,荀子继承此理,将道作为一切事物的统摄,物只是道之一偏,在此之下区分天道、人道。

他接受了老学天道化生万物的理念。孔子曾答鲁哀公天道何贵之问,称贵在"无为而物成""已成而明之",且周行不已,不闭常通而恒久(《孔子家语·大婚解》)⑤。荀子记录之,并进一步论述了天道的基本特点,指天道有天职、天功,自在、无形、无为而生万物。生而不有、为而不宰,虽万物不见

---

① 陈士珂:《孔子家语疏证》(据商务印书馆1940版影印),上海:上海书店,1987年,第75—76页。
② 陈士珂:《孔子家语疏证》(据商务印书馆1940版影印),上海:上海书店,1987年,第11页。
③ 陈士珂:《孔子家语疏证》(据商务印书馆1940版影印),上海:上海书店,1987年,第86页。
④ 王先谦:《荀子集解》,沈啸寰、王星贤点校,北京:中华书局,1988年,第319页。
⑤ 陈士珂:《孔子家语疏证》(据商务印书馆1940版影印),上海:上海书店,1987年,第17页。

其形、不知其功而无名,但也因此有恒爵、恒名(《天论》)①。关于天道生化万物之后的基本特点,《孔子家语》记载了孔子论天道的损益、盈虚之论(已见于上文的称引),这些都体现了荀子对相关问题的基本认知:天道无常,以虚无清静为本,但又有虚而变盈、盈而复虚的损益之变。

老子云天道视万物为刍狗,本意指天道均平万物。荀子发挥之,天道均平,对尧舜、桀纣无别,"天行有常,不为尧存,不为桀亡"(《天论》)②,从而强调天道、人道相分。人只要顺从天道,后者也无能奈何,这也是其天人相分理念的一个重要基础。除此之外,则与人本身的特点相关。

荀子曰:"水火有气而无生,草木有生而无知,禽兽有知而无义,人有气、有生、有知,亦且有义,故最为天下贵也。"(《王制》)③至于对人的具体理解则直接体现在身体理念方面。战国晚期诸子的相关理念基本上是沿着孟子、宋钘、庄子的心形分离道路继续发展,荀子亦然。虽然他在面对辨别万物同异时,尚能注意到心与七窍、形体的共同作用,"征知必将待天官之当簿其类,然后可也"(《正名》)④,但最终仍认为心为君,形为臣。心为神明之主,自禁使夺取行止,不待七窍而得,且"出令而无所受令"(《解蔽》)⑤。

在这种身体理念之下,荀子形成了自己独特的性、情、知、伪、行系统。人天生而有性,依从天性而发的状态也称为性。性有好恶等内在属性,据此而发则是情。在好恶之情发作的同时,心也有思考,可以对自己的好恶作出是非判断,即思虑。在思虑之后,可作出不同选择,就是伪——人的行动。积累这些思虑和行动之后的自觉行为则是更高一层次的伪(《正名》)⑥。

他认为人性与心的好恶有关,也与七窍、形体的欲望有关。因此反对孟子性善论,倾向告子之说,并转向人性恶,指生而有好利、疾恶与耳目之欲(《性恶》)⑦。以此出发,他反对宋钘老学的情寡欲主张,认为有性而有情,情为目欲色、耳欲声、口欲味、鼻欲臭、形欲佚,欲多而不欲寡(《正论》)⑧。

但同时,心形分离的身体观念让他在主要源自形体的性情之外,又发现了相对独立的心——人之性的一部分是心。心自有其理,通过思虑,巩固人为,可以起伪行伪,即构造和遵从礼乐法度。不过,他始终强调这并非人的

---

① 王先谦:《荀子集解》,沈啸寰、王星贤点校,北京:中华书局,1988年,第308—309页。
② 王先谦:《荀子集解》,沈啸寰、王星贤点校,北京:中华书局,1988年,第306—307页。
③ 王先谦:《荀子集解》,沈啸寰、王星贤点校,北京:中华书局,1988年,第164页。
④ 王先谦:《荀子集解》,沈啸寰、王星贤点校,北京:中华书局,1988年,第417—418页。
⑤ 王先谦:《荀子集解》,沈啸寰、王星贤点校,北京:中华书局,1988年,第397—398页。
⑥ 王先谦:《荀子集解》,沈啸寰、王星贤点校,北京:中华书局,1988年,第412—413页。
⑦ 王先谦:《荀子集解》,沈啸寰、王星贤点校,北京:中华书局,1988年,第438页。
⑧ 王先谦:《荀子集解》,沈啸寰、王星贤点校,北京:中华书局,1988年,第344—345页。

本能,而是后天习得。在相关处也直接化用了《老子》"埏埴而为器"以明之,指一般人不能据其本能而使陶土变为器具,唯有陶人用心积习,才能糅土为器(《性恶》)①。

也正因此,荀子强调圣人的作用。人性本恶,众人同。"圣人之所以同于众,其不异于众者,性也;所以异而过众者,伪也。"(《性恶》)②圣人与众人同性,关键在于心诚与否、心的思虑用于何处。圣人以诚思虑,积习而有伪,乃至有礼义法度,小人思虑纵性情之欲、在于狡诈和勇力。因此,圣人从心而来,克己复礼——以心调节七窍,避免"己为物役",实现"重己役物"(《正名》)③。前者指己身因欲念而被外物虚名所俘获奴役的状态,后者指心平愉而使七窍躯体淡然处之,虽身无一物,依然自得,给予天下也不会多一分私乐的境界。荀子正是以人的这两种状态来说明天道自然,人道则遵从心知,化性起伪,克己践礼。

应该说,荀子批判吸收老子、宋钘、庄子一路下来的老学,形成了独特的道论。在其世界里,道即常,没有实体而高于实体的抽象规律。在此之下,各种规律不同。天、人即如此:天道无心,人道有心;天道均等,人道差等。故天人相分,天性也与人伪相分,故说"明于天人之分,则可谓至人矣"(《天论》)④。他也正是以此批判老子、庄子,指其蔽于天而不知人。当然,正如上文指出的,荀子的性还包括了心知一面,因此也推出了性伪相合之论:性为朴木,伪为纹理。无朴木,自然无纹理,但无纹理,朴木也不能分别或自美。同理,人有性伪,性伪合则人道行,人道昌则天下平(《礼论》)⑤。

(三) 人道下的修身治国论

在荀子的思想体系中,由于在道之下区别天道、人道,又称天人相分,人当遵从人道,于是其道一般皆指人道,"道者,非天之道,非地之道,人之所以道也,君子之所道也"(《儒效》)⑥,具体而言是先王之道。所谓先王之道即"后王之道",不是指三皇五帝尧舜禹之道,是夏商周等后王之道,只是相对于当时人而言,也称作先王之道罢了。具体内容则是发明仁心,比中而行。中即义礼。

后王人道体系的起点在于发挥人性人心的作用。人性有知,发挥其心,

---

① 王先谦:《荀子集解》,沈啸寰、王星贤点校,北京:中华书局,1988 年,第 437 页。
② 王先谦:《荀子集解》,沈啸寰、王星贤点校,北京:中华书局,1988 年,第 437 页。
③ 王先谦:《荀子集解》,沈啸寰、王星贤点校,北京:中华书局,1988 年,第 431—432 页。
④ 王先谦:《荀子集解》,沈啸寰、王星贤点校,北京:中华书局,1988 年,第 308 页。
⑤ 王先谦:《荀子集解》,沈啸寰、王星贤点校,北京:中华书局,1988 年,第 366 页。
⑥ 王先谦:《荀子集解》,沈啸寰、王星贤点校,北京:中华书局,1988 年,第 121—122 页。

可以知晓万物之理。并且道是一切行动的权衡,心须知之,故发挥老子"道可道,非恒道也"之论,曰"心不可以不知道;心不知道,则不可道,而可非道。……心知道,然后可道"(《解蔽》)①。那么如何发挥其心以知道呢? 以取法于天地的诚为基础。天地至诚,故变化代兴、四时如期,百姓信之誉之。天地不诚,不能化万物,君子不诚,不能正心,虽色言为之,百姓不从(《不苟》)②。

部分内容也转化了老学的虚静思想。"心何以知? 曰:虚壹而静。"即指排除杂念,实现清透、澄明,就可以悟道,进而无所遮蔽,"坐于室而见四海,处于今而论久远",知晓天地间的一切理(《解蔽》)③。相关内容的论述与《老子》的许多段落的思想与文法皆非常相类。

至于具体的认知方法则是思虑、辨析。"人之所以为人者,非特以二足而无毛也,以其有辨也。……故人道莫不有辨"(《非相》)④,人要主动发挥分辨能力,处于学习状态。在学习中,与老子主张从天道而来的"大言不辩"不同,荀子强调人道之下通过辩来辨——区别是非。圣人之辩是对大道、万物、万事的辨析,君子之辩是对此的进一步论述与宣扬,小人之辩则遮蔽大道、混淆是非。须遵从前两者之辩,杜绝阻塞小人之辩。与此同时,学习的最好方法是能亲近圣人,效法其言行。但圣人难遇,于是适合普通人的基本方法即尊师、尊经。首先,荀子发挥老子"居善地""善人者,不善人之师"之论,强调择友而居,见贤思齐,"有师法者,人之大宝也;无师法者,人之大殃也"(《儒效》)⑤。其次,通过诵读六经,间接学习大道。当然,这一切都终于礼乐。最后,老子曰上士闻道,勤能行之,荀子则谓知礼之后,克己践之。学习的完整过程是在性、心之中,化性起伪,以仁义为本,端于礼,使心、口、耳目都做到,然后践行。"圣人也者,本仁义,当是非,齐言行,不失豪厘,无他道焉,已乎行之矣。"(《儒效》)⑥

老子从天道出发,认为天道无亲,天下均平,理想社会状态是人人"我自然",无贵贱之分。此后隐士派老学基本上遵从此道,庄子亦然。但荀子因认为天人相分,各有其道,指该说是蔽于天道而不知人道的谬见。人道本身要求群分。人生而有群,否则乱且弱,不能胜物。有群则有贵贱、长幼,即人

---

① 王先谦:《荀子集解》,沈啸寰、王星贤点校,北京:中华书局,1988年,第394—395页。
② 王先谦:《荀子集解》,沈啸寰、王星贤点校,北京:中华书局,1988年,第46页。
③ 王先谦:《荀子集解》,沈啸寰、王星贤点校,北京:中华书局,1988年,第395—397页。
④ 王先谦:《荀子集解》,沈啸寰、王星贤点校,北京:中华书局,1988年,第78—79页。
⑤ 王先谦:《荀子集解》,沈啸寰、王星贤点校,北京:中华书局,1988年,第142—143页。
⑥ 王先谦:《荀子集解》,沈啸寰、王星贤点校,北京:中华书局,1988年,第142页。

伦。国家是一个存在贵贱人伦的群体，分君臣父子兄弟而有礼乐。"君者，善群也。群道当，则万物皆得其宜，六畜皆得其长，群生皆得其命"(《王制》)①，因此君王在上，使农贾工士乃至公侯各尽其职。若使各自获得相应的地位与收入，所有人不会横生自己所得是多了还是少了的歧念，就能达到不同而一的至平状态,(《荣辱》)②。

在此理念下，荀子对老学的国家理念多是在批判中吸收。他也认为治国以尊王为灵魂，而君王要认清民为邦本的现实。如他也化用了老子的人牧、鱼君水民、盗夸等观念，指君如御，民如马，马骇舆，则君不能安其位；君如舟，民如水，水可载舟，亦能覆舟(《王制》)③。且云天下归之则谓王，天下去之则谓亡。百姓厌弃，则桀纣无天下，汤武不弑君，只是诛独夫盗贼而已(《正论》)④。

荀子在明确国家中君民的基本关系后，对老子太上无为而治理念也有认知。如记载孔子曰"无为而物成，是天道也"(《孔子家语·大婚解》)⑤，明王之道在于希言自然，"不出环堵之室而知天下"(《孔子家语·贤君》)⑥，乃至如雨无声化成天下(《孔子家语·王言解》)⑦。但因为荀子认为天人相分，故对天道治国的根本理念多知而不论，只是将其部分具体的原则与策略转化到人道治国理念中。荀子认为圣人之道出乎一，以诗书礼乐为归，了悟六经所言，"天下之道毕是矣"(《儒效》)⑧。

君王以人道——人伦下的诗书礼乐之道治国，起点是君王自己修身。"请问为国？曰闻修身，未尝闻为国也。"(《君道》)⑨君王修身除遵从上文论述的众人修身的基本原则外，还有一些特殊要求。如他称引孔子明王修身之道在于"得祸为福"，以辱弱、祸患为宝(《孔子家语·五仪解》)⑩，说明对此也极为认同。在具体的国策方面，老子认为据今之道，以知古始，才是微明、道纪。刑名老学发挥此点，强调以今知古，以今御道，商鞅等进而主张法天地之始与法后王为一体。荀子亦然，"以近知远，以一知万，以微知明"

---

① 王先谦：《荀子集解》，沈啸寰、王星贤点校，北京：中华书局，1988年，第164—165页。
② 王先谦：《荀子集解》，沈啸寰、王星贤点校，北京：中华书局，1988年，第70—71页。
③ 王先谦：《荀子集解》，沈啸寰、王星贤点校，北京：中华书局，1988年，第152页。
④ 王先谦：《荀子集解》，沈啸寰、王星贤点校，北京：中华书局，1988年，第324页。
⑤ 陈士珂：《孔子家语疏证》(据商务印书馆1940版影印)，上海：上海书店，1987年，第17页。
⑥ 陈士珂：《孔子家语疏证》(据商务印书馆1940版影印)，上海：上海书店，1987年，第86页。
⑦ 陈士珂：《孔子家语疏证》(据商务印书馆1940版影印)，上海：上海书店，1987年，第11页。
⑧ 王先谦：《荀子集解》，沈啸寰、王星贤点校，北京：中华书局，1988年，第133—134页。
⑨ 王先谦：《荀子集解》，沈啸寰、王星贤点校，北京：中华书局，1988年，第234页。
⑩ 陈士珂：《孔子家语疏证》(据商务印书馆1940版影印)，上海：上海书店，1987年，第36页。

"欲观圣王之迹,则于其粲然者矣,后王是也"(《非相》)①。时代越久远,礼乐制度越难详查。三皇五帝之政早已湮灭不传,禹汤虽有传载,亦难详论,这些都不如周政之完备、细致。久远者只能说其大道,新近者能闻其详论,故言圣王之制,论大道则止于尧舜禹,论礼乐制度则取法周代以来新近君主(《王制》)②,更具体的条例则因地制宜(《正名》)③。如此可以五寸之矩,尽天下之方,最终不下室堂,尽举海内之情(《不苟》)④。在此基础上,明王陈一法、择一相,而丞相以法度论是非赏罚升降,君臣不离分守,便可无为而治(《王霸》)⑤。

在天下层面,荀子还是与老子有根本性的相通之处,依然坚守西周的王霸理念,只是在思想上更强调仁义的作用而已。在核心思想上还是强调君主内归仁义,外断于礼法,仁义威盖天下,诸侯自然臣服,如此则王;若内尚利农,以法行赏罚,对外存亡继绝,卫弱禁暴,无吞并之心,诸侯亲之,则可常胜而为霸;若内用强力,外吞诸侯,则必灭亡(《大略》⑥《王制》⑦)。当然,荀子的王天下、霸天下已非春秋时代的周天子王天下或伯长在尊王之下实现霸道,而是希望出现新圣人来维持当时诸侯并存的局面,不至于陷入杀伐不休而更加混乱的境地。

小 结

战国晚期作为典型形象存在于楚人刻板印象中的"老子"已非老聃、老莱子或太史儋,而是集三者信息于一身的文化综合体。该"老子"被建构为出生于楚国沛地,为王亲贵胄,博闻强识,以道德为学;初为太史,辅佐君王内修法度,外交诸侯;后见世俗工巧,大道难行,于是退隐山林;为避世俗之扰,一逃于蒙山,再逃于江南,最后涉流沙,入西海,传道西方,并最终修道有成,羽化登仙。屈原高度尊崇之,敬称曰彭咸,视之为榜样,将其天道、修身、任仕、治国理念作为自己的法则。这些都直接润泽了他的辞赋,使之瑰丽而奇绝。同时,当时在黄帝学派、庄子学派等影响下形成的道家化"老子"观念对荀子老学也产生了深刻影响。荀子老学以儒家老学为内核,又接受了黄帝学派的基本理念,并对墨家、道法刑名家、全真养生家、庄子学派等老学有

---

① 王先谦:《荀子集解》,沈啸寰、王星贤点校,北京:中华书局,1988年,第80—81页。
② 王先谦:《荀子集解》,沈啸寰、王星贤点校,北京:中华书局,1988年,第158页。
③ 王先谦:《荀子集解》,沈啸寰、王星贤点校,北京:中华书局,1988年,第411页。
④ 王先谦:《荀子集解》,沈啸寰、王星贤点校,北京:中华书局,1988年,第48页。
⑤ 王先谦:《荀子集解》,沈啸寰、王星贤点校,北京:中华书局,1988年,第224页。
⑥ 王先谦:《荀子集解》,沈啸寰、王星贤点校,北京:中华书局,1988年,第485页。
⑦ 王先谦:《荀子集解》,沈啸寰、王星贤点校,北京:中华书局,1988年,第154页。

批判性吸收。荀子对老子其人有充分认知,肯定为孔子师,但也是诸子中首位点名批判老子者,体现了战国晚期儒道分野的明朗化。荀子老学具有刑名倾向,影响了韩非子对老学的认知与接受。

第二节　韩非子的法家化老学

韩非子师承荀子,也全面触及了老子、文子、墨子、商鞅、申不害以及黄帝学派等学术,在对相关学说的批判性吸收中,形成了自己驳杂而自成系统的法家学说。他与老学的关系颇为复杂,一方面老学思想深刻地影响了他的思想建构,司马迁便将其与老子并传,指其学术"原于道德之意"(《史记·老子韩非列传》)[①]。后人也多尊此说,如苏轼亦指老庄的虚无淡泊、忘富贵、齐死生之论使"君臣、父子之间泛泛乎若萍浮于江湖而适相值也"(《韩非论》)[②],消解了仁义礼乐,使韩非之术有所本。另外一方面,虽然他对老学的吸收有失道德本源,但对相关内容的研习是精深的,对老学此后的发展也产生了深远影响。

一、尊崇老子,改造其书

韩非子对老子甚为尊崇。"老聃有言曰:'知足不辱,知止不殆。'夫以殆辱之故而不求于足之外者,老聃也。今以为足民而可以治,是以民为皆如老聃也"(《六反》)[③],此处立意虽是以非人人能成为老聃为由,指知足之说不足以治国,但也表明他将老子视作非常人。他也对《老子》书进行了系统研习,《解老》《喻老》是直接体现,且在老学发展史中具有重要地位。如果说郭店楚简《太一生水》是目前所知最早的《老子》"传文",《解老》《喻老》则分别是最早的"注文"与"说文"。试论如下。

《解老》涉及的《老子》经文始于"上德不德"章节,依次相当于通行本《德经》38、58、59、60、46章,以及《道经》39、50、67、53、54章。大体上呈现一个上德下道结构,但章节次序与原始《老子》截然不同。《喻老》涉及的经文多取自《德经》,中间偶尔杂入《道经》内容,具体行文次序相当于今本46、54、26、36、36、63、64、52、71、64、47、41、33、27章,不存在与原始

[①] 司马迁:《史记》,裴骃集解、司马贞索隐、张守节正义,北京:中华书局,1999年,第1713页。
[②] 苏轼:《苏轼文集》,北京:中华书局,1986年,第102页。
[③] 王先慎:《韩非子集解》,钟哲点校,北京:中华书局,1998年,第422页。

《老子》明显对应的德道结构。同时,两者存在部分重复的经文,相关内容有一特殊现象——文字有异。如《解老》在涉及相当于今本46章内容时,所引经文为"祸莫大于可欲""咎莫憯于欲利",《喻老》所涉为"罪莫大于可欲""咎莫憯于欲得";《解老》涉及今本54章内容时,经文为"祭祀不绝",《喻老》所涉为"子孙以其祭祀,世世不辍"。面对上述现象,尚无法完全排除后人在修编《韩非子》时对两篇文章的结构与文字做过变更的可能,本文暂时悬置这种可能,以此为前提来进一步考察它们的性质。

面对该现象,一般看法会认为韩非子只是简单地选取了感兴趣的章节加以传注、解说,《解老》《喻老》的经文差异是《老子》底本不同所致——韩非子在不同时间与地点,根据不同的《老子》版本,各取章节加以注解,但此解并不确切。在此需考察先秦时代的传注、解说方式。从春秋末期到战国中前期,对经文进行解说的基本方式是传、说(或解)。经传与经说(或解)两种文体存在一定的共通性,但也有重大差异:共性方面,经与传或说(解)在内容上存在实质关联,但在文本形式、传播关系上较疏离。经传类,如《春秋》为经,《左传》为传,两者分别传世。又如《易经》《易传》中的部分篇章在文本形式上也相对独立,各自流传。且从《老子》的经传案例看,郭店楚简《老子》所据底本为关尹子学派《老子》注解本,后者包含了《老子》经文与传文《太一生水》,经、传也是相对独立地、整体性地分离。经、说类,如《墨子》中的《经》《经说》,《管子》中的经、解——《牧民》与《牧民解》、《形势》与《形势解》,以及韩非子《内储说》《外储说》中的经、说等关系也皆是如此。在差异方面,经、传关系中不仅文本形式疏离,传的内容也不会紧扣经,往往会形成自己相对独立的体系。《左传》为传,但《春秋》经文并不会完整地出现在其中,以致部分学者认为它不传后者。《易传》中部分传文以及《太一生水》等也皆有此特点。但经、说(解)之间,后者要紧扣经的思想,包括在行文中出现经的原文。上文所举《墨子》《管子》《韩非子》中的说都有该特点。

通过上文的分析,结合韩非子《解老》《喻老》的行文体例,可以明确它们不属于传文,而是解、说。喻的本义即用故事说理。以此为基础,再进一步考察它们所针对的经文文本的基本特点。现在若依据原始《老子》来考察,它们在解说《老子》经文时的行文并非按原始次序为之。《喻老》更突出,有时同一个章节也会被人为分割。由上文已知,解、说在解说时应紧扣经文,不仅经文结构、语句不能改动,即使解读也要遵从原意,须有意识地排斥自己的主观想法,直接割裂重组经文是解说大忌。如果依据该原则,同时

《解老》《喻老》也严格遵从它们的经文,则它们所面对的《老子》经文不是原始《老子》,而是经过韩非子重组修编、自成一体的新《老子》文本,如同郭店楚墓主人重编的楚简《老子》甲组、乙组。

该情况是值得注意的。《解老》《喻老》的经文不仅是有意识地选取《老子》的特定章节,有时即使在同一章节里也只选个别段落或句子,部分内容会被回避性跳过;甚至同一章节内容也会被分割处理;且它们不仅进行了章节摘抄重组,也修改了部分文字;更为重要的是,经文行文在打破原始《老子》的次序后,也形成了一定的意义关联体系。在主题、语义连接上,《解老》针对的《老子》经文的连贯性较强。全篇主旨言德,行文先取"上德不德",指礼为薄乱,大丈夫去彼取此。继而言华福实祸,人迷日久,亦喻指人当去仁义礼之说而取道修行。接着言修身"啬德""治大国者若烹小鲜",最后以全德之身、家、乡、邦、天下观现有五者而知天下之然为总结,行文逻辑甚是清楚。至于《喻老》,主题与思想脉络虽未能如此明晰,但不排除为后人修编《韩非子》时调整所致。现在不妨认为《解老》《喻老》所解说的底本经文与郭店楚简《老子》甲组乙组性质相似,是韩非子按照自己思路和构想组织《老子》经文后的新文本,它们自身则是韩非子对新编文本的解说。当然相关看法在现阶段仍是一种假说,需要更多的材料佐证。如果该说成立,也再次印证先秦时代诸子有改造修编新《老子》文本,令之为我所用的风气与传统。一方面体现了老学的巨大影响,另外一方面也体现出老学在《老子》文本传播方式上的突出特点。

《解老》《喻老》除体现韩非子对《老子》文本进行改造的可能外,也体现了他注解的基本特点与思想转化方向。从韩非多数文章的特点看,他善于将道理与实例相结合,行文多史实与寓言。《解老》是直接从说理的角度解释《老子》内涵。《喻老》是从史实的角度诠释并印证《老子》思想,行文结构为先解《老子》某段文字含义,后引史实,最后以"故曰"接老子语来完成对该段文字所含思想的印证。且它们对同一《老子》经文内涵解读的倾向略有差异,《喻老》的法势术思想倾向更显著,思想也更成熟。总的来说,韩非子一贯以道法思想转化老学。除这两篇直接的老学著述外,其他篇章的称引化用亦如此。

二、对道德体系的继承与转化

老子确立道为万物本源及规律后,后世老学也常围绕此点对道进行讨论。韩非子亦然,且有更大的突破。他是第一位将"道"视作外在于人的万物运作规律的哲人。他将相关理念建立在道、物、理体系之内。"道者,万物之所然也,万理之所稽也。理者,成物之文也"(《解老》)①、"道者,万物之始,是非之纪也"(《主道》)②,一方面将道理解为万物本源,是万物之所成、之所然。另一方面又指其为万理的依据。但它本身不被直接发现,隐藏其中。

对道的理解可从对物的理解中获得,但物皆有形,不能被抽象地认知,须在具体之中,由此引出理。凡物有形,则有短长、小大、方圆、坚脆、轻重、白黑等,这些即理。它并非指规律,而是物的纹理。有物之后,则有理,而不是有理之后,才有物。理依附于物而存在,它不是抽象的、独立的。离开了物,无所谓理。但同时,"物有理,不可以相薄,故理之为物之制"(《解老》)③,万物各异理,从而有分别,确立了自身,因此物也无法离开理而被认知。同样,道也无法离开物被把握,"万物各异理而道尽"(《解老》)④,通过认知理而知物,通过知物而知道。

在建立道、物、理体系后,《解老》对"道可道,非常道"进行了系统解释,相关内容中的"常"字本为"恒"字。汉代人为避讳汉文帝将"恒"改作"常",以致传世本皆如是。以下论述为求行文流畅,仍用"常"字。韩非子认为道始终不灭,唯与天地剖判俱生、至天地消散也不衰亡者,才能称作常,只有道才是常。但常本身在根本处永不变异的同时,也永无确定的形态,无具体纹理,无法被描述。如物本有生灭,它的纹理固化定型后才可以被看见、被称道、被述说、被把握,即所谓"理定而后可得道",但定型的纹理总是有存亡、盛衰,不是常。道为常,物之理为非常,因而道可道,非常道。

但道无法离开物、理而呈现,物、理也不是离开道而存在的事物,它们本身具有紧密关联。物的定理虽是死象,通过它可以联想生象,同理可以由非常来意想、论述常。道无形无象,只是说明其象是抽象的,不是说它没有象。通过对物之万理、功能的发觉,可以意想、论述其抽象的象——也就是道。故韩非子解"无状之状,无物之象"云,人见死象之骨,可意想其生,圣人也是执今物而知古始,以功成见无形之道(《解老》)⑤。

那么在此之下,韩非子认为道有如下基本特点:道是常,独立、永恒,无象、无形、又无限。道又无常、变化。道为理之稽,物之原,而万物各有其理,

---

① 王先慎:《韩非子集解》,钟哲点校,北京:中华书局,1998年,第146页。
② 王先慎:《韩非子集解》,钟哲点校,北京:中华书局,1998年,第26页。
③ 王先慎:《韩非子集解》,钟哲点校,北京:中华书局,1998年,第146—147页。
④ 王先慎:《韩非子集解》,钟哲点校,北京:中华书局,1998年,第146—147页。
⑤ 王先慎:《韩非子集解》,钟哲点校,北京:中华书局,1998年,第148页。

理皆不同,故道不固定,"凡道之情,不制不形,柔弱随时,与理相应"(《解老》)①。道是万物生灭、消息的圭臬。道本无常,但决定生死、福祸,天地日月星斗得之而各有其位,五常四时得之而各有其序,圣人得之以成福,愚人失之则生祸。道如水,渴者适饮而生,溺者多饮而死。天道无亲。道变化,无常操,本身就是生死、消息,无价值判断,无主观意图,自然而然。道虽生灭万物,但无视万物的生灭,"道,与尧舜俱智,与接舆俱狂,与桀纣俱灭,与汤武俱昌"(《解老》)②。

老子认为道存在,人有知的本性与能力,可知之。其后老学常发挥神明,将之与知融通。韩非子也继承之,指道、物、理皆是客观存在的同时,人天生知神明、思虑。且后者与七窍直接相关,"空窍者,神明之户牖也"(《喻老》)③。神明的认知需要通过神明、七窍与物相接而得,而非在物来之前苦思冥想所能获,强调缘物、接物。故解"前识者,道之华也而愚之首也",以詹何枯坐门内以辨屋外之牛为例,讥其"无缘而妄意度",苦心伤神所得与五尺之童同功,是大愚行(《解老》)④。

既然道可知,人又能知,就形成了知道、法道、行道的德。韩非子与其他老学者不同,解读老学基本思想概念时,拥有自己的体系。如解道时就与物、理对照而言,以物、理这些死象来阐述生象的道。同样在解德时,除将它与道对照外,更与得相联系,即所谓"德者,内也;得者,外也"(《解老》)⑤,从而形成了对德、仁、义、礼体系的新认知。此主要体现在对"上德不德"章的解读上。

韩非子曰:"道有积而积有功;德者,道之功。功有实而实有光;仁者,德之光。光有泽而泽有事;义者,仁之事也。事有礼而礼有文;礼者,义之文也。"(《解老》)⑥道为内在,为自然,且恒虚而静;德从道而来,是事物天然自在的特性,不对心进行发动而得,不存在后天人为的东西,所以也是内;仁是人内心天生的对他人的不求回报之爱,喜见人有福,恶见人得祸,这种喜恶油然而生,不可遏制,也是出于固性本心,亦内在;义是人际交往中适宜的原则,包括君臣上下之事、父子贵贱之差、知交朋友之接、亲疏内外之分等以及相应的伦理,某种意义上,义是仁表现出的文;"礼者,所以貌情也,群义之

---

① 王先慎:《韩非子集解》,钟哲点校,北京:中华书局,1998年,第147页。
② 王先慎:《韩非子集解》,钟哲点校,北京:中华书局,1998年,第147页。
③ 王先慎:《韩非子集解》,钟哲点校,北京:中华书局,1998年,第166页。
④ 王先慎:《韩非子集解》,钟哲点校,北京:中华书局,1998年,第134—135页。
⑤ 王先慎:《韩非子集解》,钟哲点校,北京:中华书局,1998年,第130页。
⑥ 王先慎:《韩非子集解》,钟哲点校,北京:中华书局,1998年,第133页。

文章也"(《解老》)①,如果说仁是人心,义是事理,那么礼就是人由此而生的行为,在文化层面上就是对内在仁心、义理的外化,即具体化、制度化,这是后天的,较之事物天然固有的东西而言,可称为外在之物,即得。

以此出发,韩非子对上道、上德、上仁、上义、上礼等不同主张和行径进行了分析。上道而行,从内出发,自是太上之行。而道虚,行道即无为或归复无为。"上德不德",即上德不得,以德为上,尊道而行,则自虚无为,"凡德者,以无为集,以无欲成,以不思安,以不用固"(《解老》)②。如此自然不会有外在的收获——世人所称扬的德名。行德而无德名,"神不淫于外",乃身全,保护这份天然固有就是全德,也就是真正的德。上仁,仁为内,近德,也尚可。它也从内在出发,可获得外在之得。这种情况下的义、礼也有内在依靠,不是无源之水。上义,义已是关系层面,如离开内在,将其作为至上和最初始的依据,不可能获得德。它本身没有内在依凭,必然枯竭,最后也会失常而大乱。上礼,礼全是外物。以其为至上,有外而失内,想通过外在之得获得内在之德是缘木求鱼之行。当人执着于外在事物,以占有为得,必被外物所役——即所谓"淫于外",这时人自以为得,实已失德。也就是说,道德仁皆内在,义为文,礼为外在。有内在而有外在,可。以内在去求外在,亦可。但有外在,无内在,则否。以外在求内在,则不能得。故当以道、德等内在之情为首,不能以义礼等外在之物为上。

韩非子在确立德的基本内涵后,也继承了老学的修齐治平的修德体系。老子学说本身以德为落脚点,十分重德。其后老学分为两脉,一脉重道——强调对道的认知与体悟,一脉重德——强调对道的践行与落实。韩非子老学偏向后者,且认为德是对道的积累,存在一个从无到有、由小到大的不断积累过程。他以"箕子见象箸以知天下之祸"解"见小曰明",又以白圭治水、扁鹊治病典故,说"天下之难事必作于易,天下之大事必作于细",阐明圣人早从事,以无形成有形、以小修大(《喻老》)③。人以保有精神为本,如能恬淡平安,扎根其中,不被外物所引,即为不拔,不为外物所动,即为不脱,如能体悟此道,坚守之,积累之,则保全其身家与社稷。且"身以积精为德,家以资财为德,乡国天下皆以民为德",并以此注解老子乃真、有余、乃长、乃丰、乃普的修齐治平理念(《解老》)④。在韩非子看来,"夫缘道理以从事

---

① 王先慎:《韩非子集解》,钟哲点校,北京:中华书局,1998年,第132页。
② 王先慎:《韩非子集解》,钟哲点校,北京:中华书局,1998年,第130页。
③ 王先慎:《韩非子集解》,钟哲点校,北京:中华书局,1998年,第161—162页。
④ 王先慎:《韩非子集解》,钟哲点校,北京:中华书局,1998年,第154—155页。

者,无不能成"(《解老》)①,小则保全其身,有猗顿、陶朱之富,卿相将军之禄,大则有诸侯天子之势尊。道阔故福深,无有极至,可以实现各层面的至善。

三、对修德思想的发挥与转化

韩非子认为道有常,物有生灭,故"天有大命,人有大命"。在此之下,对"出生入死,十有三"诸语进行了创造性诠释(《解老》)②。道使人存在一个从生到死的过程,具体内容由人的理呈现——与身体及其功能有关。身体功能有十分之三的部分利于人的生存与发展,如饥而求食、寒而求羽的能力。也有十分之三是方生方死,已归大地,走向死亡的,它的欲求也推动人走向死。同时,生而利生的那部分器官功能通过运行来维持生,运行意味着劳损,本质上也推动人死亡——欲望过分,则加速进程。韩非子以此继承了老学的"善摄生"理念,形象地指出兕虎有爪牙,万物如风雨、爱憎、疾病、刑法等也皆有爪牙,生存在这样一个万爪兆牙之中,人如何规避其害,保全自身呢?从本源处把握,躲避虎害,就要远离虎域,规避物害,就应吝惜精神、好静、节欲,不为物所制。无欲于名利,自然无人害之,也就不必劳心防人,自可无心而游世。其修身理念也由此发挥开去。

首先,啬。韩非子解"治人事天莫如啬"为修治身心遵从天理,莫过于爱惜精神,不极聪明,不费智识。思虑静、孔窍虚,恬淡自然,精神不受外物扰乱,于是旧德不去,新和气日至。修此常道,即深固根柢,重积德,可长生久视。

其次,与啬相表里的是节欲。在上文讨论神明、七窍关系时,已明韩非子不主张禁欲,但强调节制中和以知足。如《解老》对祸莫大于可欲,罪莫大于不知足、咎莫惨于欲利等进行注解,指贪欲、不知足必致祸害③。《喻老》则用晋文公、徐偃王、智伯、虞君等人的事迹申论此理④。节欲的具体表现是节制声色犬马,反对过度的五音、五色以及奇物、田猎等。如注解"祸莫大于可欲",云"圣人不引五色,不淫于声乐;明君贱玩好而去淫丽"(《解老》)⑤。又以晋平公好音以致身癃病、国赤地等证之(《十过》)⑥。注解"欲

---

① 王先慎:《韩非子集解》,钟哲点校,北京:中华书局,1998年,第136页。
② 王先慎:《韩非子集解》,钟哲点校,北京:中华书局,1998年,第149页。
③ 王先慎:《韩非子集解》,钟哲点校,北京:中华书局,1998年,第139页。
④ 王先慎:《韩非子集解》,钟哲点校,北京:中华书局,1998年,第161—162页。
⑤ 王先慎:《韩非子集解》,钟哲点校,北京:中华书局,1998年,第145页。
⑥ 王先慎:《韩非子集解》,钟哲点校,北京:中华书局,1998年,第65—66页。

不欲,而不贵难得之货",则以"子罕不欲玉"明之(《喻老》)①,又云好宫室台榭、车服器玩、煎靡货财而罢露百姓者,亡日可期(《亡征》)②。同时,也指出自虚、寡欲,难在自胜。解"自胜之谓强",便以子夏臞肥变化明之(《喻老》)③。当然,在认知韩非子相关理念时,应注意他所言皆为君王专制服务。在君王治身方面,韩非子从道的角度继承老学节欲、寡欲的淡泊主张;在君王治国方面,又从驾驭臣民的立场出发,以术的角度主张强化百姓欲望,以利统治。

最后,自虚、任自然之后,韩非子继承了老子"学不学"理念,强调去知识、智巧。解"治人事天"为坚守天明、天聪、天智,不可多费精神(《解老》)④。说不出户牖而知天道天下为七窍不离其虚,不引于外,于是全真明理(《喻老》)⑤。说"学不学,复归众人之所过也",则以王寿焚书而舞,称智者不以言谈教、慧者不以藏书箧等典故明之(《喻老》)⑥。

在待人处事上,韩非子对老学的接受是全方位的,但也因此存在矛盾之处。老子曾以怀玉者形象自比,韩非子也以和氏怀璧自况。《和氏》在论述和氏怀璧、献璧故事后,感叹献宝与论道相似。韩非子以和氏的遭遇阐述为君论道之难之险,主张怀道不语,不与人争而自守之⑦。如解读"方而不割,廉而不刿,直而不肆,光而不耀",指其是圣人在愚众前的自保之术。圣虽知道,但众愚昧,不肯听闻,如强之则怨。圣寡众多,寡难胜众。论道而与天下为敌,自非全身长久之道,故总自我节制,甚至和光同尘(《解老》)⑧。但现实是韩非子又积极入世,初在韩国,便常劝诫韩王变法图强。也正是因韩王不听,众臣又非议自己的轻狂,于是由衷哀叹,方有和氏之比。但他未因此中道折返,最终也是因其道论而客死秦狱,令人叹息。

老子确立尊道治国,追求太上无为之治,也基本成为后世老学治国论的基调。韩非子对此吸收与批判并存。他同样强调道在治国中的至高地位。指道自在为一,出而有道、德、衡、绳、和、君六者,不同于万物、阴阳、轻重、出入、燥湿、群臣等,但为后者之宗,故"明君贵独道之容"(《扬搉》)⑨,继承老

---

① 王先慎:《韩非子集解》,钟哲点校,北京:中华书局,1998年,第164—165页。
② 王先慎:《韩非子集解》,钟哲点校,北京:中华书局,1998年,第109页。
③ 王先慎:《韩非子集解》,钟哲点校,北京:中华书局,1998年,第170页。
④ 王先慎:《韩非子集解》,钟哲点校,北京:中华书局,1998年,第138—139页。
⑤ 王先慎:《韩非子集解》,钟哲点校,北京:中华书局,1998年,第166页。
⑥ 王先慎:《韩非子集解》,钟哲点校,北京:中华书局,1998年,第165页。
⑦ 王先慎:《韩非子集解》,钟哲点校,北京:中华书局,1998年,第95—96页。
⑧ 王先慎:《韩非子集解》,钟哲点校,北京:中华书局,1998年,第17—138页。
⑨ 王先慎:《韩非子集解》,钟哲点校,北京:中华书局,1998年,第46页。

学治国论的法道保朴、虚静无为的基本主张。但韩非子也指出圣人千世一出,贤者难以比肩而立。君王、百姓皆非尧舜、老子,只是中人而已。以此为现实,否定老学的君王爱民、知足之说,指人性贪婪,只要有利可图,皆不知足,乃至非法求之。即使像桀纣那样贵为天子,仍会纵欲。那种认为人能在满足后又力作、自足自爱的看法,是把凡人都视作神农、老聃,但他们间的差距不言自明。且人生必事君养亲,知人必以言论忠信法术,不可恬淡、恍惚,故前者是无用之教,后者是无法之言,皆为天下之惑术(《忠孝》)①。并指以此特立独行的烈士并非君王应尊崇者,"义不入危城,不处军旅,不以天下大利易其胫一毛"的轻物保生之士也是无用之人(《显学》)②,即否定了老子的自然修身学以及此后全身养生派的老学。大体而言,韩非子主要吸收了商鞅、申不害、慎到等人的刑名老学,强调明主在尊道之下,建立势法术体系,并依从对欲望的操控,用法势术驾驭臣民,从而形成君王无为,臣民有为,各司其职的大治局面。相关方面也体现出了他对老学思想的刑名转化。

尊道而重势。在道法派老学中,存在由道而势的思想,韩非子接受重势理念,并以此反过来进一步转化老学。如说"鱼不可脱于深渊""君子终日行不离辎重"等,指君王如鱼与君子,邦国权位如深渊、辎重,皆是君王之势,不可须臾离之。并以"简公失之于田成,晋公失之于六卿,而邦亡身死"以及主父生传其邦而幽死等明之(《喻老》)③。且他对重势做了极大的提升。慎子重势,但仍强调居势得贤,以治天下。韩非子则认为"夫势之足用亦明矣,而曰'必待贤'则亦不然矣"(《难势》)④,指尧舜等圣贤是千世一遇,非常世所能期待,只要势在而用法术,中人治国就可以保千年之安。

因道全法(《大体》)⑤。老子指道为万事之本,刑名老学由此发展出了道法理念。此后黄帝学派对此进行了系统建构,强调"道生法"(《黄帝四经·经法·道应》)⑥,执道者生法而不犯,法立而不废,引之以绳而见知天下。韩非子据此发展出道、物、理、情、法体系。在道之下,万物有其理,人有其情。治国即用人、治人,"必因人情"(《八经》)⑦,而人情即好恶,可以因之行赏罚诱禁。故与一般老学的淡泊乃至无欲相比,韩非子强调君王自身

---

① 王先慎:《韩非子集解》,钟哲点校,北京:中华书局,1998年,第467—468页。
② 王先慎:《韩非子集解》,钟哲点校,北京:中华书局,1998年,第457—464页。
③ 王先慎:《韩非子集解》,钟哲点校,北京:中华书局,1998年,第158—159页。
④ 王先慎:《韩非子集解》,钟哲点校,北京:中华书局,1998年,第390—391页。
⑤ 王先慎:《韩非子集解》,钟哲点校,北京:中华书局,1998年,第210页。
⑥ 国家文物局古文献研究室:《马王堆汉墓帛书》(一),北京:文物出版社,1980年,第43页。
⑦ 王先慎:《韩非子集解》,钟哲点校,北京:中华书局,1998年,第430—431页。

寡欲，不制于人，同时使百姓有欲而能制之。君王治国就是利用人情的好恶与趋利避害，并在此基础上形成相应的法。

袭道重法。"先王以道为常，以法为本"（《饰邪》）①，天道无亲，国无常强，奉法者强则国强，奉法者弱则国弱。法治的具体所为涉及变法、定法、执法等事。首先，道生法，道无常，法也当因时、地、人而变。上古、中古、近古之世各有其情，有巢氏、燧人氏、尧、舜、禹、汤、武等皆异德而王，因此圣人不泥古，与时推移，因地制宜（《五蠹》）②。道之常有变，也有不变。在因时变法的同时，法立则不轻易。韩非子解"治大国者若烹小鲜"，指法令关乎利害，变法即变异得失，法变则百姓务变，治大国而数变法，民必苦之，"是以有道之君贵静，不重变法"（《解老》）③。在法定之后，施之如绳墨，继承转化了绝仁弃义、绝圣弃智、不上贤等主张。如曰"有道之主远仁义，去智能，服之以法"（《说疑》）④、"圣人之道，去智与巧"（《扬榷》）⑤、"废常上贤则乱，舍法任智则危。故曰'上法而不上贤'"（《忠孝》）⑥等等。韩非子批判孔子惠民说，据"太上，下知有之"，指法治之下的君王对百姓只是依法行事，后者从法度条例即可知己行是该赏还是罚，无恩无惠（《难三》）⑦。又以相关理念批判子产待耳目之明而辨忠奸的行为，指智寡物众、上寡下众，智不足以遍知物，君不足以遍知臣，故因物以治物，因人以知人，才能不虑而明，不劳而治，而子产不知大道，不明法度，不任典吏，只是依仗个人聪明智虑来洞察奸良，是不学无术的表现，正是老子所批判的"以智治国，国之贼也"的典型（《难三》）⑧。又谓明君法道虚静，以刑名法度治国，百官有常，"是故不贤而为贤者师，不智而为智者正"（《主道》）⑨，无须智士贤者。守法方面，也与老学三宝相联系。如解三宝之慈，云真正慈爱者是令所爱之人遵从法度，免于刑法爪角之害而全其身（《解老》）⑩。

法术相辅。韩非子发展老学道法思想的同时，也发展道术——法术理念，主张在法之下，建构术——官吏考核赏罚体系，且强调两相配合。他认

---

① 王先慎：《韩非子集解》，钟哲点校，北京：中华书局，1998年，第126页。
② 王先慎：《韩非子集解》，钟哲点校，北京：中华书局，1998年，第442—443页。
③ 王先慎：《韩非子集解》，钟哲点校，北京：中华书局，1998年，第141页。
④ 王先慎：《韩非子集解》，钟哲点校，北京：中华书局，1998年，第400页。
⑤ 王先慎：《韩非子集解》，钟哲点校，北京：中华书局，1998年，第45页。
⑥ 王先慎：《韩非子集解》，钟哲点校，北京：中华书局，1998年，第466页。
⑦ 王先慎：《韩非子集解》，钟哲点校，北京：中华书局，1998年，第374—375页。
⑧ 王先慎：《韩非子集解》，钟哲点校，北京：中华书局，1998年，第377—378页。
⑨ 王先慎：《韩非子集解》，钟哲点校，北京：中华书局，1998年，第26—27页。
⑩ 王先慎：《韩非子集解》，钟哲点校，北京：中华书局，1998年，第152页。

为法是显,布于图文,公之于众,术则藏于君王胸中,潜御群臣(《难三》)①。故在施术方面,仍言"术不欲见",无法摆脱权术、阴谋的一面。他据此解说"邦之利器,不可以示人",指邦利器为赏罚,君王执之,不显于人,也不失于人,在道、法、术下行之,可使黑白分明,伯夷、盗跖不乱,从而令群臣各司其职,不争而治(《喻老》)②。

在平天下方面,韩非子舍弃了原始老学的尊王封建理念,主张兼并天下。其道法术的内在要求也是要实现君主集权专制的郡县制,故曰"万乘之主,有能服术行法以为亡征之君风雨者,其兼天下不难矣"(《亡征》)③。在初见秦王时,也劝说其以武力一统天下(《初见秦》)。虽此后在伐韩一事上,称后者已内服,不必兼并,但这只是韩非子身为韩国人的保国之举,非依学理而言。

韩非子既主张武力兼并天下,自然会对老学兵道有所研习与转化。在对用兵之事的整体判断方面,注"天下有道,却走马以粪也""天下无道,戎马生于郊矣",认为天下有道,君王对外少用兵,对内禁淫奢,则遽传不用,百姓亦安居不远行,牛马皆用于农耕粪灌。如无道外侵邻国,内虐百姓,则甲士不归,民产绝,牲畜少(《解老》④《喻老》⑤)。同时也称引"兵者,凶器也",认为用兵"不可不审用也"(《存韩》)⑥。但实际上他还是强调兵争天下,将老学诸多思想转化为兵法诈道。如解"守柔曰强",指文王拘囚而无怨色,故武王能灭纣;勾践质吴而为洗马,故能杀夫差(《喻老》)⑦。说"将欲翕之,必固张之;将欲弱之,必固强之",亦谓勾践入宦夫差,鼓动其伐齐,骄之于艾陵,张之于江济,强之于黄池,最终擒其于五湖(《喻老》)⑧。说"将欲取之,必固与之",则以"晋献公将欲袭虞,遗之以璧马;知伯将袭仇由,遗之以广车"(《喻老》)⑨等论之,皆是集中体现。

小 结

韩非子师承荀子,也全面触及了其他诸子学术,他的老学是各派思想洗

---

① 王先慎:《韩非子集解》,钟哲点校,北京:中华书局,1998年,第380页。
② 王先慎:《韩非子集解》,钟哲点校,北京:中华书局,1998年,第158—159页。
③ 王先慎:《韩非子集解》,钟哲点校,北京:中华书局,1998年,第113页。
④ 王先慎:《韩非子集解》,钟哲点校,北京:中华书局,1998年,第143—144页。
⑤ 王先慎:《韩非子集解》,钟哲点校,北京:中华书局,1998年,第154页。
⑥ 王先慎:《韩非子集解》,钟哲点校,北京:中华书局,1998年,第15页。
⑦ 王先慎:《韩非子集解》,钟哲点校,北京:中华书局,1998年,第164页。
⑧ 王先慎:《韩非子集解》,钟哲点校,北京:中华书局,1998年,第159页。
⑨ 王先慎:《韩非子集解》,钟哲点校,北京:中华书局,1998年,第159页。

礼下的产物。他是黄帝学派之后道法家的集大成者,尊崇老子,视其为非常人,《解老》《喻老》体现了对《老子》文本的改造,也是目前所知最早的《老子》注文和说文。他对老学研习精深,也是第一位将道比于理,直接视为不以人的意志为转移的万物运作规律的思想家。同时他贬斥全生派,以道法为核心转化相关思想,法家化倾向显著,且影响深远,也正因此司马迁将其与老子并传。不幸的是他从一开始就走上了错误的道路,因此在修身方面未能全身保真,治平方面未能保存韩国,也无法使秦走出商鞅之术的桎梏,难改虎狼面貌以及兵强则折的命运,最终"皆不得其死然",令人唏嘘。同时他对老学部分面貌的改变遗毒至今,不可不警惕。

第三节 《吕氏春秋》对老学的杂家式吸收与转化

吕不韦在秦王嬴政当政之初,见战国晚期四公子多有门客,羞处其下,乃广纳才士。又受荀子等著述刺激,遂令门客编著《吕氏春秋》。自孝公以来,秦一直以法家思想为主导。荀子游历该地,也指其无儒,文化凋敝。但当时它已有统一天下之势,急需调整文化格局,以能更好地面对和统御更丰富的世界。以吕不韦为首的诸子学统合派试图以黄帝学派思维与理念为内核,统合万端,形成新的帝道封建思想。他们在阐述著书之意时即称"法天地",又曰"尝得学黄帝之所以诲颛顼矣""爰有大圜在上,大矩在下,汝能法之,为民父母"(《序意》)①,显然是受到了黄帝学派思想的重大影响。此外,也统合道家关尹子、杨朱、庄子,儒家孔子、"思孟",法家邓析子、韩非子以及墨家等诸学派。因此,《吕氏春秋》对老学的接受与转化除直接研习《老子》外,也受以上流派老学的洗礼。

《吕氏春秋》对老子其人有过直接记述,"荆人有遗弓者,而不肯索,曰:'荆人遗之,荆人得之,又何索焉?'孔子闻之曰:'去其荆而可矣。'老聃闻之曰:'去其人而可矣。'故老聃则至公矣。天地大矣,生而弗子,成而弗有,万物皆被其泽,得其利,而莫知其所由始。此三皇五帝之德也"(《孟春纪·贵公》)②,将老子作为三皇以来的至大圣人之一,对他的尊崇可谓无以复加。对老子思想也有过总体性概括,上文所引已指其"贵公",强调道生养万物而

---

① 许维遹:《吕氏春秋集释》,北京:中华书局,2009年,第703页。
② 许维遹:《吕氏春秋集释》,北京:中华书局,2009年,第25页。

不有之德。又指"老耽贵柔"(《审分览·不二》)①,点出"道用柔弱"之理。在涉及知、知道理念方面,指老子"听于无声,视于无形"(《审应览·重言》)②。在论"无所尤"、去成见方面亦曰"老聃则得之矣,若植木而立乎独,必不合于俗,则何可扩矣"(《有始览·去尤》)③,指其强调人能知道,其法为身与道和同,自虚而损之又损,不被俗见所缚。且对老学传承也有过辨析,指"孔子学于老聃"(《仲春纪·当染》)④,又合称老子、田子方、詹何三者(《审应览·重言》)⑤,体现了对相关传承的洞察。在此基础上《吕氏春秋》对老学思想的吸收与转化也颇有杂家特点。

一、古典与革新兼备的道论

(一) 太一、道、气、万物

中国先民从北极星处演化出太一,将之视作宇宙的起点。老子对此进行改造,指混成者生而名大(即太、太一),成而字道,并确立后者为万物直接本源,渐使其地位超越前者。此后除关尹子学派对此进行系统传承、战国早期世硕略有了解外,其他诸子皆未论及。到了战国晚期,鹖冠子对"太一"略有言之,但在他那里"太一""泰一"兼述,且论"太一"时多停留于星象层面,形而上化的讨论较少,同时又有将"太一"神化为"泰一"的倾向。在神话—星象—数术—哲理这一发展轨迹上存在不平衡和脱轨现象。相较而言,《吕氏春秋》是现存战国晚期诸子著作中较清晰涉及相关观念者。它说"太一出两仪,两仪出阴阳""万物所出,造于太一,化于阴阳""道也者,至精也,不可为形,不可为名,强为之,谓之太一"(《仲夏纪·大乐》)⑥,即将太一、道视作本源。但对两者关系的论述也已有别于老子原始本义。如虽明确太一为"名",但这是从道出发进行论述的结果,在离开道为"字"的观念下,"名"成了对道的描述。由于材料有限,现在无法完全把握《吕氏春秋》对两者关系的判断,但显然在其处太一隐退,道的地位更为显贵。

在《吕氏春秋》中,道至精而有气。由太一出两仪,两仪出阴阳,以及"凡生,非一气之化也"(《季夏纪·明理》)⑦等可知它认为气固分阴阳。阴阳二气化生,始有天地。天地生成后离合,二气继续流行其间,生发万物。

---

① 许维遹:《吕氏春秋集释》,北京:中华书局,2009年,第467页。
② 许维遹:《吕氏春秋集释》,北京:中华书局,2009年,第481页。
③ 许维遹:《吕氏春秋集释》,北京:中华书局,2009年,第291页。
④ 许维遹:《吕氏春秋集释》,北京:中华书局,2009年,第52页。
⑤ 许维遹:《吕氏春秋集释》,北京:中华书局,2009年,第481页。
⑥ 许维遹:《吕氏春秋集释》,北京:中华书局,2009年,第111页。
⑦ 许维遹:《吕氏春秋集释》,北京:中华书局,2009年,第148页。

天地离合即天道圆、地道方。前者指天道日月星宿周行，四时交替，循环往复，后者指地道群分，各有分职(《季春纪·圜道》)①。当然最为关键的依然是阴阳二气在天地间的离合，从而使羽鸟飞扬、走兽流行、珠玉精朗、树木茂长、圣人智明。

(二) 性、情、知接

道、气生万物，万物皆有性。"性者，万物之本也，不可长，不可短，因其固然而然之，此天地之数也"(《不苟论·贵当》)②，鸟鹊、狸鼠皆有其性，人亦然。在人性方面，《吕氏春秋》继承了尹文子老学，"夫水之性清，土者汩之，故不得清；人之性寿，物者汩之，故不得寿"(《孟春纪·本生》)③，指人性寿长，只是常被外物左右，以致衰减。又继承尹文子"情寡欲"理念，指"天生人而使有贪有欲。欲有情，情有节"(《仲春纪·情欲》)④。耳目口希求五声五色五味，这是欲，也是情。事物发展有生灭，故万物之情皆有节。以情节欲，可以养护生性。对于性、情的认知与调节，需发动心。《吕氏春秋》说"心得而听得"(《季春纪·先己》)⑤、"心必乐，然后耳目鼻口有以欲之"(《仲夏纪·适音》)⑥，心对形有着单向性的支配力量，心以眼前的事物为恶，即使五官欲声色香味，皆弗听、弗视、弗嗅、弗食。心的发生与"知接"——心与事物的接触相关，不接触则不得知，即使本已有所知，不持续接之，也将忘却。物接所形成的心知影响人性的发挥，它以墨子悲染丝为喻，说丝性为素，但会被染著，人亦然(《仲春纪·当染》)⑦，故又继承尹文子去成见与慎接思想，强调对新旧观念知识进行审视、反思，当然最终目的是希望以此打开心知，从而知道、法道。

二、全天贵生的修身之德

《吕氏春秋》在法道践行方面继承了老学的以身观身、以家观家、以邦观邦、以天下观天下的修齐治平体系，以詹何思想为直接承袭点，称"治身与治国，一理之术"(《审分览·审分》)⑧，且修身为一切之本，"身为而家为，家为而国为，国为而天下为。故曰以身为家，以家为国，以国为天下"(《审分

---

① 许维遹：《吕氏春秋集释》，北京：中华书局，2009年，第78—79页。
② 许维遹：《吕氏春秋集释》，北京：中华书局，2009年，第655—656页。
③ 许维遹：《吕氏春秋集释》，北京：中华书局，2009年，第13页。
④ 许维遹：《吕氏春秋集释》，北京：中华书局，2009年，第42—43页。
⑤ 许维遹：《吕氏春秋集释》，北京：中华书局，2009年，第71页。
⑥ 许维遹：《吕氏春秋集释》，北京：中华书局，2009年，第114页。
⑦ 许维遹：《吕氏春秋集释》，北京：中华书局，2009年，第47页。
⑧ 许维遹：《吕氏春秋集释》，北京：中华书局，2009年，第431页。

览·执一》）①。

在修身方面主要继承养生派老学思想，基本思维是道—性—顺性养性。"始生之者，天也；养成之者，人也""圣人之于声色滋味也，利于性则取之，害于性则舍之，此全性之道也"（《孟春纪·本生》）②。人有天性，以物养之。圣人制物以全天，天全则神和，五觉平，百节通，达乎天地宇宙，在下不悟，在上不骄，成为"全德之人"。

对"生"的利害判断，则全在心。正如上文所言，由性、情而心，心对形具有单向性的支配力。修心方面，继承了老学以"啬"——吝啬精神、不生妄念、不造作的理念为长生久视之道，"古人得道者……知早啬则精不竭"（《仲春纪·情欲》）③、"凡事之本，必先治身，啬其大宝。……此之谓真人"（《季春纪·先己》）④，有道之人守护心之虚无清静，不费精神，无为顺天。

在此之后，发挥老学负阴抱阳，中气以为和理念，强调以情节欲。天生人而使有情有欲，神农、黄帝与桀、纣同，"圣人之所以异者，得其情也。由贵生动，则得其情矣。"（《仲春纪·情欲》）⑤情本贵生，以情节欲，便可养生。具体方法是慎重物接，节制耳目鼻口，使人三百六十节、九窍、五藏、六府皆得畅通。首先，继承老学的去五音五色五味理念。称引黄帝之言，声色衣香味室"禁重"（《孟春纪·去私》）⑥。其次，将相关理念深入音乐层面，继承老学对乐的反思，"音乐之所由来者远矣。生于度量，本于太一"（《仲夏纪·大乐》）⑦、"乐所由来者尚也，必不可废。有节，有侈，有正，有淫矣。贤者以昌，不肖者以亡"（《仲夏纪·古乐》）⑧。道、性生乐，乐本在道、性，故强调老学的"大音希声"（《先识览·乐成》）⑨。音乐重在阴阳中和，不可太厚太薄，并以此对"侈乐"——乱世奢靡之乐进行了批判。最后，深化老学的非礼思想，从养生者、安死者两方面论证节制丧礼的必要性（《孟冬纪·节丧》）⑩：养生、安死为人生的大本，若在丧葬之事上奢靡为之，一则浪费财物，不利于在世者的生计，二则墓葬奢华，必然引来盗墓者的觊觎，无法使死

---

① 许维遹：《吕氏春秋集释》，北京：中华书局，2009年，第469页。
② 许维遹：《吕氏春秋集释》，北京：中华书局，2009年，第12页。
③ 许维遹：《吕氏春秋集释》，北京：中华书局，2009年，第45页。
④ 许维遹：《吕氏春秋集释》，北京：中华书局，2009年，第70页。
⑤ 许维遹：《吕氏春秋集释》，北京：中华书局，2009年，第42—43页。
⑥ 许维遹：《吕氏春秋集释》，北京：中华书局，2009年，第29页。
⑦ 许维遹：《吕氏春秋集释》，北京：中华书局，2009年，第108页。
⑧ 许维遹：《吕氏春秋集释》，北京：中华书局，2009年，第118页。
⑨ 许维遹：《吕氏春秋集释》，北京：中华书局，2009年，第412页。
⑩ 许维遹：《吕氏春秋集释》，北京：中华书局，2009年，第220—224页。

者清静,因此唯有薄葬才是正道。

三、道德义法的治平论

《吕氏春秋》继承了老学的法道治国论,以"无变天之道,无绝地之理,无乱人之纪"(《孟春纪·孟春》)①为基点,主张在法天地之道的同时,遵从人道。它说五帝先道后德、三王先教后杀、五伯先事后兵,皆传功德(《季春纪·先己》)②,"为天下及国,莫如以德,莫如行义"(《离俗览·上德》)③、"凡用民,太上以义,其次以赏罚"(《离俗览·用民》)④,在推崇大道无为而治的同时,也不排斥德义赏罚,最终综合相关要素形成了新的道德体系:法道无私而公天下,以德义行之,辅以刑名,实现无为之治。

(一)法道无私而公天下,众封建,以法治之

《吕氏春秋》继承老学"道一而尊"理念,承袭君王独尊论。同时从"天道无亲"出发,形成法道至公的"公天下"理念,强调"封建"的合理性。大道至公,"阴阳之和,不长一类;甘露时雨,不私一物",同理"天下非一人之天下也,天下之天下也""万民之主,不阿一人"。三皇五帝法之而有德,老聃颂之而为圣人(《孟春纪·贵公》)⑤。尧十子而授舜,舜九子而授禹,"诛暴而不私,以封天下之贤者,故可以为王伯。若使王伯之君诛暴而私之,则亦不可以为王伯矣"(《孟春纪·去私》)⑥。指圣王治天下必公去私,家天下是私天下,封建是公天下,主张秦在王天下的同时分封诸侯。

它的治平理念也是在此基础上进一步展开。如在公天下而封建制的大基调之下,为实现共尊一王,王治天下,以一治多的理想,首先从"势"上加以考虑,要求"众封建",裂土建国以数多为美。继而定分、正名,以法赏罚。在变法、立法方面,发挥老子的以今道知古始理念,不法先王而重今,"有道之士贵以近知远,以今知古,以益所见知所不见"(《慎大览·察今》)⑦,强调因时变法。法立之后,则不轻易变更,主张有司以死守法,众庶不敢议,天下各司其职,可无为而治。

(二)以道德义法治国平天下

《吕氏春秋》继承老学,强调治平当全天、顺性。"能养天之所生而勿撄

---

① 许维遹:《吕氏春秋集释》,北京:中华书局,2009年,第12页。
② 许维遹:《吕氏春秋集释》,北京:中华书局,2009年,第71—72页。
③ 许维遹:《吕氏春秋集释》,北京:中华书局,2009年,第517页。
④ 许维遹:《吕氏春秋集释》,北京:中华书局,2009年,第524页。
⑤ 许维遹:《吕氏春秋集释》,北京:中华书局,2009年,第25页。
⑥ 许维遹:《吕氏春秋集释》,北京:中华书局,2009年,第32页。
⑦ 许维遹:《吕氏春秋集释》,北京:中华书局,2009年,第390—394页。

之谓天子。天子之动也,以全天为故者也。此官之所自立也。立官者,以全生也。"(《孟春纪·本生》)①因此天子的治平原则如下:

1. 反诸己,不出户。遵从老学之理,强调自虚好静。"凡事之本,必先治身,啬其大宝"(《季春纪·先己》)②,"主道约,君守近。太上反诸己,其次求诸人"(《季春纪·论人》)③。将修身之道延伸到治国处,强调内求,不外求,"其索之弥远者,其推之弥疏;其求之弥强者,失之弥远"(《季春纪·论人》)④、"得道者必静,静者无知,知乃无知,可以言君道也。……故曰不出于户而知天下,不窥于牖而知天道。其出弥远者,其知弥少"(《审分览·君守》)⑤。圣人执一,涤除众欲则至正,"正则静,静则清明,清明则虚,虚则无为而无不为也"(《似顺论·有度》)⑥。即认为君王为一国之长,如日当空,百姓皆注视,且君德风,民德草,君王修正己身,清静无为,则百姓应之而自然自化。

进而发挥老学"希言自然""不言之教"论。"天无形而万物以成,至精无象而万物以化,大圣无事而千官尽能。此乃谓不教之教,无言之诏"(《审分览·君守》)⑦。圣王"神和乎太一",养神修德,不能不知,而能之知之(《审分览·勿躬》)⑧。因此君道"至言去言,至为无为"(《审应览·精谕》)⑨。无为而性命之情自发,如此仁义之术自行,不需教令。

2. 不自贤而求贤能。认为人的精神可以相互感应,君王如素丝者,必将受染于群臣,故需得贤臣,远小人。"功名之立,由事之本也,得贤之化也。非贤,其孰知乎事化?故曰其本在得贤。"(《孝行览·本味》)⑩继而发挥老学"以身下之"之术,有道之君去骄傲,降身处下,以下贤(《慎大览·下贤》)⑪。得贤之后则近于韩非之思,主张通过控制欲望来驾驭臣民,"使民无欲,上虽贤,犹不能用。……故人之欲多者,其可得用亦多;人之欲少者,其得用亦少;无欲者,不可得用也""善为上者,能令人得欲无穷,故人之可得

---

① 许维遹:《吕氏春秋集释》,北京:中华书局,2009年,第12—13页。
② 许维遹:《吕氏春秋集释》,北京:中华书局,2009年,第70页。
③ 许维遹:《吕氏春秋集释》,北京:中华书局,2009年,第74页。
④ 许维遹:《吕氏春秋集释》,北京:中华书局,2009年,第74页。
⑤ 许维遹:《吕氏春秋集释》,北京:中华书局,2009年,第438—440页。
⑥ 许维遹:《吕氏春秋集释》,北京:中华书局,2009年,第665—666页。
⑦ 许维遹:《吕氏春秋集释》,北京:中华书局,2009年,第438—440页。
⑧ 许维遹:《吕氏春秋集释》,北京:中华书局,2009年,第451页。
⑨ 许维遹:《吕氏春秋集释》,北京:中华书局,2009年,第484页。
⑩ 许维遹:《吕氏春秋集释》,北京:中华书局,2009年,第310页。
⑪ 许维遹:《吕氏春秋集释》,北京:中华书局,2009年,第368页。

用亦无穷也"(《离俗览·为欲》)①。当然,除操控臣民的欲望外,最基础的措施仍是上下皆遵从刑名、法术,各司其职。

3.《吕氏春秋》认为理想的天下格局不是宇内混一,而是众封建,各国平和。天子执掌巨势大国,对该目标的实现起着关键作用,不论在何种情况下都要坚守德政。首先,宝辱、贵大患,继承老学以祸患为宝,受其不祥,报之以德的理念。如称引老子"祸兮福之所倚,福兮祸之所伏"之言,阐述商汤、周文王、宋景公受国之不祥,报以德政而转祸为福的故事(《季夏纪·制乐》)②。天子作为大国之主在天下有难时应勇于承担,坚持以德行回应天灾人怨。其次,老子曰天道贵弱,如江河不守之,将枯竭,暴雨不守之,不能终朝。《吕氏春秋》亦强调国强而守弱,"贤主愈大愈惧,愈强愈恐。凡大者,小邻国也;强者,胜其敌也。胜其敌则多怨,小邻国则多患。多患多怨,国虽强大,恶得不惧?恶得不恐",并以赵襄子攻翟一朝下两城而有忧色明之,赵襄子曰"江河之大也,不过三日。飘风暴雨,日中不须臾。今赵氏之德行,无所于积,一朝而两城下,亡其及我乎",指圣人在于知守弱,也因此能长久,(《慎大览·慎大》)③。它在相关论述中称引、化用了《老子》文字,目的还是希望天子行其德,以大事小,使上下相交,天下平和。

(三)义兵理念

在兵道方面,《吕氏春秋》继承了老子不得已而用兵的理念和文子老学的五兵之说,反对宋钘老学的偃兵论,倡导古圣王有道伐无道,有义兵而不偃兵。指兵为人天性,本质是斗争,在邦国层面则是教化的延伸。兵有利有害,应清醒认识有道无道的差别,以及义兵的作用。目前的现实是世乱而道理无法伸张,不可不举义兵一天下(《孟秋纪·振乱》)④。

在确立义兵后,对用兵之要也有所论述。认为兵道在义,是不得已而行的凶器。"凡兵,天下之凶器也;勇,天下之凶德也。举凶器,行凶德,犹不得已也。举凶器必杀,杀,所以生之也;行凶德必威,威,所以慑之也。敌慑民生,此义兵之所以隆也。"(《仲秋纪·论威》)⑤用兵的基本原则是在义之下,用智用勇(《仲秋纪·决胜》)⑥。在具体的战略上,发挥老学的善为兵者果而已,强调兵贵"急疾捷先",不可久处(《仲秋纪·论威》)⑦。

---

① 许维遹:《吕氏春秋集释》,北京:中华书局,2009年,第532—534页。
② 许维遹:《吕氏春秋集释》,北京:中华书局,2009年,第143—147页。
③ 许维遹:《吕氏春秋集释》,北京:中华书局,2009年,第360—361页。
④ 许维遹:《吕氏春秋集释》,北京:中华书局,2009年,第162页。
⑤ 许维遹:《吕氏春秋集释》,北京:中华书局,2009年,第181页。
⑥ 许维遹:《吕氏春秋集释》,北京:中华书局,2009年,第186—187页。
⑦ 许维遹:《吕氏春秋集释》,北京:中华书局,2009年,第181页。

小　结

　　《吕氏春秋》是黄帝学派、荀子等思想直接刺激下的产物。它也统合了道家关尹子、杨朱、庄子,儒家孔子、孟子、荀子,法家邓析子、韩非子以及墨家等诸学派,对老学的接受与转化是上述学派老学洗礼下的结果。它尊老子为三皇五帝以来"至大圣人",无比尊崇,颂扬其"贵公""贵柔""自虚自损"之道,并对老学传承谱系也有一定认知。它对老学的吸收转化在风格上可谓古典与革新兼备,颇具特色;内容上完整涉及了道论、心性论、修齐治平论等各个层面;且在体系上力图整合各家学说,博采众长,熔于一炉,颇具杂家特点。相对于当时的思想发展形势而言,它的思想倾于保守,但总体上相关内容颇具杂家老学特点,体现了战国晚期统合派老学的最终登场。

结　　论

　　关于先秦老学的基本内容在正文中已经给予论述，尤其是每节的小结也概述了后继诸子的老学情况以及对后学的影响。老学脉络实际上也已经隐藏在其中，此处权作一个简单的回顾与脉络性的观照。

　　老子作为第一位准"子"，其思想与学术实践在当时与后世都产生了深远影响。春秋时期，老学即获得了极大发展，且当时社会上血食观念仍为统治意识形态，故老学在治国平天下方面仍以王霸并尊为主，刑名老学萌而不发，只能是心性老学一枝独秀。

　　其中，孔子为现存所知老子弟子中最早入室者。他对老子思想的研习是通过追随、体认而得，应该说是全面、深刻地触及了老子思想的全部。因其在少年时就追随老子，接受了老子早期思想对他的启蒙影响，以致坚守礼乐，最终建构出了自己的小康理念。孔子虽然最终别立宗门，但开启了后世老学的先河，在其影响下，其弟子对老学也深有研究，不乏对老学发展产生深远影响者。

　　关尹子也是老子最重要弟子之一，老子后半生的基本思想主要通过他的梳理才得以传世。且其也传有《老子》"太一生水"注本。关尹子对老子思想的继承较原始而全面，可以填补后世老学的一些盲点，如对太一的重视即为代表。同时，他也将老子的修身之学发展为保身、藏身之道。关尹子老学影响深远，其太一理念对太极等哲学观念的发展起到了巨大的推动作用，其保身、藏身之道也是后世隐士老学的大宗，泽被列庄。

　　文子，即文种，其生前身后事令人叹息。他有遗作传世，但古本、今本《文子》有别，需要严格区分。作为老子重要弟子之一，基本继承了老子以道为生、以德为养、以无为而治为根本主张的理念。但在诸侯国君强大的诉求面前，也做出了诸多变革。如明确了天道与人道的区分，并对天道确立之下的人道进行了详论，整合了仁义礼乐、教化征伐等内容。可以说是明王老学的典型代表。文子直接催生范蠡老学，同时对后世儒家、兵家、黄帝学派等老学也有深刻影响。除文子之外，老子弟子中主守明王论者，尚有阳子居与柏矩,在先秦时期亦有社会影响。

亢仓子、南荣趎、壶丘子林以及老莱子等皆为隐士,分别以老子之道的"藏""游""寄""柔弱"等为眼,主张内外合一,无分别而藏于自然,或独立自虚、物我两忘而游于世间,或全性保身,寄于世间,且人人如此,天下可无为而治。他们皆践行了老子大隐无名而全身之道,同时将其上升为隐士治国论,甚至开启了"无政府主义"老学的先河。相关思想或直接或间接影响了列子、庄子、子思等。

春秋时期,除老子亲传弟子开创老学发展先河外,其他诸子以及老子再传弟子等也为老学的发展做了奠基。邓析子抓住了老子的大道混成论,游离本体生发论、决定论,强调"有无相生""天道无亲"理念,并以此发展出普遍关系论,形成了原始的契约精神,转化出了公天下的法治理念。其开创了"刑名"老学,影响着后世李克、吴起、商鞅等人对老学的接受与转化。孙子则通过与文子、范蠡等人的接触,对老学思想也有了解。他转化了老子"域中四大"的王道体系,将之发展为以道、天、地、将、法为要素的兵道体系。且否定了老子认为战争乃天子为正道而不得已才使用的教化手段的观点,指其本质是邦国间的谋利行为。因此在用兵上强调诡道,转化了老子形势、虚实、奇正、五行等原较朴素的概念,赋予更奇谲的内涵,并融入自己的兵道系统中。这些都为兵家老学的开创与发展注入了强大动力,影响深远,如吴起、韩非子等老学皆受其影响。范蠡是老子的再传弟子,主要继承文子老学。他在文子老学天道与人道的基础上,细分出天道、地道、人道,并以此深入发展了治国、兵道老学,李克、吴起、白圭受其润泽。

孔子弟子也是老子的再传弟子,他们对老学思想也深有研习与发展。颜回曾亲见老子,以道为祖,以心为宗,发展出了心斋、坐忘等无为理念,并强调内外皆化以修身,无为自正以治国,是当时儒道融通的典范。由其所开创的颜氏之儒老学影响深远,近及列子,远波庄子。子夏也高尊老子,主要继承易道老学,且对邓析子的刑名老学有所研习,故其传人有经传派公羊高等,也有刑名派李克、吴起等。曾子则发展了老学的盖天说理论,并明确全面继承了"修齐治平"思想体系,且尤其重视丧礼思想,相关理念也直接影响了子思学派老学的发展。

战国早期,天下已进入无霸时代,一方面心性老学仍占主导地位,另外一方面刑名老学也蓄势待发。子思幼时曾亲受教于孔子,虽此后主要受曾子等人指点,严格来说也是老子再传弟子。他对老学的研习主要源于儒家老学本身的一贯传统,及其与老莱子等道家传人的交往。子思本人未完全脱离尊王霸道思想的影响,故对老学思想的吸收与转化在修身上仍遵从本性明心中情,在治国上仍然具备明王道德论的基本特点。子思传其老学于郭店楚墓主人,从而形成了强大的子思学派的儒家化老学。

墨子对老学也深有研习,其将道转化为"天""鬼",并形成"天民"观念。也正是通过对老学思想的系统吸收转化,实现了对性、心、情的重新认知,形成了兼相爱、交相利,节用去奢,非礼、非乐、非攻,尚贤、尚同、公选禅让等思想。

列子为老子再传弟子,在道论方面主要继承壶丘子、关尹子的老学,指出在道的化生下,物不仅生生,也生化,且明确万物变化无间,皆有消息生灭;也以此继承了老莱子的"寄"老学,强调人只是天地间的过客,在与万物的交互中,因各自无间消息,皆不能把握彼此,因此当剔除执着,自虚而与万物"游",乃至实现如"梦"状态。同时在生产方面,受文子、范蠡老学影响,强调盗利于天。治平方面也受儒家老学影响,强调"正名",但主旨仍是至正之邦无事无为,君王正道持身,百姓如影后之而行自然。相关思想直接影响了黄帝学派、庄子学派老学的发展。

战国早期是魏国一超独强的时代,当时魏文侯庭下也聚集了诸多贤能,形成了一定的道学群体:养生派老学有田子方、段干木,前者远尊老子、师法东郭顺子,强调从道体虚无出发,法道自虚,不以物累形,后者也以全真保身为枢,皆对杨朱、詹何产生了影响;刑名派老学则有李克、吴起,两者受业于子夏或其弟子曾申,也深受邓析子、文子、范蠡、田子方等思想影响,对老学的接受主要集中于法治与兵道,其学远波商鞅、韩非。总体上魏文侯庭下学术多元,道家学说亦为中流砥柱,这也直接影响了后来受其启发而立的齐稷下学宫的基本格局,为黄帝学派的诞生做了铺垫。与此同时,周有太史儋,继承了老学的王霸思想,并积极吸纳刑名思想,实为黄帝学派老学的先驱之一。

至战国早期的偏晚的时代(有些学者也指为战国中前期),子思学派迎来了郭店楚墓主老学。郭店楚墓主人为子思亲传弟子,且极可能为楚人世硕。墓主在高尊老子的同时,也对其书进行了改造修编,使之儒家化。随墓出土的三组楚简《老子》所据底本为关尹子学派《老子》"太一生水"注本,而它们自身则为不同性质的《老子》摘抄修编本。墓主通过文本修编,试图对《老子》思想进行改造。他将老学之道区别为天之道、人之道,指自然道为道,人道为术,并试图用后者兼容德,使之与五行、六德思想相融合,建立一个全面子思学派化的老学。相关内容皆充分反映出了子思学派对老学的重大发展。

战国中期,自梁惠王、齐威王称王而始,尊王霸道理念荡然无存,天下诸侯开始彻底走上一天下之路。在此新的社会条件下,老学发展也呈现出了新的面貌。一方面心性老学仍继续发展,如告子、杨朱老学即典型代表。另一方面在离开血食祭祀等级观念的束缚后,强调彻底公天下的刑名老学开始大放异彩,如申不害、尸子、商鞅等对老学的研习与刑名转化即是其例。

告子、杨朱的老学除与关尹子、列子、田子方、段干木等养生老学为一脉外,也受到了经过颜回、曾子、子思、郭店楚墓主等发展的儒家心性老学的影响。他们继承老子道之"完满""独立"观念以及相应的生性论,并以此发现"生""我"。大道之下,理有生灭,物难长久,人生必苦短,但生性自然,且"为我",因此全生之道在于贵生、贵己、不以物累形。若人人自虚,练就不动心,或自爱自利,不为外物以及忠义虚名所累,拔一毛利天下而不为,必然不相杀,则天下大治。相关全生保身老学影响甚大,季梁、季真、子华子等是其拥护者与继承者,而孟子、庄子虽对其多加批判,但他们对老学思想的理解也难逃其影响。

惠施之学驳杂,其天文地理之术,与尸子同源;修身思想,则受西河之学影响,且与杨朱、季子等关系不浅;在社会关系理念上,则受墨子影响较大;政治思想方面,主张刑名变法,远溯邓析,中及墨子,近涉申不害、商鞅等;当然,他与庄子也是忘年交。惠施老学渊源即与以上诸子直接相关。且惠施从老学思想中转化出了宇宙大同、泛爱万物以及刑名明理等思想,后世老学也多受其启发。

申不害老学渊源颇深,远溯邓析,中及李克,近有子华子。他深知老学之"道",且主要继承刑名规律论,认为道最基本特点为"数",同时继承了老学中将其具体化为天道、地道、人道的理念,主张后者遵从前两者行事,在治国层面形成了系统的道法体系。相关思想直接推动了黄帝学派老学的产生,同时也令后世老学出现了更强有力的刑名、阴谋诈术老学支裔。

尸子可能为子思再传弟子,对子夏、吴起的思想也颇为重视,亦研习老莱子、墨子、列子、田子等人的学说,且试图博取众长,成一家之言。他对老学的研习与转化上至天文历法,下至刑名法术,且能推陈出新。分别影响了庄子、《淮南子》、商鞅、韩非等对老学宇宙论、刑名说以及神人无功观念的接受与发展。商鞅为尸子弟子,吸收老学以一道治万物的理念,作为其法治思想的根基之一,也继承了部分老学的极端化主张,将绝圣弃智发展为愚民政策,对阴谋诈术老学的发展起到了推波助澜的作用。

战国中期也是齐楚争强的时代,田氏齐国崛起于东方。在新的时代格局下,以齐国稷下学宫的齐学新霸道追论为起点,各国先后兴起了一股追述、追论之下的新霸道思潮,它们最终又反过来影响了稷下学宫帝道思想下黄帝学派的形成。代表人物与作品有宋钘、尹文子、彭蒙、田骈、慎到、环渊以及《黄帝四经》等。黄帝学派由追述追论所谓黄帝思想而形成，其思想的核心内容主要是对各种老学思想的吸收与转化。如宋钘、尹文子深受杨朱、告子的影响，主要接受转化全生老学，在老学之道中转化出了"白心"、"情寡欲"、别宥等思想，主张不辩荣辱，可无为全身，人人如此，天下不争。同时也兼采以道、法、势、术为体系的治国论。慎到则为承上启下的关键人物，对该派帝道老学的系统形成，具有最突出的贡献。《黄帝四经》是该派在刑名治国方面的集大成之作。柔化了相关理念，主张寡欲白心，以知道行法。它们皆对后世相关类型老学的发展产生了深远影响。

庄子对老学思想的接受与转化，是在对之前众多老学的扬弃中另辟蹊径。他远接关尹子太一、颜回心斋坐忘、魏国心性论、郑国列子之游等思想，近纳黄帝学派中全生派的精髓，如真人、至人等观念，并以此去解构其道法刑名学派老学。他也以此形成了独特的老学路径，对道及世界建构的理解已无原始天文历法痕迹，认为在道中，自然物不具"灵"，运作皆是"吹"，人存机心，于是背道而行。从而否定了"知"，形成泛主体理念，将老学"用"转化为"无用"理念，试图以此解放一切，使万物归复逍遥而世界自平。这些皆极大地改变了老学的基本特质。

战国晚期，在黄帝学派、庄子学派等影响下，楚地的"老子"观念发生了重大变化：作为典型形象存在于楚人刻板印象中的"老子"是集老聃、老莱子、太史儋三者信息于一身的文化综合体，且已被视作诸子流派之一道家的特定宗师。这些对屈原、荀子的思想产生了深刻影响。屈原高度尊崇"老子"，并将其天道、修身、任仕、治国理念作为自己的法则。荀子老学则以儒家老学为内核，又接受了黄帝学派的基本理念，并对墨家、道法刑名家、全真养生家、庄子学派等老学有批判性吸收。他对老子其人事迹有比较充分的认知，且肯定老子为孔子师，对相关事件进行了详细载录。他也是诸子中首位点名批判老子者，体现了战国晚期儒道分野的明朗化。荀子虽对老学进行了批判，但也吸收转化了相关思想，形成了独特的道论。即在道之下区分"天""人"，分离"天性""人伪"，建构了新的化性起伪体系。相关老学也具有一定的刑名倾向，影响了韩非子对老学的认知与接受。

韩非子师承荀子，也全面触及了老子、文子、墨子、商鞅、申不害以及黄帝学派等其他诸子的学术，他的老学是各派思想洗礼下的产物。韩非子尊崇老子，视其为非常人，《解老》《喻老》体现了对《老子》文本的改造，也是目前所知最早的《老子》注文和说文。韩非子对老学的研习较全面深入，是第一位将道比于理，视作不以人的意志为转移的万物运作规律的哲人，同时也以道法为核心转化相关思想,法家化倾向显著,是先秦刑名老学承前启后的集大成者与突破者。

《吕氏春秋》是黄帝学派、荀子等直接刺激下的产物,也统合了道家、儒家、法家、墨家诸派的思想。它尊老子为三皇五帝以来至大圣人,称颂其"贵公""贵柔""自虚自损"之道,并对老学传承有一定认知。它对老学的吸收转化古典与革新兼备,且倾向于保守,在结构和内容方面颇具杂家特点,体现了战国晚期统合派老学的登场。

总之,在老子的学术实践打破王官学术或原始"经学"专制,开启子学时代之后,在其基础上形成的老学进程于春秋战国之世就已有了多元性、多向度的发展。其中,道德、心性、全生、刑名、明王、帝道等相关向度齐头并发、波澜壮阔,花开千万散于诸子。它既是先秦百家争鸣中的一股洪流,也为百花齐放提供了无尽给养,且此后也一直是子学进一步发展的中流砥柱,为历代中国学术的多元发展提供了最强有力的变革力量。

参考文献

一、古籍类

[1] 班固.《汉书》.颜师古注.北京：中华书局,1962.

[2] 北京大学出土文献研究所.《北京大学藏西汉竹书》(二).上海：上海古籍出版社,2012.

[3] 毕沅.《老子道德经考异》.上海：大同书局,清光绪十三年刻本.

[4] 陈鼓应.《黄帝四经今注今译：马王堆汉墓出土帛书》.北京：商务印书馆,2007.

[5] 陈鼓应.《老子今注今译》.北京：商务印书馆,2003.

[6] 陈桥驿.《水经注校证》.北京：中华书局,2007.

[7] 陈士珂.《孔子家语疏证》(据商务印书馆1940版影印).上海：上海书店,1987.

[8] 陈天启.《孙子兵法校释》.北京：中华书局,1947.

[9] 陈桐生.《曾子·子思子》.北京：中华书局,2009.

[10] 成玄英.《道德经开题序诀议疏》.《中华道藏》第9册.北京：华夏出版社,2004.

[11] 程树德.《论语集释》.程俊英.蒋见元点校.北京：中华书局,1990.

[12] 丁四新.《郭店楚竹书〈老子〉校注》.武汉大学出版社,2010.

[13] 董思靖.《道德经集解》.清光绪三年归安陆氏《十万卷楼丛书》刻本.

[14] 董仲舒.《春秋繁露》.凌曙注.北京：中华书局,1975.

[15] 杜道坚.《道德玄经原旨发挥》.《中华道藏》第11册.北京：华夏出版社,2004.

[16] 杜道坚.《通玄真经缵义》.《道藏》第16册(据明正统十年刻本影印).上海：涵芬楼书馆,1926.

[17] 杜道坚.《通玄真经缵义》.《中华道藏》第15册.北京：华夏出版社,2004.

[18] 范宁.杨士勋.《春秋穀梁传注疏》.北京：北京大学出版社,2000.
[19] 范祥雍.《战国策笺证》.范邦瑾协校.上海：上海古籍出版社,2006.
[20] 范晔.《后汉书》.李贤等注.北京：中华书局,1999.
[21] 房玄龄等.《晋书》.北京：中华书局,1974.
[22] 冯云鹓.《子思子书》.《续修四库全书》第 931 册.上海：上海古籍出版社,2002.
[23] 傅绍杰.《吴子今注今译》.台北：台湾商务印书馆,1978.
[24] 高亨.《老子译注》.华钟彦校.郑州：河南人民出版社,1980.
[25] 高亨.《老子正诂》.北京：中国书店出版社,1988.
[26] 高亨.《周易大传今注》.济南：齐鲁书社,1979.
[27] 高明.《帛书老子校注》.北京：中华书局,1996.
[28] 高似孙.《子略》.顾颉刚校.北京：朴社,1933.
[29] 顾宗伊.《子思子遗编辑注》.《曲台四书辑注》.清道光二十八年刻本.
[30] 郭象.成玄英.《南华真经注疏》.北京：中华书局,1998.
[31] 国家文物局古文献研究室.《马王堆汉墓帛书》（一）.北京：文物出版社,1980.
[32] 韩愈.《韩愈集》.严昌校点.长沙：岳麓书社,2000.
[33] 何宁.《淮南子集释》.北京：中华书局,1998.
[34] 河上公.《老子道德经河上公章句》.王卡点校.北京：中华书局,1993.
[35] 洪亮吉.《春秋左传诂》.李解民点校.北京：中华书局,1987.
[36] 洪兴祖.《楚辞补注》.白化文等点校.北京：中华书局,1983.
[37] 洪颐煊.《子思子》.《续修四库全书》第 1200 册.上海：上海古籍出版社,2002.
[38] 湖北省荆沙铁路考古队.《包山楚简》.北京：文物出版社,1991.
[39] 湖北文物考古所.北京大学中文系.《望山楚简》.北京：中华书局,1995.
[40] 黄以周.《子思子》.《续修四库全书》.上海：上海古籍出版社,2002.
[41] 蒋礼鸿.《商君书锥指》.北京：中华书局,1986.
[42] 蒋锡昌.《老子校诂》（据商务印书馆 1937 年版影印）.成都：成都古籍书店,1988.
[43] 焦循.《孟子正义》.沈文倬点校.北京：中华书局,1987.
[44] 荆门市博物馆.《郭店楚墓竹简》.北京：文物出版社,1998.
[45] 孔鲋.《孔丛子》.王钧林.周海生译注.北京：中华书局,2009.
[46] 孔健.《孔子全集》.北京：东方出版社,2010.
[47] 孔颖达.《春秋左传正义》.北京：北京大学出版社,1999.

[48] 孔颖达.《礼记正义》.龚抗云整理.王文锦审定.北京：北京大学出版社. 1999.

[49] 黎翔凤.《管子校注》.梁运华整理.北京：中华书局,2004.

[50] 李道平.《周易集解纂疏》.北京：中华书局,1994.

[51] 李定生.徐慧君.《文子校释》.上海：上海古籍出版社,2004.

[52] 李昉等.《太平御览》（据宋刻本影印）.北京：中华书局,1960.

[53] 李零.《郭店楚简校读记(增订本)》.北京：中国人民大学出版社,2007.

[54] 李零.《司马法译注》.石家庄：河北人民出版社,1992.

[55] 李启谦.骆承烈.王式伦.《孔子资料汇编》.济南：山东友谊书社,1991.

[56] 李启谦.王式伦.《孔子弟子资料汇编》.济南：山东友谊书社,1991.

[57] 李若晖.《老子集注汇考》（第一卷）.上海：上海辞书出版社,2015.

[58] 李约.《道德真经新注》.《中华道藏》第9册.北京：华夏出版社,2004.

[59] 列子.《冲虚至德真经》.《中华道藏》第15册.北京：华夏出版社,2004.

[60] 刘宝楠.《论语正义》.高流水点校.北京：中华书局,1990.

[61] 刘惟永.《道德真经集义大旨》.《中华道藏》第12册.北京：华夏出版社,2004.

[62] 刘笑敢.《老子古今：五种对勘与析评引论》（上、下）.北京：中国社会科学出版社,2006.

[63] 柳宗元.《柳河东集》.上海：上海人民出版社,1974.

[64] 陆德明.《经典释文》.黄焯断句.北京：中华书局,1983.

[65] 陆广微.《吴地记》.曹林娣校注.南京：江苏古籍出版社,1999.

[66] 鲁迅.《鲁迅辑录古籍丛编》第3卷.北京：人民文学出版社,1999.

[67] 马王堆汉墓帛书整理小组.《马王堆汉墓帛书〈老子〉》.北京：文物出版社,1976.

[68] 马叙伦.《邓析子校录》.《天马山房丛著》.马叙伦自刻本,1935.

[69] 马叙伦.《老子校诂》,北京：中华书局,1974.

[70] 马总.《意林》.北京：中华书局,1991.

[71] 欧阳询.《艺文类聚》.汪绍楹点校.上海：上海古籍出版社,1965.

[72] 彭裕商.吴毅强.《郭店楚简老子集释》.巴蜀书社,2011.

[73] 皮锡瑞.《尚书大传疏证》.清光绪二十二年师伏堂刻本.

[74] 饶宗颐.《老子想尔注校证》.上海：上海古籍出版社,1991年.

[75] 沈善增.《还吾老子》.上海：上海人民出版社,2004.

[76] 慎到.《慎子》.王斯睿校正.黄曙辉点校.上海：华东师范大学出版社,2010.

[77] 尸佼.《尸子》.汪继培辑.黄曙辉点校.上海：华东师范大学出版社，2009.

[78] 睡虎地秦墓竹简整理小组.《睡虎地秦墓竹简》.北京：文物出版社，1990.

[79] 司马光.《道德真经论》.《中华道藏》第 10 册.北京：华夏出版社，2004.

[80] 宋濂.《诸子辨》.顾颉刚点校.北京：朴社，1927.

[81] 苏轼.《苏轼文集》.北京：中华书局，1986.

[82] 孙希旦.《礼记集解》.沈啸寰.王星贤点校.北京：中华书局，1989.

[83] 孙星衍.《尚书今古文注疏》.陈抗.盛冬铃点校.北京：中华书局，1986.

[84] 孙星衍.《问字堂集》.上海：商务印书馆，1937.

[85] 孙诒让.《墨子间诂》.北京：中华书局，2001.

[86] 孙诒让.《周礼正义》.北京：中华书局，1987.

[87] 汪瑗.《楚辞集解》.董洪利点校.北京：北京古籍出版社，1994.

[88] 汪中.《述学补遗》(据 1926 年商务印书馆《四部丛刊》初编本重印).上海：上海书店，1989.

[89] 王弼.《老子王弼注》.楼宇烈校释.北京：中华书局，2011.

[90] 王恺銮.《邓析子校正》.上海：上海书店，1989.

[91] 王恺銮.《尹文子校正》.上海：商务印书馆，1935.

[92] 王利器.《文子疏义》.北京：中华书局，2000.

[93] 王明.《抱朴子内篇校释》(增订本).北京：中华书局，1986.

[94] 王聘珍.《大戴礼记解诂》.王文锦点校.北京：中华书局，1983.

[95] 王启湘.《邓析子校诠》.《周秦名家三子校诠》.北京：古籍出版社，1957.

[96] 王叔岷.《列仙传校笺》.北京：中华书局，2007.

[97] 王先谦.《诗三家义集疏》.吴格点校.北京：中华书局，1987.

[98] 王先谦.《荀子集解》.沈啸寰.王星贤点校.北京：中华书局，1988.

[99] 王先慎.《韩非子集解》.钟哲点校.北京：中华书局，1998.

[100] 王尧臣等.《崇文总目》.程东垣等辑释.北京：中华书局，1985.

[101] 王应麟.《汉艺文志考证》.《二十五史补编》.上海：开明书店，1936.

[102] 魏源.《老子本义》.黄曙辉点校.上海：华东师范大学出版社，2009.

[103] 魏徵等.《隋书》.北京：中华书局，1976.

[104] 无名氏.《国语》.韦昭注.明洁辑评.上海：上海古籍出版社，2008.

[105] 吴澄.《道德真经注》.黄曙辉点校.上海：华东师范大学出版社，2010.

[106] 吴文治.《明诗话全编》.南京:江苏古籍出版社,1997.

[107] 吴毓江.《公孙龙子校释》.吴兴宇标点.上海:上海古籍出版社,2001.

[108] 吴毓江.《墨子校注》.孙启治点校.北京:中华书局,2006.

[109] 向宗鲁.《说苑校证》.北京:中华书局,1987.

[110] 谢守灏.《混元圣纪》.张继禹《中华道藏》第46册.北京:华夏出版社,2004.

[111] 许维遹.《韩诗外传集释》.北京:中华书局,1980.

[112] 许维遹.《吕氏春秋集释》.北京:中华书局,2009.

[113] 薛应旂.《浙江通志》(据明嘉靖四十年刻本影印).台北:成文出版社,1983.

[114] 严灵锋.《无求备斋老子集成初编》.台北:艺文印书馆,1965.

[115] 严灵锋.《无求备斋老子集成续编》.台北:艺文印书馆,1970.

[116] 严遵.《老子指归》.王德有点校.北京:中华书局,1994.

[117] 杨丙安.《十一家注孙子校理》.北京:中华书局,2012.

[118] 杨伯峻.《春秋左传注》.北京:中华书局,2009.

[119] 杨伯峻.《列子集释》.北京:中华书局,2012.

[120] 杨树达.《老子古义》.上海:上海古籍出版社,1991.

[121] 姚鼐.《老子章义》.清同治九年桐城吴氏重刊本.

[122] 姚振宗:《七略别录佚文·七略佚文》.邓骏捷校补.上海:上海古籍出版社,2008.

[123] 叶适.《习学记言序目》.北京:中华书局,1977.

[124] 尹振环.《帛书老子释析》.贵阳:贵州人民出版社,1998.

[125] 永瑢等.《四库全书总目提要》.上海:商务印书馆,1931.

[126] 余嘉锡.《世说新语笺疏》.北京:中华书局,2007.

[127] 俞樾.《诸子平议》.北京:中华书局,1956.

[128] 虞世南.《北堂书钞》.陈禹谟补注.《文渊阁四库全书》第889册.上海:上海古籍出版社,1987.

[129] 袁康.吴平.《越绝书》.刘晓东等点校.济南:齐鲁书社,2000.

[130] 张觉.《韩非子校疏》.上海:上海古籍出版社,2010.

[131] 张觉.《商君书疏校》.北京:知识产权出版社,2012.

[132] 张鲁.《老子道德经》(据敦煌遗书五千文本影印).《中华道藏》第9册.北京:华夏出版社,2004.

[133] 张松如.《老子校读》.长春:吉林人民出版社,1981.

[134] 郑玄.贾公彦.《周礼注疏》.赵伯雄整理.王文锦审定.北京:北京大学

出版社,1999.

[135] 郑玄注.贾公彦疏.《仪礼注疏》.北京：北京大学出版社,1999.
[136] 中共荥阳县委宣传部理论组.郑州大学政史系工农兵学员.《申子辑注》.郑州：中共荥阳县委宣传部,1976.
[137] 周敦颐.《周子全书》.上海：商务印书馆,1936.
[138] 周生春.《吴越春秋辑校汇考》.上海：上海古籍出版社,1997.
[139] 朱谦之.《老子校释》.北京：中华书局,1984.
[140] 朱熹.《楚辞集注》.北京：人民文学出版社,1953.
[141] 朱熹.《四书章句集注》.北京：中华书局,1983.
[142] 朱熹.《诗集传》.赵长征点校.北京：中华书局,2011.
[143] 庄子.《庄子》.方勇译注.北京：中华书局,2010.

二、研究类

[1] 陈成吒.《老子考论》(书稿),待出版。
[2] 陈成吒.《〈老子〉原始》(书稿),待出版。
[3] 陈成吒.《经典之旅：从〈老子〉到无尽的〈道德经〉》.桂林：广西师范大学出版社,2018.
[4] 陈此生.《杨朱》.上海：商务印书馆,1930.
[5] 陈鼓应.《道家的人文精神》.北京：中华书局,2018.
[6] 陈鼓应.《老庄新论(修订版)》.北京：商务印书馆,2008.
[7] 陈鼓应.《易传与道家思想》.北京：中华书局,2015.
[8] 陈鼓应.《中国哲学创始者：老子新论》.北京：中华书局,2015.
[9] 陈引驰.《梁启超国学讲录二种》.北京：中国社会科学出版社,1997.
[10] 陈引驰.《庄子精读》(第2版).上海：复旦大学出版社,2016.
[11] 陈玉澍.《卜子年谱》.《丛书集成续编》第36册.上海：上海书店,1994.
[12] 崔仁义.《荆门郭店楚简〈老子〉研究》.北京：科学出版社,1998.
[13] 戴美芝.《老子学考》.新北：花木兰文化出版社,2006.
[14] 丁四新.《郭店楚墓竹简思想研究》.北京：东方出版社,2000.
[15] 冯友兰.《中国哲学史》.《三松堂全集》.郑州：河南人民出版社,2001.
[16] 高亨.《杨朱学派》.《古史辨》第4册.
[17] 高华平.《先秦诸子与楚国诸子学》.北京：北京师范大学出版社,2016.
[18] 古棣.周英.《老子通》.长春：吉林人民出版社,1991.
[19] 关志国.《道家黄老学派法哲学研究》.北京：中国社会科学出版社,2016.

[20] 郭沫若.《青铜时代》.北京：中国人民大学出版社,2005.
[21] 郭沫若.《十批判书》.北京：东方出版社,1996.
[22] 郭齐勇.吴根友.《诸子学通论》.北京：商务印书馆,2015.
[23] 郭沂.《郭店竹简与先秦学术思想》.上海：上海教育出版社,2001.
[24] 何炳棣.《有关〈孙子〉〈老子〉的三篇考证》.台北："中央"研究院历史语言研究所,2002.
[25] 黄云眉.《古今伪书考补证》.济南：山东人民出版社,1959.
[26] 简朝亮.《礼记子思子言郑注补证》.《续修四库全书》.上海：上海古籍出版社,2002.
[27] 江瑔.《读子卮言》.张京华点校.上海：华东师范大学出版社,2011.
[28] 姜广辉.《中国经学思想史》.北京：中国社会科学出版社,2003.
[29] 蒋伯潜.《诸子通考》.杭州：浙江古籍出版社,1985.
[30] 金德建.《先秦诸子杂考》.郑州：中州书画社,1982.
[31] 金德建.《古籍丛考》.北京：中华书局,1941.
[32] 李零.《〈孙子〉十三篇综合研究》.北京：中华书局,2006.
[33] 李水海.《老子新考论》.西安：陕西人民出版社,2015.
[34] 刘全志.《先秦诸子文献的形成》.北京：中华书局,2016.
[35] 马达.《〈列子〉真伪考辨》.北京：北京出版社,2000.
[36] 马端临.《文献通考》(据1936年商务印书馆万有文库本影印).北京：中华书局,1986.
[37] 聂中庆.《郭店楚简〈老子〉研究》.北京：中华书局,2004.
[38] 宁镇疆.《〈老子〉早期传本结构及其流变研究》.上海：学林出版社,2006.
[39] 彭富春.《论老子》.北京：人民出版社,2014.
[40] 皮锡瑞.《经学历史》.周予同注释.北京：中华书局,1959.
[41] 钱穆.《先秦诸子系年》.北京：商务印书馆,2005.
[42] 阮廷焯.《先秦诸子考佚》.台北：鼎文书局股份有限公司,1980.
[43] 王力.《老子研究》.上海：商务印书馆,1928.
[44] 王强.《老子与先秦思想》.新北：花木兰文化出版社,2015.
[45] 王中江.《根源、制度和秩序：从老子到黄老》.北京：中国人民大学出版社,2018.
[46] 吴根友.《道家思想及其现代阐释》.上海：上海交通大学出版社,2018.
[47] 熊铁基.马良怀.刘韶军.《中国老学史》.福州：福建人民出版社,2005.
[48] 许抗生.《帛书老子注译与研究》(增订本).杭州：浙江人民出版社,1985.

[49] 严复.《严复集》.北京：中华书局,1986.

[50] 严灵峰.《老子章句新编》.重庆：文风书局,1944.

[51] 严灵峰.《列子辩诬及其中心思想》.台北：时报文化事业出版有限公司,1983.

[52] 严灵峰.《马王堆帛书老子试探》.台北：河洛图书出版社,1976.

[53] 于省吾.《双剑誃诸子新证》.北京：中华书局,1962.

[54] 余嘉锡.《古书通例》.上海：上海古籍出版社,1985.

[55] 余嘉锡.《四库提要辨证》.北京：中华书局,1980.

[56] 余明光.《黄帝四经与黄老思想》.哈尔滨：黑龙江人民出版社,1989.

[57] 张成秋.《先秦道家思想研究》.台北：台湾中华书局股份有限公司,2015.

[58] 张岱年.《张岱年全集》.石家庄：河北人民出版社,1996.

[59] 张松辉.《老子研究》.北京：人民出版社,2009.

[60] 张松如.《老子说解》.济南：齐鲁书社,1998.

[61] 张心澂.《伪书通考》.上海：商务印书馆,1939.

[62] 周晓东.《先秦道家"名"思想研究》.北京：中国书籍出版社,2017.

三、析出文献类

[1] 白奚.《范蠡入齐与老子学说的北传》.方勇主编《诸子学刊》第12辑.上海：上海古籍出版社,2015.

[2] 蔡元培.《杨朱即庄周说》.罗根泽编《古史辨》第4册.上海：上海古籍出版社,1982.

[3] 陈成吒.《"新子学"的儒家》.方勇主编《诸子学刊》第13辑.上海：上海古籍出版社,2016.

[4] 陈成吒.《论国学观念的历史与重筑——以中西学术话语权之争及其得失为中心》.杨国荣主编《思想与文化》第23辑.上海：华东师范大学出版社,2019.

[5] 陈成吒.《庄子思想视域中的匠人精神》.方勇主编《诸子学刊》第17辑.上海：上海古籍出版社,2018.

[6] 陈鼓应.《从郭店简本看〈老子〉尚仁及守中思想》.陈鼓应主编《道家文化研究》第17辑.北京：生活·读书·新知三联书店,1999.

[7] 陈鼓应.《论〈老子〉晚出说在考证方法上常见的谬误——兼论〈列子〉非伪书》.陈鼓应主编《道家文化研究》第4辑.上海：上海古籍出版社,1994.

[8] 陈丽桂.《试就今本〈文子〉与〈淮南子〉的不重袭内容推测古本〈文子〉的几个思想论题》.陈鼓应主编《道家文化研究》第 18 辑.北京:生活·读书·新知三联书店,2000.

[9] 陈伟.《〈太一生水〉校读并论与〈老子〉的关系》.安徽大学古文字研究室编《古文字研究》第 22 辑.北京:中华书局,2000.

[10] 程水金.《郭店简书〈老子〉的性质及其学术定位》.武汉大学中国文化研究院编《郭店楚简国际学术研讨会论文集》.武汉:湖北人民出版社,2000.

[11] 丁四新.《楚简〈太一生水〉研究——兼对当前〈太一生水〉研究的总体批评》.丁四新《楚地出土简帛文献思想研究(一)》.武汉:湖北教育出版社,2002.

[12] 丁原植.《就竹简资料看〈文子〉与解〈老〉传承》.《道家文化研究》第 17 辑.

[13] 丁原植.《竹简〈文子〉哲学思想探析》.《道家文化研究》第 18 辑.

[14] 范耕研.《吕氏春秋补注》.《江苏国学图书馆年刊》第 6 辑.1933.

[15] 冯友兰.《〈老子〉年代问题》.《古史辨》第 4 册.

[16] 高亨.《〈史记·老子传〉笺证》.罗根泽编《古史辨》第 6 册.上海:上海古籍出版社,1982.

[17] 高亨.《杨朱学派》.《古史辨》第 4 册.

[18] 顾颉刚.《从〈吕氏春秋〉推测〈老子〉之成书年代》.《古史辨》第 4 册.

[19] 郭沫若.《老聃关尹环渊》.《古史辨》第 6 册.

[20] 郭沂.《楚简〈老子〉与老子公案——兼及先秦哲学若干问题》.《中国哲学》编辑部.国际儒联学术委员会编《中国哲学》第 20 辑("郭店楚简研究"专号).沈阳:辽宁教育出版社,1999.

[21] 洪适.《老子铭》,严可均《全后汉文》.北京:商务印书馆,1999.

[22] 胡适.《评论近人考据〈老子〉年代的方法》.《古史辨》第 6 册.

[23] 胡适.《与冯友兰先生论〈老子〉问题书》.《古史辨》第 4 册.

[24] 胡适.《与钱穆先生论〈老子〉问题书》.《古史辨》第 4 册.

[25] 胡适.《老子传略》.《古史辨》第 4 册.

[26] 黄方刚.《〈老子〉年代之考证》.《古史辨》第 4 册.

[27] 黄人二.《读郭店〈老子〉并论其为邹齐儒者之版本》.《郭店楚简国际学术研讨会论文集》.

[28] 黄钊.《竹简〈老子〉的版本归属及其文献价值探微》.《郭店楚简国际学术研讨会论文集》.

[29] 姜广辉.《郭店楚简与〈子思子〉》.《中国哲学》第 20 辑.
[30] 姜广辉.《荆门郭店 1 号墓墓主是谁》.《中国哲学》第 20 辑.
[31] 李存山.《从郭店楚简看早期道儒关系》.《道家文化研究》第 17 辑.
[32] 李定生.《文子其人考》.《道家文化研究》第 4 辑.
[33] 李零.《读郭店楚简〈太一生水〉》.《道家文化研究》第 17 辑.
[34] 李零.《郭店楚简研究中的两个问题》.《郭店楚简国际学术研讨会论文集》.
[35] 李学勤.《荆门郭店楚简所见关尹遗说》.《中国哲学》第 20 辑.
[36] 李学勤.《太一生水的术数解释》.《道家文化研究》第 17 辑.
[37] 李学勤.《先秦儒家著作的重大发现》.《中国哲学》第 20 辑.
[38] 李泽厚.《初读郭店竹简印象纪要》.《道家文化研究》第 17 辑.
[39] 梁启超.《论〈老子〉书作于战国之末》.《古史辨》第 4 册.
[40] 梁启超.《墨子年代考》.《古史辨》第 4 册.
[41] 梁晓景.《孔子入周问礼及相关问题》.洛阳市历史学会编《河洛文化论丛》第 1 辑.开封：河南大学出版社,1990.
[42] 罗根泽.《〈邓析子〉探源》.《古史辨》第 6 册.
[43] 罗根泽.《再论老子及〈老子〉书的问题》.《古史辨》第 6 册.
[44] 马叙伦.《辩〈老子〉非战国后期之作品》.《古史辨》第 6 册.
[45] 庞朴.《"太一生水"说》.《中国哲学》编辑部.国际儒联学术委员会编《中国哲学》第 21 辑("郭店简与儒学研究"专号).沈阳：辽宁教育出版社,2000.
[46] 庞朴.《一种有机的宇宙生成图式——介绍楚简〈太一生水〉》.《道家文化研究》第 17 辑.
[47] 庞朴.《郢燕书说——郭店楚简中山三器心旁文字试说》.《郭店楚简国际学术研讨会论文集》.
[48] 彭浩.《郭店一号墓的年代与简本〈老子〉的结构》.《道家文化研究》第 17 辑.
[49] 彭浩.《一种新的宇宙生成理论——读〈太一生水〉》.《郭店楚简国际学术研讨会论文集》.
[50] 钱穆.《关于〈老子〉成书年代之一种考察》.《古史辨》第 4 册.
[51] 钱穆.《再论〈老子〉成书年代》.《古史辨》第 6 册.
[52] 强昱.《〈太一生水〉与古代的太一观》.《道家文化研究》第 17 辑.
[53] 裘锡圭.《〈太一生水〉"名字"章解释——兼论〈太一生水〉的分章问题》.《古文字研究》第 22 辑.

[54] 裘锡圭.《郭店〈老子〉简初探》.《道家文化研究》第 17 辑.
[55] 裘锡圭.《纠正我在郭店〈老子〉简释读中的一个错误——关于"绝伪弃诈"》.《郭店楚简国际学术研讨会论文集》.
[56] 饶宗颐.《书〈马王堆老子〉写本后》.陈鼓应主编《道家文化研究》第 3 辑.上海：上海古籍出版社,1993.
[57] 邵炳军.《老聃行状事迹汇考》.方勇主编《诸子学刊》第 8 辑.上海：上海古籍出版社,2013.
[58] 素痴.《〈老子〉的年代问题》.《古史辨》第 4 册.
[59] 孙次舟.《跋〈古史辨〉第四册并论老子之有无》.《古史辨》第 6 册.
[60] 孙次舟.《邓析子伪书考》.《古史辨》第 6 册.
[61] 孙次舟.《再评〈古史辨〉第四册——论〈尸子〉与〈新语〉》.《古史辨》第 6 册.
[62] 谭戒甫.《〈史记·老子传〉考证》.《古史辨》第 6 册.
[63] 谭戒甫.《二老研究》.《古史辨》第 6 册.
[64] 唐兰.《〈老子〉时代新考》.《古史辨》第 6 册.
[65] 唐兰.《老聃的姓名和时代考》.《古史辨》第 4 册.
[66] 唐明邦.《竹简〈老子〉与通行本〈老子〉比较研究》.《郭店楚简国际学术研讨会论文集》.
[67] 唐钺.《杨朱考》.《古史辨》第 4 册.
[68] 王葆玹.《郭店楚简的时代及其与子思学派的关系》.《郭店楚简国际学术研讨会论文集》.
[69] 王博.《关于郭店楚墓竹简〈老子〉的结构与性质——兼论其与通行本〈老子〉的关系》.《道家文化研究》第 17 辑.
[70] 王博.《论〈黄帝四经〉产生的地域》.《道家文化研究》第 3 辑.
[71] 王博.《美国达慕思大学郭店〈老子〉国际学术讨论会纪要》.《道家文化研究》第 17 辑.
[72] 魏启鹏.《范蠡及其天道观》.陈鼓应主编《道家文化研究》第 6 辑.上海：上海古籍出版社,1995.
[73] 魏启鹏.《文子学术探微》.《道家文化研究》第 18 辑.
[74] 邢文.《〈太一生水〉与郭店〈老子〉》.邢文编《郭店老子与太一生水》.北京：学苑出版社,2005.
[75] 邢文.《郭店楚简研究》.《中国哲学》第 20 辑.
[76] 邢文.《论郭店〈老子〉与今本〈老子〉不属一系——楚简〈太一生水〉及其意义》.《中国哲学》第 20 辑.

[77] 许抗生.《〈列子〉考辨》.陈鼓应主编《道家文化研究》第 1 辑.上海：上海古籍出版社,1992.
[78] 许抗生.《初读〈太一生水〉》.《道家文化研究》第 17 辑.
[79] 玄华.《"新子学"：子学思维觉醒下的新哲学与系统性学术文化工程》.方勇主编《诸子学刊》第 9 辑.上海：上海古籍出版社,2013.
[80] 玄华.《"新子学"对国学的重构——以重新审视经、子、儒性质与关系切入》.《诸子学刊》第 13 辑.
[81] 玄华.《从"太上"等章的差异论郭店竹简〈老子〉性质》.方勇主编《诸子学刊》第 6 辑.上海：上海古籍出版社,2012.
[82] 玄华.《略论老庄思想体系的基本差异——围绕"人"主体性的确立与消解展开》.《诸子学刊》第 8 辑.
[83] 颜世铉.《郭店楚简散论(1)》.《郭店楚简国际学术研讨会论文集》.
[84] 杨善群.《孙武生平事迹考》.曾光军编《〈孙子〉新论集粹》.北京：长征出版社,1992.
[85] 叶青.《从方法上评〈老子考〉》.《古史辨》第 6 册.
[86] 詹剑锋.《杨朱非道家论》.《中国哲学》编辑部编《中国哲学》第 7 辑.北京：生活·读书·新知三联书店,1982.
[87] 张福庆.《读钱穆先生"从文章的体裁和修辞上考察〈老子〉成书年代"的意见》.《古史辨》第 6 册.
[88] 张季同.《关于〈老子〉年代的一假定》.《古史辨》第 4 册.
[89] 张寿林.《老子〈道德经〉出于儒后考》.《古史辨》第 4 册.
[90] 张西堂.《尸子考证》.《古史辨》第 4 册.
[91] 张煦.《梁任公提述〈老子〉时代一案判决书》.《古史辨》第 4 册.
[92] 赵建伟.《郭店楚墓竹简〈太一生水〉疏证》.《道家文化研究》第 17 辑.
[93] 郑良树.《论帛书本〈老子〉》.《竹简帛书论文集》.北京：中华书局,1982.
[94] 郑于宾.《杨朱传略》.《古史辨》第 4 册.
[95] 周凤五.《郭店竹简的形式特征及其分类意义》.《郭店楚简国际学术研讨会论文集》.
[96] [美] 韩禄伯.《治国大纲——试读郭店〈老子〉甲组的第一部分》.《道家文化研究》第 17 辑.
[97] [美] 罗浩.《郭店〈老子〉对文中一些方法论问题》.《道家文化研究》第 17 辑.
[98] [日] 池田知久.《尚处形成阶段的〈老子〉最古文本——郭店楚简〈老

子〉》.《道家文化研究》第 17 辑.

[99] [日] 谷中信一.《从郭店〈老子〉看今本〈老子〉的完成》.《郭店楚简国际学术研讨会论文集》.

四、学位论文类

[1] 步如飞.《子夏及其学派研究》[博士学位论文].济南：山东大学,2007.

[2] 陈成吒.《先秦老学考论》[博士学位论文].上海：华东师范大学,2014.

[3] 葛刚岩.《〈文子〉成书及其思想》[博士学位论文].兰州：西北师范大学,2004.

[4] 林雄洲.《楚简本与帛书本、传世本〈老子〉的文本关系研究》[硕士学位论文].长沙：湖南师范大学,2008.

[5] 刘晗.《〈老子〉文本与道儒关系演变研究》[博士学位论文].西安：陕西师范大学,2007.

[6] 刘红霞.《曾子及其学派研究》[博士学位论文].济南：山东大学,2008.

[7] 刘静.《〈老子〉成书前后文本与思想研究》[硕士学位论文].济南：山东大学,2007.

[8] 孙德华.《子思学派考论》[博士学位论文].长春：吉林大学,2010.

[9] 谭宝刚.《老子及其遗著研究——关于战国楚简〈老子〉、〈太一生水〉、〈恒先〉的考察》[博士学位论文].开封：河南大学,2008.

[10] 王春华.《颜回资料辑考》[博士学位论文].曲阜：曲阜师范大学,2011.

[11] 禹建春.《先秦老学传播与接受述论》[硕士学位论文].开封：河南大学,2008.

[12] 张丰乾.《竹简〈文子〉探微》[博士学位论文].北京：中国社会科学院研究生院,2002.

五、期刊论文类

[1] 艾力农.《〈文子〉其书》.《光明日报》1982.5.22.

[2] 曹峰.《〈太一生水〉"天道贵弱"篇的思想结构——兼论与黄老道家的关系》.《清华大学学报（哲学社会科学版）》2015(3).

[3] 岑仲勉.《列子非晋人伪作》.《东方杂志》1943(44).

[4] 曾振宇.《"申不害术家说"再认识》.《文史哲》1994(6).

[5] 陈成吒.《"墨子救宋"中哪一幕更令人称颂》.《解放日报》2019.3.5.

[6] 陈成吒.《"王图霸业"的根基在哪里》.《解放日报》2020.1.21.

[7] 陈成吒.《"新子学"视域中中国小说观念的演进——以诸子"小说家"

作品的文体变革为中心》.《学术月刊》2019(5).
[8] 陈成吒.《〈庄子〉是如何论说匠人的》.《解放日报》2017.2.28.
[9] 陈成吒.《范蠡及其三道老学》.《东吴学术》2018(3).
[10] 陈成吒.《范蠡有一套怎样的"成功学"》.《解放日报》2020.7.21.
[11] 陈成吒.《郭店楚墓主人及其儒家化老学》.《江淮论坛》.2017(2).
[12] 陈成吒.《黄帝学派及其老学》.《管子学刊》2018(2).
[13] 陈成吒.《亢仓子为何半途弃官》.《解放日报》2019.12.10.
[14] 陈成吒.《老子身份信息辨正》.《广西社会科学》2016(7).
[15] 陈成吒.《老子为何说水最接近于道》.《解放日报》2018.12.4.
[16] 陈成吒.《论孔子儒道融通的思想体系——以孔子对老子思想的"人道"转化为中心》.《太原师范学院学报(社会科学版)》2018(3).
[17] 陈成吒.《论尸子对老子学的吸收转化》.《南昌大学学报(人文社会科学版)》2017(2).
[18] 陈成吒.《孙武为何敢于斩杀吴王宠妃》.《解放日报》2019.6.18.
[19] 陈成吒.《魏文侯庭下道学研究》.《青海师范大学学报(哲学社会科学版)》2018(2).
[20] 陈成吒.《文章学视角下的先秦经典成书研究——以〈老子〉成书年代考察为例》.《中州学刊》2016(11).
[21] 陈成吒.《怎样才能持有"天下神器"》.《解放日报》2019.8.13.
[22] 陈成吒.《怎样才算真正"到此一游"》.《解放日报》2019.8.27.
[23] 陈成吒.《庄子对老学的创造性转化——以道"吹"和"无用"理念为中心》.《南通大学学报(社会科学版)》2019(1).
[24] 陈东.《汉画像石"孔子见老子"其实是孔子助葬图》.《孔子研究》2016(3).
[25] 陈恩林.《〈太一生水〉与〈老子〉及〈易传〉的关系——〈太一生水〉不属于道家学派》.《社会科学战线》2004(6).
[26] 陈鼓应.《老学先于孔学——先秦学术发展顺序倒置之检讨》.《哲学研究》1988(9).
[27] 陈鼓应.《老子与孔子思想比较研究》.《哲学研究》1989(8).
[28] 程一凡.《从郭店本看〈老子〉一书的形成》.《管子学刊》2004(2).
[29] 褚良才.《兵圣孙武子乃齐将田开》.《浙江大学学报(人文社会科学版)》1999(4).
[30] 丁四新.《〈老子〉的分章观念及其检讨》.《学术月刊》2016(9).
[31] 丁四新.《简帛〈老子〉思想研究之前缘问题报告——兼论楚简〈太一生

水〉的思想》.《现代哲学》2002(2).

[32] 丁四新.《早期〈老子〉文本的演变、成型与定型——以出土简帛本为依据》.中州学刊 2014(10).

[33] 董京泉.《〈道德经〉新编及其论证》.《文史哲》2003(1).2003(2).

[34] 董英哲.刘长青.《〈邓析书录〉作者考辨》.《西北大学学报(哲学社会科学版)》1996(2).

[35] 范毓周.《荆门郭店楚墓墓主当为环渊说》.《人民政协报》1998.12.26.

[36] 方克.《邓析"两可之说"的辩证法思想》.《中州学刊》1982(6).

[37] 冯韶.《杨朱考》.《学术月刊》1980(11).

[38] 伏俊琏.王晓娟.《〈老子〉的作者及其成书年代》.《求是学刊》2008(2).

[39] 高崇会.《邓析的"两可"辩讼逻辑思想》.《吉林大学社会科学学报》1985(6).

[40] 高亨.池曦朝.《试谈马王堆汉墓中的帛书〈老子〉》.《文物》1974(11).

[41] 高亨.《关于老子的几个问题》.《社会科学战线》1979(1).

[42] 高华平.《对郭店楚简〈老子〉的再认识》.《江汉论坛》2006(4).

[43] 高华平.《郭店楚简中的"道"与"术"》,《哲学研究》2009(5).

[44] 高华平.《环渊新考——兼论郭店楚墓竹简〈性自命出〉及该墓墓主的身份》.《文学遗产》2012(5).

[45] 高正.《屈原与郭店墓主的关系》,《光明日报》1999.7.2.

[46] 龚维英.《彭咸考略》.《贵州社会科学》1983(5).

[47] 顾孟武.《邓析之死初探》.《上海师范大学学报》1985(1).

[48] 郭齐勇.欣文.《中国文化与中国哲学的自觉——郭齐勇教授访谈》.《学术月刊》2003(9).

[49] 郭沂.《〈淮南子·缪称训〉所见子思〈累德篇〉考》.《孔子研究》2003(6).

[50] 郭沂.《孟子车费孟子考:思孟关系考实》.《中国哲学史》2002(3).

[51] 郭沂.《试谈郭店楚简〈太一生水〉及其与简本〈老子〉的关系》.《中国哲学史》1998(4).

[52] 韩东育.《〈郭店楚墓竹简·太一生水〉与〈老子〉的几个问题》.《社会科学》1999(2).

[53] 何浩.《老莱子其人及其道论》.《江汉论坛》1985(11).

[54] 侯文华.《〈老子〉与先秦箴体》.《中国文学研究》2009(3).

[55] 胡国义.陈孟麟.《邓析不是在讲逻辑》.《山东师大学报(社会科学版)》1997(4).

[56] 胡厚宣.《再论殷代农作施肥问题》.《社会科学战线》1981(1).
[57] 黄钊.《竹简〈老子〉应为稷下道家传本的摘抄本》.《中州学刊》2000(1).
[58] 蒋金坤.《唐代段会墓志所见老子世系材料考论》.《中国典籍与文化》2015(3).
[59] 蒋重跃.《战国法家在道论本体化发展中的理论贡献》.《南京大学学报(哲学·人文科学·社会科学)》2016(5).
[60] 荆门市博物馆.《荆门郭店一号楚墓》.《文物》1997(7).
[61] 阚红艳.陆建华.《先秦儒家思想中的老学因素》.《华北电力大学学报(社会科学版)》2016(4).
[62] 李剑虹.《〈太一生水〉"神明"考释》.《安徽大学学报(哲学社会科学版)》2011(2).
[63] 李零.《老李子和老莱子》.《中国哲学史》1997(2).
[64] 李零.《重归古典——兼说冯、胡异同》,《读书》2008(3).
[65] 李启谦.《对孔门弟子研究的几点认识》.《孔子研究》1986(2).
[66] 李启谦.《颜回研究》.《山东师大学报(哲学社会科学版)》1985(4).
[67] 李锐.《杨朱的思想及其衰亡初探》.《江淮论坛》2018(3).
[68] 李水海.《"三十辐同一毂"·车制·〈老子〉成书时代》.《江南学院学报》2001(3).
[69] 李水海.《老子在鲁国活动及由鲁返周》.《江南大学学报(人文社会科学版)》2015(7).
[70] 李巍.《故事演义与学派关系——孔子问礼于老子的再考察》.《哲学动态》2017(7).
[71] 李小光.《"神明"新论：郭店楚简"太一生水"之思想溯源》.《华中师范大学学报(人文社会科学版)》2009(1).
[72] 李学勤.《〈吴子传〉序》.《晋阳学刊》1988(8).
[73] 李学勤.《〈易传〉与〈子思子〉》.《中国文化》1989(1).
[74] 李学勤.《国学的主流是儒学,儒学的核心是经学》.《中华读书报》2010.8.10.
[75] 李学勤.《荆门郭店楚简中的〈子思子〉》.《文物天地》1998(2).
[76] 李学勤.《试论八角廊简〈文子〉》.《文物》1996(1).
[77] 李裕民.《郭店楚墓年代与墓主新探》.《陕西师范大学学报(哲学社会科学版)》2000(3).
[78] 李仲钧.《〈计然万物录〉矿物药疏证》.《河北地质学院学报》1990(3).

[79] 林光华.《由"道"而"理":从〈解老〉看韩非子与老子之异同》.《人文杂志》2014(4).

[80] 刘彬.《子夏易学考》.《周易研究》2006(3).

[81] 刘大钧.《今古文易学流变述略——兼论〈子夏易传〉真伪》.《周易研究》2006(6).

[82] 刘笑敢.《简帛本〈老子〉的思想与学术价值》.《国学学刊》2014(2).

[83] 刘玉建.《〈子夏易传〉真伪考》.《山东大学学报(哲学社会科学版)》1995(4).

[84] 陆建华.《〈管子〉四篇"〈老子〉注"研究》.《管子学刊》2018(1).

[85] 陆建华.《告子辨析》.《孔子研究》2008(2).

[86] 陆建华.《告子哲学的儒家归属》.《文化中国》2003(3).

[87] 陆建华.《墨子思想中的老学因素》.《枣庄学院学报》2017(1).

[88] 罗彩.《"黄老学"溯源》.《理论月刊》2014(9).

[89] 罗炽.《〈太一生水〉辨》.《湖北大学学报(哲学社会科学版)》2004(6).

[90] 罗贤龙.陆建华.《尹文子〈老子〉"注"研究——兼及尹文子老学思想》.《社会科学战线》2014(2).

[91] 牛贵琥.《彭咸新说》.《山西大学学报》1988(2).

[92] 齐思和.《〈孙子兵法〉著作时代考》.《燕京学报》1939(26).

[93] 乔健.张彦龙.《论慎到对老子思想的修正》.《兰州大学学报(哲学社会科学版)》2017(4).

[94] 邱德修.《楚帛书老子德先道后问题蠡测》.《中华文化复兴月刊》1977(11).

[95] 邱锡昉.《〈老子〉在战国时可能只有一种道家传本》.《文物》1976(11).

[96] 冉魏华.李朝阳.《"老子早出论"所据文献指谬——再论老子即太史儋》,《广西社会科学》2015(8).

[97] 饶恒久.《范蠡生平考论》.《社会科学战线》2000(6).

[98] 日知.《墨子不知老子——〈太平御览〉卷三二二"墨子曰"引书有误》.《古籍整理研究学刊》1992(4).

[99] 孙世扬.《告子辨》.《制言半月刊》1935(2).

[100] 孙以楷.《范蠡徐人考》.《皖西学院学报》2002(1).

[101] 谭宝刚.《〈老子〉郭店简本与今本、帛本的关系》.《安徽大学学报(哲学社会科学版)》2011(2).

[102] 谭宝刚.《论文子即是关尹子》.《贵州民族大学学报(哲学社会科学

版)》2014(6).

[103] 谭宝刚.《再论〈太一生水〉乃老聃遗著》.《徐州师范大学学报(哲学社会科学版)》2004(4).

[104] 唐兰.《马王堆出土〈老子〉乙本卷前古佚书的研究——兼论其与汉初儒法斗争的关系》.《考古学报》1975(1).

[105] 唐廷猷.《〈范子〉计然研究——西汉时以药材为主的商品学》.《成都中医药大学学报》2006(2).

[106] 田宜超.黄长巩.《是〈墨子〉引〈老子〉,还是〈淮南子〉引〈老子〉》.《文物》1975(9).

[107] 王博.《关于〈文子〉的几个问题》.《哲学与文化》1996(8).

[108] 王博.《思想史视野中的〈老子〉文本变迁》.《中国哲学史》2015(4).

[109] 王春.《〈太一生水〉中的"太一"试诠》.《山东大学学报(哲学社会科学版)》2004(4).

[110] 王春华.《近三十年来颜回、"颜氏之儒"文化研究综述》.《华夏文化》2011(1).

[111] 王红.吴战洪.《司马迁"老子姓氏名字说"研究(上)》.《商丘师范学院学报》2019(2).

[112] 王红霞.《子夏生平考述》.《北方论丛》2006(4).

[113] 王克奇.《墨子与孔子、老子、韩非关系论》.《孔子研究》1997(3).

[114] 王敏光.《先秦道家"圣人"观探略——以老子、庄子为线索》.《贵州大学学报(社会科学版)》2016(4).

[115] 王中江.《早期道家"统治术"的转变(上)》.《哲学动态》2016(2).

[116] 王中江.《早期道家"统治术"的转变(下)》.《哲学动态》2016(3).

[117] 王子今.《范蠡"浮海出齐"事迹考》.《齐鲁文化研究》2009(8).

[118] 王梓.《关于〈老子〉分章问题之管见》,《社会科学辑刊》1986(6).

[119] 魏启鹏.《〈太一生水〉札记》.《中国哲学史》2000(1).

[120] 吴光.《〈文子〉新考——兼与诸说商兑》.《河北师院学报(哲学社会科学版)》1984(2).

[121] 肖兵.《彭咸:水神——〈楚辞·离骚〉新解》.《厦门大学学报(哲学社会科学版)》1979(3).

[122] 萧兵.《"太一生水"神话学研究》.《华中师范大学学报(人文社会科学版)》2003(6).

[123] 萧汉明.《〈太一生水〉的宇宙论与学派属性》.《学术月刊》2001(12).

[124] 熊铁基.《刘向校书详析》.《史学月刊》2006(7).

[125] 徐文武.《老莱子生平与思想考论》.《长沙大学学报(社会科学版)》2004(3).

[126] 徐莹.《从楚简本、帛书本、北大汉简本及今本看〈老子〉的编纂》.《文史哲》2016(2).

[127] 许富宏.《"彭咸"考》.《船山学刊》2009(1).

[128] 许抗生.《再读郭店竹简〈老子〉》.《中州学刊》2000(5).

[129] 玄华.《"浴神不死"释义》.《枣庄学院学报》2010(6).

[130] 玄华.《从"章节异同"看郭店楚简〈老子〉性质》.《江淮论坛》2012(6).

[131] 玄华.《关于"新子学"几个基本问题的再思考》.《江淮论坛》2013(5).

[132] 玄华.《论"太一生水"内涵及其图式——兼论"太极图"起源》.《中州学刊》2012(2).

[133] 玄华.《论郭店楚简〈太一生水〉文本内涵、结构与性质》.《中州学刊》2013(8).

[134] 玄华.《论郭店竹简〈老子〉性质》.《江淮论坛》2011(1).

[135] 颜炳罡.陈代波.《从颜氏之儒的思想特质看其与易学的关系》.《周易研究》2004(3).

[136] 杨朝明.《子夏及其传经之学考论》.《孔子研究》2002(5).

[137] 杨翰卿.《孔子问礼于老子的道德意义》.《哲学动态》2014(7).

[138] 杨树森.《"邓析开创中国逻辑思想史"质疑》.《江汉论坛》1994(1).

[139] 杨燕.李冀.《〈道德经〉"观复论"与身心涵养》.《中州学刊》2016(2).

[140] 尹振环.《〈老子〉从〈孙子兵法〉中借鉴了什么——也谈〈孙子兵法〉早于〈老子〉》.《学术月刊》2004(11).

[141] 尹振环.《〈老子〉篇名篇次考辨——三论帛书〈老子〉》.《文献》1997(3).

[142] 喻几凡.《老莱子即老子——老子考辨之三》.《求索》2009(5).

[143] 詹石窗.顾宗正.《老子诞生地及相关文化遗存位置考证》.《宗教学研究》2015(3).

[144] 张杰.郑建萍.《〈文子〉古今本成书年代考》.《管子学刊》1997(4).

[145] 张世超.《〈吴子〉研究》.《古籍整理研究学刊》2002(6).

[146] 张学方.《〈老子〉古本道德顺序试探》.《北京社会科学》1994(2).

[147] 赵东栓.《〈太一生水〉篇的宇宙图式及其文化哲学阐释》.《齐鲁学刊》2001(4).

[148] 赵九洲.《〈范子计然〉成书时间考》.《农业考古》2010(4).

[149] 赵逵夫.《关于文子其人其书的探索——兼论〈文子〉成书及其思想》.

《图书与情报》2006(6).
[150] 赵卫东.《〈太一生水〉"神明"新释》.《周易研究》2002(5).
[151] 钟肇鹏.《曾子学派的孝治思想》.《孔子研究》1987(2).
[152] 周耿.张松辉.《论〈太一生水〉的宇宙生成论是对老子道、物二元论的解释》.《福建论坛(人文社会科学版)》2009(10).

后　　记

常听师友说,以老学研究为开端,步入古典学殿堂,可谓得学术入门之正。不过历来走大道者,初始总是会遭遇更多一些挫折。幸运的是,我在相关方面较早便获得了诸多同道的肯定与鼓励。

在老学研究的过程中,本书的部分章节内容曾被《解放日报》《江淮论坛》《中州学刊》《广西社会科学》《东吴学术》《管子学刊》《诸子学刊》《简帛研究》《哲学评论》《思想与文化》《道家文化研究》《中华老学》《南通大学学报》《南昌大学学报》《临沂大学学报》《青海师范大学学报》《太原师范学院学报》等等刊物录用发表,同时也曾先后获得过上海财经大学中央高校基本科研业务费项目、上海市哲学社会科学规划课题、教育部人文社会科学研究项目、国家社科基金的立项与资助。在此非常感谢各大期刊编辑、审稿专家的肯定与鼓励,以及各类基金项目评审专家的支持与厚爱。

本书的顺利出版则有赖责编杨立军兄的诸多帮助。受新冠疫情影响,本书在国家社科基金后期资助项目结项环节便遭遇了不少周折,幸得立军兄不厌其烦,开具寄送各类出版证明,才能及时结项。在本书编校的过程中,立军兄也对部分行文内容提出了宝贵的修改意见,有些打破了我的当局者之迷,可谓"一语惊醒梦中人",受益良多,在此再表感谢!

最后,本书可能还存在诸多不足之处,目前由于学识所限,只能见笑于方家。唯求来日学识见长,再作修订。

图书在版编目(CIP)数据

先秦老学史 / 陈成吒著. ——上海：上海古籍出版社，2022.6
ISBN 978-7-5732-0255-0

Ⅰ.①先… Ⅱ.①陈… Ⅲ.①老子—哲学思想—研究—中国—秦汉时代 Ⅳ.①B223.15

中国版本图书馆 CIP 数据核字（2022）第 092840 号

先秦老学史

陈成吒 著

上海古籍出版社出版发行

（上海市闵行区号景路 159 弄 1-5 号 A 座 5F　邮政编码 201101）

（1）网址：www.guji.com.cn
（2）E-mail：guji1@guji.com.cn
（3）易文网网址：www.ewen.co

商务印书馆上海印刷有限公司印刷

开本 700×1000　1/16　印张 19.75　插页 2　字数 344,000
2022 年 6 月第 1 版　2022 年 6 月第 1 次印刷
印数：1—1,300

ISBN 978-7-5732-0255-0
B·1253　定价：88.00 元

如有质量问题，请与承印公司联系